# Johannes Holey

# *Jetzt reicht's!*
# 2

## *Rote Karte für*
## *Krankheits- und Ernährungsschwindler*

Gesund durchs Chaos gehen!

amadeus-verlag.com

## Vom Autor ist außerdem erschienen:

*»Jesus 2000 – Das Friedensreich naht«,*
1997, Amadeus Verlag
*»Bis zum Jahr 2012 – Aufstieg der Menschheit«,*
2000, Amadeus Verlag
*»Alles ist Gott – Anleitung für das Spiel des Lebens«,*
2002, Amadeus Verlag
*»Der Jesus-Code«,*
2007, Amadeus Verlag
*»Jetzt reicht's!«,*
2009, Amadeus Verlag

Copyright © 2010
**Amadeus Verlag GmbH & Co. KG**
Birkenweg 4
74576 Fichtenau
Fax: 07962-710263
**www.amadeus-verlag.com**

**Druck:**
CPI - Ebner & Spiegel, Ulm
**Satz und Layout:**
Jan Udo Holey
**Umschlaggestaltung:**
Ideenbüro Bernd Dietz, 89275 Elchingen
www.ideen-buero.de
Foto: www.dasphoto.info

ISBN 978-3-938656-09-9

# INHALTSVERZEICHNIS

Rote Karten . . . . . . . . . . . . . . . . . . . . . . . . . . . . . . . . . . . . . . . . . . . . . . . S. 10

## TEIL 1: Unser Bewusstseins-Ist-Zustand

Die Familie als gesunde Basis . . . . . . . . . . . . . . . . . . . . . . . . . . . . . . . . S. 21
- Genderismus, die behördliche Umerziehung . . . . . . . . . . . . . . . . S. 29
- Die Familie hat Zukunft . . . . . . . . . . . . . . . . . . . . . . . . . . . . . . . . . S. 32
- Druck statt Autosuggestion . . . . . . . . . . . . . . . . . . . . . . . . . . . . . . S. 34

## TEIL 2: Die Belastungskrisen für unseren Körper

Krankmachende Elektrostress-Belastungen . . . . . . . . . . . . . . . . . . . . S. 43
- Das Geheimnis unseres Körperenergiefeldes . . . . . . . . . . . . . . . . S. 47
- Der globale Mikrowellenherd . . . . . . . . . . . . . . . . . . . . . . . . . . . . S. 50
- Der funktechnische Overkill . . . . . . . . . . . . . . . . . . . . . . . . . . . . . S. 53
- Der Elektro-Dauerstress wird immer vielfältiger . . . . . . . . . . . . . S. 58
- WLAN macht uns alle krank . . . . . . . . . . . . . . . . . . . . . . . . . . . . . S. 63
- Wie Ultraschall die Babys quält . . . . . . . . . . . . . . . . . . . . . . . . . . S. 71
- Schlafstörungen werden zur Volkskrankheit . . . . . . . . . . . . . . . . S. 73
- Krebs durch Federkernmatratzen . . . . . . . . . . . . . . . . . . . . . . . . . S. 77
- Die Belastungen in unseren Schlafräumen . . . . . . . . . . . . . . . . . . S. 81
- Selbstschutz und Selbsthilfe sind angesagt . . . . . . . . . . . . . . . . . S. 89
- Gesund durchs Chaos gehen! . . . . . . . . . . . . . . . . . . . . . . . . . . . . S. 97

Krankmachende zivilisatorische Belastungen . . . . . . . . . . . . . . . . . . S. 107
- Hilfe für Elektrosensible? . . . . . . . . . . . . . . . . . . . . . . . . . . . . . . . S. 108
- Mit Amalgam macht man uns krank . . . . . . . . . . . . . . . . . . . . . . S. 109
- *„Ich brauche schon lange keine Milch mehr!"* . . . . . . . . . . . . . . . S. 113
- Wissenschaftlich belegte Widersprüche . . . . . . . . . . . . . . . . . . . . S. 117
- Fleischnahrung aus industrieller Tierwirtschaft? . . . . . . . . . . . . . S. 125
- Die Pille – tödliches Risiko? . . . . . . . . . . . . . . . . . . . . . . . . . . . . . S. 129
- Salz – lebensnotwendig oder giftig? . . . . . . . . . . . . . . . . . . . . . . . S. 131
- Weltweiter Kaliummangel? . . . . . . . . . . . . . . . . . . . . . . . . . . . . . . S. 134
- Die Aluminium-Seuche . . . . . . . . . . . . . . . . . . . . . . . . . . . . . . . . . S. 136
- Süßstoffe können dick machen . . . . . . . . . . . . . . . . . . . . . . . . . . . S. 141
- Die Jod-Diktatur . . . . . . . . . . . . . . . . . . . . . . . . . . . . . . . . . . . . . . S. 142
- Macht künstliches Glutamat dick und krank? . . . . . . . . . . . . . . . S. 146

- Der Schwindel mit der Lebensmittelbestrahlung ............. S. 149
- ‚Analog' – alles Käse oder was? ............................... S. 152

## Krankmachende psychomentale Belastungen ..................... S. 155
- Depressionen, die angebliche Volkskrankheit Nr. 1 ......... S. 157
- Ein weiterer Schwindel mit Cholesterin ...................... S. 164
- Mangelnde oder gesunde Selbstliebe? ....................... S. 175

# TEIL 3: Immer mehr Menschen gehen die Augen auf

## Glück und Chaos im Gehirn .................................... S. 181
- In der Harmonie liegt die Heilung ........................... S. 188
- Das weibliche Gehirn ........................................ S. 193

## Heilsame Maßnahmen von außen ............................... S. 196
- Materielle Vitalstoffe ........................................ S. 196
- Magnesium ist ein Wundermittel ............................ S. 201
- Sind unsere AO-Speicher gefüllt? ........................... S. 205
- Kurkuma, das gesunde Gewürz .............................. S. 209
- Tees aus fernen Ländern als tägliche Medizin ................ S. 210
- Das Multitalent Vitamin D .................................. S. 212
- Bluthochdruck – eine gesunde Herausforderung ............. S. 215
- Spucke, die kleine Wundheilung ............................. S. 218
- Sauerstoff-Ionen – die Vitamine der Luft ................... S. 218
- Omega-6 gegen Omega-3 .................................... S. 221

## Geniale Selbstheilungen aus unserem Inneren ................... S. 224
- Die vergessene Wunderformel ‚Selbstheilung' ............... S. 225
- Die Alpha-Harmonien ....................................... S. 227
- 10 Hz als Idealzustand ...................................... S. 234
- Jeder von uns ist davon betroffen ........................... S. 242

## Geniale Selbstheilungen durch unsere Gedankenkräfte ......... S. 245
- ...keiner lacht sich krank! ................................... S. 246
- *„Pfeif drauf!"* ............................................... S. 253

## Raus den Schrott! – Entgifte und leite aus! .................... S. 255
- Unsere zwei Saubermacher ................................... S. 271

## TEIL 4: Das zukünftige ICH-DU-WIR-Prinzip

**Auf dem Weg zur Wir-Kultur** .................................... S. 277

**Der Lebensplan und die zunehmende Orientierungslosigkeit** ... S. 282
- Der Wandel vom Haben zum Sein ......................... S. 297

Das ist nicht meine letzte Karte ....................................... S. 301

Nachwort von Brigitte Jost ........................................... S. 302

Der Autor über sich ................................................. S. 304

Ich habe zu danken ................................................. S. 305

Ich schreibe weiter.................................................. S. 306

**Anhang:** Die Einschlafübung......................................... S. 307
Die Skala der Emotionen.................................. S. 308

Namenregister...................................................... S. 309

Sachregister........................................................ S. 310

Quellenverzeichnis und Anmerkungen................................ S. 311

Bildquellen......................................................... S. 315

# Rote Karten

Verehrte Leserinnen, liebe Leser,

wir schließen gerne unsere Augen – das beruhigt. Wir wollen manches gar nicht mehr sehen. Wir spüren, dass so vieles falsch ist und verschließen lieber unsere Augen. Es muss schon ganz heftig kommen, dass wir wieder einmal hinsehen. Es ist einfach zu viel, was in unser Blickfeld eindrischt und womit wir vom Außen förmlich überschüttet werden. Politisches Hickhack, Presselügen, Wirtschaftstricks, Betrugsaffären, banale Nacktheiten, Katastrophenankündigungen, überschnelle Bildattacken – Ihnen fällt da auch noch einiges dazu ein. Da rebelliert natürlich unser emotional verarbeitendes und seelisches Körpersystem, und unser Verstand reagiert schützend: *„Jalousien runter, Augen zu!"*, *„Schau weg!"*, *„Schließ am besten die Augen ganz zu!"*

Abb. 1:
Der deutsche Michel

Sind wir deshalb schon Schlafmützen geworden? Falls das zuträfe, wären wir es schon länger, denn es gibt doch den internationalen Begriff des ‚deutschen Michels'. Der Erzengel Michael ist seit Jahrhunderten der Schutzpatron auch der Deutschen. Uns hat man dabei aber eine Schlafmütze verpasst, wie das früher in den oft eiskalten Schlafzimmern auch nötig war. Tragen wir sie womöglich heute noch? Müssen unsere Politiker so tun, als ob sie schlafen? Werden sie gezwungen? EU-konform?

Österreich probiert wenigstens ein Volksbegehren mit Prof. Dr. Schachtschneider, und die Schweiz ist immer noch eine vorbildliche Demokratie. Doch wir Michel? Die Autorenkollegin Marianne Streuer fragt gar: *„Wacht der ‚deutsche Michel mit seiner Schlafmütze' noch auf, wo doch der Dachstuhl seines Hauses schon brennt?"*

Ich denke, der Zeitpunkt ist gekommen, ein paar Rote Karten zu verteilen, denn wer die Rote Karte erhält, fliegt raus – das Spiel ist aus. Das ist beim Weltfußball nicht so schlimm, es sind ja alles Millionäre, die sich eben mal nicht ganz an die Spielregeln gehalten haben. Anders ist es im Verkehr: Wer da die Verkehrsregeln nicht einhält, kann zu Tode kommen. Und so ist in der großen Menschengemeinschaft sehr vieles ,geregelt' und durch Gesetze reglementiert. Womöglich zu viel? Ganz sicher sogar viel zu viel! Schon werden sie unüberschaubar, sogar undurchführbar und schließlich unfinanzierbar – Gesetze samt Gesetzesbrecher.

Da ist ,Abstrafen' mit der Roten Karte doch noch richtig malerisch und so schön emotional. Doch deshalb habe ich diese Geste nicht zum Thema von Band 2 gewählt, sondern mehr wegen der damit verbundenen Aufforderung: „...raus!" Und dieses ,Raus' biete ich Ihnen gleich zweiseitig an. Das Geschwindelte und Getrickste, das Gelogene und clever Gedrehte, das uns Aufgezwungene und uns Vorgeschriebene, das uns Verschriebene und uns Ein-Geimpfte, das uns Krank- und Depressivmachende – und ich könnte jetzt seitenweise so weitermachen – das alles muss „...raus!". Nämlich einerseits *materiell* aus unserem Alltagsleben und unserem wertvollen Körper und andererseits *geistig* als eine prägende Energie aus unseren Gedanken, unseren Gefühlen und unserem Lebensgeist. Auf beiden Ebenen, also ganzheitlich, heißt es dann Abschiednehmen. Ich werde Ihnen ausreichend Beispiele präsentieren, da gibt es sogar nichts anderes als: „...*schnellstens raus!*"

Schauen wir zuerst auf das dringliche Hauptthema dieses Buches, unsere Gesundheit. Als Nichtmediziner (wie auch als Nichtfußballer) verteile ich *unprofessionell* die Roten Karten und betrachte dabei gerade diese Lebensbereiche sicherlich etwas unbefangener und freier als die jeweiligen Profis. Zugleich möchte ich auch den Pauschalbegriff ,Krankheit' möglichst oft vermeiden, denn er ist eigentlich nur eine zweckmäßige, aber unpersönliche Arbeitsbezeichnung. Für mein Verständnis gibt es nur ,*Menschen, die krank geworden sind*' und damit auch dann noch ihre Individualität und Persönlichkeit behalten.

Doch auch das Krankwerden geht mit der Zeit. Im 19. Jahrhundert erkrankten die Menschen an etwas anderem als im 20. Jahrhundert mit seinen beiden Weltkriegen. Die danach einsetzende Technisierung beschert uns nun zum Beginn des 3. Jahrtausends auch wieder neue Formen des Krankwerdens – viele davon definiert unser inzwischen unbezahlbar gewordenes ‚Gesundheitssystem' als unbehandelbare *Zivilisationskrankheiten*.

**Abb. 2:** Die vier Säulen des Ungesundwerdens

Die vier modernen Säulen unseres zunehmenden **Ungesundwerdens** sind meiner Meinung nach:
- der permanente, überall präsente *Elektrosstress*,
- die minderwertige, industriell gefertigte *Ernährung*,
- der grassierende *Bewegungsmangel* und
- das durch Ablenkung erzeugte *Desinteresse* der Menschen.

Daher wird es Zeit für ein dringendes Aufräumen: „*...raus! – ex und hopp!*", für kritischeres Beobachten und für ein persönliches Aufwachen bezüglich immer mehr Alltagsthemen, in welchen uns zunehmend Schädliches als ‚modern' oder *normal* vorgeschwindelt wird.

Der *Verursacher* von dreien dieser krankmachenden Zustände – nämlich Übergewicht, Bewegungsmangel und Desinteresse – ist allerdings ausschließlich jeder Einzelne von uns *selbst*. Und das ist damit der eigentliche Schwerpunkt dieses Buches: „*Was kann ich selbst für meine Gesundheit und mein Wohlergehen wie auch für mein Gesundwerden veranlassen und ändern?*"

Und da stecke auch ich inzwischen nicht mehr im ersten Reaktionsimpuls „*Jetzt reicht's mir!*", sondern immer tiefer und gründlicher in *Erkenntnissen* und dem *Er-kennen* von weiteren elementaren Schwindeleien und Fallen in unseren Ernährungs- und Gesundheitsgrundlagen – da könnte einem schwindelig werden. Wenn ich dabei im Internet surfe, brauche ich keinen Vergnügungspark mit magenverdrehenden Loopings, da kann mir auch zuhause schlecht werden.

**Also spiele ich ‚Home-Schiedsrichter', achte auf die Körperregeln meiner Gesundheit und zeige immer öfter die „Rote Karte!".**

Falls das anstecken sollte und das dabei zu einem viereckigen roten Bewusstseins-Virus aus dieser unserer Denk-Retorte wird, dann wünsche ich uns allen eine ungebremste Pandemie, die mentale ‚Rote-Karten-Grippe'.

Allerdings konzentriere ich mich in diesem Buch vornehmlich auf drei der vier erwähnten, ungesund-machenden Säulen, denn mit dem Bereich des *modernen Bewegungsmangels* habe ich selber so meine Schwierigkeiten und überlasse die Empfehlungen daher lieber den erfahrenen Spezialisten.

Der ersten Säule — dem Themenkreis des *Elektrostresses* — habe ich den größten Buchteil gewidmet. Elektrosmog ist noch ein weitgehend harmloser Begriff des vergangenen Jahrhunderts, denn heute sitzen wir bereits alle in einem gigantischen Mikrowellenherd.

Der zweiten Säule — dem zunehmenden Übergewicht — liegt sehr konzentriert der *Ernährungsbereich* zugrunde, nämlich unsere Zivilisationskost. Dieser Bereich tangiert jedoch auch schon die psychische Mitwirkung, die sich wie ein roter Faden durch das ganze Buch zieht.

Das Gleiche gilt auch für die vierte Säule — unser *Desinteresse* am Gesundbleiben und Gesundwerden —, denn der damit verbundene Veränderungsbedarf betrifft auch unsere sämtlichen Seinsebenen und vor allem oft recht schwierige Entscheidungen.

**An dieser Stelle möchte ich auch aus rein juristischen Gründen betonen, dass ich hier nur über eigene und über vertrauenswürdige Erfahrungen Anderer berichte und gründlich Belege dafür zitiere. In allen Fällen, die dabei irgendeinen Krankheitszustand betreffen, muss ich dazu anraten, einen zuständigen Arzt oder Heilpraktiker zu konsultieren. Auch für die Behandlung von Beschwerden und Erkrankungen empfiehlt es sich auf jeden Fall, eine Ärztin/Arzt oder eine Heilpraktikerin/Heilpraktiker um Rat zu fragen.**

Diejenigen meiner Leserinnen und Leser, die einen ähnlichen ‚Band 2' als Fortsetzung von »Jetzt reicht's! 1« erwarten, bitte ich um Verständnis, dass ich mich diesmal ganz auf solche Themen konzentriere, bei denen wir auch reale **Mitbestimmungs- und Veränderungsmöglichkeiten** haben. Politische, wirtschaftliche und religiöse Machtstrukturen lasse ich diesmal beiseite, denn sie können uns von unserem persönlichen Interessenspotential und unseren individuellen Talenten und Gaben unnötig ablenken – unser ‚Zörnle' wirkt zwar ausgleichend und aufbauend im ‚Morphischen Feld', aber nicht in unserem Blutbild und in unserer Lebensfreude.

Sie kennen das ‚Morphische Feld' noch nicht? Ich vermute, dass es noch niemand genau kennt, doch was C. G. Jung noch als ‚Kollektives Unterbewusstes' definierte, nimmt heute auch neue Formen an. Man denkt ganzheitlich und damit in *Feldern* anstatt Strahlen und Wellen oder ähnlichen Energien. Solche Felder können eigene formbildende Kräfte entwickeln, vor allem überwiegend ganzheitliche, indem sie die von uns erzeugten Energien sammeln und speichern. (Auch als Akasha-Chronik?) In der grobstofflichen Materie heißt es „Gegensätze ziehen sich an" und in der feinstofflichen Materie dagegen „Gleiches zieht sich an". So können dann starke geistige Wirkfelder entstehen.

**Zivilisationskost, gesundes und ungesundes Leben und Erleben treffen natürlich auch mich und jeden von uns ständig in seinem Alltagsgeschehen.** Daher habe auch ich gelernt, mich zuerst *mit meinen* Dingen und *mit mir selber* zu beschäftigen anstatt stammtischähnlich zu viele geistige Energien dem politischen und wirtschaftlichen Desaster zu liefern. Ich komme mir manchmal vor wie Sherlock Holmes mit seiner Lupe. Doch wir leben in einer Zeit äußerer Veränderungen, an denen wir bereits nicht mehr viel mitverändern können.

Das ist eben einer der Gründe, warum Sie in diesem Band einige Themen vermissen werden, die ich im Band 1 noch für wichtig hielt und daher angekündigt hatte. Lassen Sie mich als ein Beispiel die ‚kranken' Krankenkassen erwähnen. Was fangen wir damit an, wenn wir wissen, dass in Deutschland im Jahre 2008 263,2 Milliarden Euro für Krankheitsbehandlungen und erhoffte Gesundheit ausgegeben wurden, wovon nur gut die Hälfte auf die privaten und gesetzlichen Krankenversicherungen entfiel? Die Praxis hat mir dagegen gezeigt, dass meine bescheidene Naturarzthonorarrechnung von meiner privaten Krankenversicherung im Frühjahr 2010 noch voll beglichen wurde, im Herbst des gleichen Jahres jedoch anstatt 71,02 Euro nur noch 17,05 Euro erstattet wurden! Wie will ich hier Rote Karten verteilen?

Vielleicht eine Karte bei dieser statistischen Meldung: Die Zahl der Arztbesuche in Deutschland hat einen neuen Rekord erreicht. Jeder Krankenversicherte geht im Schnitt 18 mal im Jahr zum Arzt. Danach haben die Ärzte gerade einmal acht Minuten Zeit für jeden Besucher. (www.medi.de) Mit solch einem statistischem Unsinn fängt sicher keiner von uns etwas an, denn weder ich noch jemand meiner großen Familie ist auch nur annähernd derartig beteiligt oder würde zu einem ,solchen' Arzt gehen.

Um mir später immer wieder Rote Karten rauszulocken, spare ich mir hier im Vorfeld gleich ein ganzes Bündel dieser Roten Plastikscheiben bei dem Thema *„Wie die Pharma-Industrie uns alle zu Patienten machen will"*. Mit diesem Titel schreibt Dr. med. Ulrich Fricke, Arzt und Chefredakteur der Monatshefte »Länger und gesünder leben«[2]: *„Wirkstoffe, die niemand benötigt, und Krankheiten, die es gar nicht gibt: Schützen Sie sich vor den Tricks der Pharma-Lobby!"* Damit zählt hier Dr. Fricke seine ,Roten Karten' auf:

*__Harmlose Gesundheitsstörungen__ werden zu gefährlichen Krankheiten aufgebauscht (z.B. Reizdarm, Wechseljahre der Frau, Sodbrennen).*
*__Seltene Krankheiten__ werden zu einem Massenphänomen erklärt (z.B. Impotenz, ,Wechseljahre des Mannes').*
*__Kosmetische Probleme__ werden zu behandlungsbedürftigen Krankheiten erklärt (z.B. Haarausfall beim Mann).*
*__Grenzwerte werden__ so weit nach unten __manipuliert__, dass ein Großteil der Bevölkerung behandelt werden müsste (z.B. Bluthochdruck, Cholesterinwerte).*
*__Scheinbar neutrale Organisationen__, die Patienten aufklären sollen, werden gegründet. In Wahrheit verbreiten diese jedoch nur das, was der Pharmaindustrie nutzt (z.B. Hochdruckliga, Lipidliga, Gastroliga).*

*Viele Pharma-Firmen werben nur noch im Fernsehen oder in Zeitschriften, wenn von ihnen **bezahlte ‚Experten'** in scheinbar neutralen Berichten ihre ‚**Empfehlungen'** geben dürfen."*

Da wir in diesem Buch immer wieder über **verfälschte Grenzwerte** reden werden, erwähne ich hier eine Erklärung von Dr. Fricke. Sehr großen Einfluss darauf haben nämlich Ärztegremien, die sogenannte ‚Therapieleitlinien' erarbeiten. Und die sind alles andere als neutral. Das Wissenschaftsmagazin »nature« hat im Jahr 2005 aufgedeckt, dass 70 Prozent der Kommissionen mit Ärzten besetzt sind, die direkt oder indirekt von der Pharma-Industrie bezahlt werden.

Diesen Band 2 von »Jetzt reicht's!« habe ich auf eine sowohl geniale als auch allgegenwärtige Energie aufgebaut: auf die **Information**. Doch Sie werden jetzt staunen, was ich damit meine. Man spricht ja sogar schon von einem Informationszeitalter, dem ich beipflichte, obwohl ich es jedoch auch ganz anders verstehe.

Ich bin sicher, dass Sie alle, liebe Leserinnen und Leser, die Darstellungen von Dr. Emoto kennen, der für seine Forschungen und Erkenntnisse mit dem Nobelpreis geehrt werden sollte. Er zeigte der ganzen Welt, mit welcher Leichtigkeit Wasser informiert werden kann – nicht durch chemische Beimischungen oder physikalische Einflüsse, sondern nur durch unsere *geistigen und mentalen Energien*. Das lateinische Wort *informare* heißt ‚in Form bringen'. (Also zum Beispiel aus einem abgestorbenen Leitungswasser ein erfrischendes Lebensmittel zu transformieren.)

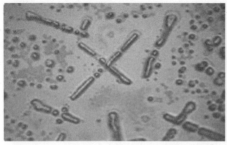 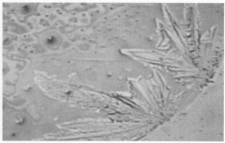

Abb. 3: Gefrorene Wasserkristalle unter dem Mikroskop[3]
links: Leitungswasser, rechts: revitalisiertes Wasser

Daraus können wir schließen:

**Wir beachten die wohl mächtigste Kommunikationsenergie unseres Lebens viel zu wenig – die Energien der Information.**

Wieso ist das so wichtig? Weil Wasser die Hauptsubstanz des Lebens in der Natur ist, und Wasser ist auch die Hauptsubstanz im menschlichen Körper – der Anteil liegt bei durchschnittlich 70 Prozent. Wenn sich nun dieses Wasser – in welcher Lösungsform auch immer – so leicht informieren und transformieren lässt wie Emoto und andere Wissenschaftler uns das belegen, dann können auch wir selbst die energetischen ‚Former', Umformer und Reformer dieser lebenserhaltenden Substanzen sein – WIR. Dabei empfiehlt es sich, konsequent zu trennen in

- *wir lassen uns informieren* (durch oberflächliche, verdrehte und manipulierte Teilinformation wie auch dreiste oder erzwungene Lügen im Fernsehen und in der Systempresse und so weiter),

- *wir informieren uns selbst* und zwar selbstkritisch und ganzheitlich und nur über das, was zu uns gehört, zu uns passt oder auf uns zukommt (Resonanz) und

- *wir informieren unseren eigenen Körper*, seine Zellen, seine Organe, seine Aufgaben und mehr, um „...*im zunehmenden Chaos auf diesem Planeten gesund zu werden oder zu bleiben"*.

Das ist und wird immer leichter möglich dank unserer informierenden ‚Wasserköpfe' und dank der energetischen Veränderungen unseres Planeten, der Schumann-Resonanzfrequenz, und dank unseres aufgerüttelten Bewusstseins, um durch immer bewussteres Sein zu einem der *schöpferischen Informantinnen und Informanten* aufzusteigen. Das behaupte ich schon lange in meinem Buch »Bis zum Jahr 2012 – der Aufstieg der Menschheit«.

**Information ist alles!** Wir sehen diese Energie nicht, und wir spüren sie nicht, doch wir spüren unsere vollautomatische Körperreaktion auf eine Information – eine erschreckende oder eine erfreuliche – sehr deutlich. Darüber erfahren Sie in diesem Band noch viel mehr und viel Neues. Und da ich mich diesmal hauptsächlich mit unserer Ernährung und unserer Gesundheit befasse, werden Sie erleben, welche grundsätzliche Bedeutung die ‚Informationen' in unseren Nahrungsmitteln und Getränken haben. Und genauso werden Sie erkennen, wie gravierend die ‚Qualität' der Informationen für unser Wohlbefinden, für unser Gesundbleiben, für unser Gesundwerden und für unser Jungbleiben ist.

Mit Letzterem ist auch das revolutionierende Umdenken gemeint, das seit einigen Jahren von westlichen Wissenschaftlern wie dem Biophysiker Professor Fritz-Albert Popp, dem ‚Neues-Bewusstseins'-Forscher Gregg Braden, dem Zellbiologen Prof. Dr. Bruce Lipton oder dem Neurologen Dr. med. Joe Dispenza und inzwischen vielen anderen gefordert wird. »Omega Healing«, »Matrix-Heilung«, »ME 2012«[4], »Quantenheilung« und »PSYCH-K« sind die Stichworte neuer Zellinformationstechniken im Gesundheitsbereich – es scheint ein Boom zu werden.

Und seit Mitte 2009 präsentieren uns auch Hellsichtige und Wissenschaftler aus Russland (Grigorij Grabovoij und Schüler) ihre neuesten Erkenntnisse über den Umgang mit unseren geistigen und heilenden Energien – uns wird sogar gezeigt, wie Organe nachwachsen können. Diese verschiedenen und dabei doch ähnlichen Bewusstseins-Erweiterungswege lassen eine gigantische quantenbeeinflusste Zukunft erwarten und dann heißt es: **Bewusstsein ist alles!**

Eines ist dabei sicher: Mit dem Wissen aus diesem Buch und einem veränderten Denken und entsprechenden Entscheidungen verändern wir nicht nur unsere Gesundheit, sondern auch unsere Zukunft!

In diesem Sinne grüßt Sie

*Ihr Johannes Holey*

# TEIL 1

## Unser Bewusstseins-Ist-Zustand

# Die Familie als gesunde Basis

Die Familie ist der sichtbare und bestens bewährte Weg einer Bewusstseinsentwicklung vom ICH über das DU zum WIR. Die Begegnung zweier einzelner Menschen macht glücklich, wenn sie das DU entdecken und noch glücklicher, wenn sie zum WIR werden, zu einer Familie. Ich selbst bin es bis jetzt noch, wenn ich zurückdenke – mit neun gesunden und wohlgeratenen Enkelinnen und Enkeln. Obwohl ich heute auch den Abstand genieße, bin ich der gleichen Meinung wie der bekannte Journalist Claus Jakobi: *„Nichts kommt der Familie gleich... Nirgendwo auf Erden sind Glück, Geborgenheit und Liebe so vereint wie in einer Familie."* (Bild-Zeitung vom 7.3.2009)

Unsere eigene Familie hatte da ein sehr interessantes Erlebnis. Unsere Tochter Iris wollten wir in ein Internat bringen, und auf der Suche landeten wir in der Internatsschule Schloss Salem. Der damalige Direktor Dr. phil. Bernhard Bueb, den ich nachher noch lobend erwähnen werde, erläuterte uns die überlange Warteliste, nahm unsere Vierzehnjährige jedoch trotzdem ganz kurzfristig auf. Seine Begründung dafür waren nicht ihre Schulnoten, sondern dass sie aus einer intakten Familie, „einem ordentlichen Haus" komme. In diesem renommierten Internat gab es *„...zu viele Jugendliche, die aus gescheiterten Ehen und Familien oder von im Ausland arbeitenden Eltern stammen"*, war seine Erklärung. Unsere Tochter bekam und übernahm dann auch schon in kurzer Zeit mehrfach verantwortliche Positionen – so wie in ihrem heutigen Beruf als Heilpraktikerin und Mutter von drei Kindern.

In den letzten Jahrzehnten hat sich allerdings ganz offensichtlich gezeigt, dass unsere Wohlstandszivilisation glaubt, sich von der Familienbürde befreien zu können. Das ICH kommt sich wieder so wichtig vor, und die ‚Familien' entarten zu Partnerschaften – Papa macht Karriere und Mama verwirklicht sich: Da ist jedes Kind zu viel – nicht nur bei uns, sondern alle sich zivilisiert nennenden Länder leiden inzwischen an Kinderschwund. *„Die Zukunft des Volkes hängt nicht von der*

*Zahl der Kraftwagen ab, sondern von der Zahl der Kinderwagen"*, erkannte schon nach Kriegsende Kardinal Josef Frings (1887-1978).

Man hat ausgerechnet, dass sich eine Kultur erhalten kann, wenn die Geburten- oder ihre ‚Fruchtbarkeitsrate' mindestens 2,11 Kinder pro Familie beträgt. Und wie sieht das heute aus? Unser Ist-Zustand in Deutschland, in Österreich und der Schweiz lautet 1,3 Kinder.

Dabei habe ich Verständnis für den heutigen, unabhängigen Typus der neuen Frauen und das Freisein von jahrtausendelang währenden Zwängen wie das 3-K-Syndrom ‚*Kirche-Küche-Kinder*'. Die Soziologin Soraya Schill hat für ihre Diplomarbeit im Frühjahr 2010 aktuell recherchiert, dass 68,9 Prozent der befragten weiblichen Führungskräfte gar keine Kinder haben. Volkswirtschaftlich bedeutet das mindestens drei Einschränkungen: **Die klassische und bewährte Familie ist bei uns in Bedrängnis geraten, und die Selbstbewusst-Erfolgreichen vererben weder ihre Gene noch ihr Erziehungspotential.**

Doch zwei Erkenntnisse lassen hoffen. Die erste habe ich in der Wirtschafts-Rezession der Jahre um 1982 selbst erlebt. Ich steckte damals mit unserem Betrieb noch ganz in der Branche der festlichen Mode und zwar speziell der Braut- und Abendmode. Dabei wurde bestätigt, was mir ein älterer Kollege verraten hat: *„Wenn die Zeiten schlechter werden, rücken die Menschen zusammen, und viele Paare, die sonst nur zusammenleben, legalisieren das jetzt und heiraten."* Er hatte Recht, denn plötzlich entstanden wieder bewusste Familien, und der große Familienanhang feierte diesen glücklichen Umstand gehörig mit.

Und meine zweite Erkenntnis ist noch wichtiger. Trotz aller Klage halten Millionen liebevoller Familien weiterhin die Stellung.

*„Eltern, die – allen Widrigkeiten zum Trotz – ihre Kinder in Liebe einhüllen, ihnen Vorbild sind, geben ihnen auf den Lebensweg mit, was sie für das Beste halten."* (Claus Jakobi) Und geben wir damit einer weiteren Bestätigung unsere ganze gedankliche Kraft, die der große deutsche Erzähler Jean Paul (1763-1825, nach ihm wird der »Große Literaturpreis des Freistaates Bayern« benannt) so ausgedrückt hat:

*„Mit einer Kindheit voll Liebe aber kann man ein halbes Leben hindurch für die kalte Welt haushalten."*

Es ließe sich wohl ein Buch voll darüber schreiben – und das gibt es sicherlich schon –, was die Ursachen dieses veränderten Zeitgeschehens in unseren Familien sind und wo man sie suchen könnte. An dieser Stelle möchte ich drei Anregungen geben, wo wir Grundsätzliches dazu finden und auch schrittweise verändern können.

Erstens führt uns unser atheistischer Materialismus in eine grundlegende **Entgottung** und **Entseelung** – ähnlich der vielen vitalstoffarmen körperlichen Nahrungsmittel, deren leeres Übermaß schließlich zu Übergewicht führt, wobei wir Deutsche heute darin Europameister sind. Dazu schreibt Sigrid Beckmann-Lamb, die Gründerin von »Bildung und Mensch e.V.«[5] in ihrer Broschüre »Ehrfurcht vor dem Leben«:

*„Doch wie wenig gelten heute Körper in jedweder Form – Körper verstanden im Sinne eines Gefäßes für Geist und Seele, die sich durch sie zum Ausdruck bringen. Wir leben in einer Ex-und-Hopp-Gesellschaft, in der man alles auf Sachlichkeit, Zweckmäßigkeit und Effektivität reduziert hat. Es herrscht das Zeitalter der großen ‚Entseelung‘!"*

Der Friedensnobelpreisträger Albert Schweitzer beklagte es schon zu seiner Zeit:

*„Die gewöhnliche Überbeschäftigung des modernen Menschen in allen Gesellschaftskreisen hat zur Folge, dass das Geistige im Menschen verkümmert. Die ihm bleibende Muße, in der Beschäftigung mit sich selbst oder in ernster Unterhaltung mit Menschen oder Büchern zu verbringen, erfordert eine Sammlung, die ihm schwerfällt. Absolute Untätigkeit, Ablenkung von sich selbst und Vergessen sind ein physisches Bedürfnis für ihn. Als ein Nichtdenkender will er sich verhalten. Nicht Bildung sucht er, sondern Unterhaltung, und zwar solche, die die geringsten geistigen Anforderungen stellt."*

Somit komme ich zum zweiten ‚strahlenden Gesicht‘ unseres zeitgemäßen Bewusstseins: der **Fernsehapparat als Zimmer-Altar**. Körperliche Bequemlichkeit und stundenlange, wert- und gedankenlose Glotzeritis lassen uns geistig unterernährt sein. *Informationsüberfütte-*

23

*rung* führt zu einem gedanklichen Flachhalten des inneren Interessensballs, vor allem mit den zunehmend schneller werdenden Bildfolgen. Dies ist eine erschreckende, psychologische Technik, die an unserer kontrollierenden linken Gehirnhälfte vorbei direkt und wie hypnotisierend ins Unterbewusste gehämmert werden kann – für die meisten vielleicht noch schlimmer: ins Un-Bewusste. Und dort lauert dieses Unkontrollierte dann und zeigt sich meistens erst im Umgang miteinander wieder. So stellt sich schon bei vielen das ,moderne' Familienleben dar. Außerdem:

**Je öfter wir auf Dinge reagieren, die uns nicht unmittelbar selbst betreffen, desto öfter ignorieren wir Dinge, um die wir uns kümmern könnten!**

Daher klagen so viele Menschen, sie hätten keine Zeit mehr. Der deutsche Durchschnitt liegt bei täglich 4 Stunden Fernsehen – das ist Zeitvergeudung, Zeitverschwendung und gedankliche und gefühlsmäßige *Massenanpassung*. Man versucht, dieser resignierenden Sucht auch eine Wertigkeit zu geben, indem man von ,sozialer Vernetzung' spricht – erschreckend, wenn ich mir die Familien mit den viereckigen Pupillen vorstelle.

*Körperlich* belasten beim Fernsehen die gemeinsame Bewegungsarmut, die Sauerstoffarmut und die minderwertige Kalorienaufnahme durch emotionales ,Futtern' und Trinken, denn Fernsehen wurde inzwischen zur Hauptfreizeitbeschäftigung vieler Familien. *Geistig* belasten uns schauspielerische Darstellungen von Themenkreisen, die uns etwas vor-machen, vor-spielen und vor-gaukeln, was allmählich unsere Gedanken- und Gefühlswelt umprogrammieren soll und es auch irgendwann erreicht – diese akzeptierte Veräppelung nennt sich dann *Zeitgeist*. Da in vielen Familien aus Zeitmangel der Fernsehapparat auch die Erziehung des sich selbst überlassenen Nachwuchses übernimmt, zieht auch immer mehr *Passivität* wie auch innere und äußere *Unbeweglichkeit* mit in die jugendliche Entwicklung ein.

Einen praktischen Lösungsvorschlag bringt dazu Professor Dr. Christian Pfeiffer, Direktor des »Kriminologischen Forschungsinstituts Niedersachsen e.V.«:

*„Immer mehr Kinder und Jugendliche geraten in Deutschland zuneh-*
*mend durch ihren oft sehr extensiven Medienkonsum in schulische Lei-*
*stungskrisen und sonstige Verhaltensprobleme. Wer gemeinsam mitein-*
*ander musiziert, braucht ein hohes Maß an sozialen Fähigkeiten: Musi-*
*zierende halten sich an vereinbarte Regeln und fügen sich harmonisch*
*in Gruppen ein, um zu einem Gleichklang zu finden...“*

Das ist richtig: Soweit man in der Geschichte zurückblicken kann,
spielte Musik im Leben der Menschen eine wichtige Rolle, und bis zum
heutigen Tag sind für das *kindliche Erleben* Musik und Tanz eng miteinander verbunden.

Auch Helma, die Frau meines Sohnes Jan van Helsing, berichtete
mir etwas zu diesem Thema — über deren jüngsten Sohn Arian (zu diesem Zeitpunkt 4 Jahre alt):

*Schon Joachim-Ernst Berendt sagte, das erste Sinnesorgan im Fötus*
*und das letzte, was ein Mensch vor seinem Tod verliert, ist sein Gehör.*
*Das Hören lässt uns nicht nur an der Umwelt teilhaben, sondern er-*
*möglicht auch ein Miteinander und Kommunikation. Gehör hat auch*
*viel mit Bewegung und Taktgefühl zu tun. Ohne Gehör sind zum Bei-*
*spiel Bewegung beziehungsweise sind Bewegungsabläufe und die Moto-*
*rik erschwert (siehe Gehörlose). Taktgefühl, nicht nur im musikalischen*
*Sinne, hängt mit dem Hören zusammen.*
*Nicht jeder Mensch hat eine musikalische Begabung wie zum Beispiel*
*Mozart, dennoch unterstützt beziehungsweise fördert eine ‚musikalische*
*Erziehung‘ entweder diese Begabung oder fördert die Motorik, die*
*Kommunikation, das Taktgefühl im Umgang mit Menschen, das Zuhö-*
*ren, das Hinhören. Zuhören und Hinhören begünstigen das Mitgefühl,*
*Einfühlungsvermögen, das Fühlen, die Achtsamkeit und Harmonie.*
*Wer nicht zuhören kann, verpasst so einiges im Leben und bleibt letzt-*
*endlich allein.*
*Eine fundierte musikalische Früherziehung versucht nicht nur Kinder*
*mit den unterschiedlichsten Instrumenten bekannt zu machen, sondern*
*auch, Töne und Klänge elementar zu verstehen und zu erzeugen. Zum*
*Beispiel wird geübt, mit welchen Körperteilen man Töne erzeugen*
*kann, mit welchen Gegenständen Töne entstehen können, wie sich Tö-*

ne und Rhythmen im Körper erleben und durch Bewegung vertiefen lassen. Wie fühlen sich Töne an, wo fühle ich Töne, welche Töne macht meine Umwelt, und wie erkenne ich sie? Die Kinder machen dann am Ende des Unterrichts das nach, was sie die Stunde über gelernt haben.

Gehörsensibilisierung verstärkt Körpererfahrung, kreative Entfaltung der Empfindungen im musikalischen Bereich, gemeinsames Erlernen des Spielens von Instrumenten oder Singen von Liedern, Erlernen von selbstbewussten Ausdrucksformen der Alltagserfahrung, sensible Wahrnehmung des Selbst und des anderen...

Da die Wahrnehmungen unseres Ohres zehn Mal genauer sind als die des Auges, wird deutlich, wie wichtig es ist, sich bewusst darüber zu werden, was wir den Tag über hören – welche Musik, welche Worte. Alles übt einen direkten Einfluss auf unser Unterbewusstsein aus und hat immer irgendwelche Folgen. Babys können zum Beispiel alleine am Tonfall der Stimme erkennen, was gemeint ist, auch wenn sie noch nicht die einzelnen Worte verstehen. Deshalb ist es so wichtig, Kinder von klein auf auch an eine andere, bewusste Sprache und Ausdrucksweise heranzuführen, ohne den negativen Tonus wie zum Beispiel Lügen, Unwahrheiten usw.. Kindern die Welt begreiflich zu machen über Sprache und Gefühl ist das A und O. Zum Beispiel habe ich mit unserem Arian, seit er auf der Welt ist, ständig geredet oder ihm Lieder vorgesungen oder klassische oder kindgerechte Musik und Töne vorgespielt. Er liebte es, herumgetragen zu werden, Wärme und Nähe zu spüren und zu kuscheln. Er wollte alles sehen mit seinen großen, neugierigen Augen. Und ich habe mir die Zeit genommen und ihm alles erklärt, was und warum ich etwas mache (Hausarbeit usw.). Arian ist seit dem ersten Lebensjahr in der musikalischen Früherziehung. Deswegen konnte er relativ früh verstehen, sich ausdrücken, sprechen und vor allem logisch schlussfolgern, sogar schwierige Wörter. Er reimt mit seinen vier Jahren, macht Redewitze. Zudem hat er ein sehr empfindliches Gehör und kann sich schnell Lieder einprägen und mitsingen. Kinder lernen am besten über Vorbilder und durch selbst gemachte Erfahrung, was zur Nachahmung animiert. Der Rest ist Förderung durch die Eltern."

So komme ich zu meiner dritten Erkenntnis in unserem alltäglichen Bewusstseins-Ist-Zustand: das **zunehmende Ego** als Vereinzelung gegen die unterbewusste und zunehmende Vermassung, was immer mehr in den Familien spürbar wird. Auch hier passt der Vergleich, auf den wir in diesem Buch immer wieder stoßen werden: ähnlich der vitalstoffarmen körperlichen Nahrungsmittel, die wir im Übermaß zu uns nehmen, um den inhaltlosen Mangel auszugleichen, was aber schließlich nur zu Übergewicht führt. So kranken auch immer mehr Familien an einem Auseinanderbrechen – jeder sucht nur noch ‚*seinen Inhalt*'. Eigenwille kontra Gemeinsamkeit? Der Arzt, Kabarettist und mehrfache Bestsellerautor Dr. med. Eckart von Hirschhausen meinte trocken: „*Liebe dich selbst, und dann können dich die anderen gern haben!*" Der Autosuggestionslehrer Franz Josef Neffe gibt humorig noch eines oben drauf: „*Du sollst den Nächsten lieben wie Dich selbst – aber kann man ihm das antun?*"

Diese Entwicklung zu solchem passivwirkenden Unbeteiligtsein betrifft besonders unsere Jugend – „*...was kümmert mich euer Gemache!*" oder „*...ich kümmere mich nur noch um mich!*" Ist das ein Hilferuf nach Liebe, um täglich gelebte Gemeinsamkeiten? Die eigene Ausgrenzung in eine *eigene Welt* ist für viele ein Bedürfnis, weil sie die Welt der Erwachsenen voller Zeitmangel, Lügen und notdürftiger Anpassungen weder animiert noch ihnen lebenswert erscheint. Dadurch entsteht dann immer öfter eine Flucht auf eigenen und eigenwilligeren und eigensinnigen Wegen.

Die Lehrerin Jutta Buschmeier schildert in einer Broschüre »Erziehungsvorstellungen im Wandel« (im Arbeitskreis Bildung und Mensch e.V.[5]):

„*Konflikte und zerbrochene Beziehungen unter Geschwistern, Eltern, Kindern und Ehepaaren nehmen rapide zu. Die Hauptursache besteht darin, dass sie fast immer zu wenig Herzenswärme erfahren haben und ein frohes, konstruktives Miteinander nie erlernten. Warum streiten sich unsere Kinder überhaupt? Und wie können sie wieder zueinanderfinden? Was bedeuten achtsamer Umgang und gutes Benehmen für den Einzelnen?*"

Natürlich können Schulen die kleine Gemeinschaft der Familie nicht ersetzen – diese dann viel größere Gemeinschaft baut eigentlich auf das jahrelange, kleine Zuhause für den nächsten Lebensschritt als Neues auf. Und dabei sollen die Organe eines beamteten Schulsystems auch noch positiv reagieren können?

So berichtet der »Südkurier«(218/2006): *„Mit seiner Streitschrift »Lob der Disziplin« entfacht Salems ehemaliger Schulleiter Bernhard Bueb eine überfällige Debatte.“*[6] Er fordert in seinem Buch klar den zentralen Auftrag aller Erziehung, *„...den Glauben junger Menschen an sich selbst zu stärken“.* Jeder Erziehende habe die Pflicht, Kinder und Jugendliche anzuleiten, damit sie zu sich selbst finden und an ihre Fähigkeiten glauben – und das ist verantwortungsvolles Führen an langer Leine. Darauf gehe ich im übernächsten Kapitel ausführlicher ein.

Zwar war das Ausbrechen aus gesellschaftlichen Zwängen in der Menschheitsgeschichte schon immer die Herausforderung zu neuem Gedankengut und Neuentwicklungen – sonst lebten wir noch in der Steinzeit –, doch durch das heutige materialistische Multikulti wird das noch ganz neue Formen annehmen. Und davor bestehen auch bei diesen Jugendlichen und jungen Frauen und Männern gewaltige bewusste und/oder unbewusste Ängste.

Im Gegensatz zur *Ent*-wicklung der eigenen Veranlagungen bieten sich nämlich bequeme Möglichkeiten an, lieber ein Schneckenhaus zu bauen: TV-Konsum, Computerspiele, Drogen, Schlafbedürfnis oder Faulheit. Andere versuchen, die Aufmerksamkeit auf sich zu lenken, indem sie sich als Halbstarke verkleiden, tätowieren, randalieren, politisch radikalisieren (links oder rechts) – und aufmerksam machen wollen, auf sich und auf Missstände oder einfach nur auffallen wollen.

Der Hochgradfreimaurer, den mein Sohn Jan in seinem Buch »Geheimgesellschaften 3« interviewt, versichert:

*„Alle knechtenden Systeme beginnen mit der Vision einer neuen Freiheit und mit unbegrenzten Möglichkeiten. Sie nutzen den unstillbaren Freiheitsdrang des Menschen, um ihn dann in eine noch größere Unfreiheit zu zwingen. Es ist schon beängstigend zu beobachten, wie riesige Mengen von jungen Menschen den Cyberspace-Rattenfängern folgen.“*

# Genderismus – die behördliche Umerziehung

Der Sozialhistoriker und Pulitzer-Preisträger Will Durant (1885-1981) bestätigt: *„Die Familie ist der Kern der Zivilisation."* Und Frank Schirrmacher, Autor und Mitherausgeber der »Frankfurter Allgemeinen Zeitung«, warnt in seinem neuen Buch »Minimum – ein SOS-Ruf für die Familie«: *„Ohne intakte Familien gehen wir unter!"*[7]

Und genau das ist bezweckt! Da gibt es nämlich eine geplante Entwicklung im Rahmen der NWO (New World Order = Neue Weltordnung), die sich egomanisch veranlagte und ebenso erzogene Reiche und Mächtige – von krankhafter Ichsucht geplagt – ausgedacht haben. Sie halten sich für die Elite unseres Planeten — in Band 1 bin ich ausführlich darauf eingegangen –, in der Wirtschaft, in der Industrie, auch in der Waffenentwicklung, in der Pharmaindustrie, in der Nahrungsmittelindustrie, in der Medizin, in der Wetterverheerung wie auch in den Kirchen und allen anderen wichtigen Positionen. Wer von meinen lieben Leserinnen und Lesern davon noch nicht überzeugt ist, kann sich ja die ausführlichen Aussagen des oben zitierten Hochgradfreimaurers zu Gemüte führen. Alle wichtigen Positionen unserer heutigen Welt sind von Freimaurern und solchen Männern, die sich für ‚erleuchtet' halten (auf Latein *illuminati*) und anderen Geheimbündlern und männlichen Bruderschaften gezielt besetzt – alle! Darüber gibt es längst ausführlich erforschte Sachbücher, die zum Beispiel über die »Trilaterale Kommission«, die »Bilderberger«, den »Club of Rome«, die »United Nations«, den »Council on Foreign Relations – CFR«, »B'nai B'rith«, »Skull & Bones« und andere berichten.

Das Bilderberger-Mitglied Henry Kissinger offenbarte schon in den 1970er-Jahren: *»Mit der Kontrolle über das Öl beherrscht man die Nationen; mit der Kontrolle über die Nahrungsmittel beherrscht man die Bevölkerungen; mit der Kontrolle über das Geld beherrscht man die Welt.«* Unser wirtschaftlicher, politischer und sozialer Ist-Zustand bestätigt diese NWO-Zukunftsplanung, wie sie Kissinger formulierte, bereits voll und ganz.

Seit ein paar Jahren kursiert der Text des Gesprächs zwischen dem mächtigen Nicolas Rockefeller und dem Hollywood-Direktor und zeitkritischen Dokumentarfilmer Aaron Russo (1943-2007), in dem es unter anderem heißt:

> *„Dabei fragte Rockefeller den Aaron Russo, was er denn denke, wofür die Befreiungsbewegung der Frauen gut sei. Russos Antwort, er glaube es ginge um das Recht auf Arbeit und darum, den gleichen Lohn wie Männer zu bekommen, brachte Rockefeller dazu, lachend zu erwidern: ‚Sie sind ein Idiot! Lassen Sie mich Ihnen erzählen, um was es hier geht: Wir Rockefellers förderten das, wir finanzierten die Bewegung, wir sind jene, die alle die Zeitungen und das Fernsehen haben – die Rockefeller Foundation.' Rockefeller erzählte Russo über zwei hauptsächliche Gründe, warum die Elite für die Befreiungsbewegung der Frauen die Geldmittel bereitstellte: erstens, weil vor der Frauen-Bewegung eine Hälfte der Bevölkerung nicht besteuert werden konnte, und zweitens, weil es ihnen ermöglichte, die Kinder in einem früheren Alter in die Kindergärten zu bringen, damit man sie dort dahingehend indoktrinieren könne, den Staat als hauptsächliche Familie anzunehmen und um das traditionelle Familienmodell zu zerbrechen. Diese Enthüllung stimmt mit früheren Zugeständnissen seitens der feministischen Vorkämpferin Gloria Steinem überein, dass die CIA die Zeitschrift ‚Ms. Magazine' als Teil des gleichen Programms zur Zerschlagung des traditionellen Familienmodells finanzierte.“*

So bestätigt unser diesbezüglich immer klarer erkennbares Zeitgeschehen, dass es sehr wohl eine solche weltweite Zielsetzung gibt. Und das wirtschaftlich wie kulturell hochstehende Europa wurde das Übungsfeld Nummer 1. Das bestätigt auch der oben zitierte Hochgradfreimaurer, den Jan interviewt:

> *„Die geheimen Weltherrscher stiften, so gut es geht, Chaos, und zwar durch die Aufhebung von regionalen Grenzen, Verrohung der Kinder, Videospiele und Internet, Zerstörung von Werten wie Familie, Tradition, Kultur, religiöse Ansichten, Ehre und Stolz.“*

Ganz real bestätigt das auch die EU-Bürokratie – ein geschicktes Hintertürchen. Der Begriff **Gender-Mainstreaming** (Englisch etwa ‚Integration der Geschlechter') oder **Gleichstellungspolitik** bezeichnet den Versuch, die Gleichstellung der Geschlechter auf allen gesellschaftlichen Ebenen durchzusetzen. Bekannt wurde Gender-Mainstreaming insbesondere dadurch, dass der Amsterdamer Vertrag 1997/1999 das Konzept zum offiziellen Ziel der Gleichstellungspolitik der EU machte. So besteht die Aufgabe des Gender-Mainstreaming darin, den Blick weg von ‚den Frauen' – also sogenannten ‚frauenspezifischen' Problemen oder Politikfeldern – auf ‚die Geschlechter' allgemein zu richten, damit eine geschlechtersensible Perspektive in alle sozio-politischen und wirtschaftlichen Bereiche integriert werden und somit eine Gleichstellung der Geschlechter in allen Bereichen gefordert werden kann.[100]

Inzwischen gendert es immer verrückter, geradezu unglaublich. In diesem Sinne schreibt Barbara Thielmann (www.caduceum.de) in ihrem Newsletternachtrag vom 9.6.2010:

*„Es geht inhaltlich um die durch EU-Verordnung amtliche Abschaffung der Begriffe ‚Mama' und ‚Papa'. Wer bis jetzt noch nicht bemerkt hat, wes Geistes Kind die EU ist, sollte allerspätestens bei diesen ‚Verordnungen' auf ‚roten Alarm' schalten. Es geht um die Keimzelle jeder intakten Gesellschaft, die Familie – und es geht um unsere Kinder! Das heißt, die Zukunft unseres Planeten!*

*Und um es noch ein bisschen drastischer und alarmierender darzustellen: Wo, wenn Ihr wieder auf der Erde inkarnieren möchtet, wollt Ihr das denn tun, wenn nicht in den Nachkommen? Was aber, wenn diese Nachkommenschaft durch eine verschandelte Genetik und durch unethische Programme nur noch zweitklassige Körper und ein ethisch blockiertes morphisches Feld zur Verfügung stellt? Ein Feld, in dem eine spirituelle und ethische Entwicklung auf Generationen unmöglich geworden ist? Was dann? Ich bitte Euch, einmal in diesem weiten Horizont zu denken..."*

Ich nenne so etwas eine Bewusstseinserweiterung, zu der uns Barbara Thielmann dringend auffordert. Genauer besehen geht es hier um unsere ganz spezielle und individuelle **Selbstbewusstseins-Erweiterung**.

Auch die Europäische Union ist sich seit Jahren nahezu einig: Nichts ist verstaubter (und nichts ist in Wahrheit gefährlicher) als die traditionelle Familie. Und die Beschlussvorlage 12267 im »Ausschuss für Chancengleichheit von Frauen und Männern« im Europarat meint es wohl sehr ernst mit der sogenannten ‚Gendergleichheit‘, die in den Nationen gegen unerlaubte Begriffe wie *Mutter* und *Vater* amtlich vorgehen soll. (Eva Herman in www.kopp-online.com)

Was werden sich die manipulierenden Schlauberger wohl einfallen lassen, wenn in unserer gut florierenden Industrie nicht mehr von *Mutter*- und *Tochter*-gesellschaften gesprochen werden darf?

## Die Familie hat Zukunft

Die selbsternannte Elite im Hintergrund des Weltgeschehens nennt es ‚*ordo ab chao*‘, die Umsetzung der Agenda ‚*schöne neue Welt aus dem Chaos*‘. Sie meinen es allerdings ganz anders als wir. Wie schon Barbara Thielmann darauf hingewiesen hat, geht es in der elitären Diktatur vor allem auch um den Umbau für die Zukunft und die inneren Umstrukturierungen der nächsten Generationen.

**Durch die materiell ausgerichteten Erziehungssysteme soll gehirngewaschener Nachwuchs in die etablierten Erfolgssysteme ein- und angepasst werden.**

Das funktioniert ja bis heute schon ganz gut – wenn es von Störungen bewahrt bleibt. Welche Störungen können das sein? Natürlich all die wirtschaftlichen und die gesundheitlichen, das ist ja unser Alltag. Doch da gibt es noch etwas: Krieg in Europa ist zwar vorbei, doch tausend Kleinkriege gegen die immer mächtiger werdende Matrix werden zunehmen, und das scheint der *innere* Umbruch und Aufbruch zu werden – vor und nach 2012.

Dabei entsteht inzwischen längst eine ‚*andere schöne neue Welt*‘ mit ganz anderen Nachkommen, mit unseren *neuen* Jugendlichen, mit der *neuen* Generation. Neu heißt im Lateinischen *neo* – erinnern Sie sich an die Botschaft des Filmes »Matrix«?

Schon im Jahr 2001 hat Jan in seinem Buch »Die Kinder des neuen Jahrtausends – mediale Kinder verändern die Welt« darauf hingewiesen, dass da etwas Unvorstellbares abläuft, denn reife und alte und uralte Seelen kommen in neuen ‚Gewändern‘ zu uns. Ein kurzer Hinweis, falls Sie das Buch noch nicht kennen: Es dient einerseits als Hilfe für Eltern medialer Kinder, diese besser zu verstehen, die eigenen schlummernden Fähigkeiten wieder aufzufrischen oder neu zu wecken, ist aber gleichzeitig auch eine Fibel für diese Kinder und Jugendlichen selbst, um zu erkennen, dass sie nicht alleine sind und vor allem eines nicht: verrückt! Der dreizehnjährige Lorenz sieht beispielsweise seinen verstorbenen Großvater, spricht mit ihm und gibt dessen Hinweise aus dem Jenseits an andere weiter. Kevin kommt ins Bett der Eltern gekrochen und erzählt, „*...dass der große Engel wieder am Bett stand*“. Peter ist neun und kann nicht nur die Aura um Lebewesen sehen, sondern auch die Gedanken anderer Menschen lesen. Vladimir liest aus verschlossenen Büchern, und sein Bruder Sergej verbiegt Löffel durch Gedankenkraft. Wie Jan in diesem, durch viele Fallbeispiele belebten Buch aufzeigt, schlummern in allen Kindern solche und viele andere Talente, die jedoch überwiegend durch falsche Religions- und Erziehungssysteme, aber auch durch Unachtsamkeit oder fehlende Kenntnis der Eltern leicht übersehen oder gar verdrängt werden. Und das Spannendste an dieser Tatsache ist: Diese neuen Kinder, ob sie nun ‚Indigo-Kinder‘ sind oder ‚Kristall-Kinder‘ oder andere Prädikate bekommen, sie kommen zu Millionen und leben mitten unter uns.

Ob wir das nun ‚Wassermann-Zeitalter‘ nennen oder »(R)evolution« oder einfach nur ‚ein neues Zeitalter‘, soll uns nicht davon ablenken, dass wesentliche Veränderungen angesagt sind. Einige laufen schon auf Hochtouren, können in der Öffentlichkeit aber noch weitgehend verschwiegen werden. Ich persönlich verwende bei meinen Vorträgen zu dem Thema »2012« am liebsten das Stichwort ‚neue Reformation'.

**Die sich selbst erkorene Weltelite braucht für ihre NWO** *das äußere Chaos,* **doch der Aufbruch und der Aufstieg ist der Weg eines** *inneren Chaos,* **des inneren Zusammenbruchs – aber auch der inneren Rebellion.**

Diesen Weg in die neue Zeit spüren wir natürlich zuerst in unseren Familien, fühlbar vor allem auch in unseren eigenen Familien. Auch meine Familie hat das schon erlebt – ein gut gehender Betrieb der Modebranche und drei Kinder mit völlig anderen Ambitionen: Die eine Tochter ist vollberufliche Mutter von vier Kindern, Sohnemann Jan mit zwei Söhnen *reformiert* als Autor und Verleger, und die andere Tochter, Mutter dreier Kinder, *reformiert* gemeinsam mit ihrem Mann im alternativen Gesundheitsbereich als Heilpraktiker und Therapeuten – alle erfolgreich.

Wie geht es Ihnen? Wie sieht es in Ihrer Familie aus? Was macht dieser Aufbruch und Umbruch mit Ihrer Familie? Bläst Ihnen auch schon der neue Wind ins Gesicht und das schon eine ganze Weile? Es kann manchmal recht stürmisch zugehen. Und sind Sie am Ende sogar stolz darauf, dass sich auch bei Ihnen solche Reformatorinnen und ‚Ketzer' eingenistet haben? Als Routinekiller?

Darf ich Sie dabei an den oben erwähnten ehemaligen Schulleiter Dr. Bernhard Bueb von dem sogenannten Eliteinternat Salem erinnern, der in seinem Buch fordert „*...den Glauben junger Menschen an sich selbst zu stärken*"?

## Druck statt Autosuggestion

Ein gekonnter Rote-Karte-Winker ist auch der Autorenkollege, ehemalige Lehrer, Diplom-Pädagoge und heutige Leiter der »Ich-kann-Schule«[8] Franz Josef Neffe. Er setzt modern um, was der französische Apotheker, Autor sowie Begründer der modernen, bewussten **Autosuggestion**, Émile Coué (1857-1926), einst lehrte.

Übertragen auf unsere Jugendlichen wird das besonders sichtbar und offenbart sich dabei immer deutlicher das Dilemma des ‚Müssens' und des ‚Drucks' – das pure Gegenteil von Autosuggestion und Selbstbeeinflussung und Selbstbewusstsein. Da wir nur schauen, was und wie, aber nicht *in welchem Geiste* wir es tun, fällt uns gar nicht auf, dass man in unseren Schulen gar nicht Rechnen und Schreiben und Lesen lernt, sondern Rechnen-*müssen* und Schreiben-*müssen* und Lesen-*müssen*. Wer das, was er *muss*, immer noch perfekter macht, aus dem wird kein *Könner*, sondern ein *Super-Müsser*. Franz Neffe schrieb mir:

*„Dass wir uns zu Super-Müssern haben machen lassen, ist uns unbewusst. Da uns ‚das Unbewusste' von der Pädagogik tabuisiert wurde, suchen wir die Lösung stets in der verkehrten Richtung: Wir verdoppeln unsere bewussten Anstrengungen und finden uns dann logischerweise nur doppelt angestrengt wieder. So graben wir uns ständig selbst das Wasser ab und stöhnen dann, weil wir auf dem Trockenen sitzen. Es ist kein Zufall, dass inzwischen nicht nur Lehrer massiv an Burnout leiden, sondern auch viele, die was von ihnen gelernt haben.*

*Das Er-zieh-ungsmittel der ‚Du-musst-Schule', die man eigentlich, genauer, als Lehrplanvollstreckungsanstalt bezeichnen müsste, ist der* **Druck**. *Für das, was sie damit anrichtet, ist sie offensichtlich vollkommen blind. Statt die originale Aufgabe zu achten und anzunehmen, die das Leben stellt, tritt die Schule jeden Morgen mit der schriftlichen Unterrichtsvorbereitung gegen das Leben an. Die Schüler haben sich vom Leben abzuwenden und sich den schulischen Schablonen zu unterwerfen und einzufügen. Wie zu Zeiten der Leibeigenschaft geht es immer noch ums Gefügigmachen. Hier dazu die jeweils ersten Sätze von Andis Zeugnissen: ‚A. hat sich noch nicht richtig eingelebt. – A. hat sich immer noch nicht richtig eingelebt. – A. hat sich noch nicht richtig eingefügt. – A. hat sich immer noch nicht richtig eingefügt.' Das nenne ich ‚die Unkunst der Fuge' und kommentiere: ‚Die Unkunst des Fügens bringt – Gottseidank! – die Kunst des Unfugs hervor.'*

*Druck komprimiert die Probleme. Das ist das Gegenteil von Lösung. Sie schauen dann zwar vorübergehend kleiner aus, aber sie sind es nicht. Sie sind nur zurückgestaut und gefährlich. Wenn man nicht mehr*

35

*drücken kann, gehen sie sofort wieder auseinander. Und sie wachsen exakt um die Energie, die man zuvor hineingedrückt hat. Wenn Kinder auf diese Miss-Handlung hin mit Abwehr reagieren, diagnostizieren wir ihnen die spektakulärsten Krankheiten, nur um von unserer sturen Dummheit abzulenken. So primitiv produzieren wir uns ‚Erfurt, Winnenden & Co.' und – da wir nichts daraus lernen – die nächsten Katastrophen.*"

Das Gespräch, das ich mit Franz Neffe hatte, ging dabei hauptsächlich um das, was wir *Talente* nennen und um unsere *Gaben* – die uns die geistige Welt auf unseren Erdenweg mitgab. Das prägt im Laufe unseres Lebens unsere Individualität, unsere Eigenständigkeit und unsere Persönlichkeit. Und das ist natürlich dem massenhaften Mainstreaming und gar dem ‚diktatorischen System' einer zukünftigen NWO unangenehm – früher sind die meisten solcher angeborener Querdenker einfach auf dem Scheiterhaufen gelandet. Lesen Sie weiter eine Empfehlung des »Ich-kann-Lehrers« Neffe, die bildlich so leicht auf uns ‚Erwachsene' zu übertragen ist:

*„Es geht doch ganz anders. Wenn ich mir die vielen, so oft misshandelten Talente der Kinder anschaue, frage ich, warum wir sie täglich in eine Schule schicken, die das exakte Gegenteil von dem ist, was Schule bedeutet. Wir haben doch Schulpflicht und nicht Frondienst. Das Wort Schule leitet sich von griech. echein = haben ab. Wenn die alten Griechen so sehr im Stress waren, dass sie – man könnte sagen – nicht mehr ‚alle (fünf Sinne beisammen) hatten', gönnten sie sich ‚scholä': eine kleine Auszeit, um wieder zu sich zu kommen, wieder mit sich eins zu werden, wieder Herr ihrer Sinne zu werden, sich wieder zu spüren und handlungsfähig zu sein.*
*Wenn Hansi sich heute in der 4. Klasse dieses wieder Zu-sich-Kommen gönnen wollte, würde seine Lehrerin sofort intervenieren: ‚Du tust wohl nichts!?' Und damit die Unterrichtsvollzugsbeamtin sie in Ruhe lässt, lernen Kinder, so zu tun, als ob sie was täten. Das Ergebnis sind jährlich 40.000 sog. nicht ausbildungsfähige Jugendliche. Sie sind sehr gut ausbildungsfähig, nur eben auf diese Weise nicht. Ihre Lehrer bedürften sehr viel dringlicher der Bildung ihres verkümmerten ‚Ich-kann'.*

*Alle Kinder und Erwachsenen haben tausende von Kräften, Talenten, Fähigkeiten.*
*Um es fassbar zu machen, sage ich: ‚Jeder Mensch hat mindestens 5.000 Talente.' Und ich frage: ‚Mit wie vielen davon bist Du persönlich befreundet? Jedes einzelne Deiner Talente ist ganz allein nur dafür auf dieser Welt, alles für Dich zu tun.' Und wir strengen uns an bis zum Umfallen und machen immer alles selber und vermasseln es unseren Talenten damit ständig.*
*Sie sind doch die Fachkräfte für die Lösung unserer Probleme, und wir geben ihnen weder was zu tun, noch geben wir ihnen unsere Achtung und Stärkung und Bewunderung und Dankbarkeit, die sie stärken und beleben würde. So – wir spüren es ja – ist immer alles in uns frustriert. Wäre es da nicht langsam an der Zeit, seine eigenen Talente für diese schlechte Behandlung um Verzeihung zu bitten?"*

Und so fordert uns der ‚Ich-kann-Schule-Lehrer' Neffe zum Schluss seines Schreibens auf:
*„Übernimm endlich die Hauptrolle in Deinem Leben! Mach endlich die erste Betriebsversammlung, und sag Deinen Kräften, was sie für Dich tun sollen und wie wichtig sie für Dich sind! Stärke und pflege und lenke sie, und lass sie es machen, sie können es!"*

Inzwischen kam im Oktober 2010 (auch als DVD) der neue spirituelle Film »Die Gabe – warum wir hier sind« heraus und zeigt uns, dass wir uns eigentlich nicht ändern und nicht allgemein optimieren ‚müssen', denn jeder von uns trägt bereits irgendeine individuelle Gabe in sich. **Wem es gelingt, sie zu aktivieren, der lebt automatisch das Leben, für das er auf die Welt gekommen ist.**
Wer immer stärker im Einklang mit seiner Gabe und seinen Talenten lebt, findet den Kern seiner Bestimmung und die Antwort auf die Frage nach dem Sinn seines Daseins[9]. Das wiederum sind unsere geistigen ‚Vitamine' und Lebensträger für ein erfülltes und somit gesundes Leben und Altwerden. *„Unser Potential ausschöpfen"*, heißt die Botschaft und zeigt uns als ‚Heimspieler', wie jeder von uns seine individuellen inneren Stärken schrittweise entwickeln kann. (www.die-gabe.com)

Was Franz Neffe bei der verkehrten schulischen Jugenderziehung reklamiert, repariert dann Professor Dr. Dr. Wolfgang Berger. Zeitgemäß und sehr erfolgreich reformiert und revolutioniert er die industriellen Managementsysteme und erklärt *innere und geistige Neuausrichtungen* von Unternehmen. »Business Refraiming[16]« strebt an, den Mitarbeitern einer Firma die Möglichkeit zu geben, durch ihre Arbeit vollkommenen Selbstausdruck und persönliche Weiterentwicklung zu erlangen. Unter seiner Adresse fand ich ein Interview mit der Überschrift »Eine neue Generation – die Macht der liebevollen Revolution« – eine heftige Aufforderung, die weit über die kleinen Unpässlichkeiten unserer verschiedenen Erziehungstheorien hinausgeht:

*„Wer Schwierigkeiten hat, Weisheiten von jüngeren Menschen anzunehmen, wird in Zukunft eine schwere Zeit haben. Das Schiff, das die ältere Generation gesteuert hat, ist am kentern. Die Regel, dass die Alten die Jungen lehren, ändert sich. In diese Welt inkarnieren jetzt Kinder, die die Alten lehren werden, was diese bisher nicht lernen wollten. Wir sind alte Seelen, die lange zugeschaut haben, was hier verbockt wurde. Wir haben unsere Aufgabe, unser Erbe, angetreten und lassen uns nicht mehr davon abhalten. Wir sind die Kinder, die anders sind, wir sind die Unbestechlichen. Kein Geld, keine Macht der Welt kann uns daran hindern zu tun, was zu tun ist.*

*Wir sind keine Helden und tragen keine Waffen, wir töten keine Menschen und keine Tiere – wir werden der Welt zeigen, wie man liebt. Wir sind friedvolle Krieger, die niemanden verletzen, sondern Heil bringen. Unsere Aufgabe ist es, das Leben auf dem Planeten durch unsere Anwesenheit und unser Tun zu bereichern – wir verbünden und vereinen, wir schlichten und bringen Frieden und auch Wahrheit."*[16]

Das sind neue Maßstäbe eines schon sehr erfolgreichen Befreiungsweges, den der 1948 ermordete, friedliche Freiheitskämpfer Mahatma Gandhi folgendermaßen ausdrückte: *„Ein bewusstes und aufrechtes Individuum ist sehr viel gefährlicher für die etablierte Macht als 10.000 eingeschlafene und unbewusste Individuen."*

Symbolisiert das ein aktuelles Foto? Es war im »Südkurier« am 1. Oktober 2010, dass ich dieses Foto fand. Untertitel: *„Reizgas und Wasserwerfer gegen Schüler."* ‚Stuttgart21' hat auch unsere Jugend herausgefordert – so sehr, dass der neue Chefredakteur des »Südkuriers«, Stefan Lutz, beipflichtete: *„Volkes Meinung wurde niedergeknüppelt."*

Abb. 4: Er meint es ernst!

»Spiegel-online« (15.7.2009) nennt sie die ‚Junge Elite', die da bei uns nachkommt, denn solche ‚zeitlose Seelen' drängen in allen Bereichen unaufhaltsam vor. *Jung* demonstriert dabei das Alte zugleich als *ver-altet*, wie es auch die deutsche Fußballnationalmannschaft auf ihre Art der alten Welt gezeigt hat: junges erfolgreiches Denken und Handeln im WIR. In »Spiegel-online-Kultur« vom 26.7.2010 hieß es dann gar:

*„So wie ihr neuer Kapitän traten die meisten deutschen Spieler auf: unbedarft und unverbissen, voll von kindlicher Spielfreude. Sie hatten keine starre Hierarchie mehr, sie waren ein Team und begeisterten als ‚la mannschaft' selbst die französische Sportpresse."*

Über die Shell-Studie, die alle vier Jahre veröffentlicht wird, berichtet VRN.de (15.9.2010) zum Thema ‚Werte der Familie bei der Jugend':

*„Eine gesteigerte Bedeutung kommt der Familie zu. Seit 2006 nimmt die Wichtigkeit der Familie für die Jugendlichen konstant zu. Für 76 Prozent ist die Grundlage für ein glückliches Leben eine Familie. So wundert es nicht, dass der Wunsch nach eigenen Kindern auch wieder zugenommen hat. 69 Prozent der Heranwachsenden wünschen sich eigene Kinder."*

Als Abschluss dieses Themas gebe ich Ihnen noch zwei ganz andere Erkenntnisse weiter. Die erste fand ich bei einem Jugend-Forum. Denn ein ordentliches Problem hätten natürlich auch alle wir Älteren, wenn wir ehrlich wären und uns sagen ließen: *„Probleme hat ja auch nicht die*

*Jugend, sondern das Alter, das sich nicht mehr an sie erinnert."* Na, jetzt wissen wir es.

Und das zweite Zitat zeigt uns eigentlich wieder einmal, wie relativ sowohl die Zeit als auch unsere Kritiken an der Familie sind:
*„Unsere Jugend liebt den Luxus, hat schlechte Manieren, verhöhnt die Autorität und hat keinen Respekt vor dem Alter. Unsere Kinder sind Tyrannen, sie widersprechen den Eltern und peinigen die Lehrer."* Diese Klage ist 2.400 Jahre alt und ein überlieferter Ausspruch von Sokrates.

Zur Zersplitterung der Familien zählt allerdings nicht nur die Jugend, sondern auch der lange Zeitabschnitt des **Lebensabends** – im Heim oder zuhause. 1,3 Millionen Familien in Deutschland können zusammenhalten, und *Liebe* und *Pflege* verbinden weiterhin die verschiedenen Generationen.

Somit zählt dauerhaft eigentlich nur eines, was die Grundlage aller Familien zu allen Zeiten war und ist: *die Liebe!* Die Familie ist *der* Lebensspielplatz, auf dem alle nur denkbaren Ausdrucksformen von Liebe experimentiert und gelebt werden, wobei ganz sicher die stärkste Liebe auf unserem Planeten die Mutterliebe ist. Doch auch das Entstehen der Familie ist erotische und beglückende Liebe, das tägliche Vertrauen in der Familie erkennen wir in der absoluten kindlichen Liebe, die tägliche Harmonie entsteht durch friedvolle und mitfühlende Liebe, durch praktiziertes Verstehen statt Verurteilen und durch *Er*-leben – Familie bedeutet daher ‚Dauerliebeszustand in tausend großen und kleinen Facetten des täglichen Trubels'. Es ist ein liebevolles Erleben von inneren und äußeren Gegensätzen einer zusammengeschweißten Minigemeinschaft – Gegensätze, die wir im praktischen Zusammenleben immer wieder liebevoll vereinen können.

Und diese tief verankerte Liebesbasis – als eine ‚Oase der Liebe' – ist zugleich auch ein anhaltender Vitalstoff unserer Gesundheit und unserer beruflichen Belastungsfähigkeit und unserer inneren und äußeren Stabilität – *retard* ein Leben lang.

# TEIL 2

## Die Belastungskrisen
## für unseren Körper

# Krankmachende Elektrostress-Belastungen

Unser auf Langzeit angelegter menschlicher Körper ist jahrzehntelang fähig, Belastungen der verschiedensten Art auszuhalten und zu bewältigen. Seit Jahrtausenden gab es immer wieder körperliche Höchstbelastungen, über die wir heute nur staunen können, denn wir haben uns diesmal ein Leben in einer Industrienation ausgesucht und leben im Körperkraftbereich weitgehend entlastet – oft geradezu bequem. Recht stolz können wir auf solche **sichtbaren Fortschritte** blicken, und unsere Muskel- und Pferdestärken haben längst ganz andere Bedeutungen erhalten. Welchen Aufwand hat es noch vor einhundert Jahren bedurft, mir einen Brief vom Bodensee nach La Palma zu bringen, und heute wähle ich eine Telefonnummer oder eine E-Postadresse und kann bei viel geringeren Kosten tagelang kommunizieren.

Gestern hatte mein Sohn Jan Geburtstag – ich schreibe zurzeit auf La Palma an diesem Buch (gut 4.000 Kilometer von hier nach Deutschland) und Jan forscht mit seinem Freund Stefan Erdmann im Süden Afrikas (noch mal rund 12.000 Kilometer). Ich wähle seine deutsche Handynummer und nach etlichen Sekunden hat ihn sein Mobilfunknetz in Namibia im Auto gefunden – auf der Fahrt zum Flughafen. *Das ist doch so großartig wie erschreckend!* **Es gibt kaum mehr einen Platz irgendwo auf der Welt, an dem man keinen technisch erzeugten elektromagnetischen Feldern ausgesetzt ist. Mehrere tausend Satelliten, einige hunderttausend Rundfunk-, Fernseh-, Mobilfunk- und Richtfunksender machen** *„den Himmel zum Mikrowellenherd".*

Das fand ich bei dem Elektrobiologen Dipl. BW Wulf-Dieter Rose, Gründer der IGEF, in seinem Buch »Ich stehe unter Strom – Krank durch Elektrosmog«[11]. Er schreibt außerdem:

*„Und am Erdboden sieht es nicht besser aus: Die bedenkenlose Elektrifizierung und Elektronisierung sämtlicher Lebensbereiche stößt bereits auch an technisch schwer zu überwindende Grenzen, weil sich die hochempfindlichen elektronischen Geräte und Anlagen gegenseitig stören – Handys schalten Atemkontrollgeräte in Krankenhäusern aus und viele ähnliche Beispiele."*

In dieser Zusammenfassung stelle ich Ihnen die bekanntesten modernen, von unserer Technik erzeugten energetischen Störungen und Belastungen gebündelt vor. Systematisch wird unser eigenes Körperenergiefeld immer stärker von außen attackiert und von innen geschwächt – auch Psychoterror und Ängste höhlen uns förmlich aus. Denn große Teile unseres bewundernswerten Fortschritts haben einen **unsichtbaren energetischen Hintergrund,** den wir meistens nicht einmal erahnen, geschweige denn kennen. Man verschweigt uns wohlweislich das aktuelle Ausmaß in seinen Giga-Größenordnungen und belügt uns darüber beschwichtigend mit bezahlten Untersuchungsergebnissen und Missinformationen.

**Es ist deshalb ‚lebensnotwendig', Genaueres zu wissen und uns ernsthaft und eingehend dafür zu interessieren, welche _zwangsläufigen unsichtbaren Energien_ mit unseren technischen Fortschritten kaum trennbar verbunden sind. Denn dagegen steht unsere körpereigene, biologische ‚Elektrizität': In unseren Nervenbahnen sind Milliarden elektrischer Impulse mit bis zu 120 Metern pro Sekunde unterwegs, um Informationen aus jedem Winkel unseres Körpers zum Wunderwerk Gehirn und zurück zu transportieren.**

Ich versuche, diese breitgefächerte Thematik einigermaßen ohne Emotionen darzustellen. Es ist nur ein kleiner Teil dessen, was sowohl den aufklärenden Fachleuten als auch den Verursachern schon bestens bekannt und in den spezialisierten Fachbüchern und im Internet ausreichend zu finden ist. Es kann sein, dass Insider meine praxisbezogene Auswahl belächeln, doch wenn ich mein tagtägliches Umfeld kritisch betrachte, wie wenig davon bei meinen lieben Mitmenschen tatsächlich schon bekannt ist, brauche ich viel Magenbitter. Es ist insofern darüber viel zu wenig bekannt, weil bewusst und gekonnt von der gesamten Systempresse nur Teilwahrheitchen und Zurechtgebogenes veröffentlicht werden dürfen. Von den gigantischen Werbeetats der betreffenden globalen Industrien mit ihren hochbezahlten Lobbyisten lässt sich nämlich gut wirtschaften und leben.

*„In Deutschland kommen schon jetzt auf knapp 50.000 Journalisten rund 40.000 PR-Fachleute. Es sind professionelle Einflüsterer"*, schreibt Michael Grandt in KOPP-exklusiv (15/10). Das, was ‚man' auf diesen Wegen erfährt, überzeugt bewusst ungenügend, um deshalb im eigenen Leben und vor allem im Alltag etwas *entscheidend* zu verändern: *„...na ja, wird schon nicht so schlimm sein!"*, *„...ich lebe ja sonst so gesund!"* oder *„...ich spüre nichts davon!"*

Ich weiß, klare *Entscheidungen* bei sich selbst oder gar in der Familie zu treffen, ist nun einmal schwer. Doch nur ‚mitzureden', dass man aktuell wirkt, um dann kaum verändert weiterzuleben, ist ja ganz im Sinne derer, die an den modernen Technologien ihren ‚Profit' raffen. **Zu wenige der modernen ‚lebenserleichternden' Technologien wurden bisher aus Menschenfreundlichkeit industriell umgesetzt!**

Sehr viele davon sind lukrative und weltweit vermarktete Patentrechte, sind Erfindungen aus den militärischen Forschungen, die zur Vermarktung freigegeben werden oder sind umsatzträchtige Weiterentwicklungen für die finanzstarken ‚global players'. So bewahrheitet sich wieder der alte Spruch: *„...alle diese prächtigen Fortschritte dienen nur einem: dem Hersteller."* **Aus diesen Steuerungsbereichen ist somit alles andere zu erwarten als Gesundheitsüberlegungen, Langzeitforschung und gesetzgebende Einmischungen.**

Bei einer Vortragsreihe über »Praktisches Fasten«, die ich in den 1990er Jahren in unserer kleinen Gemeinde Fichtenau organisiert habe, erklärte die referierende Ernährungsberaterin: *„Vergesst niemals..."*, und ich habe es bis heute nicht vergessen, *„Raucher, Alkoholiker und Übergewichtige finden verlässlich eine Ausrede, warum das Bekannte und Gesagte überhaupt nicht auf sie zutrifft, es gibt dafür stets neue Ausreden."* Heute dürfen wir als vierten Bereich noch die *E-Smog-Attacken* und die Vielzahl der bereits erkannten Körperreaktionen dazuzählen, denn für Gewohnheit und Bequemlichkeit verkaufen wir unsere Gesundheit.

**Bequemlichkeit im Jetzt bedeutet vielen Menschen mehr als eine Gesundheit von Dauer.**

Dass das längst bitterernst geworden ist, zeigt die Handy-Technologie. Dazu schreibt mir Stefan Gruber, Dipl. Ing. der Luft- und Raumfahrt:

*„Am 15. Juni 2010 wurde in der Stadt San Francisco ein neues Gesetz verabschiedet, dass dort auf jedem verkauften Handy zukünftig der SAR-Wert stehen muss, der 1,6 W/kg nicht überschreiten darf. SAR (Spezifische Absorptionsrate) ist die Energiemenge, die pro Sekunde von einer Gewebemasse absorbiert wird und ist ein steinzeitliches Maß für eine durchschnittliche Erwärmung von Fleisch. Der ursprüngliche Gesetzesantrag, der deutliche Warnhinweise (Risiko eines Gehirnkrebses durch elektromagnetische Strahlen) analog den Zigarettenpackungen vorsah, wurde leider Anfang Juni abgeschmettert. Die Warnung hätte ebenso dazu geraten, dass Benutzer, speziell Kinder und Schwangere, Mobiltelefone von ihrem Körper fernhalten sollen. Und:*
*,Es gibt keine Grenzwerte, die niedrig genug wären, um die Zellen vor gepulster Hochfrequenz zu schützen!', ist eine Resolution des Professors Michael Kundi im Institut für Umwelthygiene der Uni Wien. Und: ,Die Strahlungswerte der Mobilfunknetze liegen zwar unter den Grenzwerten, aber diese Grenzwerte orientieren sich ja auch nicht an der Gesundheit.' (Prof. Günter Käs, emer. Leiter des Instituts für HF- u. Radartechnik an der Bundeswehrhochschule München)"*

Im Anhang ist die wissenschaftliche Skala menschlicher Emotionen bildlich dargestellt. Unsere bislang hinnehmende Reaktion auf diese rücksichtslose Übertechnisierung finden wir dort im ,neutralen' Bereich. Auf Neudeutsch wird das verharmlosend ,main-stream' genannt und bezeichnet das Sich-dahin-treiben-lassen im ruhigen Gewässer eines allgemeinen Stromes. Eine bissige Bemerkung ergänzte dazu ein Hörer bei einem meiner Vorträge: *„Nur tote Fische treiben flussabwärts!"*
Meine Feststellung zum ,Strom': Was da als E-Smog zivilisationskrankheitserzeugend strömt, braucht viel mehr Gegenströmungen; braucht Wehre (wer wehrt sich schon von der konsumierenden Mehrheit?); braucht regulierende Kanäle, die Richtung und Strömung ausrichten; braucht Staudämme, die das Ausmaß der ungezügelten Über-

flutung eindämmen, und braucht geniale neue Brücken, die widerstandsfähig auch die weiter zunehmenden Überströmungen verlässlich überbrücken.

Abb. 5:
Dresdner Bürger setzen Brückenbau durch

Mir geht es in diesem Kapitel über den weiter zunehmenden Elektro-Stress nicht darum, schon der ausreichende Informant zu sein, sondern darum, Ihnen so viele ‚Aufwecker' zu liefern, dass Sie, verehrte Leserinnen und liebe Leser, diese größtenteils geschickt verschwiegenen Gesundheitsbelastungen ernsthaft genug ‚ernst' nehmen. Abschließend berichte ich dann auch über entsprechende Selbsthilfemöglichkeiten.

## Das Geheimnis unseres Körperenergiefeldes

Um die Bedeutung solcher technischen und verschwiegenen Elektromagnetfelder für unser ganz normales Alltagsleben besser begreifbar zu machen, will ich hier versuchen, erst einmal unser eigenes und höchst lebendiges Körperenergiefeld näher zu betrachten. Darüber erfahren wir nichts in der Schule und später nichts in unseren bunten Illustrierten. Auch von der schulmedizinischen Seite her ist ein menscheneigenes Energiefeld nicht belegt, und selbst die Psychologen und die Psychiater stochern hier noch ziemlich im Finstern herum – man müsste ja womöglich noch eine *undefinierbare geistige Energie* mit einbeziehen. Das ginge dann über das ohnehin schon schwierige Thema ‚Unterbewusstsein' noch viel weiter hinaus. Natürlich gibt es zu diesem gesamten Bereich auch elitäres Wissen, doch das findet bisher keinen Weg an die Hochschulen.

Abb. 6:
Aura-Fotografie eines Yogi

Bei allem, was ich hierzu als Information zusammengetragen habe, kann ich den vereinfachten Satz bestätigen:

**Alle Lebensprozesse werden von elektromagnetischen Phänomenen bestimmt.**

Die meisten davon nennt man ‚Felder'. Auch unseren menschlichen Körper selbst können wir als Feld bezeichnen. Dies betrifft sowohl den physischen Körper als auch unseren unsichtbaren Energiekörper, der meistens *Aura* genannt wird. Und dabei könnten wir heute die Physik und die Religionen wieder in Einklang bringen, denn *„Das Feld ist die einzige bestimmende Kraft des Teilchens"*, versicherte uns Professor Albert Einstein.

In der modernen Quanttheorie, die vom menschlichen *Biofeld* spricht, geht es dabei ins Detail, denn man entdeckte um jede einzelne Zelle ein elektromagnetisches Feld, ein EM-Feld. Unsere 60 bis 70 Billionen Körperzellen ergeben somit ein in sich ‚vereinigtes Feld', das man als Aura bezeichnen und fotografieren kann. (Abb. 6)

Unser Körperenergie- oder Biofeld besteht somit aus verschiedenen Schwingungen oder Frequenzen, die möglichst alle in Harmonie miteinander schwingen sollten – die ‚Summenfrequenz' oder das allumfassende ‚quantenelektrodynamische' Feld. Doch im Einzelnen wird es dann gleich kompliziert.

Bei diesem allgemeinen Hinweis möchte ich es hier im Buch belassen. Wenn Ihnen meine Angaben vorerst nicht ausreichen, können Sie ausführliche Hinweise in den sechs speziellen Themenkreisen finden, die ich hier kurz aufzähle und die sich schon längst mit verschiedenen Forschungsbereichen unserer Körperenergie (geistes-)wissenschaftlich befassen. Genauere Beschreibungen darüber finden sich

- in der Traditionellen Chinesischen Medizin (TCM) sowie der gehobenen Esoterik, wobei man heute zwischen einer banalen und einer wertvollen Esoterik wie der *Spiritualität* unterscheiden sollte (es betrifft energetisch besonders unsere Chakren);
- in der Theosophie, vor allem in der bewährten Anthroposophie von Dr. Rudolf Steiner (1861-1925)[12];

- in den Forschungen von Nikola Tesla (1856-1943), wie Steiner auch im heutigen Kroatien geboren, dessen meiste Patente jedoch im US-Militär- und Geheimbereich verschwanden;
- in den Forschungen von Dr. Wilhelm Reich (1897-1957)[13], dessen Forschungsergebnisse und Bücher zuerst im Dritten Reich und später auch in den USA nach seinem Tod verbrannt werden mussten;
- in den weltweiten Forschungen von Prof. Fritz-Albert Popp. 1975 wurde das Biophoton, die Energie, die von jeder lebendigen Zelle ausgeht, klar bewiesen (»JR1 auf S. 134 und 135«) und
- in den weltweiten Forschungen von Dr. Masaru Emoto, denn unsere Körperzellen bestehen aus durchschnittlich 70 Prozent Wasser mit gespeicherter Wissensenergie und der Eigenschaft, sich energetisch informieren zu lassen.

Dabei ist zu beachten, dass die ,Kommunikation' unseres Körperenergiefeldes im sichtbaren wie im unsichtbaren Schwingungsbereich, in seiner Summenfrequenz, verschiedene Seinsebenen betrifft. Ich erkläre dazu immer drei vereinfachte Vorstellungsbilder:
- die geistig-jenseitigen Energieeinflüsse und der eigene Lebensplan (siehe Kapitel »Der Lebensplan«);
- die kosmisch-planetaren und astrophysikalischen Einwirkungen unserer Sonne, anderer Planetensysteme und der Milchstraße und
- das lebendige Bioenergiepotential unseres Planeten (oder unserer Mutter) Erde, vor allem die Schumann-Resonanzfrequenz.

Also, der Mensch hat ein ureigenes Energiefeld, das sich hier auf der Erde seit Jahrtausenden (oder länger) geformt und harmonisiert hat – regional sicherlich differenziert an die globalen Umstände angepasst. Dabei gibt es nur geringe Unterschiede zwischen einem Afrikaner und einem Skandinavier und noch weniger zwischen einem Bayern und einem Preußen oder einem Schwaben und einem Badener. Unter idealen Bedingungen könnte es somit relativ leicht zu einer *harmonischen Summenfrequenz* kommen.

Doch nun leben wir schon seit Jahrzehnten in einer großartigen (?) global-technisierten Welt, die modern und bequem geworden ist, sich jedoch auch durch immer ausgeklügeltere Steuerungssysteme aus dem Hintergrund (der Geheimgesellschaften) besser beherrschen lässt. Dabei werden wir zwar statistisch gesehen immer älter, doch ganz offensichtlich auch immer kränker.

Hier auf der Kanaren-Insel La Palma las ich die Schlagzeile eines Posters, das übersetzt besagt: *„Der Mensch ist sein eigener Bösewicht, sein eigener Heiler und sein eigener Killer."*

# Der globale Mikrowellenherd

Um diesem höchst akuten und sehr weitläufigen Krisenthema auch aus **gesundheitlicher Sicht** gerecht zu werden, fasse ich einige spezielle Schwerpunkte erneut zusammen, die ich in meinem 1. Buch »Jetzt reicht's!« bereits dargestellt habe. Bei den nachfolgenden Querverweisen führe ich die entsprechenden Seitenzahlen auf, wie zum Beispiel »JR1 ab Seite XXX«. Dies erleichtert Ihnen die Möglichkeit, die behandelten Themen erneut schnell nachzulesen.

Außerdem boten sich zwei meiner liebenswerten Leser an, dieses spezielle Kapitel über die modernen, massiven Körperfeldbelastungen aus aktuellster Sicht und mit beruflicher Kompetenz zu prüfen und zu ergänzen. Dies hat aus technischer Sicht Stefan Gruber, Dipl. Ingenieur der Luft- und Raumfahrttechnik, überprüft und aktualisiert.

Die gleiche Bearbeitung aus medizinischer Sicht hat der Komplementärmediziner Dr. med. Michael Steinhöfel übernommen. In seinem Institut »medforschung« befasst er sich mit Lösungsmöglichkeiten, sich vor den schädlichen E-Smog-Einflüssen zu schützen, ohne auf die modernen Technologien ganz verzichten zu müssen. (Für eure Mitwirkung an diesem lebensnotwendigen Kapitel bedanke ich mich herzlich!)

Elektrosmog oder E-Smog ist ein umgangssprachlicher Ausdruck für verschiedene, technisch verursachte, elektrische, magnetische und elektromagnetische Kraftfelder (Kraft-Felder!). Es ist inzwischen ausreichend belegt, dass diese **künstlichen Felder** schädigende Auswirkungen auf die Gesundheit von Menschen und Umwelt haben, denn wir beziehungsweise alles irdische Leben hat die oben schon erwähnten **eigenen natürlichen und sensiblen Körperenergiefelder.** Der Begriff *Elektrosmog* stammt aus den 80er Jahren des letzten Jahrhunderts und verharmlost die heutigen Mikrowellen-Belastungen in globalem Umfang. *„Längst sitzen wir alle in einem gigantischen Mikrowellenherd.“*

Wir sind dabei von immer mehr Strahlenquellen umgeben. Die mit unterschiedlichen Frequenzen schwingenden Wellen wirken in Form von Feldern auf unseren Organismus ein – jedes physikalische Geschehen spielt sich in ‚Feldern' ab. So ‚bestimmen' uns die fast unzähligen elektromagnetischen Felder, die nicht nur wie ein unsichtbarer Nebel über unserem körperlichen und dem gesamten Um-*feld* liegen, sondern es geht soweit, dass man dabei längst von *„einer Spitze des Eisberges“* spricht.

**Solcher unsichtbarer elektromagnetischer Smog durchdringt unsere Wohnungen, Arbeitsplätze und Erholungsräume und wird unmerklich von unserem Körper absorbiert und aufgenommen – und kann dort mit-‚bestimmen'. Elektrosensible Mitmenschen werden bislang nur leicht belächelt. Man übergeht sie einfach, als wären sie rückständig, obwohl sie ‚vorbildlich' etwas signalisieren, was demnächst ebenso bei immer mehr von uns Mitmenschen fühlbar wird.**

Was versteht man unter *elektromagnetischen Feldern*? Ganz kurz: Solche Kraftfelder haben verschiedene Frequenzen wie den Funkfrequenzbereich (Mobiltelefone), den Mittelfrequenzbereich der Rechnerbildschirme und den Niederfrequenzbereich durch unsere Wechselstromgeräte und -leitungen.

Zu diesem sehr komplexen Thema kann ich hier wieder nur einen *aktuellen Überblick* schaffen, neugierig machen und Hinweise geben. Es existiert inzwischen ausreichend vielfältiges Aufklärungsmaterial wie Sachbücher und Beiträge in der alternativen Presse darüber wie auch entsprechende Versammlungen und Vereinsgründungen, und ich beschränke mich dabei auf folgende Schwerpunkte:

- unfreiwillige und freiwillige E-Smog-Dauerbelastungen,
- bisherige und weiter zunehmende E-Smog-Belastungen und
- die besonders heimtückischen in unserem Schlafbereich.

Zurecht muss einmal festgestellt werden, dass der Rahmen gesundheitlicher Belastungen in unserer längst vernetzten Welt wissenschaftlich und ‚behördlich' abgegrenzt ist beziehungsweise sein sollte – davon geht doch ganz gewohnheitsmäßig jeder von uns aus. Dem ist auch so, doch wie immer mal wieder, sind solche ‚Rahmen' und ihre Grenzwerte von verschiedenen Interessensgruppierungen beeinflusst. Am schnellsten gehen einem dabei die Augen auf, wenn man etwas über das Ausmaß, die Größenordnungen und ihre profitable Wirtschaftlichkeit erfährt, die jeweils damit verbunden ist.

Dazu gleich das Beispiel eines unserer Alltagsprodukte, das Mobilfunkgerät, das wir auf gutdeutsch *Handy* nennen – das Handy am Ohr oder das belästigende Sprechen vor anderen Menschen ist inzwischen unser Alltag geworden. Im Jahr 2009 waren vier Milliarden Handy-Nutzer weltweit registriert, in unserem Lande sind es 113 Millionen, obwohl wir samt aller Kleinkinder lediglich ganze 83 Millionen Einwohner zählen. Gemeint sind dabei wirklich ausschließlich aktive Anschlüsse und nicht die alten Handys in den Schubladen.

„*Dennoch werde die Zahl der Mobilfunkanschlüsse in Europa im Jahr 2009 nach EITO-Prognosen noch einmal um 4 Prozent auf 641 Millionen steigen. Der Trend gehe dabei zu hochwertigen Multimedia-Handys mit Internetzugang.*

*Die Zahl der UMTS-Anschlüsse werde in der EU im Jahr 2009 um 36 Prozent auf rund 172 Millionen steigen, während die Zahl der GSM-Anschlüsse um 5 Prozent auf 469 Millionen sinke, heißt es beim Bitkom. Der Umsatz mit mobilen Datendiensten in der EU wachse um 10 Prozent auf rund 33 Milliarden Euro im Jahr 2009. In Deutschland wird*

**Abb. 7:** Der globale Milliarden-Boom

*die Zahl der UMTS-Anschlüsse nach Bitkom-Schätzung um 43 Prozent auf rund 23 Millionen steigen; dann seien 22 Prozent der rund 105 Millionen Mobilfunkanschlüsse in Deutschland UMTS-fähig.*

Dieser Textabschnitt stammt von »www.heise.de«, die Hervorhebung von mir, und UMTS bedeutet den Anschluss an schnelle Datennetze der dritten Generation. Weitere wissenschaftliche Aussagen dazu liefert die DVD »Zivilcourage – die Wahrheit über unsere Handys«[14].

Doch das alles ist noch gar nichts gegen das, was bis 2016 soeben geplant wird. Breitbandkommunikation und ‚Mobiles Internet' versprechen nämlich den vier Konzernen bei uns – Deutsche Telekom, Vodafone, O2/Telefonica und E-Plus – zukünftige Milliardenumsätze. Während die aktuell eingesetzte UMTS-Technik Übertragungsraten von 14 Megabit pro Sekunde gewährleistet, sollen dies zukünftig LTE-Raten von bis zu hundert Megabit schaffen, genug, um Videos und Online-Spiele ruckel- und unterbrechungsfrei zu übertragen. *„Das mobile Netz fühlt sich an wie das stationäre Netz zu Hause."* LTE ist der neue Übertragungsstandard »Long Term Evolution«, der *„ein bis zu 100-mal schnelleres Downloadtempo als DSL-Anschlüsse"* ermöglicht.

# Der funktechnische Overkill

*„Schon heute werden weltweit mehr Smartphones als PCs abgesetzt"*, erklärt Achim Berg, der Microsoft-Deutschland-Chef (»Die Welt« vom 14.4.2010). Geht es Ihnen so wie mir, dass Sie nicht genau wissen, was ein Smartphone ist? Es ist das virtuelle Kombigerät zwischen Mobiltelefon und Minicomputer (z.B. BlackBerry, iPhone usw.). Voraussetzung für diesen zusätzlichen Boom ist auch der Ausbau der ‚mangelhaft versorgten Landbevölkerung' – das heißt dann zugleich: *„Ade ländliche Idylle!"*

Und genau das gab der deutsche Gesetzgeber den drei Mobilfunkgiganten Deutsche Telekom, O2 und Vodafone bei der Neuvergabe der LTE-Lizenzen am 12. April 2010 mit auf ihren Big-Business-Weg. Die

53

rund 300.000 deutschen Mobilfunkmasten werden sich dann wohl vervierfachen und die Sendeleistungen – die Mikrowellenkeule der Hightech-Nationen – verzehnfachen.

Und schon ist die nächste Meldung unterwegs: Eine neue Generation von Mobilfunkdiensten in Europa ist auf dem Weg – die 27 EU-Mitgliedstaaten haben die Nutzung des 800-Megahertz-(MHz)-Bandes für die LTE-Dienste freigegeben. Die Betreiber geben sogar offen zu, dass dieses Frequenzband sehr gute Ausbreitungseigenschaften sowie hervorragende Gebäudedurchdringungseigenschaften hat.

Auf die ‚möglichen' Gesundheitsschäden dieser Mikrowellen habe ich schon im ersten Band hingewiesen wie auch auf entsprechende Internetseiten und Links, die detailliert aufklären und warnen (»JR1 ab Seite 289«). Sollten wir es nicht auch sehr ernst nehmen, was Prof. Dr. Peter Semm, Neurobiologe am Institut für Zoologie der Universität Frankfurt, als Forscher im Telekom-Auftrag schon 1998 resümierte?

*„Ich würde mein Kind nicht in einen Kindergarten schicken, wenn sich im Umkreis von 250 m eine Mobilfunksendeanlage befindet."*

Denn, das gestand Dr. Ing. Georg Bahmeier, Mikrowellenexperte der Bundeswehruniversität:

*„Der Mensch reagiert schon auf kleinste elektromagnetische Hochfrequenzreize ab einer Stärke von 0,1 $\mu W/m^2$. Hier ist bereits eine veränderte Kalziumabgabe der menschlichen Hirnzellen feststellbar. Je näher man an einer Sendeanlage lebt, umso ungünstiger die Bedingungen. In der Gentechnik werden Mikrowellen geringer Intensität eingesetzt, um Zellen zu verändern."*

**Das Zwiespältige dabei ist die gleichzeitige *Freiwilligkeit* und das *Unfreiwillige* des weltweiten Mobilfunks.**

Der Benutzer des Handgerätes begibt sich **freiwillig** in diese gesundheitsbelastenden Felder – beim Tragen am Körper und noch stärker beim Telefonieren selbst an seinem wertvollen Kopfe. Und die zunehmenden technischen und reizvollen Spielereien, die man mit den neuesten Industrieangeboten befriedigen kann, sorgen für immer längere Verweilzeiten in diesen erstaunlichen und geheimnisvollen Energiefeldern. Für die weltweit Milliarden bequemer Mobilfunkkonsumenten gibt es dabei nämlich sehr, sehr viel Geheimgehaltenes, und für mich persönlich ist es gravierend zu erkennen, dass ein Industriegigant wie Siemens als zweitgrößtes Unternehmen Deutschlands aus diesem Weltmarkt wieder ausstieg. Dies erklärt uns Stefan Gruber so:

*„Könnte hierzu etwa die Tatsache beigetragen haben, dass der ‚Siemens-Nachbar' Allianz den Handy-Herstellern kurz zuvor jegliche Deckung für eventuelle spätere Gesundheitsschäden versagt hat? Grund für die restriktive Haltung der Allianz beim Problem der elektromagnetischen Strahlung seien die Erfahrungen mit Asbest. Das Mineral, das jahrzehntelang am Bau zum Schutz vor Feuer eingesetzt wurde, galt lange als ungefährlich. Dann wurde bewiesen, dass die Fasern Krebs erzeugen können. Seitdem müssen Versicherungen, insbesondere in den USA, Milliardensummen aufwenden, weil Produzenten und Verarbeiter von Asbest bei ihnen versichert waren.“*[15]

In diesem Zusammenhang, fordert der Unternehmensberater Prof. Dr. Dr. Wolfgang Berger seit Jahren:

*„Nicht versicherbare Risiken dürfen nicht eingegangen werden, weil das Kapital der Welt nicht ausreicht, die Gefahren abzudecken, die von ihnen ausgehen. Und nicht versicherte Risiken dürfen nicht eingegangen werden, weil das Kapital der Welt nicht bereit ist, für sie zu haften. Sollen, wenn dem Kapital das Risiko zu hoch erscheint, an seiner Stelle die Habenichtse der Welt mit ihrem Leben in Geiselhaft genommen werden?“*[16]

Noch deutlicher drückt sich Prof. Dr.-Ing. Alexander H. Volger im »Institut für Bauingenieurwesen«, RWTH Aachen, aus:

*„Die Behauptung einer Schutzwirkung durch die Behörden ist als wissenschaftliche Falschinformation anzusehen. Dies entspricht rechtlich allen Merkmalen des Betrugs und schließt grob fahrlässige bis absichtliche Gefährdung und Körperverletzung ein.“*

Für denjenigen, der einen Mobilfunksender auf seinem Dach hat, kann sich folgende Information als nützlich erweisen: **Für Schäden, die durch den Sender auf dem Dach entstehen, ist der jeweilige Hausbesitzer haftbar. Mit Schäden sind sowohl Gesundheitsschäden, als auch Wertminderungen von umliegenden Immobilien gemeint.**

Die **Unfreiwilligkeit** des Mobilfunkens ist das moderne ‚Passivrauchen' des Menschheitskollektivs und der weltweite, gigantische Krake, der seine hässlichen Arme um unsern Planeten schlingt. Unzählige große und kleine Masten verunstalten Landschaften und Gebäude – daran kann man sich ja in seiner Geschmacklosigkeit gewöhnen. Doch die Energien unserer bestrahlten Öffentlichkeit, die uns aus diesen unzähligen *Dauersendern* auf unseren Dächern und himmlischen Satelliten bombardieren, treffen permanent unsere Gesundheit und dürften *Langzeitfolgen* auslösen – in Funkmastnähe natürlich ganz besonders.

Vor vierzig Jahren hat unsere Familie das eigene Grundstück und den benachbarten, ebenerdig abgedeckten Auffüllplatz des Dorfes parkähnlich bepflanzt. Nachdem uns dann viel später in etwa 600 Metern Abstand ein Mobilfunkmast seinen technischen Komfort bescherte, sind inzwischen fast alle der über dreißigjährigen Nadelhölzer krank geworden und mussten gefällt werden. Die betroffenen Hauswände haben wir abgeschirmt, und sie bieten der Familie damit weiterhin ihren räumlichen unbelasteten Schutz.

Ein Teil meiner Leserinnen und Leser, die auch über die *unsichtbaren Naturwesen* unserer belebten Natur Bescheid wissen, erkennt dabei das unüberschaubare Problem unserer Zeit und unserer Zukunft, dass sich diese feinstofflichen Wesenheiten (Elementarwesen, Naturgeister und viele andere beseelte Wesen) immer mehr zurückziehen müssen. Dadurch verschwinden auch immer mehr exponiert stehende Bäume und herausragende Pflanzen auf unserem ganzen Planeten.

Dr. med. Gerd Oberfeld, Referent für Umweltmedizin der »Österreichischen Ärztekammer« ÖÄK, forderte schon im Jahr 2005:

*„Die Diskussionen über die Auswirkungen von Handymasten auf das Landschaftsbild sind wichtig – noch wichtiger ist jedoch die Frage eines effektiven vorbeugenden Gesundheitsschutzes bei Handymasten und*

*anderen Dauersendern. Es kann nicht sein, dass alle paar Jahre weitere Funksysteme wie GSM, DECT, UMTS, WLAN, WIMAX etc. einge-führt werden und parallel dazu Vorsorgemaßnahmen und notwendige Forschungsanstrengungen unterbleiben."*

Es handelt sich hier nicht um Kavaliersdelikte. Schon in den 1990er Jahren wurde die Tödlichkeit dieser E-Smog-Felder erkannt, und wir alle ahnen überhaupt nicht, wie sehr der schöne Begriff ‚Lebensqualität' dabei verbildet ist – technologische Bequemlichkeit und Aktuell-sein-wollen kontra Krankheit, Siechtum und Sarg.

Dr. Mutter schrieb mir unter anderem:

*„Ich möchte nur an die Ergebnisse des Forschers Pressmann erinnern, der schon vor circa 20 Jahren Tierversuche mit Trägerfrequenzen und entsprechenden Feldstärken gemacht hat. Pressman hat damals schon in Tierversuchen festgestellt, dass Frequenz und Leistungsflussdichte in einem engen biologischen Zusammenhang stehen. Bei einer Frequenz von 40 MHz waren 20.000 mW/m² notwendig, um eine LD 50 (letale Dosis, um 50 Prozent der Versuchtiere zu töten) zu erzielen. Hingegen waren bei einer Frequenz von 40 GHz nur 40 mW/m² notwendig, um eine LD 50 bei den Versuchstieren zu erreichen!"*

Und in der »Anti-Zensur-Zeitung« (April 2010) fand ich:

*„Der Washingtoner Epidemiologe Dr. George Carlo, einer der ärgsten Feinde der Mobilfunkindustrie, leitete in den 90er Jahren im Auftrag der US-Mobilfunkindustrie eine 28 Millionen Dollar teure Studie über Gesundheitsfolgen der Handystrahlung. Seine Ergebnisse gefielen den Geldgebern jedoch nicht: **DNS-Schäden und Hirntumore bei Vieltelefonierern.** Als Carlo sie öffentlich machte, fiel er in Ungnade, wurde verleumdet und geschädigt – mysteriös: Sein Haus brannte nieder. Heute hilft er Handy-Geschädigten als Gutachter in Schadenersatzprozessen vor US-Gerichten."*[17]

Dr. med. Joachim Mutter ist bekannt als Autor des Bestsellers »Amalgam, Risiko für die Menschheit« und seines neuen Buches »Gesund statt chronisch krank«. Er ist Experte für umweltmedizinische

Themen wie die Handystrahlung (an der Universitätsklinik in Freiburg am Institut für Umweltmedizin). Seine Arbeiten haben mit dazu beigetragen, dass die kritische Diskussion um die Gefahren von Schwermetallen und Umweltfaktoren wieder in Gang gekommen sind. In einem anklagenden Schreiben von Dr. Mutter an den Professor Dr. Alexander Lerchl, derzeitiger Chef der Strahlenschutzkommission (Ausschuss Nichtionisierende Strahlung – NIS) heißt es unter anderem:

*„Dies zeigen jetzt auch die neuesten Ergebnisse der bisher größten und aufwendigsten Studie der Geschichte zu diesem Thema (WHO-Studie) oder andere Studien: Junge Erwachsene, welche in ihrer Kindheit oder Jugend mit dem Handy telefonierten, haben ein 5,2 fach höheres Risiko an einem bösartigen Hirnkrebs zu erkranken, im Vergleich zu einer Kontrollgruppe, welche nie mit dem Handy telefonierte. "*

Ich habe hier noch ein Sahnehäubchen zum Schluss. Das Zitat stammt von dem damaligen Bundespostminister Wolfgang Bötsch aus dem Jahre 1994:

*„Die aufgeregte Diskussion in der Bevölkerung über die Kernenergie dürfte in Relation zu dem, was uns die Mobilfunknetze noch bescheren werden, nur ein laues Lüftchen gewesen sein. "*

Mit diesen Hinweisen auf die Einseitigkeit und Ernsthaftigkeit des weltweiten Machtspiels von ‚Elite & Kapital' mit einer nach Modernität süchtigen, jedoch darüber unaufgeklärten Konsumentenmasse möchte ich das Gefahrenthema *Mobilfunk* vorerst so stehen lassen.

# Der Elektro-Dauerstress wird immer vielfältiger

Wir alle sind Teil einer elektrotechnisierten Zivilisation, die in vielen Bereichen unseren gesamten Alltag beherrscht. Trotzdem gibt es auch dabei Belastungen, die bei kritischer Betrachtung und versteckt vorhandenem Wissen völlig unnötig sind – überflüssig! Hierbei hebe ich einige bereits übliche (und möglicherweise *üble*) Alltags-Techniken hervor, mit denen wir uns und unser Umfeld **freiwillig belasten**.

Über den bequemen, aber unwissenden Einsatz der **Schnurlos-Telefonie** habe ich bei »JR1, Seite 288« bereits berichtet und auf die neue Gerätetechnologie hingewiesen, die nur während einer Geprächsverbindung die Gegend verpulst und nicht rundum 24 Stunden lang gepulste Mikrowellenstrahlung aussendet – zum Teil bis zu 100 Metern weit. Neuerdings gibt es für diese ältere Gerätegeneration Abdeckvorrichtungen. Zu dieser modernen DECT-Technologie hat die »Bürgerwelle« erschreckende Zahlen und verursachte Krankheitsbilder zusammengetragen.[18]

Kommt nun das ‚Aus' für Headsets und Handys am Arbeitsplatz, denn DECT-Telefone und Handys erzeugen Krebs? Mir wird Folgendes mitgeteilt[93]:

*„Das Oberlandesgericht in Brescia (Norditalien) hat durch ein nun endgültig rechtskräftiges Urteil einen ursächlichen Zusammenhang bestätigt: Der Gehirntumor eines Angestellten der INAIL (Istituto Nazionale per l'Assicurazione contro gli Infortuni sul Lavoro, Öffentlicher Träger der Pflichtversicherung) ist auf sein geschäftlich bedingtes stundenlanges Telefonieren mit einem Schnurlostelefon (DECT) bzw. Handy zurückzuführen. Das Urteil ist auch deshalb bahnbrechend, weil die Richter industriefinanzierte Gutachten als nicht glaubwürdig ausschlossen und sich nur auf industrieunabhängige stützten.*
*Das Urteil ermöglicht nun den Beschäftigten in Italien, am Arbeitsplatz schnurgebundene Telefone zu verlangen bzw. den Arbeitgeber darauf hinzuweisen, dass er bei angeordneter Nutzung von Drahtlos-Telefonen voll haftbar für Folgeschäden ist.*
*Die Verbraucherzentrale Südtirol rät in diesen Fällen, sich eine Dienstordnung zur Nutzung von Funktechnologien schriftlich aushändigen zu lassen. Darin sollte der Arbeitgeber ausdrücklich die Verantwortung für jegliche zusammenhängenden mittel- bis langfristigen Folgen übernehmen.*
*Dem Kläger wird jetzt aufgrund seines ‚Handy-Schadens' eine 80-prozentige Invaliditätsrente ausbezahlt, desweiteren muss der Arbeitgeber INAIL die Gerichtskosten aller Instanzen tragen."*

Übrigens, dass zum Beispiel Handys in bis zu 30 (dreißig!) Metern Entfernung noch EEG-Veränderungen im Gehirn erzeugen, die nach dem Telefonat noch Stunden anhalten, wurde jetzt durch verifizierte Untersuchungen bestätigt. Das ist eigentlich das gesundheitliche ‚Aus' für alle Headsets, denn das Handy ist bei Benutzung eines Headsets ja immer noch in der Nähe des Körpers. Bei herkömmlichen Headsets wird die Strahlung sowieso direkt ins Ohr geleitet und über die Bluetooth-Headsets braucht man sich aufgrund der Bluetooth-Strahlung, die natürlich auch direkt ins Ohr geht, auch nicht mehr zu unterhalten.

Und wer immer noch glaubt, dass bei solchen Beschreibungen nur menschliche Übertreibungen dahinterstehen, kann sich den ausführlichen und schier unglaublichen Schweizer Internet-Bericht ansehen: »www.initiative.cc/Artikel/2010_10_04_antenne_weg_kaelber_gesund. pdf«.

**Die gefährliche Bequemlichkeit des WLANs,** dem kabelfreien Verbindungssystem im EDV-Bereich, hat endlich seinen schlechten Ruf abbekommen, doch seine katastrophalen Gesundheitsbelastungen werden immer noch geschickt verschwiegen. Dem im »JR1 auf Seite 287« bereits Berichteten füge ich auf den nächsten Seiten Neues hinzu.

*„Schick, aber schädlich?",* fragt der Hersteller von gelben Computerschutzbrillen, Reinhard Gerl, zu den modernen **Flachbildschirmen.** Auf seiner Internetseite »www.office-glasses.de« geht er ausführlich auf seine Messungen, die ernüchternden Auswertungen und empfohlenen Schutzmaßnahmen ein.

*„Gefahren, wo man sie nicht vermutet: Schaden TFT-Flachbildmonitore dem Augenlicht?*

*Dass von alten Röhrenmonitoren eine elektromagnetische Strahlenbelastung ausgeht, weiß fast jeder PC-Nutzer. Wer jedoch glaubt, dank moderner Flachbildmonitore gesünder zu leben, kommt möglicherweise vom Regen in die Traufe. Mittlerweile gibt es konkrete Hinweise, dass TFT-Flachbildmonitore aufgrund ihrer Hintergrundbeleuchtung im Auge irreversible Schäden anrichten können.*

*Computermonitore sind nicht so harmlos wie man glaubt: Kopfschmerzen, Konzentrationsprobleme, Müdigkeit, Schlafstörungen, Verspannungen am Bildschirmarbeitsplatz sind keine Seltenheit.*
*Brennende, tränende, stechende, gerötete Augen, flimmernde Bilder, Lidflattern, zeitweilige Kurzsichtigkeit, Doppeltsehen, veränderte Farbwahrnehmung sind häufige und typische Beschwerden bei der Computerarbeit.*
*Rechnet man acht Stunden und mehr, die mancher Mensch je nach persönlicher Situation – sei er Schüler, PC-Freak, Student oder Berufstätiger – vor dem PC und/oder TV-Flachbildmonitor zubringt, kommt man auf bis zu 3.000 Stunden pro Jahr an Bildschirmzeit. Damit muten wir unserem Körper zusätzliche gesundheitliche Belastungen durch PC-Arbeit und TV-Konsum zu, die wir vermeiden können.«*

Dies ist ein Textabschnitt aus dem »Feng-Shui-Beratungsletter« von Günther Sator (»www.sator.at«), und es werden die weiter vorne schon erwähnten gelben Computerschutzbrillen gegen solche Symptome empfohlen. Dazu passt das Schreiben meines Lesers R. M., in dem er unter anderem fragt:

„*Aufgrund meines kaufmännischen Berufs sitze ich automatisch viel am Bildschirm und bin die letzten Jahre auch mit Flachbildschirmen am Arbeiten.*
*Ich habe diese für zwei verschiedene Dinge im Verdacht: Meine Augen sind um 25 Prozent schlechter geworden innerhalb von zirka zwei Jahren, und am Wochenende kann ich nach intensiver Arbeitswoche nichts lesen, die Augen tun weh und es kommt ein Brennen und Verspannen bis ins rechte Bein...*
*Auf meiner Suche ist mir auch das Wort ‚Hintergrundbeleuchtung auf Quecksilberbasis' aufgefallen. Wirkt das als möglicher negativer Transmitter auf den Körper – eventuell bei sensiblen Personen?"*

**Abb. 8:** Äußere und innere Belastung

Dem könnte wohl Dr. med. Alexander Wunsch, Humanmediziner und Lichttherapeut, zustimmen, denn auch er schreibt unter anderem auf seiner Internetseite »www.lichtbiologie.de« ausführlich über eine ‚gefährliche Quecksilber-Resonanz'. Dr. Wunsch ist auch Präsident der »International Light Association« und ist bekannt für seine Forschung und Aufklärung im Gesundheitsbereich. Die Farbzusammensetzung des Kunstlichtes und unsere Verweildauer bei Kunstlicht kann sehr starke und grundlegende Auswirkungen auf unsere Gesundheit haben – *„in einem viel größeren Maße, als wir das vermuten"*, so Dr. Wunsch, und er kann es belegen. (Siehe dazu auch »JR1 ab Seite 295«) Ich möchte hier noch einmal betonen, dass Quecksilber von den (nichtstrahlenden) chemischen Elementen das giftigste auf unserem Planeten ist – dreimal giftiger als Arsen und zehnmal giftiger als Blei.

Bei meiner Suche nach weiteren negativen Aspekten im Multimillardenmarkt für Flachdisplays – um die 30 Milliarden Euro überwiegend aus Japan und Korea – stieß ich noch auf ein weiteres Negativum. Bei der Produktion von Flachbildschirmen, Computerchips und Solarzellen fällt eine Substanz an, die für das Klima 17.000-mal schädlicher ist als das gescholtene $CO_2$. Diese Behauptung fand ich bei »www.geo.de« und es heißt weiter:

*„Allein im Jahr 2008 sollen 4.000 Tonnen des Gases Stickstofftrifluorid NF3 hergestellt worden sein. Unter Klimagesichtspunkten entspräche das 67 Millionen Tonnen Kohlendioxid. NF3 könne damit einen größeren Einfluss auf das Klima haben als das größte Kohlenkraftwerk der Welt. Wegen des Booms der Flachbildfernseher sollen die Zahlen in den kommenden Jahren noch steigen.*

*Die flüchtige Substanz NF3 wird zur Reinigung von Rückständen bei der Produktion von Flachbildschirmen, Computerchips und Solarzellen eingesetzt. Wenn sie in die Atmosphäre entweicht, sammelt sie sich in einer Zone, in der es 550 Jahre dauert, bis sie vom Sonnenlicht in ihre Bestandteile zerlegt wird. Laut Hartmut Graßl, dem Direktor am »Max-Planck-Institut für Meteorologie« in Hamburg, bewegt sich NF3 wie ein Fahrstuhl zwischen Stratosphäre und Troposphäre hin und her..."*

Über die hochgelobten und praktischen **Mikrowellenherde** als Lebensmittel-Killer habe ich schon ausführlich in »JR1 ab Seite 284« berichtet. Ergänzen möchte ich eine eindeutige Meldung, die ich auf der hochinteressanten Internetseite »www.sun2012.de« fand. Als ‚nachweislich schädlich' erwies sich schon im Jahr 2003 das Kochen in der Mikrowelle: *„Dort verliert Brokkoli durchschnittlich 85 Prozent seiner wichtigsten Antioxidantien"*, erklärten Professorin Dr. Cristina Garcia-Viguera und ihre Kollegen von der »Universidad Espinardo« in Murcia (Spanien). Gart man das Gemüse dagegen im Wasserdampf, sind es nur rund sechs Prozent Verlust.

Schon ein Jahr vorher konnte man noch deutlichere Worte lesen, als Thorsten Dargatz in »Welt am Sonntag« vom 20.1.2002 schrieb: *„Durchschnittlich mehr als 50 elektrische Geräte stehen in jedem bundesdeutschen Haushalt. Ob und inwieweit ihre elektromagnetischen Felder zu Gesundheitsschäden führen, ist noch nicht hinreichend erforscht. Eine Reihe von Studien deuten aber darauf hin, dass durch den so genannten Elektrosmog das Risiko, an der Alzheimer-Krankheit, an Morbus Parkinson, Gehirntumoren, Herzinfarkt, Migräne und Schlaganfall zu erkranken, erhöht wird. Nun haben amerikanische Mediziner herausgefunden, dass die unsichtbaren Strahlen auch in der Schwangerschaft gefährlich werden können: Das Risiko einer Fehlgeburt wird dadurch deutlich erhöht."*[19]

# WLAN macht uns alle krank

Neben der Summe der Haushalts-Hochtechnisierung leiden wir auch noch an den *unfreiwilligen Belastungen* des modernen Elektro-Smogs – im Sinne des gesundheitsschädlichen Passivrauchens.

**Wir leben inzwischen in einem allgegenwärtigen Hochfrequenz-Mix der schädlichen Art elektromagnetischer Felder, der umgangssprachlich als ‚Elektrosmog' schon ein Regal voll Sachbücher entstehen ließ.**

Es ist wieder der Mikrowellenfunk, der uns am leichtesten das Ausmaß der möglichen Gesundheitsbelastungen veranschaulicht. Allein aus Wettbewerbsgründen bieten die Handys immer mehr Komfort, auch in den Großstädten mit ihren Betonburgen. Überall soll der Anschluss präsent sein, und so ist er es auch mit den alles durchstrahlenden Sendestärken. Wie komme ich mit einem Bohrer leichter durch den Beton? Indem man die Schlagbohrtechnik zuhilfe nimmt und übertragen auf die Senderwellen ist es der **elektromagnetische Puls** (EMP).

Es handelt sich dabei nicht um ein periodisches (pulsierendes) Ereignis, sondern um einen transienten (vorübergehenden) Vorgang mit der wesentlichen Eigenschaft, in sehr kurzer Zeit auf einen bestimmten Maximalwert anzusteigen und dann vergleichsweise langsam auf den stationären Ruhewert abzufallen.[100]

Dabei werden die Informationen nicht kontinuierlich (analog), sondern *zerhackt*, also in Tonhäppchen zerstückelt, übertragen. 217-mal pro Minute ändert sich dadurch das elektromagnetische Feld. Gravierende gesundheitliche Belastungen werden dabei befürchtet, da die gepulste Strahlung (zumindest beim Telefonieren) die Hirnströme verändert und die Blut-Hirn-Schranke ‚löchrig' macht. (Dr. rer. nat. Manfred Mierau)

**WLAN** nennt man die schnurlose Kommunikation in einem Internet-Netzwerk. Schön klingt der folgende Satz aus einer Gerätebeschreibung: *„Im Idealfall beträgt die Reichweite im WLAN bis zu 100 Metern."* Genau das ist die Katastrophe: *„...die Mikrowelle lässt grüßen!"* Denn das Internet ist im privaten genauso angesiedelt wie im kommerziellen Lebensraum, und die schnurlosen Energiefelder belasten nicht nur in der Kommunikation untereinander, sondern auch im Ruhe- und Schlafbereich – *bis zu 100 Metern!* Gibt es schon den *Cyberwar*, die ‚Bedrohung für die Informationsgesellschaft' auch unter Nachbarn – ungewollte Cyberattacken mit unbewussten Gesundheitsrisiken im Privatleben? Da manipulieren uns ja schon die

**Abb. 9:** Taktisches Zeichen ‚Elektronische Kampfführung'

militärisch verursachten ‚Wellen' (ELF, HAARP und andere) permanent und unsichtbar.

**‚Zufällig' agieren das WLAN sowie der Mikrowellenofen im 2,4 GHz-Bereich – der kollektiven Rotationsfrequenz von flüssigem Wasser.** (Stefan Gruber)

*„Die Bundesregierung warnt vor WLAN-Nutzung.* **WLAN-Netze in Privathaushalten sollten vermieden werden.**" Das Bundesamt für Strahlenschutz empfiehlt als Antwort der Bundesregierung auf eine Anfrage der Grünen, den Einsatz von WLAN am Arbeitsplatz und Zuhause zu vermeiden. Um die persönliche Strahlenbelastung so gering wie möglich zu halten, sei es besser, bei den kabelgebundenen Netzwerken zu bleiben. *„Die Bundesregierung nennt es Vorsorge. Nun muss sich jeder selbst entscheiden, ob er das Strahlenrisiko eingeht oder nicht."* (Dr. Manfred Mierau, Baubiologie Maes, Büro Aachen)

Über allem schweben dann noch die uns bekannten und unbekannten Satelliten – wohl schon an die Zehntausend an der Zahl. Vom GPS-System (**G**lobales **P**ositionsbestimmungs-**S**ystem) profitieren wir alle mit den Fahrzeugnavigationssystemen (Genauigkeit bis auf 5 Meter), **doch der künstliche Wellensalat summiert sich.** Autoabgase werden behördlich kontrolliert, doch was wissen wir über unseren persönlichen Strahlenschutz? Heute hat GPS so gut wie alle Bereiche des Lebens *durchdrungen* und funktioniert längst schon mit den Handys. Die gleichzeitige Auswertung von vier Satellitensignalen ergibt die eigene Position des Besitzers.

Auch **Überwachung** ist somit in allen Bereichen möglich geworden – nicht nur politische, sondern auch umsatzorientierte Kontrollen. Udo Ulfkotte berichtet auf der online-Seite des Kopp-Verlags darüber, dass in alle möglichen Produkte GPS-Tracker eingelagert werden können, die dann via Satelliten erfasst werden. Ein Beispiel, das bekannt wurde: Der Waschmittelkonzern ‚Unilever' hat in Brasilien mit »Omo« experimentiert und konnte feststellen, wer es wo verwendet.

Wie ich aus Bankkreisen verlässlich erfuhr, sind bereits alle 500-Euro-Scheine markiert, zukünftig werden es auch die 200-Euro-Scheine sein und das Gleiche gilt für unsere neuen Personalausweise – in weiter Zukunft kann keiner von uns mehr verloren gehen.

*„Glühbirne ade!"* – absolutes Verkaufsverbot in der EU ab dem Jahr 2012, Birnen mit über 75 Watt sind bereits heute verboten. Die drei Weltfirmen General Electric, Philips und die Siemenstochter Osram haben sich fast weltweit gegen die billige und gesundes, angenehmes Licht verbreitende Glühbirne durchgesetzt. Das bringt den Konzernen gewaltige Zusatzumsätze und den ‚Verbrauchern' Gesundheitsschäden, wenn wir den ebenfalls weltweiten Untersuchungen Gehör schenken. Es schadet uns sowohl das Farbspektrum des **Quecksilberdampflichtes** (diese Zeilen schreibe ich frühmorgens mit aufgesetzter Gelblichtbrille auf meinem Klapprechner, den man international *notebook* und *laptop* nennt) als auch viel direkter noch das *Vorschaltgerät* in jeder Fassung für das künstlich erzeugte Flimmerlicht.

Dieser **individuelle** gesundheitliche Belastungsschwerpunkt betrifft hauptsächlich die starke elektromagnetische Feldbelastung der betroffenen **Leuchten-Umgebung** (mit Oberwellen), was in einfachen Beschreibungen als Strahlung bezeichnet wird. Durch die bereits erwähnten Einweg-Vorschaltgeräte in allen Fassungen der neuen Lichtquellen entsteht jede Menge Elektronik mit gesundheitsschädlichem Elektrostress im Umfeld der Lampe. Noch in 30 Zentimeter Abstand werden die Werte für strahlungsarme Bildschirme deutlich überschritten. (Christian Zehenter) Es ist ein Frequenzsalat, und das ist Elektrostress pur! Der empfohlene *Sicherheitsabstand von rund 1 Meter* ist da kaum einzuhalten, wenn es Arbeitsplätze und -räume betrifft. Sowohl »Öko-Test« (10/2008) als auch die »Stiftung Warentest« bestätigen dies.

Den ‚worst case', den schlimmsten Fall, stelle ich mir so vor: Der Mieter unter Ihnen schraubt in seine Deckenleuchte irgendwann eine dieser sogenannten Energiesparlampen mit einem Elektrosmogsockel und Sie haben direkt darüber oder leicht versetzt Ihr Bett stehen. Schon nach wenigen Monaten kann diese künstliche Dauerschlafstörquelle, die Ihren Körperzellen die natürliche nächtliche Entspannung raubt, irgendeine Gesundheitsstörung auslösen.

Nach dem ‚worst case' habe ich jedoch auch eine geniale Idee zu erwähnen: Unter »www.heatball.de« finden Sie die von Dr.-Ing. Rudolf Hannot[95] aus China importierten ‚Heizlampen', besonders mit 100 Watt, mit dem bewährten Schraubsockel der verbotenen Glühlampen – und mit einer längeren Lebensdauer, die ja bei den verbotenen Produkten künstlich vorgegeben wurde. Wieder können wir erleben, dass Verbote dazu reizen, neue und bessere Wege zu entwickeln und zu gehen.

Nun gibt es noch die **statischen Felder**, auch elektrostatischen Felder, die uns in unseren Wohnungen zusätzlich belasten können. Und da wir uns heute angeblich bis zu 90 Prozent unserer Zeit in Räumen aufhalten, zählt zu unserem Wohlbefinden und unserer Gesundheit auch die Raumluft – und diese kann ‚aufgeladen' sein. Synthetische Stoffe in Bodenbelägen, Farben und Möbeln setzen unmerklich chemische Substanzen frei. Wenn der Bewohner selbst dann auch noch für eigene Luftverunreinigungen sorgt, spricht man von menschlichen ‚Bio-Effluvien' (gasförmige Ausdünstungen).

Doch unsere vielen modernen, synthetischen Materialien oder deren Oberflächen bewirken noch etwas anderes, nämlich die elektrischen Felder ‚ruhender' elektrischer Ladungen, *Elektrostatik* genannt. Elektrostatische Felder sind Felder, in denen lediglich Spannung herrscht, aber kein Strom fließt. Diese Spannung kann sich akkumulieren, so dass Funken sprühen – zum Beispiel beim Anziehen eines Pullovers aus synthetischen Fasern. Es kann sogar blitzen, nicht nur bei Gewittern, sondern auch unter einer Synthetikdecke im nächtlichen Zimmer – in der Dunkelheit kann man es dann sehen, ‚blitzen' tut es natürlich immer.

Somit komme ich zu den **Negativ-Ionen**, die für unser Wohlbefinden *positiv* sind – sehr sogar. Negativ-Ionen fördern Alpha-Wellen im Gehirn, beruhigen den Geist und verbreiten eine optimistische Grundstimmung. Eine statisch belastete Raumluft wie oben beschrieben ist dagegen voller *positiv* geladener Ionen, die sich aber nachteilig auf unser Wohlbefinden auswirken – typisch zum Beispiel beim bekannten alpinen Föhn. Mehr dazu erfahren Sie in dem Kapitel »Sauerstoff-Ionen – die Vitamine der Luft«.

Viel zu niedrige Luftfeuchtigkeit, vor allem während der Heizperioden, forciert das Ganze noch – eine gesunde Luftfeuchtigkeit liegt zwischen 35 und 65 Prozent. Häufig, besonders in den Wintermonaten, sinkt die Feuchtigkeit weit unter diesen Idealbereich. Kalte Luft ist normalerweise schon sehr trocken, aufgeheizt ist sie noch wesentlich trockener.

Die kluge Hausfrau weiß dagegen ein uraltes Mittel: Die Pflanzen bestimmen die Klimabedingungen in unseren Räumen entscheidend mit. Die sensitive Heilpraktikerin Eva Katharina Hoffmann hat darüber ein spezielles Büchlein geschrieben: »Energiepflanzen im Haus«.[20] Und der kluge Hausherr besorgt nicht nur Luftbefeuchtungsgeräte, mit denen die Raumatmosphäre wieder lebenswert angereichert wird, sondern besorgt auch Negativ-Ionen-Erzeuger (Ionisatoren), mit denen wir unsere Atemluft ,aufladen' können (darüber später mehr).

Zu den stärksten persönlichen Dauerbelastern durch statische und elektromagnetische Felder zählen unsere **Autofahrten.** Hierbei sind Innenraumplastikoberflächen, modernste Elektronik und Belüftung (Stadtfahrten und Staus) unvermeidlich. Die zusätzliche freiwillige Eskalation kommt durch den Mobilfunk und die Musikanlage. Die durch die Autoreifen isolierte Karosserie wirkt wie ein Faradayscher Käfig und jeglicher Mobilfunk (ohne Außenantenne) wird durch diese Abschirmung in die mögliche Höchstleistung ,gepowert' – sehr viel schädlicher als im Freien.

Von dieser Müdigkeitserzeugung in den Fahrzeugen – die technischen Energiefelder zehren an unserem persönlichen, biologischen Energiefeld – merke ich selbst immer etwas, wenn ich als Beifahrer in meiner Fahrkonzentration nach- und loslassen kann, denn ich schlafe dann tief und heilsam (?) ein. Zur beruflichen Dauerbelastung in diesen Bereichen schreibt Jörg Baum in seinem Sachbuch »Gesundheit geht ganz anders«[21]:

*„Wussten Sie schon, dass Krebs und Leukämie auch Berufskrankheiten der Straßenbahnfahrer, Lokomotivführer, Nachrichtentechniker, Radartechniker und anderer Berufe der Elektrobranche sein sollen?"* Inzwischen soll es auch eine Fluktuation bei den Piloten geben.

*„Gesundheitsschäden durch militärische Radaranlagen hat eine nicht genau bestimmbare Anzahl von Soldaten und Zivilangestellten der Bundeswehr und der NVA erlitten, die von den 1950ern bis zu den 1980er Jahren an Radargeräten Dienst taten. Sie waren dabei teilweise der Röntgenstrahlung und Mikrowellenstrahlung der Geräte ausgesetzt. Eine größere Anzahl dieser Personen entwickelte später Krankheiten, vor allem Krebs, der mit der Röntgenstrahlung in Verbindung gebracht wird."* (Stefan Gruber)

Im Juni 2006 hatte die Bundeswehr bei 679 Radartechnikern, die der Röntgen- und Mikrowellenstrahlung ausgesetzt waren, den Zusammenhang einer Krebserkrankung mit ihrer dienstlichen Tätigkeit anerkannt. Mehrere Hundert Menschen sind bereits an den Folgen gestorben[22].

Neue kostensparende Abrechnungssysteme lassen sich die Elektrizitäts- und die Hauswasserversorger einfallen. Abertausende von Mitarbeitern, die jährlich die Zähler beider Branchen ablesen, können eingespart werden, wenn das neu eingebaute, kleine Sendeanlagen übernehmen – vorerst ist der Einbau freiwillig. Doch diese **Haussender** strahlen nicht nur einmal im Jahr, sondern sie werden uns Strom- und Wasserverbrauchern als dauerstrahlende, häusliche Serviceleistungen angeboten, *„...denn Sie können nun täglich Ihre Verbrauchsangaben selbst beurteilen."* Das reinste Strahlenkonzert wird das in einem Mietshaus, wo dann mehrere Sender zusammenwirken. Was sie bewirken, wissen wir jetzt schon. Doch auch im Einfamilienhaus verursacht die ‚Hauselektrik' vagabundierende niederfrequente Spannungen in Materialien, Wänden, Decken und Fußböden. Sie bewirkt durch Abstrahlungen und Streustrahlungen sogenannte *Raumladungen.* (Dipl. Geobiologe Sascha Hahnen)

Neben den geschilderten Belastungsfeldern im Privatbereich kommen heute im beruflichen Arbeitsfeld noch mögliche spezielle elektrische, elektromagnetische und elektrostatische Belastungen hinzu, auf die ich hier aber nicht eingehen kann. Können Sie sich jetzt vorstellen, dass gravierend viele unserer gesundheitlichen Beschwerden überwiegend mit unserer modernen Technisierung zu tun haben?

Kommen wir noch etwas genauer zu den sogenannten ‚intelligenten' Stromzählern. E-Boxes oder Energyboxes scheinen sich inzwischen auch bei uns systematisch zu verbreiten. »Spiegel-online« berichtete am 6.7.2009 „EnBW lässt Stromzähler zwitschern".

*„Das Unternehmen Yello Strom, eine hundertprozentige Tochter des Energiekonzerns EnBW, will seine Stromzähler künftig twitterfähig machen. Die Messgeräte könnten dann den Verbrauch einzelner Kunden im Minutentakt im Internet veröffentlichen."*

Stefan Gruber ergänzt für den süddeutschen Raum:
*„In der Tat gibt es im Rahmen von ‚E-Energy' das Pilotprojekt ‚MeRegio' (‚Minimum Emission Region'; Partner sind das Umweltministerium, EnBW, IBM, SAP sowie ABB), bei welchem 1.000 Teilnehmer in Göppingen und im Raum Freiburg mit einem ‚intelligenten Zähler' ausgestattet werden. Momentan plant die deutsche Bundesregierung aber Gott sei Dank – im Gegensatz zu vielen europäischen Nachbarn – keine Gesetze zum ‚zwanghaften' Einbau."*

Dazu fand ich folgende Horrormeldung. Udo Ulfkotte schreibt in »KOPP-exklusiv« (17/10) unter anderem:
*„Ein Team des technischen amerikanischen Geheimdienstes »National Security Agency« (NSA) hat in den vergangenen Wochen erkundet, wie man die in der Türkei, den Niederlanden, Deutschland, Schweden, Australien, Neuseeland, Kanada und den Vereinigten Staaten installierten Geräte als böswillige Angreifer insgeheim für seine Ziele nützen könnte – die Ergebnisse sind erschreckend. Bei allen Smart Metern – so der Fachbegriff für die intelligenten Stromzähler –, bei denen entweder die Fernsteuerung von Stromverbrauchern (über ein Telekommunikationsnetz) oder die automatische Zählerablesung (ebenfalls über ein Telekommunikationsnetz) möglich ist, kann man binnen Sekunden gezielt die Stromversorgung komplett ausschalten."*

# Wie Ultraschall die Babys quält

Was sich für Fledermäuse, Nachtfalter und Delfine als Orientierungssystem seit undenkbaren Zeiten bewährt hat, wird heute immer mehr und in geradezu unvorstellbaren Technologien umgesetzt: der *Ultraschall*. Es gibt auch noch höherfrequente Schallbereiche, den *Hyperschall*, oder bei dem unterhalb des für Menschen hörbaren Frequenzbereichs spricht man von *Infraschall*.

Bilder im menschlichen Körper entstehen aufgrund des Echo-Musters, das diese Schallwellen auslöst. Härtere Teile, wie Knochen, geben ein stärkeres Echo ab als weiches Gewebe oder Flüssigkeiten. Während einer Schwangerschaft sind ein oder zwei Ultraschalluntersuchungen, auch Sonografie oder Echografie genannt, sinnvoll, um die Lage der Plazenta und später die Kindesentwicklung zu sehen, und das sollte ausreichen. Dagegen setzen schon die neuen Doppler-Techniken den zarten Fötus viel höheren Strahlungen aus.

Fritz Loindl vom österreichischen Verein »INITIATIVE Information Natur Gesellschaft« (www.initiative.cc) schreibt dazu unter anderem:

*„Ultraschall ist nichts anderes als ein unglaublich lauter Schall, in einer Frequenz, die teils knapp über dem normalen Hörbereich liegt. Mit diesen sehr, sehr lauten Schallimpulsen wird das werdende Kind ‚beschallt' und die zurückkommenden Echos werden elektronisch ausgewertet. Aber wer sagt uns, dass das Kind diesen Schall nicht als furchtbaren Lärm wahrnimmt? Auch die dadurch entstehende mechanische Energie ist enorm und wird ja auch für Ultraschallreinigungsgeräte eingesetzt. Oft werden mittels Ultraschall diverse spekulative Diagnosen über das heranreifende Kind gestellt, welche oft unhaltbar sind, Angst schüren, und nicht selten mit Abtreibung enden."* [23]

So raten inzwischen auch Behörden von unnötigem Einsatz des Ultraschalls bei 3-D-Ultraschallbildern oder gar bei Videos ab. Der Fötus erschrickt bei jeder US-Beschallung und versucht zu fliehen, was er bekanntlich nicht kann. (HP Iris Zwerger)

Insider wissen:

*„Um die Geräte der Ärzte voll auszulasten, werden völlig überflüssige US-Begutachtungen bei fast jeder Vorsorgeuntersuchung vorgenommen. Denn die Leasingraten für das Gerät werden monatlich abgebucht."*

*„In Deutschland, Österreich und der Schweiz bringen zur Zeit nicht viel mehr als 5 Prozent der Frauen ihre Kinder ohne eine der obskuren geburtsmedizinischen Prozeduren zur Welt, obwohl bei gegebenen sozialen und hygienischen Verhältnissen zumindest 95 Prozent spontan und autonom gebären könnten und in höchstens 5 Prozent geburtsmedizinische Maßnahmen vonnöten wären. Was 90 Prozent der Frauen als medizinische Erleichterung vorgegaukelt wird, ist nicht nur überflüssig, sondern auch als prekär und schädlich zu betrachten.",* erklärt Prof. Dr. Alfred Rockenschaub im Nexus-Magazin.

Mehr unter: »www.zentrum-der-gesundheit.de/ultraschall-ia.html«

Da gibt es im Babybereich jedoch noch eine moderne Technologie der Erleichterung: das **Babyfon**. Ältere Modelle waren bezüglich der Raumbelastungen harmlos – sie funkten nur dann, wenn das Baby weinte. Doch inzwischen wurden Reichweitenüberwachungen eingeführt und damit *Dauerstrahler* an die Kinderbetten gestellt. Alternative Geräte sind allerdings schon in der Entwicklung, also bitte kritisch auswählen! Da Babys noch rein und unverfälscht und unseren ‚irdischen' Einflüssen noch nicht so lange ausgesetzt sind – also erst kurze Zeit vorher *„auf die Welt gekommen sind"* –, sind ihre Körper noch viel sensibler als unsere erwachsenen und reagieren daher sehr schnell auf alles Störende.

Um mit dem Begriff ‚Schall' etwas verantwortlicher umzugehen, schließe ich das Kapitel mit einer Schallwellenart aus der Waffentechnologie, dem *Infraschall*. Das ist extrem niederfrequenter Schall, der weite Strecken zurücklegen und auch Gebäude und Fahrzeuge mühelos durchdringen kann. Biomedizinische Folgen der Übertragung langwelligen Schalls sind Übelkeit, Durchfall, Orientierungsverlust, Erbrechen und Schlimmeres. Die Energie ist effizienter als Ultraschall, da sie ‚frequenzbandbeständig' ist, das heißt, Infraschall behält seine Eigenschaften beim Wechsel von Luft zu Gewebe. (Weltwoche 6/03)

# Schlafstörungen werden zur Volkskrankheit

Im Bett verbringen wir etwa ein Drittel unseres Lebens – analog zu unserem modernen Alltag mit allgemein 8 Stunden Geldverdienen, 8 Stunden Freizeit und 8 Stunden Bettruhe. (Für mich persönlich stimmt dabei mal wieder gar nichts...) *„Zur Ruhe begibt"* man sich am Ende eines langen Tages, wenn man so richtig ausgepowert ist. Über Nacht tankt unser Immunsystem wieder neue Kraft und der Körper sammelt die nötigen Energien für den nächsten Tag – wie ein Akku, den man über Nacht zum Aufladen einsteckt. Wir kennen zwar alle diese Ruhe- und Aktivitätszyklen, doch ganz so einfach ist es natürlich nicht. *„Im Schlaf laufen Reparaturvorgänge ab, der Körper entgiftet, baut Muskulatur auf und Fett ab, neue Nervenverbindungen werden geknüpft und Glutathion wird gebildet"*, weiß Dr. Mutter. Ohne von neuen Sinneseindrücken gestört zu werden, spielt das schlafende Gehirn tagsüber Erlebtes noch einmal durch, verarbeitet Informationen weiter und ‚legt' sie auch in speziellen Gehirnregionen abrufbar ab. *Plastizität* nennen dies die Neurologen.

Der ‚menschliche Schlafplatz' steht als Bett in einem Schlafzimmer, und auch an diesem geht unsere moderne Technisierung nicht spurlos vorüber. Da unsere genialen Körper eben *nicht genormt* sind, haben der Schlaf und die Nachtruhe verschiedene wichtige Bedeutungen für den Einzelnen. Hinzu kommt, dass wir in unserem körperlichen Ruhezustand endlich auch in Ruhe mit unseren inneren seelischen und geistigen Körperenergien kommunizieren können. Versunken in Morpheus Armen, geben unsere unsichtbaren Körperebenen normalerweise keine Ruhe, sondern verarbeiten dabei gründlich den zurückliegenden Tag mit seinen bewussten und unbewussten Erlebnissen samt unserer Gedanken, Worte und Werke. Manchmal erinnern wir uns beim Erwachen an solches nächtliches Erleben und Aufarbeiten und nennen es dann Träumen – und da kann es schon recht heftig zugehen.

Wie schätzen wir in unserem gestressten Alltag den Begriff Schlaf überhaupt ein? Die meisten von uns sicherlich als nebensächlich und eben als notwendig. Vielleicht erinnert sich unser Unterbewusstes noch an die vielen kindlichen Ermahnungen „*Du musst jetzt ins Bett!*" Richtig! Als Kleiner wächst man im Schlaf und als Großer erholt man sich im Schlaf – beides ist lebensnotwendig, kann eine Not wenden. Oder anders ausgedrückt: Im nächtlichen Ruhefeld kann der kindliche Körper wachsen und im nächtlichen Ruhefeld des Erwachsenen kann sich der Körper erholen – er holt sich etwas.

Heute früh sagte mir meine innere Stimme beim Erwachen: „*Schlaf ist für unser Inneres wie in den Urlaub zu fahren.*" **Und so kann unser Schlaf der eigentliche Urquell unserer physischen und psychischen Gesundheit sein oder wieder werden.**

Rein wissenschaftlich gesehen kennt man dabei verschiedene Phasen unseres nächtlichen Schlafes, ohne das biologische ‚Phänomen Schlaf' endgültig erklären zu können. Darüber berichten andere Autoren. Ich bleibe jetzt pragmatisch: Um einen „*guten Schlaf*" zu haben, braucht unser Dreifachkörper – Geist, Seele und Leib oder anders ausgedrückt unser *Körperenergie-* oder *Biofeld* – auch einen ‚**guten'** **Schlafplatz**, um am nächsten Morgen ausgeruht aufzuwachen oder zur eingestellten Zeit des Weckers munter aufstehen zu können. Und dabei sieht es wieder ganz verschieden und sehr individuell aus – sogar auch dann, wenn wir uns normalerweise als gesund bezeichnen oder fühlen. Sollten uns dabei auch noch Schwächen oder Krankheitszustände belasten, bekommt der Begriff ‚guter' Schlafplatz oder der Wunsch „*Gute Nacht!*" eine noch viel wichtigere Bedeutung.

Weltweit soll etwa jeder fünfte Mensch Schlafprobleme haben. In Deutschland ist es sogar jeder Dritte. Wenn es anstecken würde, wäre es eine Epedimie.

„*Rund zwei Drittel aller Deutschen schlafen nicht gut… können nur schwer einschlafen oder wachen nachts immer wieder auf. Sie alle bekommen nicht den Schlaf, der für ihr Wohlbefinden nötig ist, quälen sich morgens wie ‚gerädert' aus dem Bett und wissen nicht, wie sie den Tag überstehen werden.*" (Dr. Martina Hahn-Hübner, Chefredakteurin von »Gute Nacht!«)

Dabei treten die **Schlaf-Störungen** bei Frauen fast doppelt so häufig auf wie bei Männern. Rechnet man einmal die Kinder und Jugendlichen heraus, so ergeben sich die oben genanten Zahlen: Rund 35 Prozent aller Erwachsenen und sogar 70 Prozent der über 60-jährigen leiden unter Schlafstörungen. Zunehmend sind außerdem die noch ‚ungelösten‘ **Schlaf-Probleme**: 10 Prozent unserer Gesamtbevölkerung werden davon geplagt. Sie geben an, dauerhaft oder zumindest häufig keinen erholsamen Schlaf zu finden, und eine halbe Million Menschen nimmt hierzulande täglich Schlafmittel. Mit 70 Prozent ist der Anteil seelisch bedingter Schlafstörungen auffallend hoch.

Eine *Schlafstörung* liegt beispielsweise vor, wenn der Schlafrhythmus gestört ist. Wenn also keine intakte Abfolge der einzelnen Schlafstadien (Tiefschlaf → Leichtschlaf → Traumschlaf) möglich ist. **Knapp 90 unterschiedliche Formen der Schlafstörung wurden bislang diagnostiziert.** Die häufigsten Schlafstörungen sind Ein- und Durchschlafstörungen, unter denen meistens gestresste oder ältere Menschen leiden.

Unser inzwischen **hochtechnisiertes** Alltagsleben erfüllt natürlich – besser gesagt ‚unnatürlich‘ – auch unseren gesamten Schlafbereich und kann unser biologisches Bedürfnis der inneren und äußeren Ruhe sehr belasten. Solche ‚Belastungen‘ können unbekannte Störfelder sein, die mit unserem Planeten zusammenhängen und können auch elektromagnetische und statische Felder sein, die auch während des Schlafs auf unser eigenes Körperenergiefeld einwirken. Dabei trenne ich vorab wieder in freiwillige und in unfreiwillige Belastungsmöglichkeiten, denen wir ausgesetzt sind und die uns *„schlecht schlafen"* lassen, sodass wir uns *schlaff* und *schlapp* fühlen (interessanter, gemeinsamer Wortstamm mit *Schlaf*).

Zu den technischen Geräten, die wir *freiwillig* in unseren Schlafbereich geholt haben und die uns in unserem Schlaf ganz sicher durch ihre starken elektrischen Wechselfelder stören, zählen vor allem netzbetriebene Radiowecker, Musik- und Fernsehgeräte. Da sie am häuslichen Stromnetz angeschlossen sind, fließt durch sie (bei unseren zweipoligen Steckern) während der ganzen Nacht der übliche Wechselstrom, und der kennt keinen Stillstand. Dabei ist es gleichgültig, ob wir das betreffende Elektrogerät manuell ausgeschaltet haben oder es ferngesteuert im ‚Standby'-Zustand eingeschaltet bleibt. Ist es weit genug vom Bett entfernt, stört es weniger als der Radiowecker oder das Handy auf dem Nachttischchen.

Wenn wir uns bezüglich des Weckers für ein Batteriegerät entscheiden, können wir uns für das Schlafzimmer eine **Netzfreischaltung** oder einen Netzabkoppler (www.gigahertz-solutions.de und ähnliche) leisten, etwas, das für mich eine jahrzehntelange Selbstverständlichkeit ist – heute im Preis viel günstiger als früher und nachträglich einbaubar. Dabei wird nach dem Ausschalten des letzten Stromverbrauchers im Raum, zum Beispiel des Nachttischlichtes, der Stromkreis des Schlafzimmers unterbrochen und völlig stillgelegt. Es ‚fließt' auch kein Strom mehr in den Leitungen der Schlafzimmerwände und keiner in den Geräten – so, wie die menschlichen Schlafplätze bis vor knapp einem Jahrhundert und seit Jahrtausenden immer für den Menschen waren. Schaltet man irgendein Elektrogerät im Raum dann wieder an, fließt wie gewohnt unser Wechselstrom in allen Leitungen und Geräten.

Viele Urlauber fühlen sich in ihren Wohnwägen sehr wohl und genießen trotz mancher Enge und Einschränkung diesen besonderen Erholungseffekt. Sie leben und schlafen nämlich in dieser Zeit in einer kleinen Welt des **Gleichstroms**. Zum konträren Verhältnis Gleichstrom/Wechselstrom berichtet die Schweizer »ZeitenSchrift« (Nr. 30 Seite 62) unter anderem:

*„Denn Gleichstromlicht von herkömmlichen Glühlampen ist das gesündeste Kunstlicht überhaupt.*
*Der übliche Wechselstrom polt den Strom 50 Mal pro Sekunde um (= 50 Hz). Glühbirnen senden deshalb in Wahrheit kein kontinuierliches Licht aus, sondern ein stroboskopartiges Blitzlichtgewitter. Das Auge ist zwar zu träge, um dies wahrzunehmen, doch unbewusst reagiert der Organismus trotzdem negativ darauf. So zeigt denn die Bioresonanz-Methode ganz klar, dass die Menschen auf der Frequenz von 50 Hz (Wechselstrom) völlig überlastet sind.*

*Beim Gleichstrom fällt diese Umpolung weg; das Licht leuchtet tatsächlich kontinuierlich und schwächt den Organismus nicht mehr. Radiästhetische und kinesiologische Tests weisen die positive Wirkung des Gleichstromlichts auf den Menschen nach. Dipl. Ing. Gottfried Neumanns Versuche mit Pflanzen ergaben um ein Drittel bessere Wachstumserfolge bei Sonnenblumen und Bohnen."*

Und was berichtete »3sat« am 21.6.2010? In der Sendung „Das Stromnetz von morgen" ging es dabei um die Wirtschaftlichkeit der konträren Stromenergieverfahren.

*„Um Strom verlustarm über Hunderte von Kilometern zu befördern, muss neue Technik eingesetzt werden: die Umwandlung von Wechselstrom in Gleichstrom. Ein deutsches Pilotprojekt zeigt schon heute, wie das Stromnetz der Zukunft aussehen könnte."*

# Krebs durch Federkernmatratzen

Von allen **Metallen im Bett** raten die Baubiologen schon lange ab. Ich schlafe seit gut vierzig Jahren, außer bei Hotelübernachtungen, auf keiner Federkernmatratze mehr, denn ich erfuhr schon damals, dass sich Metall mit der Zeit mit den elektromagnetischen Spannungen in unseren Häusern auflädt und dann zu einem Störfeld werden kann. In unseren Familien schläft niemand auf einem Bettrost aus Metall oder auf einer Federkernmatratze.

Wenn Sie einmal mit einem kleinen Kompass über eine solche Matratze gleiten, werden Sie feststellen, dass jeder der meistens über 200 Federkerne sein eigenes Energiefeldchen hat, und wir können uns dabei vorstellen, dass unsere darüber ruhenwollenden Körperzellen wohl kaum zur Ruhe kommen können. Längst werden uns dazu heute hochwertige, komfortable und völlig metallfreie Schaumstoffmatratzen angeboten, die zum Beispiel mit Rosshaarauflagen oder anderen biologischen Beschichtungen wieder den nächtlichen und gesunden Schlafkomfort bieten.

In den letzten Jahrzehnten wurden solche Aufladungen von Metallen in uns und in Körpernähe immer intensiver und problematischer, denn wir leben quasi in einem gigantischen Mikrowellenherd. Dazu sollte man bedenken, dass unsere körperliche Entwicklung solche Energiebelastungen nie gekannt hat und dadurch für ihre nächtliche Ruhe- und Erholungszeit modern dauerüberlastet wird. **In unserem heutigen High-Tech-Funkzeitalter sind Metallteile im Bett und besonders die spiralförmigen Federkerne in den Matratzen ‚Hochleistungsantennen' geworden, und unsere Körperzellen sind die Empfänger!**

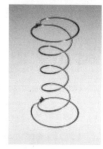

Abb. 10:
Der Federkern

Der wöchentliche Informationsdienst des Kopp Verlags (KOPP-exklusiv 31/10) hat dazu wissenschaftliche Untersuchungsergebnisse zusammengetragen und resümiert: Je näher man an einem Sendemasten wohnt, desto mehr werden solche Signale durch Federkerne in der Matratze verstärkt. Schließlich kann das zu Krebs führen, wie Studien belegen, denn es gingen jetzt gleich zwei schwedische Wissenschaftler mit diesen Hinweisen an die Öffentlichkeit.

*„Ein Drittel unseres Lebens verbringen wir im Bett. Und in dieser Zeit werden die Körper jener Menschen, die auf Federkernmatratzen schlafen, wie von einem unsichtbaren Umschlag mit einem elektromagnetischen Strahlungsfeld eingehüllt. Dabei ist die Strahlungsenergie nach Angaben der Wissenschaftler etwa 75 Zentimeter über der Matratze am größten. Mit anderen Worten: Die meisten energetischen Wellen bekommt jene Köperseite ab, mit der wir am wenigsten direkt auf der Matratze liegen."*[24]

Bei diesen Forschungsergebnissen kommt noch etwas anderes Hochinteressantes heraus. Man hat schon lange registriert, dass zum Beispiel bei Frauen, die Brustkrebs bekommen, dieser als erstes in der linken Brust diagnostiziert wird. Auch bei Hautkrebs (wenn Sie aus Ihrer Haut fahren wollen) wird dieser rein statistisch zuerst auf der linken Körperseite entdeckt.

*„Etwa neunzig Prozent der Menschen schlafen überwiegend auf der rechten Körperseite. Die linke Körperseite bekommt bei diesen Menschen demnach die meiste Strahlung ab. Und das erklärt nun, warum 90 Prozent der Europäer und Amerikaner, die auf Federkernmatratzen schlafen, im Erkrankungsfall ein Karzinom zunächst auf der linken Körperseite entwickeln."* [24]

Dafür gibt es jedoch noch eine andere Erklärung. Später werde ich dabei ausführlich darauf eingehen, dass unsere Gehirnhälften jeweils unsere gegenüberliegende Körperseite verlässlich steuern. Mit unserer linken Gehirnhälfte sind unser rechtes Auge und Ohr, unsere rechte Hand und die ganze rechte Körperhälfte verbunden. Mit unserer rechten Gehirnhälfte sind unser linkes Auge und Ohr, unsere linke Hand und die ganze linke Körperhälfte verbunden. Die linke Gehirnhemisphäre wird als die logische angesehen und unsere rechte als die emotionale.

Wenn sich nun in unserem gefühlsmäßigen und seelischen Emotionalbereich sehr viel Leid, Verletzungen und Unterdrückungen angestaut haben, und der Körper diese ungelösten Energien mit einem Karzinom ausdrückt, dann wird er das via rechtsseitiger Gehirnsteuerung automatisch auf der linken Körperseite zuerst signalisieren. Diese Erkenntnis bekommt dann Bedeutung, wenn Sie sich schon lange von den metallenen Matratzenqualitäten verabschiedet haben und trotzdem linksseitige Krankheitshinweise ihres Körpers erhalten.

Über den Bereich der Federkernmatratzen hinaus gilt außerdem und weiterhin, was der Gründer der »Internationalen Gesellschaft für Elektrosmog-Forschung« (IGEF) und Autor Wulf-Dieter Rose in seinem Buch »Elektrosmog – Elektrostreß. Strahlung in unserem Alltag und was wir dagegen tun können« [25] schon vor fast zwei Jahrzehnten schilderte:

*„Sie haben sich ein modernes, elektroverstellbares Bett angeschafft und erwachen seitdem mit Kopfschmerzen und Herzfunktionsstörungen oder Sie haben eine Energiesparlampe an ihrem Nachttisch angebracht; seitdem leiden Sie unter Seh- und Sprachstörungen sowie nervösen Beschwerden."*

Und kein Arzt, der sich nicht auch mit Baubiologie befasst, fand bisher die Ursachen im bedenkenlosen Umgang mit diesen *modernen Heim-Technologien* in unserem Schlafbereich, zu denen möglicherweise auch Wasserbetten zählen können.

Nun gibt es dazu noch eine Reihe von **unfreiwilligen** Schlafplatzbelastungen, die uns nicht immer bewusst sind. Neben den Überlandleitungen, Mobilfunksendemasten, Dach-Stromleitungen, Trafostationen oder den nachbarlichen WLAN-Feldern gibt es noch die unterirdischen **geopathischen Belastungen,** die schließlich zu einer Geopathie führen können. Dabei befasst sich die Wissenschaft mit der Strahlung aus der Erde – eine immer noch unterschätzte Gesundheitsgefahr. (Dr. med. Ulrike Banis[26])

Befindet sich der Schlafplatz in oder über einem solchen Störfeld (tief in der Erde), findet der Körper auch wenig nächtliche Ruhe zum Auftanken. Wenn Sie morgens wie gerädert aufwachen, an anderen Schlafplätzen aber keine Probleme mit dem Schlummern haben, sollten Sie Ihren Nachtruheplatz auf geopathische Störungen untersuchen lassen. Besonders Kleinkinder merken so etwas sehr schnell und rebellieren, schlafen schlecht und unruhig oder werden krank. Erwachsene dagegen können diesen nächtlichen Energiemangel oft jahrelang kompensieren, Männer mehr als Frauen. Meine Tochter als Heilpraktikerin zusammen mit ihrem Mann als Physiotherapeut, Osteopath und Heilpraktiker erleben in ihrer Praxis entsprechend ‚hilflose' Krankheitsfälle und sie erklärte mir:

*„Manchmal kommt ein Umzug zur rechten Zeit, und eine Veränderung tritt ein, der Mensch hatte dann Glück. Andere schlafen ihr halbes Leben lang auf dem gleichen schlechten Platz und werden irgendwann krank. Das bleiben sie dann auch.*

*Ein älterer Kollege sagte mir einmal, es gäbe keinen Krebskranken mit einem guten Schlafplatz. Meist finde sich auf Höhe des Krebsgeschwürs eine Kreuzung eines oder mehrerer Magnetfeldgitter, eventuell sogar noch eine Wasserader dazu."*

# Die Belastungen in unseren Schlafräumen

Unser Körper hat so seine biologischen Erfahrungen mit den irdischen Rhythmen und natürlich auch mit den Tag- und Nachtrhythmen – jahrtausendelang. Nachdem der Sonnenuntergang das Tageslicht beendet hat, stellt sich das Uraltprogramm unseres Körpers auf ‚Ruhe' ein. Müdigkeit darf sich melden und fühlt sich gut an, und über die Hormonumstellung wird der nächtliche Schlaf in unserem Körper vorbereitet. Und dann beginnt das große Loslassen aus der täglichen irdischen Schwere und das Hineinschweben in eine unsichtbare Welt mit der Hoffnung: *„Den Seinen gibt's der Herr im Schlaf."*

Ich weiß, dass solche Sätze recht altmodisch klingen, denn wir leben längst in einem Zeitabschnitt, in dem schon unser ganzer Planet nachts kunstlicht-hell erstrahlt. Man spricht inzwischen von weltweiter **Lichtverschmutzung**, weil diese bestehende Ökosysteme beeinflusst. So wie verschmutzte Meere, Böden oder Lufträume für viele Spezies nicht mehr bewohnbar sind, so hat auch die *Zerstörung der Nacht* vielfältige Folgen. Auch für uns Menschen?

Ja, zumindest für die meisten auf unserem Planeten. Seit das elektrische Licht unser Leben mitbestimmt, ist nichts mehr so wie es ‚natürlich' war. Allein der dabei verschobene *hormonelle* Rhythmus in uns zeigt den Einfluss des Tages- und des Kunstlichtes und inzwischen längst auch der erwähnten elektromagnetischen Felder. Alles dies reduziert nämlich – unter anderem – auch den Neurotransmitter **Melatonin**. Dieses körpereigene Hormon hat vielfältige lebenswichtige Funktionen und wird von unserer **Zirbeldrüse** (Epiphyse) *bei Dunkelheit* gebildet. Es wird aus Serotonin produziert und steuert den Schlaf-Wach-Zyklus des menschlichen Körpers.

Auf unsere modernen Veränderungen dieser biologischen Zyklen und Biorhythmen hat sich unser Körper kaum eingestellt – es betrifft ja erst höchstens drei Generationen. Die Ausschüttung von Melatonin be-

**Abb. 11:** Europa bei Nacht

ginnt zwischen 22 und 23 Uhr (abhängig vom Alter) und macht sich durch Schläfrigkeit bemerkbar. Die Höchstwerte werden gegen 1 bis 2 Uhr nachts erreicht. Die winzige Zirbeldrüse ist dabei ursächlich mitverantwortlich für Fortpflanzung, Schlaf und Motorik, Blutdruck, Immunsystem, Hypophyse und Schilddrüse, Zellwachstum, Körpertemperatur und viele andere Körperfunktionen. (Andreas Moritz)

Dazu ergänzt Dr. Mutter:
*„Melatonin regeneriert den Körper, schützt Glutathion und Nervenzellen, bindet Schwermetalle, senkt den Blutdruck und Blutzucker und verzögert das Altern. Durch zu wenig Sonnen- oder Vollspektrumlicht am Tag, durch Restlicht im Schlafzimmer oder zu wenig Vormitternachtsschlaf, aber auch durch Elektrosmog, insbesondere erzeugt durch hochfrequente gepulste Mikrowellenstrahlung, wird weniger Melatonin gebildet."*

Der hier erwähnte Vormitternachtsschlaf ist bei unseren technikbedingten Tageszeitverlängerungen fast ganz in den Hintergrund geraten – allerdings auch, weil wir einfach viel zu wenig darüber wissen. Der deutsche, in den USA lebende Therapeut Andreas Moritz ist vielfältiger Autor revolutionärer Gesundheitsbücher und leitet unter anderem das US-Internetforum »Fragen Sie Andreas Moritz« (www.Curezone.com) mit rund 5 Millionen Lesern. In seinem Buch »Die wundersame Leber- und Gallenblasen-Reinigung« verweist er natürlich auch auf die nächtlichen Reinigungs- und Verjüngungsprozesse unseres Körpers. Aus physiologischer Sicht gibt es zwei verschiedene Arten von Schlaf, nämlich den *Schlaf vor Mitternacht* und den *Schlaf nach Mitternacht*, und er versichert:
*„Während der zwei Stunden vor Mitternacht findet meistens der auch als ‚Schönheitsschlaf' bekannte Tiefschlaf statt. Er dauert ungefähr eine Stunde, meistens von 23 Uhr bis Mitternacht. …Die Erholung und Entspannung, die während dieser Stunde traumlosen Schlafs erreicht wird, ist fast dreimal so tiefgreifend wie sie während der gleichen Länge an Schlaf nach Mitternacht erreicht werden kann."*

Dazu kommt, dass Wissenschaftler der Tierärztlichen Hochschule Hannover ausführlich darlegen, wie in Tierversuchen eindeutig nachgewiesen werden kann, dass die Zirbeldrüsenfunktion auch durch relativ schwache *elektromagnetische Felder* ungünstig beeinflusst wird. Dabei wurde festgestellt, dass bereits Felder, wie sie von gewissen Haushaltsgeräten (Fernsehapparaten, Transformatoren, Mikrowellengeräten und Funktelefonen) sowie von Computern und Hochspannungsleitungen abgestrahlt werden, **die Melatoninproduktion in der Zirbeldrüse dramatisch reduzieren können.**[27]

Wir haben also heute nicht nur verschobene innere Schlaf-Wach-Rhythmen, sondern zusätzlich ,ungewöhnliche' äußere Störungen und Belastungen modernster Art.

Sehen wir uns das einmal genauer an. Die kleine Zirbeldrüse inmitten unseres Wunderwerks Gehirn – doch abgesondert von der Hauptmasse des Gehirns – wird auch ,der Regler aller Regler' genannt. Sie ist eine Minidrüse mit gerade einem Gramm Gewicht und liegt mittig und harmonisch zwischen unseren beiden Gehirnhälften. Sie ,herrscht' während unseres ganzen Lebens über unser gesamtes endokrines, direkt mit dem Blut verbundenes Drüsensystem, das seinerseits Hormone produziert, die für alle unsere Körperfunktionen verantwortlich sind. Wenn große Teile unseres Körpersystems nächtlich ruhen, ,arbeitet' sie – nicht nur als Melatoninproduzentin. Sie ist die mentale Verbindung zu unserem Seelen- und Geistanteil und die ,Antenne' dessen, was wir aus uralter Erfahrung „den Seinen gibt's der Herr im Schlaf" nennen.

In der modernen Schulmedizin wird sie trotzdem kaum ernst genommen, wogegen sie (von den Griechen entdeckt) von den Römern schon als ,Meisterdrüse' bezeichnet wurde. Der indische Arzt Dr. Swami Karmananda Saraswati berichtet:

*„Es wäre angemessen, wenn diese Drüse, die René Descartes im 16. Jahrhundert den ,Sitz der rationalen Seele' bezeichnet hat, auch jetzt wieder der Treffpunkt von Ratio und Mystik sein würde. Es ist sicher kein Zufall, dass die yogischen Texte Indiens und die mystischen Traditionen Jahrhunderte hindurch von dem ,Auge der Intuition' und dem ,Dritten Auge' sprechen und auf die Epiphyse verweisen."*

In spirituellen Kreisen ist das Zirbelchen auch längst bekannt als das Stirnchakra, welches zwischen den Augenbrauen liegt. Dr. Saraswati empfiehlt daher:

*„Wir können unsere Bewusstseinsebene erweitern, indem wir die Epiphyse aktivieren, das Dritte Auge öffnen, das Ajna Chakra erwecken; es ist alles derselbe Vorgang. Auf diese Weise stellen wir wieder den Kontakt her mit dem Kind in uns, während wir gleichzeitig die Pflichten und Verantwortungen des Erwachsenenlebens erfüllen. Dann wird die Arbeit und das Leben ein Spiel, viel mehr, als es das ernste und niederdrückende Geschäft für die meisten Menschen heute ist."*[29]

Und Dr. K. Parvathi Kumar nennt die Zirbel sogar den Sitz der Seele – erstaunlich. Typisch ist dabei wieder, dass der »Rheinische Merkur« vom 8.4.2010 als Titelthema das ‚Wunderwerk Gehirn' behandelt und auf vier ausführlichen Tageszeitungsseiten mit vielen Abbildungen die Meisterdrüse Zirbel oder Epiphyse völlig verschweigt...

Im Vergleich zu früheren Generationen weisen wir heute wohl insgesamt niedrigere Melatoninwerte auf, wodurch auch unsere durchschnittliche Schlafdauer zurückgegangen ist. Wintermüdigkeiten und Fernreisen-Jetlags bringen außerdem unseren Hormonrhythmus durcheinander, vor allem, wenn man inzwischen weiß, dass Melatonin auch eine stimulierende Wirkung auf das Immunsystem hat und ein sehr wirksames Antioxidans ist.

Trotzdem gilt unverändert weiter: Die Ausschüttungen des Nichtschlaf- und des Schlafhormons – Serotonin und Melatonin – ist abhängig von der *inneren Uhr* und vom *Tageslicht*. Gegen Abend, wenn es draußen dunkel wird, signalisiert die Netzhaut unserer Augen der Zirbeldrüse im Gehirn, Melatonin zu produzieren und uns langsam auf den Schlaf einzustellen. Dann folgt über rund 6 Stunden eine starke Produktion des Hormons, ehe bei Tagesanbruch die Ausschüttung zu sinken beginnt. Unser gesunder Melatoninspiegel ist nachts etwa zehnmal so hoch wie tagsüber.

Abb. 12:
Das 3. Auge [28]

Doch je älter wir werden, desto schwächer ist die Ausschüttung dieses Hormons. Dies ist einer der Gründe, weshalb alte Menschen weniger schlafen als jüngere. Wer gesund alt werden will, sollte auch dabei althergebrachte Ratschläge beherzigen. Dr. John Rowe, Direktor des »Mac Arthur Foundation Consortium on Successful Aging«, meint dazu: *„Wie fit wir im Alter sind, ist nur zu 30 Prozent genetisch bedingt, für die restlichen 70 Prozent sind wir selbst verantwortlich."* Er empfiehlt eine gesunde obst- und gemüsereiche Ernährung, leichte körperliche Aktivitäten und anregende soziale Kontakte. Leider und erstaunlicherweise hört man bei solchen Empfehlungen über die Elektrostressbelastungen aus dem schulmedizinischen Bereich fast kaum etwas Kritisches.

Der Melatonin-Gegenspieler Serotonin wird auch als ‚Wohlfühlhormon' bezeichnet. Es wirkt im Organismus als Gewebshormon und im Gehirn als Botenstoff, als sogenannter Neurotransmitter, der den Informationsaustausch zwischen den Nervenzellen ermöglicht. Auch hier steuert unser kleines Zirbelchen fleißig mit – abhängig von den Lichtverhältnissen, die unser Augenlicht als Information einholt. Dunkles, Dämmriges und Licht mit ‚abendlich-warmen' Farbschwingungen regt die Bildung von Melatonin an, helles, blauhaltiges Licht hemmt die Melatoninproduktion und fördert die Serotoninbildung.

**Unser ‚fortschrittliches' Wach-sein-können aufgrund der alles beherrschenden Elektrizität bringt damit alle bewährten ‚inneren Programme' durcheinander.**

*„Schlechter Schlaf"* macht krank! Die dabei entstehende ‚Welt-Krankheit' der gestörten menschlichen Schlafhormone, so überlegen wir jetzt berechtigt, müsste doch ein äußerst lukrativer Pharma-Markt sein. Und er ist es auch. *Ersatzhormone*, die in anderen Ländern rezeptfrei erhältlich sind, verschaffen der Arzneimittelindustrie Milliardenumsätze. Solche Hormone überschwemmen derzeit den europäischen und amerikanischen Markt, sei es über den Apothekenvertrieb oder über den Versandhandel. Da das Hormon Melatonin in Deutschland nicht patentiert ist, hat unsere pharmazeutische Industrie kaum ein Interesse an der

Durchführung größerer Studien, vor allem stehen die für den freien Handel benötigten Langzeitstudien noch aus – somit bleibt das Thema Melatonin bei uns (seit 1995 gesetzlich) noch in den Arztpraxen. Im gleichen Jahr wurden in den USA etwa 50 Millionen Melatonintabletten arztfrei verkauft.

Ein weiteres grundsätzliches *Einschlafproblem* ist natürlich unsere gegenwärtige **Wirtschaftskrise**, und Psychologen befürchten – zusammen mit den entsprechenden *Durchschlafproblemen* – eine Ausweitung zu einer Volkskrankheit. Im Bereich der Depressionen, die bereits zur Volkskrankheit Nr. 1 der Deutschen aufgestiegen sind, scheinen die Schlafprobleme ja erheblich mitbeteiligt zu sein. Solch innerer Stress kann die nächtliche Melatonin-Ausschüttung negativ beeinflussen. Das wirkt sich natürlich bei vielen auch aufs Durchschlafen aus. Sinkt der Melatonin-Spiegel aufgrund der Stresshormone unter einen kritischen Stand, „...*ist die Nacht zu Ende!*"

Zurzeit überflutet uns eine weitere gravierende Nachtruhestörmöglichkeit: der gesetzlich verordnete künstliche Blaulichtanteil der sogenannten Energiesparlampen und der Flachbildschirme der Fernseher und der EDV-Anlagen. Bei dieser Technologie kommt auch noch die Schwingung des hochgiftigen Quecksilbers in unsere Räume.

Das künstlich erzeugte Quecksilberdampflicht bestimmt dann unsere Wach-sein-Verlängerungen im Alltag. Und da tun sich erstaunliche Zustände auf, von denen wir bisher kaum eine Ahnung haben, denn erste Studien belegen bisher falsch eingeschätzte Zusammenhänge. Dabei sind wieder zwei Ebenen angesprochen: unsere *innere Uhr* und unser *Auge* selbst – über Letzteres habe ich in »JR1 ab Seite 300« bereits berichtet.

Unsere **innere Uhr** wird, wie wir schon wissen, vom Blauanteil des Tageslichts gesteuert, der damit auch unsere Melatonin-Ausschüttungen steuert. Dazu erklärt Chefarzt Dr. Dieter Kunz (Psychiatrische Uniklinik Charité Berlin):

*„Wenn dieser Blauanteil aber während der Nacht vorhanden ist, dann ist das das falsche Signal an die innere Uhr und bringt diese durcheinander. Störungen der inneren Uhr – wissen wir heute – führen zu Störungen in jedem Bereich der Medizin; wir wissen, dass das zum Beispiel Einfluss hat auch auf Tumorerkrankungen, aber auch auf Herzinfarkte, auf Depressionen und eine ganze Reihe von anderen Erkrankungen."* (»raum&zeit« 158/2009)

Stundenlanges abendliches Fernsehen vor Plasmabildschirmen und TFT-Flüssigkristallbildschirmen oder EDV-Arbeiten an damit ausgestatteten Rechnern ohne die Gelblichtbrillenvorsätze (siehe Seite 60) irritieren drastisch unsere Einschlafprozesse. Dies gilt generell und noch mehr für den wichtigen Ruheabschnitt des *Vormitternachtsschlafes.* Dabei sollte uns grundsätzlich klar werden, wie wichtig die Aufnahme des Tageslichtes für unsere Gesundheit ist und bleibt – vor allem auch außerhalb unserer Fensterscheiben, die für den gesunden UVB-Anteil unseres Tageslichtes nicht durchlässig sind. Eine mögliche therapeutische Empfehlung von Dr. Mutter lautet daher:

*„Zwei Stunden vor dem Schlafengehen sollte man nichts mehr trinken und nichts mehr essen, insbesondere keine schnell aufnehmbaren Kohlenhydrate. Damit der Schlafraum vollständig dunkel ist, sollten keinerlei Nachtlichter eingesetzt werden. Viel natürliches Licht am Tag hingegen fördert die Serotonin- und damit die wichtige Melatoninproduktion in der Nacht. Als Unterstützung können Melatonin (5-30mg), SAM und 5-Hydroxy-Tryptophan (200-1.000mg) gegeben werden. Diese können nur bei ausreichender Versorgung mit B-Vitaminen und Vitamin C wirken. Auch Arginin kann zu einer Beruhigung führen oder argininreiche Kräuter wie Baldrian und grünes Haferkraut. Der beste Schlaf ist vor Mitternacht, da dann verstärkt Melatonin gebildet wird, **sofern kein Elektrosmog vorhanden ist.**"*

Der Linzer Psychologe Dr. Hans Morschitzky empfiehlt eine bewährte pflanzliche Hilfe (www.panikattacken.at):

*„Johanniskraut macht nicht müde, kann aber durch seine entspannende und ausgleichende Wirkung auf das körperliche und seelische Empfin-*

*den die Nachtruhe verbessern. Hypericin, die Hauptwirksubstanz in Johanniskraut-Präparaten, aktiviert in der Zirbeldrüse die Bildung von Melatonin, das Hormone ausschüttet, die beruhigend auf die Schlafzentren im Gehirn wirken."*

Von über 3.000 Patienten mit Schlaflosigkeit konnte laut Studien des Schlafforschers und Dozenten an der Uni Osnabrück, Christoph Woelk, nach vierwöchiger Johanniskraut-Einnahme jeder zweite Patient wieder durchschlafen. Johanniskraut verlängert die Tiefschlafphasen und lässt die REM-Schlafphasen unverändert, was einen erholsamen und gesunden Schlaf bewirkt.

Ich habe noch ein Rezept sowohl als Einschlafhilfe als auch zum Wiedereinschlafen mitten in der Nacht: **das mentale Abgeben** – siehe im Anhang des Buches.

Verehrte Leserinnen, liebe Leser, nehmen Sie bitte das fast überall bagatellisierte Thema Elektro-Dauerstress in seiner hier angedeuteten Vielfalt und ganzheitlichen Gefährlichkeit für die Gesundheit unserer Familien sehr ernst!

**Wir sind noch nicht am Ende der globalen Verstrahlung angelangt. Daher ist es wichtig, in unserem Alltag das zu *minimieren*, was möglich ist – durch die Auswahl der Geräte und solcher Technologien, die wir tatsächlich benötigen.**

**Und genauso wichtig ist es, das zu *maximieren*, was unser Immunsystem und unser Selbst-Bewusst-sein stärkt – *um gesund durchs energetische Chaos zu gehen!***

# Selbstschutz und Selbsthilfe sind angesagt

Nun kommen wir zu der mir wichtigsten Frage bei diesem zwiespältigen Thema in unser aller Alltag, dem modernen Elektro-Dauerstress: *„Wie können wir ihn für uns selbst reduzieren?"* Petra Peschel bestätigt in »BIO« (2009/4), dass *„...auch wenn 95 Prozent der Menschen den Einfluss von Elektrosmog heute im Einzelnen kompensieren können, die gesundheitliche Gefährdung steigt, wenn mehrere Belastungsfaktoren vorhanden sind."*

Die brisante Frage dieses Ist-Zustands lautet somit: *„...wie können wir weiterhin in unserer zunehmend technischer, kommunikativer und bequemer werdenden Zivilisationsgesellschaft gesund bleiben? Wie sollen wir sinnvoll mit allen möglichen Strahlenverursachern umgehen? Können wir selbst für uns Abhilfe schaffen? Müssen und können wir die einzelnen energetischen Felder vermeiden wie nach einem Regen die Pfützen?"*

Nach all meinen jahrzehntelangen Beobachtungen, praktischen Umsetzungen, aktuellen Ergänzungen in Gesprächen und meinen neuen Vorträgen sehe ich drei verschiedene Aktionsebenen, wie wir den belastenden Umfeldern des aktuellen und des zukünftigen E-Smog-Dauerstresses begegnen können:
Der 1. Weg ist die Konfrontation,
der 2. Weg ist der Selbstschutz und
der 3. Weg ist die Transformation.

**Alle drei Wege sind feinstoffliche Energiespiele – unsere Energie spielt mit den sowohl nützlichen wie auch krank machenden, pathogenen Energien der drahtlosen Kommunikationstechnologien.**

Alle drei Wege bauen schließlich ein ganzheitliches Energiefeld auf, mit dem w i r u n s e r e Zukunft gestalten. Je nach unserer Veranlagung und unserer Lebenssituation fühlen wir uns ‚berufen', aktiv zu werden – wir sind ja nun mal mit verschiedenen Qualitäten ausgestattet, die nur in der Zusammenwirkung ein multidimensionales Energie-Feld aufbauen.

Mit der **Konfrontation**, unserer Gegenenergie, können wir uns in Vereinen sammeln, in Fachbüchern informieren, Mess- und Prüfgeräte kaufen **und uns in Elektrosmogkursen zu Beratern ausbilden lassen – eine ganz dringende positive Gegenreaktion**, die uns und vielen anderen hilft, gesund zu bleiben oder es endlich wieder zu werden. Wir erkennen dann sofort viel mehr Leid, als wir ganz allgemein ahnen[30].

Dazu findet man längst eine Vielzahl an Sachbüchern, Videos, Aufklärungsmaterial, Messgeräte und spezielle EDV-Programme, aber ich kann diese breitgefächerte Thematik hier nicht abschließend vertiefen. Wer bei einer der Internetsuchmaschinen das Wort »Elektrosmog« eingibt, erhält (zum Beispiel bei »www.ixquick.com«[31]) über 2 Millionen Einträge. Aktuelle und unabhängige Informationen und Hilfe bietet auch der Dachverband »Bürgerwelle e.V.«[32], und einen ersten kurzen Überblick des Selbstschutzes bietet das Büchlein »Elektrosmog«.[33]

Wesentlich ausführlicher befasst sich damit die IGEF (Int. Ges. für Elektrosmog-Forschung)[96] oder der Baubiologe Wolfgang Maes[34] und andere mehr.

Der Weg des **Selbstschutzes** vor von außen belastenden E-Smog-Dauerstress-Feldern braucht individuelle Lösungen. Auf Seite 76 habe ich bereits über *Netzfreischaltungen* berichtet. Auch verschiedenartige Abschirmungen von Räumen (Wandfarben, Stoffe, Bettbaldachine und Fensterfolie mit wissenschaftlich nachgewiesener Schutzwirkung) gibt es schon lange und inzwischen eine Vielzahl von alternativen Technologien, welche die E-Smog-Felder gesundheitsfreundlich überlagern: Aufkleber auf Handys, Rechner und Telefone (können bei Gerätewechsel mitgewechselt werden); Einbauten in Kraftfahrzeuge und Wasserleitungen; Anhänger und Armbanduhren zum Schutz unseres Körperenergiefeldes, gleichgültig in welchen äußeren Energiefeldern wir uns bewegen, wie auch besonders starke Geräte als Raumentstörer.[35]

Der dritte Weg des persönlichen Selbstschutzes und der persönlichen Selbsthilfe, den ich den ‚Weg der **Transformation**' nenne, befasst sich mit der Umwandlung (Transformation) und dem völligen Löschen der *pathogenen Energieanteile* des modernen E-Smogs. Dazu bitte ich Sie, zuerst einmal die Lebensanschauungen des Komplementärmediziners Dr. Michael Steinhöfel aus seiner langjährigen Praxis und seinen modernen Untersuchungsergebnissen zu lesen. Er übergab mir folgenden Bericht, der uns zugleich zeigt, wie es unzähligen Forschern in unserer heutigen Zeit ergeht, wenn sie dem Druck der Vermassung, der Anpassungen und Unterordnungen nicht nachgeben und ihre Individualität leben:

*„Als junger Arzt war ich soweit, ganz aus der Medizin auszusteigen, weil mir die klassische Schulmedizin wie eine ,Unmenschmedizin' begegnet war. Die Arroganz vieler Chefärzte, die Pharmahörigkeit sowie der oftmals wenig sorgfältige Umgang mit den Patienten gingen mir während meiner klinischen Zeit sehr zu Herzen. Eine Medizin, die vornehmlich Symptome unterdrückt, statt die eigentlichen Krankheitsursachen zu finden und zu behandeln, entsprach nicht meinem Menschenbild.*

*Heute kann ich sagen, dass mir die Naturheilkunde in jeder Beziehung die Augen geöffnet hat. Sich Zeit zu nehmen für den Patienten, ihm die nötige Hinwendung zu gewähren, den Dreiklang aus Körper, Geist und Seele wiederherzustellen, diese meine Philosophie fand ich in den Naturheilverfahren und der Homöopathie wieder. So begann für mich nach der Zeit als Arzt im Krankenhaus quasi ein zweites Studium. Naturheilverfahren, Akupunktur, Chirotherapie und Homöopathie bildeten für mich die Grundlagen und gleichermaßen eine neue Motivation, ein guter Arzt zu werden.*

*Während meiner Zeit als junger Landarzt im bayrischen Miesbach, konnte ich durch die Einbindung eines lieben Kollegen neben der Praxis meinem ständigen Fortbildungswunsch gerecht werden.*

*So machte ich schon früh die Erfahrung, dass elektrische, magnetische und geopathische Störzonen erhebliche Therapiehindernisse und Krankheitsverursacher darstellen.*

*Auf meiner Suche nach den wesentlichen Krankheitsursprüngen belegte ich auch einen ersten E-Smog-Kurs Anfang der 80er Jahre in Mülheim an der Ruhr. Zu einer Zeit, als Handys und Computer noch kein Thema waren und nur die Niederfrequenzen eine Rolle spielten, erwarb ich dort meinen ersten Messkoffer. Das gute Stück besitze ich heute noch und hüte ihn wie meinen Augapfel, half es mir doch erstmalig die Arbeits- und Schlafplätze meiner Patienten auszumessen. Elektrische und magnetische Wechselfelder, statische Aufladungen und die kapazitive Ankopplung am Körper meiner Patienten zeigten mir oft genug, dass eine Exposition wie elektrische, magnetische und geopathische Störzonen als Krankheitsverursacher oder auch Therapiehindernis wirken kann.*

*Noch heute steigt Ärger in mir auf, wenn ich auf die Ignoranz der Medizinkollegen zurückblicke, die dem Elektrosmog-Phänomen bei der medizinischen Diagnose keinen Platz einräumten. Und wie wunderbar standen dagegen Behandlungserfolge durch einfache Maßnahmen.*

*Eben weil unser digitaler Technikwahn noch kein Thema war, konnte ich zum Beispiel durch nächtliches Abschalten mit Hilfe von Netzfreischaltern oder durch Entfernen von Sprungfedermatratzen und Metallteilen aus den Betten bereits viele Störeinflüsse vermindern helfen.*

*Selbst bei Hochspannungsleitungen in Nähe des Hauses waren einfache Eingriffe am Schlafplatz, wie senkrechtes, statt paralleles Liegen zu einer Hochspannungsleitung, überraschend wirkungsvoll.*

*Kinder, die sich jede Nacht im Bett gedreht hatten oder sogar rausfielen, schliefen plötzlich ruhig und tief. Erwachsene wurden nach jahrelangen Schlafstörungen bei chronischen Organ- oder psychischen Beschwerden oft einer Therapie wieder zugänglich.*

*All dies verwundert wenig, wenn ich mir meine Ersterlebnisse vor Augen führe, wie ich messen konnte, dass z.B. die Spannung am Körper einer Person an ihrem Schlafplatz in der Größenordnung einer Taschenlampenbatterie lag (1.500-2.000 mV). Oder wie plötzlich Musik von einem Radiosender aus dem Lautsprecher meines Messkoffers ertönte, nur weil ich die Messkelle beim Suchen nach Feldabstrahlungen an die elektrischen Leitungen in der Wand gehalten hatte.*

*Wir müssen uns darüber im Klaren sein, dass wir permanent elektromagnetischen Einflüssen und Frequenzen, sogenannten ‚Strahlen' ausgesetzt sind, die wir, obwohl sie uns schaden, mit unseren Sinnen klassisch nicht wahrnehmen können.*

*Da ich wusste, dass die Nervenzellen im Gehirn bereits bei 20mV arbeiten und gerade im Schlaf, während das natürliche Stress-Abwehrsystem abgeschaltet ist, eine Ruhephase auch im Nervensystem von lebenswichtiger Bedeutung ist, konnte ich mir ausmalen, welchem Stress Menschen ausgesetzt sind, die nicht nur am Tag an ihrem Arbeitsplatz, sondern auch nachts im Bett mit einem bis zu 120-fach stärkeren Reiz als von der Natur vorgesehen belastet werden.*

*Eine neue medizinische Herausforderung begann für mich mit der enormen technischen Aufrüstung des digitalen Zeitalters. Was war meine Chance gegen die gepulsten hochfrequenten Abstrahlungen von Handys oder hausinternen schnurlosen Telefonstationen (DECT) und später des UMTS und WLAN sowie der Störimpulse der enorm gestiegenen Menge häuslicher und berufsbedingter Elektronikgeräte, Computer und hochelektrifizierter Autos?*

*Verzicht und Abschalten konnte ich bei meinen Patienten nicht einfordern, die neue Technik hatte längst die Arbeitswelt, das Straßenbild, unser Zuhause eingenommen und geprägt.*

*Auf der wissenschaftlichen Ebene hatte sich gegenüber der vordigitalen Zeit nicht viel verändert. Eine kleine Schar mutiger, kritischer Kollegen schlug die Hände über dem Kopf zusammen ob der Ignoranz der Industrie und der Politik, die offensichtlich nur an das schnelle Geld denken. Doch ihre Warnungen wurden und werden durch eine teure und gezielte Lobbyarbeit in die Spinnerecke gedrängt.*

*Der Konsument, hier und da durchaus ein wenig verängstigt, widersteht dennoch nur in seltenen Fällen der Verlockung der Technik. Und meine Praxis? Nun, sie wird zunehmend von elektrosensiblen Menschen heimgesucht, die oft nicht wissen, wo die Quelle allen Übels zu suchen ist.*

*Wieder trieb mich das Wissen darum, dass ich nichts weiß, an.*

*Ganz pragmatisch begab ich mich neuerlich auf eine Suche nach Lösungen. Ich musste dabei erkennen, dass ein direkter Nachweis der gesundheitsschädigenden Wirkung elektromagnetischer Felder hauptsächlich im zellbiologischen Bereich erfolgt war. Und erst als ich die Reaktion unserer Zellen auf z.B. hochfrequente Handystrahlung begriffen hatte,* konnte ich ernsthaft die mögliche Wirksamkeit von Lösungsangeboten, die der Markt mittlerweile ausspuckte, überprüfen. Dabei war es wieder einmal eine glückliche Fügung, dass mich ausnahmsweise einmal ein Patient auf eine Technologiefirma in meiner Nachbarschaft hinwies. Ausgehend von der Annahme, dass elektromagnetische Felder sowohl im Hoch- als auch im Niederfrequenzbereich Stress für den menschlichen Organismus bedeuten („Elektrostress'), fand ich es naheliegend, den Nachweis über sogenannte ,Stressparameter' zu führen, das heißt neben der subjektiven Befindlichkeit der Probanden (durch Stress verursachte Beschwerden wie Konzentrationsstörungen, Leistungsabfall, Schlafstörungen, Kopfschmerzen, Müdigkeit, Verspannungen, Rückenschmerzen, Depressionen etc.) auch die Neurostressparameter Melatonin, Serotonin und DHEA zu bestimmen.

Bei meinen Recherchen stieß ich auf die sogenannten ,Transformer' der Firma »memon Umwelttechnologie« und konnte zu meiner Überraschung über die Bestimmung von Hormonen aus dem Neurostressbereich, insbesondere Melatonin, Serotonin und DHEA, in Urin und Speichel eine signifikante Verbesserung nach Einbau der »memon-Technologie« nachweisen. Auch das subjektive Befinden der Probanden hinsichtlich der Schlafqualität, psychische Ausgeglichenheit und Konzentrations- und Leistungsfähigkeit besserten sich auffällig, ebenso diverse Spannungsbeschwerden wie Kopf-, Nacken- und Rückenschmerzen. Eine weitere Bestätigung für die Wirksamkeit dieser Technologie war für mich die Tatsache, dass die Werte umso besser wurden, je umfassender die Probanden gegen die Schadwirkungen der elektromagnetischen Felder geschützt waren. Das heißt, wenn nicht nur zuhause, sondern auch am Arbeitsplatz, im Kraftfahrzeug und im Mobiltelefon »memon« eingebaut war.

Während einer Fachmesse für Elektrofahrzeuge in München traf ich auf den Hochkaräter seiner Zunft, Prof. Dr. Ing. Franz Prexler, von der Fachhochschule Landshut, Fakultät Maschinenbau – ein weltweit begehrter Experte und Hausherr einer beeindruckenden Labor-Versuchs-Einrichtung für den Kraftfahrzeugbereich. Zu meiner großen Freude willigte der Mann einer Pilotstudie zu.

Als Testfahrzeug wählten wir einen mit Hybridantrieb ausgerüsteten BMW X5. Vier Probanden saßen während zwei Testfahrten auf dem Rollenstand immer auf dem jeweils gleichen Sitz, wobei Proband 4 zusätzlich einen Laptop bediente. (Im Blutbild dieses Probanden lässt sich deutlich eine zusätzliche elektromagnetische Belastung ablesen.) Anhand der Dunkelfeldmikroskopie nach Prof. Dr. Günter Enderlein gelang es in diesem Test, die enorme Belastung im ungeschützten Fahr-‚Normalzustand' und die vollkommene Aufhebung des Elektrostresses bei den Probanden nach Einbau des »memon-Kfz-Transformers« in die Elektrik des Fahrzeuges nachzuweisen. Die Abbildungen verdeutlichen sehr gut, wie frei unsere roten Blutkörperchen fließen und wie Elektrostress unser Blut belastet. Bemerkenswert war für mich auch, dass bei drei von vier Probanden nach Belastung, jedoch mit eingebauten »memon-Transformern«, der Blutbefund im Dunkelfeldmikroskop sogar besser als vor der Belastung war.

Gleiches konnten wir übrigens in großer Zahl und stets reproduzierbar beim Vergleich der Stresswirkung von handelsüblichen und mit dem »memon-Chip« entstörten Handys feststellen.

Selbst für die Belastung durch geopathische Störzonen konnten wir den neutralisierenden Effekt der »memon-Technologie« nachweisen, wieder mit dem Ergebnis, dass der Endbefund nach der ‚Harmonisierung' meist bessere Ergebnisse anzeigte als die Ausgangsbefunde.

Folglich kann der »memon-Technologie« ein quasi therapeutischer Effekt nachgesagt werden, der dem (Elektro-)Stress entgegenwirkt. Dies hätte weitreichende gesundheitsrelevante Konsequenzen, denkt man nur an die negativen Einflüsse von Stress auf das Immun-, das Herzkreislauf- und vegetative Nervensystem und dessen mögliche Folgen wie Infektanfälligkeit bis zu Immundefekt und Krebserkrankungen, Herzinfarkt, Schlaganfall, Blutdruckerhöhung sowie Leistungsabfall, Konzentrationsstörungen bis hin zur psychischen Dekompensation.

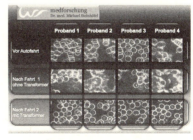

Abb. 13: Dunkelfeld-Blutanalysen

*Wir haben also mit der »memon-Technologie« ein Instrument an der Hand, mit dem wir die für den Organismus und die Zellkommunikation nachweislich schädlichen Anteile der elektromagnetischen Felder neutralisieren und den Gebrauch moderner elektrischer und elektronischer Technologie für den Organismus wieder verträglich machen können.*

*Wohlgemerkt, Elektrostress ist überwiegend Dauerstress, dem man sich nicht entziehen kann, meist 24 Stunden lang zu Hause, im Auto, im Zug, im Büro, am Handy. Hierbei ist eine Entspannung nur über Entstörung beziehungsweise ‚Harmonisierung' möglich.*

*Da wir den Einsatz und die Entwicklung der modernen Nieder- und Hochfrequenz-Technologie nicht stoppen können und dies auch in Anbetracht seines überwiegenden Nutzens nicht wollen, bietet sich mit den »memon-Transformern« für Strom, Kraftfahrzeug und Mobiltelefon eine hervorragende Möglichkeit, den rund um die Uhr und überall auf uns einwirkenden elektromagnetischen Stressfaktoren zu entkommen, ohne auf die Vorteile der modernen Technologie verzichten zu müssen.*

*Weitere Untersuchungen zum vegetativen Entspannungspotential der »memon-Technologie« (Herzratenvariabilitätsmessungen) und zum Nachweis einer möglichen antioxidativen Wirkung im Organismus (Bioelektronische Terrain-Analyse) sind in Vorbereitung."*

Soweit der Bericht von Dr. Steinhöfel. Auf ein weiteres Segment seiner Forschungen komme ich einige Seiten später. Näheres dazu findet sich im Buch »Die memon Revolution: Die Geschichte einer Technologie, die auch Ihr Leben verändern kann« von Ferry Hirschmann[14].

Wenn Sie wieder einmal vorhaben, in Ihrem Garten etwas nachzupflanzen, dann pflanzen Sie **Eiben**. Dieser uralte germanische Wunderbaum hat auch in unserer modernen Welt seinen schützenden und ausgleichenden Platz – er wächst allerdings sehr langsam. Jans Interviewpartner in seinem neuen Buch »Geheimgesellschaften 3«, der Hochgradfreimaurer, sagt diesbezüglich Folgendes:

*„Wenn es im Sommer etwas wärmer ist, dann entströmt den Eiben ein betäubender Duft. Und wenn man sich unter die Eibe setzt, befindet*

man sich zwar nicht in einem Rauschzustand, aber man kommt sehr schnell in einen anderen Zustand, in dem man Erkenntnisse haben kann. Das können neue Ideen sein bis hin zu Erleuchtungen, oder man erkennt etwas, was man vorher so nicht aufgefasst hatte. Man kann es auch so beschreiben: Wir befinden uns in der modernen Zeit permanent irgendwelchen elektrischen oder sonstigen Feldern ausgesetzt, die uns körperlich, aber auch geistig beeinflussen. Wenn wir uns aus diesem Kurzwellenbeschuss einmal lösen wollen, so können uns die Eibenwälder hier sehr hilfreich sein, denn sie reinigen uns davon und helfen uns, wieder klar denken zu können.*

*Das halte ich für sehr wichtig, um unabhängig von Beeinflussungen zu bleiben, die auf uns einstürzen – auch im Zuge der Neuen Weltordnung –, damit wir unser freies Denken, unsere freie Entscheidungsfähigkeit auch behalten können."*

Den schönsten deutschen Eibenwald finden Sie in 82405 Wessobrunn südlich des Ammersees.


# Gesund durchs Chaos gehen!

Wenn wir nun einen Schritt weiter gehen und uns über die technischen Selbstschutzmöglichkeiten hinausbewegen, stehen uns allen auch noch **persönliche mentale Einflussnahmen** zur Verfügung, um solche belastende Umwelteinflüsse zu minimieren oder den *pathogenen Anteil* des Smogs zu löschen. Es heißt nämlich zurecht:

*„Entweder du lenkst die Kraft oder die Kraft lenkt dich."*

Diese Regel zählt zu den hermetischen Prinzipien und hängt eng mit der spirituellen Wahrheit zusammen:

*„Du erschaffst Dir Deine eigene Realität,*
*denn jeder von uns Individuen ist anders als der Andere."*

Wir modernen ‚zivilisierten' Menschen sind von klein auf gewohnt, dass es irgendwelche Hilfsmittel und Geräte gibt, mit denen man etwas macht und mit denen man etwas erreichen kann. Bleiben wir beim Beispiel des Telefons oder des Internets, mit dem man Gedanken mit anderen Mitmenschen in Form von Worten austauschen kann. Sehr einfach ausgedrückt, erschafft eine geistige Energie in unserem Wunderwerk Gehirn einen Prozess, den wir Gedanken nennen und der in uns wiederum geistige Bilder entstehen lässt. Diese transformieren sich in uns blitzschnell in Worte, die wir entweder durch eine bestimmte Muskelbewegung mit dem Mund in Klang umsetzen oder durch Fingerbewegungen zu sichtbaren Buchstaben oder zu elektronischen Impulsen einer Tastatur transformieren.

Ich verwende die Bezeichnung *trans*-formieren, weil das alles unsichtbare, feinstoffliche und geistige Energieformen mit verschiedenen Schwingungsmustern sind, die durch irgendeinen inneren und äußeren Prozess in sichtbare und grobstoffliche Materie umgeformt werden. In einem eigenen Kapitel gehe ich später auf einige ‚unwahrscheinliche' Beispiele ein, wie auch wir mithilfe unsichtbarer Aspekte – wie zum Beispiel unserer Gedankenkräfte – im gesundheitlichen Bereich bestimmte Ergebnisse erzielen können. In diesem Fall spricht man von *Selbstheilungskräften*. Doch da gibt es noch viel mehr.

Der Umgang mit unseren Gedankenkräften ist eine eigene faszinierende Welt, auf die ich auch an dieser Stelle hinweise. Diese ‚Kräfte' können mit übernatürlichen Energien natürliche Erscheinungen oder Bewegungen oder Emotionen oder Gefühle oder hormonelle Prozesse bewirken. Darüber gibt es längst ausführliche Fachliteratur, die bislang eher in den Bereichen Magie, Esoterik, Religionen beheimatet, heute aber auch schon mit wissenschaftlichen Erkenntnissen und Arbeitsweisen präsent ist.

Da wir in diesem Kapitel mit Elektrostress zu tun haben, möchte ich durch drei Anmerkungen auf die Möglichkeit hinweisen, dass wir auch hierbei fähig sind, uns durch rein mentale, geistige Energieaussendungen *über* die ‚schädlichen' technischen Schwingungen und Frequenzen zu positionieren. Das klingt zwar im ersten Moment unwahrscheinlich, doch es wird vielen von uns helfen, mit dem von Ängsten belegten

‚Wellensalat' bewusster umzugehen. Und damit sind wir auch hier beim Schlüsselwort ‚Bewusstsein'.

Wir erkennen heute den zunehmenden geistigen ‚Trend', den ich *Bewusstseinserweiterung* nenne. Es ist schon ein sehr lobenswertes und sehr notwendiges ‚bewusstes Sein', verantwortungsvoll aufzuklären, sich zu organisieren und gegen diese technischen Gesundheits- und Naturbelastungen anzukämpfen.

Doch es gibt noch eine weitere mentale Möglichkeit. Bei meinen Vorträgen mit dem Thema »Das Geschäft mit der Angst vor 2012« erinnere ich an die asiatischen Kampfsportarten, die ja ursprünglich auch von religiösen Entspannungstechniken stammen. Diese Kämpfe sind perfekte Energiespiele, bei denen durch gekonntes Ausweichen und geschicktes Umwandeln gegnerische Energien abgeschwächt werden.

Genauso sehe ich die Möglichkeit, individuell und in einer *höherschwingenden* Bewusstseinsfähigkeit solche technische Schwingungen ‚umwandelnd' und transformierend und sogar auflösend zu *überlagern* oder den pathogenen Anteil der störenden technischen Informationen zu löschen. Die drei verschiedenen Vorgehensweisen, von denen ich glaubhaft hörte, erfordern dabei natürlich auch ein starkes persönliches Selbstbewusstsein.

Der hellsichtige Schweizer Architekt Anton Styger, Bau- und Elektrobiologe, schilderte in einem Vortrag, dass er und die von ihm geschulten Mitmenschen beim Anblick eines Handymastes nicht in den üblichen Frust ausbrechen und in Angst, dass dadurch ihr körpereigenes Energiefeld gestört und damit ihre Gesundheit ruiniert wird. Er weiß: Angst und Hass sind schwächende Energien.

Nein, Styger spricht von der Neuprogrammierung des eigenen Körpers und davon, dass er mit dem ‚Geist der Felder' spricht. Dabei hüllt er den Mast in ein strahlendes Licht ein, das ab jetzt von dem Sender in die Umwelt ausgeht und den nützlichen Aspekt, die bequeme und allzeit präsente Kommunikationsmöglichkeit des Mobilfunks, noch verstärkt.

Sowie wir gezielt in unsere individuelle Bewusstheit gehen, unsere Empfindungen bezüglich des Mobilfunks ändern und transformieren, können wir für uns genauso diese technische Ausstrahlung verändern oder gar auflösen. Ich möchte dabei betonen, dass dieser Umgang mit den Mikrowellen der Sendemasten nichts mit den Handys direkt am Ohr zu tun hat – das ist dann eine Herausforderung, die mit diesen Schutzmechanismen nichts gemeinsam hat.

Dieser Weg soll auch keine bequeme Entschuldigung dafür sein, dass man das alles weiter so erdulden könne – Aufklärungen und Aktionen sind dabei dringend nötig. Doch jeder einzelne von uns hat trotzdem *seine individuelle Möglichkeit*, die schädlichen Mikrowellen, die er kennt und erkennt, in *Licht* (man stellt sich das strahlende Lächeln von zwei Telefonierenden vor) oder *Liebe* (zwei Verliebte flirten miteinander mit den Kästchen am Ohr) oder *Freude* (lachende Gesichter) oder *Sorglosigkeit* (dem Sohn, der gerade eine Klassenarbeit schreibt, geht es gut) umzuwandeln. Ich versichere Ihnen, dass Sie ab jetzt durch diese ‚Übungen‘ frei werden und sich durch Ihre innere Stärke *über* alle energetischen Belastungen unserer modernen Techniken erheben können – doch es muss *ganz bewusst* gehandhabt werden, und es ist ein sensibler Weg nur für Charakterstarke. Bequemes „...*mir passiert schon nichts!*" kann uns dabei kaum schützen.


Die zweite Anregung nenne ich „verbinden mit dem Höchsten". Dieses ‚Höchste‘ kann für jeden etwas anderes sein und hängt mit unserem Vertrauen zusammen, das wir für eine geistige oder göttliche Kraft aufbringen. Ähnliches stammt von einer früheren Leiterin einer Bruno-Gröning-Gruppe, die mir erklärte, wie ‚erhaben‘ sie sich über diese neuzeitlichen Technologien fühle. Bruno Gröning (1906-1959) zählt zu den bedeutendsten deutschen Geistheilern und er hat Tausende mit der Liebes- und Heilkraft seines Gottes von ihren Leiden befreit – Geistheilung nennt man das schon immer. Heute noch ist der »Bruno-Gröning-Freundeskreis« weltweit einer der größten Zusammenschlüsse für Heilung auf dem geistigen Weg. Meine Gesprächspartnerin erklärte mir mit Überzeugung:

„*Wenn es stimmt, dass in den höherschwingenden Energiefeldern, die wir ‚Himmel‘ und ‚göttlich‘ und ‚Engel‘ nennen, alles reine Liebe ist, dann sind alle schöpferischen Bausteine, auch die der modernen Techniken, verdichtete Liebesbausteine. Zum Beispiel sind das für mich auch das Handy, der Computer, das Internet genauso wie das Auto verdichtete Liebe."*

Und der dritte beispielhafte Fall, mit der Kraft der Information gegen den täglichen Dauerstress des E-Smogs vorzugehen, sind die »Transformer«, die Dr. Steinhöfel weiter oben vorgestellt hat. Meine Begegnung mit dem Forscher und memon-Erfinder Winfried M. Dochow in Rosenheim zeigte wieder einmal, zu welchen ,Leistungen' das in uns allen angelegte Selbstheilungssystem *mental* fähig ist. Daraus wurde später ein Produkt, um ,gesund im Chaos' leben zu können.

Als Dochow das Prinzip des Transformers entwickelte, war ihm klar, dass ein romantisches „Zurück zur Natur" nicht die Lösung ist. Mit den technischen Errungenschaften unserer modernen Gesellschaft wurden Fakten geschaffen, an deren normativer Kraft nicht zu rütteln ist – unsere Gesellschaft würde zusammenbrechen, würde das Rad der Entwicklung zurückgedreht werden.

Ausgelöst durch sein eigenes Gesundheitsproblem und unter Besinnung auf die besonderen, heilenden Kräfte seiner Großmutter, erkundete er für sich selbst die Möglichkeiten der Naturheilkunde.

*„Ich verfuhr nach dem Naturprinzip der Umkehrung, was für mich zunächst ganz pragmatisch eine Veränderung der Lebensführung bedeutete. Keine geliebte Zigarette mehr, Umstellung der Nahrung, Vermeidung von jeder Form von Giften. Ich hörte von einer Ärztin aus Santa Barbara, Kalifornien, die Methoden entwickelt hatte, den Krebs durch Meditation zu besiegen. Zusammen mit einem Heilpraktiker meines Vertrauens adaptierten wir Bausteine des Meditierens für mich und besiegten schließlich den Krebs."*

Ein zunehmendes gesellschaftliches Phänomen beunruhigte seinen Forschergeist: Durch die immer stärker aufkommende Technik drahtloser Kommunikation wird auch der Einfluss elektromagnetischer Felder immer größer. Schon 1993 entwickelte Dochow erste sogenannte

‚Transformer'-Systeme. Seine Arbeit basiert auf dem Prinzip der Resonanz und der Polarität. Sein Gedankengut ist einleuchtend.

*„Alles Leben ist durch einen mehrteilig positiv besetzten polaren Bereich des Sonnenlichtspektrums geformt worden, als Folge muss sich zur Gesunderhaltung des Menschen das meiste Geschehen im positiven Bereich abspielen. Liebe, Freude, Motivation, ein Lob sind wie ein Feedback eines gesunden Systems einzustufen."*

Wenn wir uns in dieses System integrieren und wenn wir lernen, zu vertrauen, dann haben wir Körper und Geist und Seele im Einklang. Wenn wir nicht vertrauen, kann es auch nicht funktionieren.

Den Durchbruch schaffte Dochow, als er die Erkenntnisse der Bioresonanz in seine Überlegungen einbezog und es ihm gelang, seine ‚Transformer' so zu programmieren, dass sie Frequenzen entwickeln, die einerseits dem technischen Informationsmuster entsprechen und somit technische Einrichtungen nicht stören, andererseits jene krankmachenden, negativen, pathogenen Informationen löschen. Sein integrierter, selbstständig arbeitender Computerchip erkennt die negativen Informationen und setzt einen *Resonanzaustausch* in Bewegung. Dadurch bekommt die Information der Polarität eine neue Qualität, nämlich von Minus nach Plus.

*„Harmonie ist, wo einfach nichts mehr stört"*, sagt der Forscher und sieht sein eingebautes Resonanzverfahren durchaus wie ein Lebensphilosophie-Produkt. *„Es soll helfen, Menschen in die Unabhängigkeit zu führen und nicht in die Abhängigkeit."*

Gerne gibt er zu, dass zwei weitere Begegnungen seinen Werdegang maßgeblich beeinflusst haben. Einmal die Erkenntnisse aus der russischen Forschung, wonach nicht die Stärke eines Frequenzmusters, sondern immer die mitgeführte *Qualität der Information* entscheidend ist. *„Und nur diese Informationen sind zellbiologisch wirksam"*, so Dochow, der weiter anführt, *„dass jede technisch erzeugte Information polar ist und insofern allein schon kontraproduktiv zum Lebenssystem."*

Zum anderen machte er im Jahr 2000 am Rande einer Messe die Bekanntschaft mit dem Ehepaar Felder aus dem bayrischen Rosenheim.

Die an umweltverträglichen Aspekten im Immobilienbereich interessierten Unternehmer trafen den Erfinder, begeisterten sich für seine Theorien, probierten seine Transformer in den eigenen vier Wänden aus, und ihre Begeisterung mündete in einem Geschäftsangebot.

Seitdem gibt es die Firma »memon«, die nach Dochows Knowhow Transformer für das Auto, das Büro, Haus und Wohnung und einzelne Bereiche der Industrie produziert. Der Siegeszug von memon Rosenheim scheint unaufhaltsam, zumal sich mit dem von uns allen so geliebten Handy eine technische Errungenschaft rasant entwickelt hat, dessen Gesundheits-Problematik zunehmend bestätigt wird. Dochow hat dafür einen einzigartigen Handychip entwickelt, der so programmiert wurde, *„...dass die Frequenzen polarisiert werden und dem Handy somit die Gefährlichkeit genommen wird."* Denn, *„nur wenn wir die Frequenzen eines Handys richtig polarisieren, ist auch das Handy gesund".*

Dochow realisierte einen Lebensgrundsatz, der damit über unser Handy-Spielzeug noch weit hinausgeht:

**Damit wir trotz elektromagnetischer Feldlinien und ihrer krankmachenden Information in einem harmonischen Umfeld leben, muss alle krankmachende Information beseitigt, das heißt gelöscht werden.**

Dieses Löschen geschieht mittels destruktiver Interferenz: Auf ein Trägermaterial, in diesem Fall Quarz, wird die Gegenschwingung phasenweise aufmoduliert und über ein resonantes Feld ununterbrochen an die Umgebung übertragen. Durch diesen Vorgang wird die ursprüngliche, die pathogene Information, völlig gelöscht und der Raum trotz der Existenz elektromagnetischer Felder *re*-harmonisiert. Die krankmachende Information wird also komplett eliminiert.

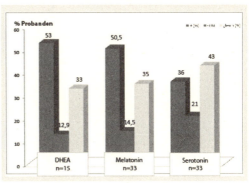

**Abb. 14:** Zunahme der Lifestyle-Hormone [14]

Eine Tabelle und eine ungewöhnliche Untersuchung faszinierten mich dabei: Die im Juni 2010 bei ‚medforschung' fertiggestellte Studie mit 33 Probanden (in der Grafik mit „n" bezeichnet) zur Feststellung der Veränderung der Neurostress-Parameter Melatonin, Serotonin und DHEA im Speichel beziehungsweise Urin.

3 bis 5 Wochen nach Einbau der »memon-Technologie« konnten die Vorergebnisse überzeugend bestätigt werden: Bei 94 Prozent aller Probanden war mindestens ein Parameter verbessert. Für *Melatonin* war die Positiv-Rate 51 Prozent des Gesamtkollektivs, für *Serotonin* 36 Prozent und für *DHEA* 53 Prozent!

Im Kapitel »Schlafstörungen werden zur Volkskrankheit« bin ich schon auf den zunehmenden Mangel an Melatonin und Serotonin eingegangen und damit auf die gestörte Biorhythmik unseres Körpersystems – mit der anfangs recht harmlosen Körperreaktion von verschiedenen depressiven Zuständen. Die dankbare Pharmaindustrie liefert ja gerne chemische Schlaf-Bomben und synthetischen Glücksersatz. Denn Serotonin hat den Ruf bekommen, unser körperliches Glückshormon zu sein.

Der dritte Partner der hormonellen Lebensqualitäten (auf Neudeutsch *Lifestylehormone*) ist das DHEA, das am häufigsten im Menschen vorkommende Steroidhormon. Es wird inzwischen als Anti-Aging-Hormon gehandelt. Die vom Körper gebildeten Mengen an DHEA sind vom Alter, vom Geschlecht und stress-abhängig, außerdem unterliegt die DHEA-Konzentration im Blut ebenfalls einer *Tagesrhythmik*.

Die körpereigene Produktion an DHEA (in den Nebennieren) erreicht ihren Höhepunkt im Alter von etwa 25 Jahren und geht dann ständig zurück. In allen Altersstufen haben Männer etwas höhere DHEA-Werte als Frauen, und es ist auch eine der Vorstufen für unsere Sexualhormone. Studien lassen außerdem darauf schließen, dass die Konzentration an DHEA durch Training der Herzfrequenzvariabilität erhöht werden kann und Medikamente mit *anti-depressiver* Wirkung ersetzt.

Somit handelt es sich bei dieser memon-Hormon-Untersuchung um eine revolutionäre Traumbotschaft: Das **Hormon-Trio** Melatonin, Serotonin und DHEA kann als direktestes biologisches Steuerelement unsere gesamten Lebensqualitäten aufmöbeln. Wie Ingenieur Dochow schon weiter oben konstatierte: „...*muss sich zur Gesunderhaltung des Menschen das meiste Geschehen im positiven Bereich abspielen. Liebe, Freude, Motivation, ein Lob sind wie ein Feedback eines gesunden Systems einzustufen.*"

Die lebensnotwendige Voraussetzung für unser zukünftiges ‚gesund leben im energetischen Chaos' ist somit gegeben. Es liegt an jedem einzelnen von uns, entsprechende Entscheidungen zu treffen und für sich Wege zu wählen – es gibt eben nicht nur einen –, die uns auch in Zukunft Wohlergehen und Gesundheit bis ins hohe Alter gewährleisten.

Dabei, verehrte Leserinnen und liebe Leser, prüfen Sie bitte kritisch und individuell für sich selbst die ehrlichen Abgrenzungsmöglichkeiten

- zwischen Ihrer bewussten ICH-Stärke und Ihrem Selbstbewusstsein und Ihren Transformationskräften, den pathogenen Anteil der unsichtbaren Umweltbelastungen zu überlagern oder zu löschen und
- der üblichen Bequemlichkeit, der Gedankenlosigkeit und dem Sich-einreden, das alles wird *mir* schon nichts machen.

**Dieser gezielte und selbstbewusste Umgang mit Ihren Gedanken- und Visualisierungskräften erhebt Sie in eine verlässliche Befreiung von solchen energetischen Krankmachern.**

Dazu kommen noch drei Faktoren: der religiöse „...*der Glaube kann Berge versetzen*" und der philosophische Faktor, den ich den »Rumpelstilzchen-Effekt« nenne: „...*durch unser Wissen verliert das Böse seine Macht*" oder schließlich die Weisheit des Volksmundes: „*Gefahr erkannt, Gefahr gebannt!*"

# Krankmachende zivilisatorische Belastungen

Wir nennen uns *zivilisiert*. Das Wort kommt aus dem Lateinischen, da hieß der Bürger *civis*, und die gegenteilige Bedeutung wurde als *barbarisch* verstanden. Damit wurde auch das Verständnis von *Kultur* geprägt, was aber schon damals alles rein *elitär* empfunden und gelebt wurde. Das vielgelobte römische Imperium lebte von der Substanz des Sklaventums wie mehr als ein Jahrtausend später der ‚christliche’ Kolonialismus und das Sklaventum der amerikanischen Kontinente.

Somit wurde und wird das Wort *zivilisiert* immer wieder maßlos mißbraucht. Doch in einem Buch über Gesundheit bekommt es noch eine weitere Bedeutung, nämlich die der Vermassung und der Industrialisierung, die dann pauschal und bequem zu sogenannten *Zivilisationskrankheiten* führt. Kann man das auch so auslegen, dass man sagen kann, *„eine maßlose Machtelite lebt von der Vermassung der Zivilisation“*?

Der körperliche Wert eines ‚wertlosen’ Massenmenschen wird zwischen 300.000 und 3 Millionen Dollar geschätzt und das heißt: Die Tatsache, dass bei Herzverpflanzungen das Herz des Spenders entnommen werden muss, während es noch schlägt, lässt eben Zweifel aufkommen, was wir als zivilisiert ansehen. Bei solchen ‚Umsätzen’ ist auch die Kriminalität weit verbreitet. Einen kleinen Einblick gewähren zwei Suchworte bei »wikipedia«: ‚Carla del Ponte’ und ‚Gelbes Haus (Rribe)’ – ein für uns unvorstellbarer Skandal. Die Chefanklägerin del Ponte am Strafgerichtshof in Den Haag wurde massiv daran gehindert, diverse Verfahren einzuleiten, was natürlich in der Öffentlichkeit anders ausgedrückt wird. Den kriminellen Organhandel gibt es weltweit!

Ja, solches elitäres Vordenken regt an zum allgemeinen Nachdenken, und dabei kommt man zu dem Schluss, dass manches Medizinische sehr *medizynisch* geworden ist. Ich habe noch ein makabres Beispiel für die Wirtschaftlichkeit von Zivilisationskrankheiten, das mir Dr. Johann Georg Schnitzer zugesandt hat:

*„Mit diesen Krankheiten sind massivste wirtschaftliche Interessen verbunden. So berichtet z.B. die Anlageberatung ‚Diabetes & Geld’ in ih-*

*rem neuesten Newsletter (www.diabetesundgeld.de, ausgedruckt am 18.06.2010), dass ihr Musterdepot ,aus den Unternehmen, die im Milliardenmarkt Diabetes tätig sind und damit ein Vermögen verdienen', seit 2003 bis Mai 2010 ein Plus von 323% erzielt hat, während in diesem Zeitraum der Welt-Aktienindex nur bei 27%, der Dow Jones nur bei 70% und der DAX nur bei 106% liegen. Die Anlageberatung sieht auch das weitere dynamische Wachstum von Diabetesaktien mit 13% pro Jahr als sicher und in ,China eine Goldgrube', wegen der nun auch dort dramatischen Zunahme der Krankheit. Dass dieses für Sie persönlich eine gleichhohe Zunahme des Risikos bedeutet, an Diabetes und dessen Folgen zu erkranken, sollten Sie sich bewusst machen. Allein in Deutschland werden derzeit jährlich 60.000 Fuß- und Beinamputationen bei Patienten durchgeführt, die zu 70% Diabetiker sind (www.diabetes-germany.com, ausgedruckt am 18.06.2010). Die weiteren Amputierten sind wahrscheinlich Hypertoniker, darunter besonders Raucher (,Raucherbein').*"

Da wir in einem Zeitabschnitt weltweiter Bewusstseinserweiterungen leben, ergänze ich dieses globale, materialistische und zivilisatorische Heil-Unwesen mit zwei förderlichen Hinweisen auf unser persönliches Gesundbleiben oder Gesundwerden.

Zum einen erkläre ich immer wieder die Zusammenhänge zwischen den schädlichen Zivilisationseinflüssen und deren krankmachenden Wirkungen auf den menschlichen Organismus. Dabei können wir jedoch lernen, Krankheitssymptome in Zukunft nicht mehr zu bekämpfen, sondern diese als Sprache unseres Körpers zu verstehen. Dazu schrieb schon der berühmte britische praktische Arzt und Bachblüten-Therapeut Dr. Edward Bach (1886-1936):

*„Krankheit ist weder Grausamkeit noch Strafe, sondern einzig und alleine ein Korrektiv, dessen sich unsere Seele bedient, um uns auf unsere Fehler hinzuweisen, um uns vor größeren Irrtümern zu bewahren und daran zu hindern, noch mehr Schaden anzurichten.*"

Und zum anderen steht etwas ganz Einfaches vor uns, wiederentdeckt zu werden. Damit bringt uns Dr. Mutter wieder zurück in unseren alltäglichen Umgang mit der einfachsten Regel gesund zu bleiben oder gesund zu werden:

*„Die meisten Krankheiten in den Industrieländern werden durch eine falsche Ernährung und Schadstoffe verursacht oder verschlimmert. ...*
*Viele Krankheiten und Beschwerden bessern sich alleine durch eine optimierte Ernährungsumstellung."*

## Hilfe für Elektrosensible?

Zuerst blicken wir noch einmal zurück zu den E-Smog-Dauerbelastungen, die ich zuletzt mit dem Umgang mit unseren eigenen Energie- und Transformationskräften abgeschlossen habe. Natürlich braucht es außerdem auch noch Heilverfahren, um die bereits Geschwächten oder gar schon daran Erkrankten wieder zu heilen. Geht das überhaupt?

Zwei Probleme stehen uns da wieder im Weg. Das erste ist generell das Erkennen und Anerkennen, dass es sich um eine E-Smog-Dauerstress-Verursachung handelt – etwas, worüber es noch kaum größere Untersuchungen gibt, genauso wenig dazu anerkannte Diagnostikverfahren. Das kommt einerseits durch gezielte Behinderungen der Forschung und andererseits einfach durch Desinteresse aller Beteiligten. Und das zweite Problem dabei ist, dass man auch von irgendwelchen Heilverfahren so gut wie gar nichts zu hören bekommt. So hatte ich bisher (außer von Dr. Mutter) kaum überzeugendes Material, um über medizinische Heilungen bei derartigen Erkrankungen zu berichten.

Doch bei meinem ersten Vortrag zum Thema »Elektrosmog – der verschwiegene Krankmacher! Und wie wir uns davor schützen können« bei Horst Kroeger[97] in Ramerberg lernte ich den Heilpraktiker Walter Angermeier kennen[36]. Er behandelt auch erfolgreich Elektrosensible.

Wie ich bereits erklärte, besteht unser menschlicher Körper im Altersdurchschnitt aus rund 70 Prozent Wasser, unser Gehirn, das Blut und die Lymphflüssigkeit fast zu 80 Prozent. Und Wasser lässt sich leicht informieren – siehe Dr. Emoto – allerdings auch durch die Dauer-E-Smog-Belastungen. Angermeier weiß und kann das eindeutig diagnostizieren und dann therapieren: Unsere Lymphe (lat. *lympha = klares*

*Wasser*) wird auch über das Blut in den Nieren gereinigt. Er faxte mir sein »Entgiftungs-Konzept bei hypersensitiven ‚Umweltpatienten'«, das folgende Hinweise enthält: Aufbau der Milz (sie ist zuständig für die Abwehr, die Entgiftung der Lymphe, und sie baut die Stromenergien ab); Ausleitung von Viren, Toxinen, Bakterien, Pilzen, Schwermetallen usw.; Aufbau der Hormonsteuerung (Hoden, Eierstöcke); Aufbau der Hypophyse, Hypothalamus und Epiphyse; Entlastung des Organismus (Nieren müssen richtig funktionieren) und Veränderung der Schilddrüse ins Positive.

Zur Stärkung der Milz empfahl Hildegard von Bingen Dinkelprodukte, Esskastanien und eine Kerbel-Dill-Knödel-Kur[37].

Auch Dr. Mutter empfiehlt[38] virale Untersuchungen, besonders auf Borreliose und Ehrlichien sowie jegliche **Metallentfernung** aus Zähnen, Kiefer und Gehirn. Insgesamt sind die Beschreibungen und vielfältigen Hinweise, auch auf informative Internetseiten und erfolgreiche Fallbeispiele, großartig zusammengestellt. Hilfreich sein können auch der »Selbsthilfeverein für Elektrosensible e.V.«, Dr. pol. Birgit Stöcker, Herzog-Arnulf-Str. 43, 85604 Zorneding oder in größerem Umfang der »BUND« (www.bund-grafschaft-bentheim.de) sein. Siehe dazu auch [35] im Quellenverzeichnis – im Besonderen das Mineral *Schungit*.

## Mit Amalgam macht man uns krank

Seit etwa 150 Jahren werden kariöse Zähne mit Amalgam versorgt. Ein großer Prozentsatz der Bevölkerung trägt dieses preisgünstige, einfach und schnell zu verarbeitende Material im Mund. Die häufigste Zusammensetzung von Amalgam besteht aus rund 50 Prozent Legierungspulver (Silber, Zinn, Kupfer, Zink) und rund 50 Prozent flüssigem Quecksilber. Damit es ganz klar ist: Quecksilber ist das giftigste nichtradioaktive Element auf unserem Planeten.

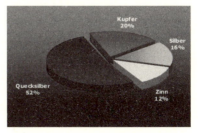

Abb. 15: Vier giftige Metalle [39]

Im Unterschied zu anderen Metallen gibt Quecksilber schon bei Raumtemperatur Dämpfe ab, die hochgiftig sind. Dieses Ausdampfen ist bei Körpertemperatur in der Mundhöhle noch erhöht. Personen mit mehreren Füllungen tragen ständig einige Gramm Quecksilber im Mund. Durch Kauen, Zähneputzen, heiße Getränke und Säuren sowie galvanische Effekte wird Quecksilber gelöst. Es kann vom Körper aufgenommen und in verschiedenen Organen (Niere, Leber, Gehirn, Bindegewebe) abgelagert werden. Dadurch wird einerseits der Stoffwechsel gestört (Enzymblockaden), andererseits werden die Zellen und die Erbsubstanz geschädigt. Auch Zinn, Silber und Kupfer (seltener Zink) können sich im Körper ablagern und wirken in höheren Mengen giftig. (Diese Aussagen entnehme ich der Internetseite »www.amalgaminfo.ch«.)

Quecksilber und andere Schadstoffe können sich im gesamten Körper ablagern, im Gewebe, in den Organen und auch im zentralen Nervensystem. Die Listen von körperlichen und seelischen Krankheitssymptomen sind unvorstellbar lang, allerdings von der pharmagesteuerten Schulmedizin kaum anerkannt. Gezielte Hinweise und weitere Informationen bietet die »Beratungsstelle für Amalgamvergiftete e.V.«[40], bei der ich einen allgemeinen Symptom-Überblick fand. Denn typisch für die Amalgam-Vergiftung ist das schleichend langsame und wechselnde Auftreten der Symptome über etliche Jahre hinweg, sodass man sich *„irgendwie damit abfindet"*; von Ärzten werden die Beschwerden oft als *psychosomatisch* oder Ähnliches abgetan.

**Körperliche** Erkrankungen können sein: Schwächegefühl, ständige Erschöpfung, Migräne, Kopfschmerzen, Schwindel, Gelenkbeschwerden, Magen-Darmstörungen, Herzrhythmusstörungen, Rheuma, Allergien, Schuppenflechte, Hautprobleme, Infektanfälligkeit, Haarausfall und vieles andere sind die Folgen einer Vergiftung durch Amalgam.
**Psychische** Beschwerden (mit Quecksilber im Gehirn) sind Depressionen, Nervosität, Reizbarkeit, innere Unruhe, Vergesslichkeit, Menschenscheu, kein Interesse für das eigene Leben, der Blick für das Wesentliche fehlt; Gefühl, neben sich zu stehen oder hinter einer Matt-

scheibe zu sein; die Stimmung ist meist ‚mies', man kann sich nicht mehr wirklich über etwas freuen.

*„So bringt dieses Gift im Gehirn auch unsere Psyche stark durcheinander. Doch da hilft keine Psychotherapie, sondern nur Amalgam aus den Zähnen raus und eine Entgiftung. Außerdem verursacht die anhaltende Quecksilbervergiftung eine allgemeine Beeinträchtigung der Lebensqualität. Unzählige Betroffene finden oft wenig Verständnis für ihr schwer zu beschreibendes Leiden in ihrer Umgebung.*

***Die ständige Antriebslosigkeit und Erschöpfung zusammen mit den psychischen, depressions-ähnlichen Beschwerden raubt vielen Betroffenen die Fähigkeit, mit Energie und Freude den Alltag zu bewältigen und sich am Leben zu freuen.*"**[41]

Ähnlich lang ist die Liste der Untersuchungen und Aktionen, um diese systematischen Patientenvergiftungen gesetzlich zu unterbinden. Doch das Geschäft geht auch hier wieder einmal vor: Die EU-Zahnärzte waren 2004 die zweitgrößten Verbraucher von Quecksilber und verarbeiteten zwischen 70 und 125 Tonnen pro Jahr für neue Amalgamfüllungen.

Die quecksilber-einschränkende EU-Gesetzgebung dümpelt als geschickter Schwindel clever vor sich hin. Die nordeuropäischen Länder sind in der Umsetzung wieder vorbildlich, und in der ehemaligen UDSSR und in Japan wird schon seit Jahren weitgehend auf Amalgam verzichtet.

Es gibt verschiedene **Ausleitungsmethoden**, von denen viele nicht funktionieren. Oft werden bei Patienten nach Amalgam-Sanierungen Blut- und Urinuntersuchungen durchgeführt. Wird dort kein Quecksilber nachgewiesen, schließt man daraus, dass der Körper frei davon ist. Fakt ist jedoch, dass sich Schwermetalle in Körperdepots ablagern und nicht so sehr in Körperflüssigkeiten auftreten. Es ist also notwendig, die Schadstoffe erst aus diesen Depots zu lösen und dann über die Ausscheidungsorgane aus dem Körper zu bekommen.

Dr. med. Dietrich Klinghardt hat eine effektive Ausleitungsmethode entwickelt. Die abgelagerten Schwermetalle müssen erst mobilisiert und dann gebunden werden, um sie auch ausscheiden zu können. Das wird durch die Gabe von speziellen Algen erreicht. Klinghardt empfiehlt eine Kombination aus Chlorella Pyrenoidosa Algen, Bärlauchtinktur und Korianderkrauttinktur. Chlorella hat die Eigenschaft, Schwermetalle im Gewebe zu mobilisieren und dann wie ein Schwamm aufzunehmen. Die so gebundenen Giftstoffe können dann einfach vom Körper ausgeschieden werden. Diese Alge bindet diverse Schwermetalle sowie alle gängigen Umweltgifte, wie zum Beispiel Formaldehyd.

Wenn Chlorella nicht vertragen wird, was in Einzelfällen beobachtet wird, kann auch die AFA-Alge verwendet werden, die den Körper neben der entgiftenden Wirkung zusätzlich optimal mit essentiellen Proteinen, Mineralstoffen und Vitaminen versorgt. Auch Baumessig-Fußpflaster (Mokusaku) helfen bei der Entgiftung. Durch diese werden die Schwermetalle über die Füße aus dem Körper gezogen, ohne das Verdauungssystem zu belasten.

Bärlauch bindet mit seinen Schwefelgruppen die mobilisierten Schwermetalle, und eine Wiederaufnahme der Schwermetalle in andere Körpergewebe wird verhindert. Die Anwendung von Korianderkraut stellt nach Dr. Klinghardt die einzige bekannte Methode dar, Gehirn und Nervengewebe von Quecksilber zu entgiften. Der Einsatz von Korianderkrauttinktur erfolgt jedoch erst, nachdem Chlorella die Schwermetalle aus dem Gewebe ausgeleitet hat. (www.gapa-inc.com)

Dieses gebissbezogene Gesundheitsthema finde ich besonders ausführlich und kompetent behandelt in dem schon erwähnten Buch des Experten Dr. Joachim Mutter »Amalgam – Risiko für die Menschheit«[42].

Betrachten Sie einmal im Spiegel Ihr Gebiss. Sollten Sie doch noch solche schwarze Plomben mit sich herumtragen, dann gehen Sie den erwähnten Vorschlägen nach. Das Internet bringt zusätzlich zu den von mir zitierten Empfehlungen unter »Amalgam Vergiftungen« weitere Hinweise. Doch auch wenn diese gefährlichen Billigprodukte bereits aus Ihren Zähnen entfernt worden sind, kann die Ausleitung noch Jahre dauern. Sich damit noch einmal zu befassen, lohnt sich.

# „Ich brauche schon lange keine Milch mehr!"

Diese meine persönliche Erfahrung gebe ich hilfreich an Sie weiter. Doch ‚Milch' ist ein sehr weitläufiger Begriff. Elementar ist für uns die kindliche Ernährung durch Muttermilch und ist wohl auch archaisch als etwas Lebensnotwendiges in unseren Zellen archiviert. Muttermilch bedeutet für das Wesen Mensch ‚**Leben**'.

Diese Wertigkeit hat die Kuhmilch auch für das kleine Kalb, aber eben nur für das heranwachsende Kalb und nicht für den erwachsenen Menschen. Das erkennen wir leicht am Kalzium-Gehalt der beiden Milcharten. Ein Kalb wiegt bei der Geburt rund 60 kg und nach 47 Tagen etwa das Doppelte, das Baby erst in etwa 180 Tagen. Der Grund liegt in dem hohen Eiweiß- und Kalziumanteil in der Kuhmilch. Muttermilch hat dagegen sehr wenig, hat jedoch einen hohen Anteil an Phosphor für die Entwicklung und das Wachstum unseres Gehirns, was in der Muttermilch fürs Kälblein bekanntlicherweise nicht nötig ist.

Trotzdem war Kuhmilch seit Jahrtausenden ein Grundnahrungsmittel für die Menschheit, wobei die Edlen aller Zeiten, der Adel, als artgerechte Babynahrung lieber die Muttermilch der Ammen einsetzte – später wohlweislich auch in der bürgerlichen Oberschicht gang und gäbe. Johannes Ulbrich schreibt auf seiner Internetseite »www.milchlos.de«:
*„Das Drüsensekret von Kühen, noch immer von der Natur nur für Kälber bestimmt, ist von der westlich-modernen Gesellschaft als Allround-Nahrungsmittel vereinnahmt worden. Gesünder sind wir dabei augenscheinlich nicht geworden. So stellt sich mit zunehmender Schärfe die Frage, ob Kälbernahrung menschheitsgeschichtlich überhaupt ein Fortschritt ist oder vielmehr ein folgenschwerer Irrtum?"*

Doch mit ihrer langen Entwicklung schlich sich auch in der Milchversorgung die absolute Wirtschaftlichkeit ein – die **Milchwirtschaft**. Man kommerzialisierte und erschuf Milchprodukte und grenzte die ursprüngliche Kuhmilch als wertvolle *Rohmilch* immer mehr aus. Schon lange haben bei uns alle Molkereien Pasteurisierungszwang.

Das industrialisierte *Produkt Milch* ist für uns heute eine alltägliche Selbstverständlichkeit, obwohl es sich von seiner Ursprünglichkeit als Kuhmilch und Rohmilch weit entfernt hat. **Milch ist ein Markt geworden** und zwar ein milliardenschwerer – fast 3 Milliarden Liter Milch sollen jährlich über unsere Ladentheken gehen. Dabei spricht man von *Produktion*, von *Herstellung*, von *Produktgestaltungen* und *Patentrechten* und globalisiert das Ganze natürlich mit Millionenaufwand. Inzwischen bestehen rund 30 Prozent (!!) unserer gesamten Nahrung aus Kuhmilch und ihren Milchprodukten (der Fleischkonsum hingegen beträgt etwa 25 Prozent). Mit Milch kann heutzutage sehr viel Geld verdient werden und die Milchprodukte bilden einen stark umkämpften Markt, der harten Marketinggesetzen unterworfen ist. **Denn die deutsche ‚Milchindustrie' ist mit Abstand die größte Lebensmittelbranche in ganz Europa – es sollen jährlich rund 28 Millionen Tonnen (rund 28.000.000.000 Liter) Milch sein.**

Die ‚Produktion' des angeblichen Naturproduktes Milch hat daher längst unnatürliche Formen angenommen – immer mehr *marktgerecht* und immer weniger *artgerecht*. Das betrifft vor allem auch die Tierhaltung (Turbokühe): die Futterqualitäten, die Besamungen, das Zwangskalben, Hörneramputationen, die Genveränderungen, Impfungen genauso wie andere pharmazeutische Behandlungen samt ihrer Tierarzneimittelrückstände. (Da ich zu dieser Beschreibung viel erschreckendes Bild- und Zahlenmaterial sichte, brauche ich wieder meinen Magenbitter, damit mir nicht schlecht wird.)

Noch konsequenter geht es bei der *Produktgestaltung* zu, mit der Kuhmilch profit-orientiert vermarktet wird. Haltbarmachung und Konservierung stehen im Vordergrund – man denkt ja nicht mehr lokal, sondern global –, Entfettungen, Kontingentierung des Milchlieferrechts und weitere Vermarktungsideen bestimmen die Wirtschaftlichkeit und nicht die Qualität der Milch.

*„Milch wird als hochwertiges Nahrungsmittel angepriesen, welche angeblich Osteoporose verhindern kann, welche uns mit wertvollem Calcium vor Zahnverfall schützen soll, welche lebenswichtiges Eiweiß liefern, ferner uns mit vielen Vitaminen beschenken soll und überhaupt*

*für Kinder als schlichtweg unentbehrlich bezeichnet wird. Aber ist dies wirklich so?"* fragt »www.initiative.cc« und wir sehen uns diese Märchen noch genauer an.

Denn sehr aufwendige Werbung muss dabei finanziert werden und der Einkaufspreis, das, was die Landwirtschaft für ihr Produkt erhält, wird minimiert. Mit solch fraglichen Informationen werden gesundheitliche Versprechungen propagiert und das Kuhmilchabwehrsystem unseres Körpers in Form von Allergien, ein inzwischen weitverbreitetes Problem, wird als etwas Krankes behandelt.

In diesem Stil könnte ich ‚munter' fortfahren, denn ‚Milch' habe ich seit über drei Jahrzehnten keine mehr getrunken. Mein kluger Körper hat mir schon damals die richtigen Signale gegeben.

Anders geht es mir bei den weiterverarbeiteten Milchprodukten wie Butter und Buttermilch, Sahne, Quark und den vielen althergebrachten Käsesorten. Als Vegetarier genieße ich diese tierischen Köstlichkeiten, auch wenn die konsequenteren Veganer dazu scherzeshalber ‚vegetierisch' sagen. Bei solchen Grundsätzen kann sich jeder von uns völlig frei entscheiden. Die Belastungen, die uns körperlich und wirtschaftlich durch den übermäßigen Fleischkonsum entstehen (siehe »Jetzt reicht's! 1«), gibt es im Milch-Konzept noch nicht, und wir sind trotz knallharter Vermarktungen immer noch in einem gewissen ‚natürlichen' Bereich. Doch auch das will man noch verändern und steuern.

Auf einige gravierende Probleme, die mit unserem Kuhmilchkonsum zusammenhängen, will ich noch hinweisen, und da stehen an erster Stelle unsere Landwirte. In einem Textabschnitt bei »www.vnr-verlag.de« vom 16.10.2009 heißt es:

*„Aldi marschiert voneweg, und die anderen folgen. Gemeinsam können so eine Handvoll Discounter 100 Molkereien beim Milchpreis gegeneinander ausspielen. Und schon sitzen die Bauern in ganz Deutschland finanziell auf dem Trockenen. Denn für 20 Cent pro Liter Milch kann kein Landwirt über längere Zeit auf seinem Hof eine Kuh durch-*

füttern, wenn die Erzeugerkosten bereits mit 35 Cent kalkuliert werden.

*Kuriose Welt! Obwohl die wertvolle Milch inzwischen so billig ist, dass es für Bauern womöglich rentabler wäre, sie wegzukippen, statt sie in die Molkerei zu fahren, packt der Handel gleichzeitig ‚Chemie-Käse‘ und andere Retorten-Produkte in seine Lebensmittelregale, um uns Verbraucher an diese Kost zu gewöhnen. Nach dem Motto: Das werden die bestimmt auch noch schlucken (Analog-Käse).“*

Trinkmilch ist nicht gleich Milch, auch wenn alles Kuhmilch ist. Vier Kriterien sollten wir unterscheiden:
- Wie wird die Trinkmilch gekennzeichnet?
- Wie ist die Trinkmilch verpackt?
- Wie lange ist die Trinkmilch haltbar?
- Wie weit wurde die Trinkmilch transportiert?

In den Ladenkühlregalen wird Trinkmilch in vier **Qualitäten** angeboten: Vorzugsmilch, Frischmilch (pasteurisiert und als ESL-Milch) und H-Milch. Dabei zeigen sich in diesen Regalen drei **Verpackungsformen**: Glas, Pappe mit innerer Aluminiumschicht und Plastik. In Glas gibt es ‚natürlich‘ nur die hochwertigste Trinkmilch, Bio oder pasteurisierte Vollmilch, oft auch noch mit natürlichem, nicht reduziertem Fettgehalt. Doch die marktübliche Trinkmilchverpackung ist in verschiedenen Formen die in Pappe mit einer inneren Aluminium-Plastikbeschichtung.

Wesentlich trickreicher geht es bei der **Haltbarkeit** der Trinkmilch zu. Der Volksmund würde sagen: „*...das geht auf keine Kuhhaut!*“ Bis vor kurzem gab es Frischmilch (maximal 30 Sekunden auf 72 bis 74 Grad erhitzt) und H-Milch (1 bis 2 Sekunden auf über 140 Grad erhitzt). Doch nun tauchen die Kunstworte ‚länger frisch‘, ‚hält länger frisch‘ und ‚Extralang haltbar‘ auf und verdrängen die bisherigen Qualitäten. Es handelt sich dabei um ESL-Milch, deren Eiweiße bei dieser zusätzlichen Behandlung denaturieren. Von *Frische* ist kaum noch etwas vorhanden, doch für den Handel ist diese neue Un-Milch ein Segen –

ESL-Milch kann weiter transportiert und länger gelagert werden. Und das erhöht den Wettbewerb, was dem Handel hilft, die Einkaufspreise zu drücken. Ist das wieder bloß ein „Kuhhandel"? Im Fachblatt »Länger und gesünder leben« (Juni 2009) fand ich folgenden Hinweis:

*„Im März 2009 warnten Experten der »Fachgesellschaft für Ernährungstherapie« in Aachen vor den möglichen gesundheitlichen Risiken der ESL-Milch. Bei ihrer aufwendigen Herstellung wird zuerst der Rahm abgetrennt und auf 127 Grad Celsius erhitzt. Die verbleibende Magermilch wird durch bakteriendichte Filter gedrückt; danach wird alles wieder vermischt, homogenisiert, pasteurisiert und abgefüllt. Doch bei diesem Prozess können Vitalstoffe und wertvolle Milcheiweiße zerstört werden. Dadurch steigt die Gefahr für Darmentzündungen, Allergien und Milchzuckerunverträglichkeit."*

Es gibt **regionale Trinkmilch** und ‚Markenmilch'. Wenn Sie Glück haben, finden Sie sogar jemanden gleich vor Ort (Adressensuche bei »www.milch-vom-bauern.de«). Bei der ‚Markenmilch' trägt der Verbraucher nicht nur den Werbekostenanteil, sondern er kann sicher davon ausgehen, dass da gewaltige Autobahnstrecken bundesweit zurückgelegt werden. Bei rund 12,8 Millionen vierbeinigen ‚Rindviechern' in Deutschland, überwiegend in Großbetrieben mit mehr als 1.000 Tieren, können wir getrost über *Massenmilch* anstatt *Markenmilch* nachdenken.

Da ich milchlos und gesund lebe, gebe ich hierfür eine mehr rationale Empfehlung weiter: Bleiben Sie – wenn Sie unbedingt Milch trinken wollen – doch der ‚guten alten' pasteurisierten Frischmilch treu. Sie tragen dann dazu bei, dass diese nicht stillschweigend aus den Regalen verschwindet und wir ‚Verbraucher' weiterhin die freie Wahl behalten.

# Wissenschaftlich belegte Widersprüche

Kommen wir noch einmal zum gesundheitlichen Faktor der Kuhmilch. Aus ihr wird ‚edles' Fett, früher sagte man „Gute Butter", gewonnen – nämlich Sauerrahm- und die noch wertvollere Süßrahmbutter, wie auch saurer und süßer Rahm. Dazu gehören vor allem die darin enthaltenen gesättigten und die **ungesättigten Fettsäuren**, *wobei nur letztere als gesund gelten*. Und dabei zeigt sich: Frisst die Kuh frisches Gras, produziert sie in ihrer Milch mehr ungesättigte Fettsäuren. Einige ungesättigte Fettsäuren sind für den Menschen essentiell und müssen mit der Nahrung aufgenommen werden, da sie vom menschlichen Körper nicht synthetisiert werden können. Aus der Schweiz kommen dazu Zahlen: Fressen die Kühe im Sommer ausschließlich Wiesenfutter, weist ihre Milch 20 Prozent mehr ungesättigte Fettsäuren und 70 Prozent mehr konjugierte Linolsäuren (zweifach ungesättigte Fettsäuren CLA) auf. Studien weisen darauf hin, dass CLA den menschlichen Körperfettanteil reduziert, während gleichzeitig der Muskelanteil erhöht wird. Außerdem *verbessert* es die Cholesterinwerte. (Nebenbei bemerkt: Unser Wunderwerk Gehirn besteht zu einem großen Teil aus Cholesterin. Bedenkt man, dass Cholesterinsenker seit Jahren zu den meistverordneten Präparaten überhaupt gehören, drängt sich die Frage auf: *„Werden wir alle nach und nach für dumm verkauft?"*[43])

Auch äußerlich zeigen sich beim Süßrahm verschiedene Merkmale zwischen mastfuttererzeugter und biologisch gefütterter Kuh(milch): Der eine Rahm bleibt konstant flüssig, der biologische bildet allmählich köstlich schmeckenden festen Rahm im Becher.

Nun gibt es noch das heikle Gesundheitsthema der **Osteoporose**, das mit Milch in Zusammenhang gebracht wird – die einen belegen, dass Kuhmilch diese mit verursacht, und die andere Seite will mit dem Kalziumgehalt der Milch heilen. Schon vor über 20 Jahren habe ich eine kleine Leserbriefschlacht mit der Leiterin des Kreisgesundheitsamtes in Schwäbisch Hall geführt, weil sie öffentlich Kuhmilch als Therapiemöglichkeit bei Osteoporose empfahl. Auf drei diesbezügliche medizinische Erkenntnisse möchte ich hierbei ganz kurz hinweisen:

1. muss in unserem genial konstruierten Körper das rechte Mengenverhältnis von Kalzium und Magnesium vorliegen – beides sind keine Spurenelemente, sondern ‚Mengenelemente', und eines benötigt das andere als Gegenkomponente. Die *anabole*, körperaufbauende und die *katabole*, körperabbauende Stoffwechsellage muss jeweils mit einbezogen werden (Dr. med. Bodo Köhler) –

das heißt: Kuhmilch ist ungeeignet und eher schädlich für den erwachsenen Menschen. Sie hat im Verhältnis zu wenig Magnesium und zu viel (an grobstoffliches Kasein gebundenes) Kalzium. Bei »www.josef-stocker.de« wird belegt, dass die meisten Vielkuhmilchtrinker einen Überschuss an Kalzium aufnehmen und dabei wegen Magnesiummangel allerlei Probleme bekommen – auch weil bei Magnesiummangel das Kalzium im Menschen an die falschen Stellen wandert.

Peter Ferreira, Sachbuchautor und Direktor des »Institut für biophysikalische Forschung«, geht noch weiter und schreibt:

*„Unser Verdauungssystem kann Kuhmilch nur schwer aufspalten, weil uns die notwendigen Enzyme fehlen. Somit können die wertvollen Bausteine wie Kalzium, Vitamine und Enzyme nur bedingt aufgenommen werden. Außerdem wird Kuhmilch in irgendeiner Form erhitzt, was ihre Lebendigkeit und den Informationsgehalt zerstört und damit Milch zu einem eingeschränkten Nahrungsmittel macht."*

2. ist neben dem kalziumverarbeitenden Vitamin D3 auch die tägliche Zufuhr von Vitamin C nötig, um stabilere Knochen zu behalten (Havard Medical School in Boston/USA im September 2008). Da D3 mithilfe von ultraviolettem Licht (UV-B) in der Haut aus 7-Dehydrocholesterol gebildet werden kann, ist der historische Begriff Vitamin nicht korrekt. Es ist ein Prohormon und wird über eine Zwischenstufe zu dem Hormon Calcitriol umgewandelt. (Mehr darüber später.)

3. Professor Hademar Bankhofer (www.prof.bankhofer.at) fand heraus, dass die Gesamtstruktur und Elastizität unseres Knochengerüstes entscheidend abhängig ist von der Zufuhr des Spurenelementes Silizium oder Kieselerde. Das ist nichts Neues, denn unsere Knochen bestehen hauptsächlich aus Calcium, Magnesium, Phosphat und Silizium. Das Silizium erfüllt dabei die Schlepper-Funktion. Dazu schreibt er:

*„Ohne Silizium kann kein Calcium mit anderen Mineralien in die Knochen eingebunden werden. Das Silizium ist sozusagen das ‚Taxi', mit dem das Calcium in die Knochen gelangt. Das Silizium ist daher zum Start der Knochenbildung und die Erhaltung der Knochendichte unentbehrlich."*

Er empfiehlt dabei die neue Nano-Form wie »Neosino-Silizium«. Der anonyme Hochgradfreimaurer, den Jan in seinem neuen Buch »Geheimgesellschaften 3« interviewt, empfiehlt Kräuter: *„Dann nehmen Sie doch mal Ackerschachtelhalm, also Zinnkraut, als Saft oder Tee oder auch roh in den Salat. Der Name Zinnkraut kommt daher, weil das Kraut so voll ist mit Silizium. Zinnkraut ist spröde in seiner Struktur, die Stängel sind steif und hart wie Schmirgelpapier. Damit wurde früher Zinngeschirr poliert. Es hat aber eine so feine Struktur, dass das Silizium zellverfügbar ist. Und in dem Moment, in dem die Zelle Silizium aufgenommen hat, ist sie auch bereit, Kalzium aufzunehmen. Man kann noch so viel Milch in den Körper füllen, das ist alles nicht zellverfügbar. Das wird so wieder ausgeschieden, wie es reingekommen ist. Wenn der Ackerschachtelhalm die Zelle aber vorbereitet hat, dann geht das Kalzium rein wie nichts."*

Zurück zur Technik: Die Massenproduktion der gigantisch gewordenen Milchwirtschaft braucht besonders bei unserer Trinkmilch **hochtechnische Wege**, wobei die Molkereien die Milch erst in ihre Bestandteile trennen und dann neu zusammenfügen. So entstehen dann die standardisierten Milchprodukte – was ein Technologe wie der Geschäftsführer des Milchindustrieverbandes MIV (bitte auf der Zunge zergehen lassen: *Verband der Milch-Industrie!!*), Eberhard Hetzner, folgendermaßen bestätigt: *„Das Schöne an der Milch ist, man kann sie problemlos zerlegen und wieder zusammensetzen."*

Darf ich dann gleich folgende Frage weitergeben: *„Kommt Klonmilch und Klonfleisch bald auch in der Europäischen Union?"* Wer Näheres darüber wissen will, surfe bei »www.milchlos.de«.

Andreas von Réyti berichtet in »Kopp exklusiv« (27/10), dass Samuel S. Epstein, der Krebsforscher und Träger des Alternativen Nobelpreises, schon lange die schädliche Wirkung der industriell bearbeiteten Kuhmilch anprangert. Als Vorsitzender der »Cancer Prevention Coalition« (Krebspräventions-Koalition) sieht er sich in der Verantwortung, die Öffentlichkeit über die Risiken zu informieren, die in der vermeintlich so gesunden Trinkmilch stecken. Durch die milchproduktionserhöhenden Impfungen von »rBGH« entsteht das dem Insulin ähnliche »Somatomedin C«, das angeblich Brust-, Darm- und Prostatakrebs fördern soll.

Nun, was kann man dem Verbraucher (ein schreckliches Wort, das uns abwertet) für seinen Trinkmilchgenuss empfehlen? Gar nichts! Das darf natürlich jeder selbst entscheiden und dabei seinen Körper und seine Gesundheit beobachten. Doch eine Empfehlung bekam ich, als ich (als Nichtmilchtrinker) letzte Woche im Bioladen vor dem Milchregal stand und das Angebot studierte. Der ältere Herr neben mir beobachtete das wohl und wollte mir helfen, was zu einem kurzen Gespräch führte. Er schloss mit dem Satz: *„Wir trinken jetzt weniger Milch als früher, dafür aber die beste"*, und stellte zwei braune Glasflaschen mit Milch in seinen Wagen. Diese Empfehlung gebe ich gerne weiter.

Da gibt es jedoch noch eine weitgehend unbekannte Überlegung zum Thema Milch, nämlich den psychischen Hintergrund. Und die Körper-Seelen-Verbindungen werden ja inzwischen immer sinnvoller gedeutet. So erkennt der kritische Heilpraktiker Gunther-Wolfgang Schneider in seinem Buch »Biotop Mensch – Paradigmenwandel in der Medizin«[44]:

*„In den psychischen Krankenvorgeschichten bei starken Milchtrinkern ergeben sich auch sehr oft Liebesdefizite, also Anlehnungsbedürftigkeit und vor allem sehr oft fehlende Mutterliebe oder von der Mutter in der Kindheit des Betreffenden nicht vermittelte Liebe (weil sie es selbst nicht gelernt hat).*
*Ich denke, dass dieser hohe Milchkonsum der Erwachsenen eben auch ein ‚Erkaufen und Nachholbedarf' fehlender Liebe ist. Genauso wie übrigens auch das ‚Nuckeln' an der Zigarette und der Bierflasche."*

Ja, die Wärme und die Süße und die Liebe der Mutter ist eine paradiesische Erinnerung in all unseren Zellen. Nie mehr im Leben ist das noch einmal so selbstverständlich und so lebensnotwendig wie als Säugling – die warme Milch und die Zärtlichkeiten und die Nähe der Mutter und der Klang einer liebenden Stimme.

Danke, meine liebe Mutter, ich habe da wohl genug davon bekommen, denn ich kann heute locker schreiben: *„Ich brauche schon lange keine Milch mehr!"* So lautet ja die Überschrift dieses Kapitels. Nun mag sich der kritische Leser die Frage stellen, was denn unsere Landwirte machen sollen, wenn diese meine Aufforderung Erfolg hätte? Keine Sorge, selbst wenn ich von meinem Buch eine Million verkaufen würde, könnte ich den *geplanten* Milchüberschuss kaum fühlbar verändern. Dieser Überschuss wird von den großen Abkassierern durch maßlose Subventionen – früher bundesweit, heute EU-weit – bewusst gesteuert. Und wie wir weiter vorne erkannt haben, ist die deutsche ‚Milchindustrie' immerhin die größte Lebensmittelbranche in ganz Europa. In der Kent-Depesche »mehr wissen – besser leben« (13/2007) heißt es dazu unter anderem:

*„Die riesigen Überschüsse aus der europäischen Milchproduktion (23 Millionen Tonnen pro Jahr – fast soviel, wie Deutschlands Gesamtproduktion) werden mittels teurer Exportsubventionen (16 Milliarden Euro pro Jahr) in Form von Milchpulver auf die Märkte armer Länder ‚gekippt' und dort zu Dumping-Preisen verkauft. Milchproduzenten in Indien beispielsweise können auf ihrem eigenen Markt nicht gegen massiv subventioniertes europäisches Milchpulver und europäische Butter konkurrieren. "*

Wenn wir uns kritisch diesen industriellen Gigantismus betrachten, erkennen wir, dass wir als einzelner ‚Konsument' (noch schlimmer ist die Bezeichnung ‚Verbraucher') nicht wirklich Wesentliches bewirken können. Für unseren Körper und unsere Gesundheit allerdings sind wir ganz alleine verantwortlich, und dazu habe ich Ihnen hiermit einige wichtige und sicherlich noch wenig bekannte Entscheidungskriterien geliefert. ‚Konsumieren' Sie ruhig weiter viele der wertvollen, althergebrachten und beliebten Köstlichkeiten verschiedener Kuhmilchprodukte (wie ich als Vegetarier) – doch bewusst *maßvoller*. Trotzdem bleiben wir mit diesen tierischen Eiweißformen stets im Bereich einer gefährlichen Übersäuerung unseres wertvollen Körpers.

Am Ende meiner Gesundheitsvorträge werde ich manchmal gefragt, was denn der **kritische Landwirt**, der das alles am eigenen Leib erleben muss, für seine Zukunft entscheiden kann. Meistens kommt dann auch gleich die Antwort aus dem Publikum von einem überzeugten Biobauern, der längst wieder einen ökologischen wie auch ökonomischen Lebensinhalt gefunden hat.

Wenn ich die Urlandwirte, wie es sie im Bereich der Demeter-Landwirtschaft weiterhin gibt, in unserem Umfeld anspreche, bewundere ich auch etwas von der Urschwingung im Sinne der dreifaltigen griechischen Göttin Demeter, die das Jungfräuliche, das Mütterliche und das Weisheitliche unserer Natur versinnbildlicht. Angeregt durch Rudolf Steiners ‚Geisteswissenschaftliche Grundlagen zum Gedeihen der Landwirtschaft' und anknüpfend an Goethes Methode der Naturerkenntnis betrachten Demeter-Bauern ihren Hof als lebendigen, einzigartigen Organismus – heute biologisch-dynamisch bezeichnet. Etwas von dieser ethischen und volksgesundheitlichen ‚Ideologie', von der in und an allem Erzeugten diese Informationen mitschwingen, essen und trinken dann wir bewusst oder unbewusst mit. Heute zählen zur Demeter-Gemeinschaft bei uns in Baden-Württemberg insgesamt 460 (Gärtner, Landwirte, Winzer, Imker und Obstbauern) der 1.400 Betriebe in Deutschland.

Davon lässt sich vieles auch auf den ganzen Biobereich ausdehnen sowie auf die Umstellung auf die immer größer werdende ‚Gemeinde' der organisierten alternativen Landwirte. Auch Einzelgängersysteme nehmen dabei zu wie EM-Kultur (Effektive Mikroorganismen[45]). Die ökologischen Anteile der Landwirtschaft in der EU sind in Liechtenstein 29,7, in Österreich 13,4, in der Schweiz 11,0, in Italien 9,0 und bei uns 5,1 Prozent.

Bei alledem steht eben auch die politische Seite des gigantischen deutschen Marktes der Kuhmilchprodukte im Vordergrund, in dem es allerdings schon länger agrar-kriselt. Dazu will ich nicht detailliert Stellung nehmen. Doch die kritische Leserin Petra S. schrieb mir zur übermächtigen Milchwirtschaft und zur Situation deutscher, mittelständischer Landwirte (in ihrem Fall mit 60 Milchkühen), und diese Zeilen will ich hier nicht unerwähnt lassen:

*„Warum werden die deutschen Bauern so klein gehalten? Müssen die Lebensmittel für die Masse auf Kosten der Bauern immer billiger werden? Was passiert, wenn die Bauern nicht mehr mitmachen und die Höfe sterben? Ist es gewollt, dass Deutschland sich mit Grundnahrungsmitteln nicht mehr selbst versorgen kann? Oder soll es nur noch wenige Agrarfabriken geben, die dann besser zu kontrollieren sind? Welche Rolle spielt der Handel in diesem Spiel?*
*Mich beschäftigt die Frage, welche Hintergründe es gibt, die deutsche Landwirtschaft dermaßen ausbluten zu lassen. Von der Politik (deutsche und EU) ist nichts zu erwarten. Ein normales Marktgeschehen kann dies auch nicht mehr sein. Die Kontingentierung des Milchlieferrechtes hat doch somit ihren Zweck verfehlt und dient nur zur Kapitalbindung. Der hochgepriesene Strukurwandel nimmt einen derartigen rasanten Lauf, dass es einem schwindelig werden kann. Wobei nach meiner Meinung das Wohl der Tiere (Hochleistungskühe) und die Qualität der Lebensmittel auf der Strecke bleiben (Gen-Futtersoja)... Zum jetzigen Zeitpunkt kann ich den Sinn und das Ziel dieser Geschehnisse noch nicht erkennen. Deutlich erkennbar ist jedoch, dass der Deutsche Bauernverband die Interessen aller anderen (Lobbyisten) vertritt und seine Mitglieder anhält, den Ball flach zu halten und sich nicht zu wehren (durch Angstmache). Gegensätzlich dazu agiert der BDM (Bundesverband deutscher Milchviehhalter)."*

Dem gibt dann Max, der Herausgeber des finanz-politischen Newsletters »MaxNews«, am 23.5.2010 noch eines obendrauf:
*„Deutschland, das sich zu Friedrich Lists Zeiten noch selbst ernähren konnte, weil Reichskanzler Bismarck, Lists Rat folgend, die Bauern*

*stark machte, verkauft heute all seine Ländereien und Bauernhöfe an ausländische Konzerne für Papierschnipsel und kann sich nicht mehr selbst ernähren. Unser Nahrungsimport ist gigantisch, weil diese Mafia uns global von anderen abhängig gemacht hat. Keiner will auf importierte Nahrungsmittel verzichten."*

Liebe Landwirte! Meine abschließende Bitte zu diesem nationalen Grundernährungsthema lautet – besonders in unserer allgemein zunehmenden Wirtschafts- und eventuell sogar Volkskrise: *„Bitte haltet durch! Wir werden Euch noch alle brauchen!"*

# Fleischnahrung aus industrieller Tierwirtschaft?

In Band 1 bin ich mehrfach auf unseren modernen und übermäßigen Verzehr von Tiereiweiß eingegangen und habe dazu weltweites Zahlenmaterial zusammengetragen. Ich bin seit Jahrzehnten Vegetarier und überzeugt, damit einen ‚gesünderen' Lebensweg zu gehen und damit ein bisschen Wegbereiter einer ethischeren Zukunft zu sein. Und in diesem Sinne nimmt Fleischlosigkeit in unserer Ernährung tatsächlich schon zu. Lassen Sie mich noch einige Beispiele und Hinweise nachliefern.

In nur zwei Generationen hat sich unsere Körperversorgung mit Nahrung grundlegend verändert (www.campaignfortruth.com):

| Nahrung vor 1900 | | Nahrung nach 1960 | |
|---|---|---|---|
| Tierisches... | 5 Prozent | Tierisches... | 42 Prozent |
| Raffinierte Prod. | 0 Prozent | Raffinierte Prod. | 51 Prozent |
| Pflanzliches... | 95 Prozent | Pflanzliches... | 7 Prozent |

Der »Stern« (22/2010) klagt in seinem desillusionierenden Leitartikel, der teilweise ein tierischer ‚Leidartikel' wurde, an:
*„Der Preis ist billig, aber das Fleisch ist schwach. Wir essen jeden Tag Rind, Huhn und Schwein. Weil sie kaum etwas kosten. Scheinbar. In Wahrheit ist der Preis gewaltig. Menschen, Tiere und Umwelt zahlen teuer für die Unersättlichkeit. Es ist Zeit umzudenken."*

Weitere Schlagzeilen wurden gründlich recherchiert: *‚In Deutschland, dem Wurstland, ist Fleisch ein Produkt niederster Güte'*; *‚99 Prozent des in Deutschland verkauften Fleisches entstammen der Turbomast'*; *‚Die industrielle Fließbandhaltung ist ein schadhaftes Kapitel der menschlichen Kultur'* (Nobelpreisträger Konrad Lorenz); *‚Turbomast-Hühner nehmen in vier Wochen das 30-Fache ihres Gewichts zu'*; langzeitbelastend ist *‚ganz Deutschland überdüngt'* und momentan hat der deutsche Fleischesser selbst beim Metzger seines Vertrauens kaum Chancen, Geflügel oder Schwein zu bekommen, das nicht aus der Turbomast stammt.

Ausreden und Illusionen ade! »Stern« wird so schnell keine Werbeeinnahmen mehr haben aus dem Finanzpool der Fleischindustrie, denn der Bericht schließt mit dem Gesundheitshinweis: *„Wir sollten essen wie früher: Kohl im Winter, Spargel im Mai, Fleisch am Sonntag."* Genau diesen altmodischen ‚Sonntagsbraten' empfehle ich Ihnen ebenfalls wärmstens — sollten Sie unbedingt Fleisch essen wollen...

Schon lange kritisieren auch die Verbraucherschützer von »Foodwatch« (www.foodwatch.de) den Fleischverpackungsschwindel:
*„Die meisten großen Handelsketten verkaufen Frischfleisch in ‚Schutzatmosphäre'-Packungen. Dahinter verbirgt sich oft ein hochgradig mit Sauerstoff angereichertes Gasgemisch. Der Effekt: Auch nach Tagen sieht Fleisch außen rosig-frisch aus. Eine Illusion, denn Sauerstoff macht es gleichzeitig innen zäh und ranzig. ... Erst sah das Verbraucherministerium gar kein Problem — dann kündigte es einen ‚Runden Tisch' zum Sauerstoff-Fleisch an. Zuvor war in Medien bereits der Vorwurf der Untätigkeit laut geworden. Und das Bundesinstitut für Risikobewertung (BfR) bestätigt: Sauerstoff macht Fleisch ranzig und zäh."*

Wer wissen will, warum sich allmählich der Vegetarismus breitmacht, vor allem in Großstädten und bei auf Distinktion bedachten Bildungsbürgern, findet Antworten in dem Buch »Tiere essen« von Jonathan Safran Foer[46]. Der amerikanische Bestseller-Autor hat ein beispielhaftes Sachbuch über das Fleischessen geschrieben – und warum er darauf verzichtet. Dazu liefert auch »Spiegel-online« vom 10.8.2010 unter ‚Vegetarier im Vormarsch' nüchterne Zahlen:

*„Für jedes Kilogramm Rindsteak auf dem Teller muss zuvor die zehnfache Menge Getreide verfüttert werden, außerdem werden 16.000 Liter Wasser verbraucht. Allein um unsere Lust auf Fleischluxus befriedigen zu können, arbeitet eine gigantische, gefräßige Maschinerie.*
*Neben der Umweltbelastung und der Sorge um die eigene Gesundheit leitet viele Vegetarier ein dritter Grund: das Wohl der Tiere. Das Fleisch auf unseren Tellern stammt zu 98 Prozent aus hochtechnisierter Massenhaltung mit zynisch kalkulierter Ausschussquote. Fern der Öffentlichkeit werden grotesk überzüchtete Viecher in riesigen Industrieanlagen im Schnelltempo gemästet, getötet und zerteilt. Weil Fleischesser das gerne verdrängen, aber meist doch eine dunkle Ahnung von den Bedingungen und Folgen der Fleischproduktion haben, ist die Bewunderung für Vegetarier umso größer."*

Noch ein aktuelles Schreckensbeispiel als Zugabe: In der beschaulichen niedersächsischen Gemeinde Wietze bei Celle entsteht Europas größte Anlage zur Schlachtung von Geflügel. Im Sekundentakt sollen hier hochgezüchtete Hühner massenhaft getötet werden – 134 Millionen Tiere pro Jahr! – das sind über 300.000 Tiere täglich – *„Guten Appetit!"* Damit der Mega-Schlachthof ausgelastet ist, sollen bis zu 450 neue Hühnermastbetriebe in der Region um Hannover entstehen, wegen der günstigen Verkehrslage vor allem entlang der Autobahnen A2 und A7 – ein regelrechter ‚Hähnchen-Highway' mit millionenfachem Tierleid! Welche menschlichen Gehirne planen und genehmigen so etwas? Und wer wird das Zeug kaufen?

Vor kurzem fand ich folgenden Beitrag, der aus der »Videothek ZDF« stammen soll:

*„In der Gemeinde Groß Miltzow in Mecklenburg-Strelitz, in der Nähe einer idyllischen Naturlandschaft inmitten der Brohmer Berge, soll die größte industrielle Hühnermastanlage Deutschlands mit 400.000 Tierplätzen auf einer Fläche von rund drei Hektar auf bestem Ackerland entstehen. Es ist vorgesehen, dass an diesem Standort jährlich 3,2 Mil-*

*lionen Tiere gemästet werden. Es ist eine Investition der niederländischen »Plukon Royale Group«.*

*Auf dramatisch steigende Überkapazitäten hat die Arbeitsgemeinschaft Bäuerliche Landwirtschaft (ABL) unlängst hingewiesen. Einer ABL-Verlautbarung zufolge wird die Hähnchenschwemme in Europa durch das Plukon-Projekt noch verschlimmert. Die Großmäster Wesjohann, Stolle und Rothkötter haben ihre Kapazitäten stark erweitert. Bereits jetzt werden große Mengen an Hähnchenteilen aus Europa nach Afrika exportiert und vernichten die Existenzgrundlagen der dortigen Bauern.«*

Dazu noch ein bisschen bedenkenswerte Statistik – auch ohne diese beiden Hähnchen-Billigstteile-Produzenten: Der jährliche Fleischkonsum je Einwohner beträgt in den USA und Australien über 120 Kilogramm, in Westeuropa über 80 (das Durchschnittsgewicht eines Menschen), in Afrika ganze 11 und in Südasien keine 6 Kilogramm. Angeblich werden rund 70 Prozent des weltweiten landwirtschaftlichen Anbaus für Tierfutternahrung vergeudet – ein hungererzeugender Missbrauch menschlicher profit-orientierter Natur.

Mit einem abschließenden Hinweis möchte ich daran erinnern, was den kritischen Leserinnen und Lesern längst geläufig ist: Menschliche wie tierische Körperzellen bestehen hauptsächlich aus Wasser, und Wasser ist ein perfekter Informationsträger – siehe Dr. Masaru Emoto. **Und die tierischen Eiweißzellen unserer Nahrung haben auch nach dem Braten und Würzen alle noch das Leid und die Todesangst des Industrieproduktes Fleisch und Wurst energetisch gespeichert, und das wird so nebenher die Energie auch unserer Zellen.**

Da gibt es doch eine ganz einfache Lösung, um mit Hormonen durchtränktes Fleisch, Tierleid, Vergüllung und Klimawandel zu vermeiden: Lasst uns Kunstfleisch produzieren. Und tatsächlich: Ein ganz besonderer Schwindel ist schon auf dem Wege. Der Wissenschaftsjournalist Andreas von Rétyi berichtet bei »Kopp-exklusiv« über ein EU-Geheimprojekt: ‚Schnitzel aus der Retorte – Fleisch aus dem Labor'. Seit 2005 fördert die EU insgeheim Forschungen, mit denen tierisches Fleisch künftig in Laboratorien erzeugt werden soll. Ein Wettlauf mit

128

den USA? Mark Post, Professor für Psychologie der Uni Eindhoven, leitet das Projekt und meint, dass innerhalb von fünf Jahren ‚Würstchen' und andere ‚Produkte' aus Kunstfleisch im Handel zu kaufen sein werden. Und Mark Post sagt dazu: *„Die Leute werden es kaufen."*

## Die Pille – tödliches Risiko?

Unter der gleichen Überschrift, jedoch ohne Fragezeichen, schreibt die Frauenärztin Dr. Gabriele Marx, dass die Einnahme der Antibabypille eine nicht zu unterschätzende Gefahr darstelle. In der Zeitschrift »Der Durchblick e.V.« (www.der-durchblick.de) vom Januar 2010 berichtet sie über negative Erfahrungen mit der Pille. Seit fast 20 Jahren verschreibt sie das Verhütungsmittel nicht mehr, die Nebenwirkungen gehen bis zu Schlaganfall und Infarkt. In ihrem Beitrag schreibt Dr. Marx unter anderem:

*„Die Risiken und Nebenwirkungen der Pille sind nicht geheim. Sie sind veröffentlicht. Es ist daher kaum zu verstehen, warum Ärzte Hormone zur Verhütung empfehlen und die Frauen über die Nebenwirkungen im Unklaren lassen. Viele Frauen, die zu mir kommen, sagen: ‚Warum sind Sie die einzige, die darüber spricht?' Eine Erhebung unter 401 in Brandenburg tätigen Ärztinnen (veröffentlicht in der ‚Zeitung für klinische Medizin') hat ergeben, dass die Ärztinnen selbst kaum mit der Pille verhüten, ganz im Gegensatz zur Gesamtbevölkerung!"*

Woher kommt das hohe Schlaganfall- und Infarktrisiko bei Einnahme der Pille? Die Pille gaukelt durch hohe Hormongaben dem Körper vor, eine Schwangerschaft sei eingetreten. Jetzt sorgt der Körper für schnelle Blutgerinnung. Bei der Geburt und Nachgeburt ist das wichtig, damit Blutungen rasch aufhören.

Geschieht dies jedoch über Jahre hinweg, schreibt Dr. Marx, so werden die Wände der Blutgefäße porös. Es können Blutgerinsel entstehen, die sich lösen und Blutgefäße verstopfen können. Es kann zu Embolien oder Infarkten kommen. Das kann sich in der Lunge, im Gehirn oder in anderen Organen ereignen. Selbst die Augen können betroffen sein wie auch der Darmbereich, und dieses Risiko besteht unabhängig vom Alter und der Gesundheit der Frauen.

Die Weltgesundheitsorganisation WHO hat im Jahr 2005 die Pille sogar als krebserregend definiert: Brust-, Leber- und Muttermundkrebs. Dr. Marx: „Sehr viele Zwischenfälle werden nicht gemeldet. Experten schätzen die Dunkelziffer auf 80 Prozent. Denn es ist mühsam, viele Fragebögen auszufüllen und Nachweise zu führen, dass die jeweilige Erkrankung mit der Einnahme der Pille zusammenhängt."

Das »Zentrum der Gesundheit« empfiehlt auf seiner Internetseite (www.zentrum-der-gesundheit.de/mexican-wild-yam-pi.html) als ein bewährtes Verhütungsmittel ein natürliches Präparat aus Yamswurzeln[47]. Dabei geht der Bericht des »Zentrums-der-Gesundheit« noch erheblich tiefer in die kritische Beschreibung der Nebenwirkungen der Antibabypille – er ist lesenswert.

Weniger problematisch und völlig frei von Nebenwirkungen ist ein anderer Weg, den ich gegangen bin. Nachdem wir festgestellt hatten, dass uns drei gesunde Kinder ausreichen und wir damit schon überdurchschnittlich am Erhalt unseres Volkes mitgewirkt und statistisch bereits ins Asoziale geraten sind, habe ich mich sterilisieren lassen. Zu jener Zeit war es in Deutschland noch verboten und ich musste zu diesem ambulanten Eingriff nach Schaffhausen in die Schweiz fahren. Erst zwei Jahre danach, 1974, wurde dieses Nachkriegsgesetz wieder aufgehoben. Im Internet kann man lesen, dass offiziell nur ganze 50.000 Männer diesen Schritt auch gegangen sind, um die Verantwortung der Verhütung nicht nur den Frauen aufzubürden – was die Lust an der Lust und vor allem auch ihre Gesundheit betrifft. Ich als Mann fühle mich trotzdem wohl und gesund dabei.

# Salz – lebensnotwendig oder giftig?

Salz ist nicht gleich Salz. Salz ist entweder natürlich und biochemisch oder ist rein chemisches Natriumchlorid (NaCl). Das erste ist absolut lebensnotwendig, das zweite für unsere Gesundheit wertlos bis schädlich. Und nun beginnt die Kunst der Trennung dieser beiden ‚Lebensmittel' – allgemein betrachtet und individuell genutzt.

Das, was die meisten von uns als Kochsalz oder Speisesalz im Hause haben, ist Natriumchlorid – es enthält Natrium und Chlorid, mehr nicht. Natürliches Salz, die Ur-Lebensbasis im Meerwasser unseres Planeten, enthält dagegen 84 lebensnotwendige Spurenelemente. Früher wurde es in manchen Regionen mit Gold aufgewogen und heute erinnert man sich noch an die Bezeichnung ‚das weiße Gold'. Heute wissen wir außerdem, dass der Mensch in einer Salzsole entsteht, nämlich im Fruchtwasser des Mutterleibs, und dass unser Blut weiterhin meersalzähnliche Strukturen aufweist.

Genau diese natürlichen, biochemischen Spurenelemente im natürlichen Salz sind der grundlegende Unterschied zum industrialisierten NaCl! Das geht so weit, dass der inzwischen berühmte ‚Wasserarzt' Dr. Fereydoon Batmanghelidj schreibt: *„Salz ist für den Körper ein ganz wesentlicher Bestandteil. Der Reihenfolge nach sind Sauerstoff, Wasser, Salz und Kalium die wichtigsten Elemente für das Überleben des Körpers."* Noch weiter geht mit seiner Erkenntnis der Biologe Peter Ferreira: *„Die meisten Menschen leiden unter Salzarmut, obwohl sie mit Natriumchlorid übersättigt sind."* Wie kann das sein?

Laut Statistik nehmen wir täglich so an die 12 bis 20 Gramm raffiniertes, also chemisch gereinigtes Kochsalz zu uns. Davon filtern unsere beiden kleinen Nierchen – nur die gesündesten natürlich! – etwa 5 bis 7 Gramm wieder aus – intensiv ‚bearbeiten' sie so an die 180 Liter Körperflüssigkeit innerhalb von 24 Stunden. Dabei benötigen sie rund 23ml Zellwasser, um 1 Gramm Natriumchlorid wieder auszuscheiden. Das erzeugt Durst, denn der Körper hat das Gefühl auszutrocknen, zu dehydrieren. Da er normalerweise, grundsätzlich und täglich, zu wenig Trinkwasser erhält, bildet er – klugerweise oder dummerweise? – allmählich Vorratswasseransammlungen und Ödeme, nicht nur in den Armen und Beinen.

Dabei gibt es einen Sekundäreffekt: Das vollautomatische Entgiftungssystem unseres genialen Körpers deponiert diese, in einem Wassermantel unschädlich gemachten, Natrium-Chlorid-Moleküle in ebensolchen ‚Wassergeweben' – ein Körpergewebe, das keine wirkliche biologische Funktion erfüllt, sondern nur als allmähliches Übergewicht auf der Waage registriert wird.[102]

Das Gegenteil davon, die *Salzlosigkeit*, ist noch ungesünder, und als Extrem ist bekannt, dass Stalin angeblich in seinen Gefängnissen durch völlig salzlose Ernährung die Sterberate hochhielt.

Warum wird bei den Filialisten und den Discountern nur das billige Kochsalz angeboten? NaCl wird überwiegend in der Industrie verwendet, denn rund 20.000 unterschiedliche Produkte sollen daraus hergestellt werden – Waschmittel, Konservierungsstoffe für Nahrungsmittel, Kunststoffe und mehr. Genauer: Nach seiner Anwendung wird unterschieden zwischen *Industriesalz* als Rohstoff der chemischen Industrie (80%), *Auftausalz* für den winterlichen Straßendienst (12%), *Gewerbesalz* für die verschiedensten industriellen und gewerblichen Zwecke (5%) und *Speisesalz* für den menschlichen Genuss (3%).[100] Man spricht offiziell von einer ‚Salzindustrie', die weltweit über 250 Millionen Tonnen (2006) aus Stein- und Meersalz produzierte. 97 Prozent davon werden somit industriell weiterverarbeitet, auch in der Nahrungsmittelindustrie, und nur 3 Prozent landen in unseren Haushalten, also wirtschaftlich gesehen ein Nebenprodukt, das unbedeutend ist – auch wissenschaftlich gesehen.

Der Krebsspezialist, Preisträger und Autor Dr. Karl Konrad Windstosser (1906-2000) bemerkte zum Thema NaCl im Rahmen des weitgreifenden Elektrolythaushalts des Körpers:

*„Über die Schädlichkeit des Natriums liegen ganze Bibliotheken an Schrifttum vor, trotzdem wird diese Gefahr weder in den Haushaltungen noch in der Medizin ernst genug genommen. Offen und auf Schleichwegen wird der Organismus damit geradezu imprägniert und gepökelt."*

Über all die lebensnotwendigen Mechanismen, die mit einem *natür-lichen und unbehandelten Salz* noch in Verbindung stehen, könnte ich weitere Buchseiten füllen, was andere Autoren längst getan haben. Ich möchte jedoch nur auf die **hohe Bedeutung** für unsere Gesundheit aufmerksam machen und hier im Anschluss meine persönlichen Emp-fehlungen aufzählen. Zuvor verweise ich aber für alle neugierig Gewor-denen auf zwei vorbildliche Quellen für weitere Informationen: »Was-ser und Salz, Urquell des Lebens – über die heilenden Kräfte der Natur« von Dr. Barbara Hendel und Peter Ferreira[48] und der Themenhefter »Salz/Jod/Fluor« der Reihe »mehr wissen – besser leben, Michael Kents Depesche für Zustandsverbesserer«[49]. Diese stellen die Salz-Probleme tiefschürfend dar.

Was brauchen wir im praktischen Alltag? Es geht um **Natursalz**, um natürlich belassenes und unbehandeltes Kristallsalz, ob aus dem Meer oder aus dem Himalaya oder aus europäischen Steinsalzstöcken. Einzig und allein darauf ist zu achten – das *Unbehandeltsein* mit seinen wert-vollen Urfrequenzen. Denn neben den materiellen Bestandsnachweisen unveränderter Naturbelassenheit schwingen ja noch die unsichtbaren, feinstofflichen Informationen eines ganzheitlichen Urproduktes in die-se Würze mit. In vielen Gourmetküchen wird dies ausdrücklich betont.

In allen Reform- und Naturkosthäusern gibt es außer »Brecht Ur-Steinsalz« eine gute Beratung über ähnliche Produkte. Beispielsweise auch das »Emiko-Salz«[50] oder andere wertvolle *Natursalz-Produkte*. Oder suchen Sie im Internet (Suchmaschineneingabe ‚Natursalz‘). Ver-meiden Sie auf jeden Fall jedes Körnchen vom chemisch reinen Billig-salz, denn damit werden wir in allen Fertiggerichten schon genügend belastet.

# Weltweiter Kaliummangel?

So wie unser wässriges Milieu im Körper ein Gleichgewicht zwischen Säure und Basen bildet und das Mineralienpaar Magnesium und Kalzium als Antagonisten wirken, so braucht auch das Natrium unserer täglichen Salzaufnahme einen Mitspieler, das Kalium. Beide sind essentielle und wasserlösliche Mineralien, müssen also mit unserer Nahrung aufgenommen werden, gehören zu den Makronährstoffen. Der tägliche Bedarf liegt so um die 2 Gramm. So viel, wie man über Natrium, also Kochsalz, debattiert, so wenig vernimmt man über das Kalium. Dagegen behauptet der inzwischen berühmte ‚Wasserarzt' Dr. Fereydoon Batmanghelidj: *„Salz ist für den Körper ein ganz wesentlicher Bestandteil. Der Reihenfolge nach sind Sauerstoff, Wasser, Salz und Kalium die wichtigsten Elemente für das Überleben des Körpers."* Mit Salz meint er das Natrium. Johannes von Buttlar schreibt dazu:

*„Kalium ist notwendig, damit das Flüssigkeitsgleichgewicht des Körpers aufrechterhalten wird und Nährstoffe zwischen und innerhalb der Zellen weitergeleitet werden, um den Nahrungsbedarf des Organismus zu decken. Zusammen mit Kalzium und Magnesium wird Kalium für die Muskelkontraktionsprozesse benötigt. Es ist also für die Herzfunktion – auch ein Muskel – absolut notwendig. Auch das Nervensystem braucht dieses Material."*[70]

Kalium ist dabei für die Impulsübertragung an Nerven- und Muskelzellen verantwortlich. Auch die Herstellung von Eiweißen sowie der Abbau von Kohlenhydraten werden mithilfe von Kalium geregelt.

Bei falschen Ernährungsgewohnheiten kann durchaus ein erhöhter Tagesbedarf entstehen, ebenso bei Menschen, die an einer Erkrankung des Herz-Kreislaufsystems und an Bluthochdruck leiden, besteht ein Mehrbedarf. Dasselbe gilt für alle, die gerne salzig essen. (mehr dazu unter »www.bleib-gesund-service.de«)

Nun liegt mir ein besonderes Schreiben vor, aus dem hervorgeht, dass nicht nur der Herzrhythmus – was medizinisch allgemein bekannt ist –, sondern auch der Bluthochdruck durch Kaliummangel ausgelöst und erhalten wird. Angeblich wird das systematisch und seit Jahrzehnten verschwiegen und an keinen Universitäten mehr gelehrt. Demnach, so der Autor, wäre der Kaliummangel die Ursache für den Tod von Millionen Menschen.

Sicher ist, dass unser viel zu hoher Natriumchloridkonsum (Kochsalz) seinen Gegenspieler Kalium in viel zu starkem Maße ausscheidet, sodass in unserem Zellsystem von einem allgemeinen Kaliummangel ausgegangen werden kann.

Sicher ist inzwischen auch, dass es einen ‚Cola-induzierten Kaliummangel' (Hypokaliämie) mit lebensbedrohlichen Muskellähmungen gibt – auch Herzrhythmusstörungen werden erwähnt. In den USA liegt der jährliche Pro-Kopf-Verbrauch bei durchschnittlich 212 Litern Cola. Und da nicht jeder Mensch Cola trinkt, dürfte der Verbrauch bei einzelnen noch sehr viel höher sein. Cola verursacht also nicht nur Probleme wie Karies, Knochenschwund, Stoffwechselstörungen und Diabetes, sondern kann – wenn zwischen drei und zehn Liter pro Tag getrunken werden – lebensbedrohlich werden. *„Auch wenn dies ein Extrembeispiel ist, ist der durch Cola ausgelöste Kaliummangel möglicherweise gar nicht so selten"*, vermutet Professor Dr. Robert Thimme, geschäftsführender Oberarzt der Inneren Medizin II des Universitätsklinikums Freiburg. Ja, bei so einem mächtigen Weltkonzern sollte man sich schon vorsichtig ausdrücken.

Sicher ist allerdings auch, dass in einer ungestörten Körperbiologie ganz spezifische Frequenzmuster bewährte energetische Strukturen gewährleisten. Werden diese durch Natrium-Kalium-Disharmonien gestört, steht uns auch weniger Energie zur Verfügung, und wir leiden schlichtweg an Lebendigkeitsmangel und sind schlapp.

Zu den besonders kaliumreichen Nahrungsmitteln zählen Getreide und Kartoffeln. Auch Obst, vor allem Aprikosen, Bananen und Trockenobst, Goji-Beeren, Gemüse (besonders Spinat und Möhren), Pilze und Nüsse, sowie alle Vollkornprodukte versorgen uns mit Kalium. Dazu gehören auch Kakao, Schokolade, Fleisch und Fisch.

Eigentlich müsste ich hier über Kalium überhaupt nicht berichten, wenn nicht der oben erwähnte Erfahrungsbericht detailliert belegen würde, dass ein jahrelanger Bluthochdruck in kurzer Zeit durch eine erhöhte Kaliumeinnahme verschwunden war. Daher empfiehlt es sich wohl, bei Herzrhythmusstörungen und Bluthochdruck auch gründlich den Kaliumgehalt unseres Blutes untersuchen zu lassen. Mehr darüber erfahren Sie auch im Kapitel »Bluthochdruck – eine gesunde Herausforderung«.

# Die Aluminium-Seuche

Aluminium ist das dritthäufigste chemische Element und häufigste Metall in unserer Erdkruste. Dort tritt es allerdings wegen seiner Reaktionsfreudigkeit fast nur in chemisch gebundenem Zustand auf.

Reines Aluminium, wie wir es im Alltag kennen, ist in seiner Herstellung extrem energieintensiv. Über 40 Prozent der Produktionskosten sind Energiekosten, vor allem elektrische Energie. Die Aluminiumhütte Voerdal in Voerde (am Rhein) zum Beispiel, die mit 500 Mitarbeitern 120.000 Tonnen Aluminium jährlich produziert, verbraucht soviel Strom wie eine Stadt mit 250.000 Einwohnern (z.B. Braunschweig oder Lausanne in der Schweiz). Durch diesen enormen Stromverbrauch kommt heute dieses Universalmetall aus Ländern mit Billigstromerzeugern, und auch hier führt wieder einmal China die Hitliste mit rund 13 Millionen Tonnen an. China, Russland und Kanada zusammen erzeugen mehr als die Hälfte der Weltproduktion in Höhe von rund 37 Millionen Tonnen (2009). Ein Vergleichsbeispiel: Wenn Aluminiumdosen nach Gebrauch nicht wiederverwertet werden, gehen pro Dose rund 1,4 Kilowattstunden elektrischer Energie verloren.

Und wie gehen wir mit diesen ‚wert'-vollen Produkten aus Alu um? „In" sind die Aluminiumfolien, in die man großzügig einwickelt und verpackt, sind Dosen und Tuben in allen erdenklichen Formen. „Out" sind inzwischen unbeschichtetes Alu-Geschirr und andere Haushaltsgeräte, und das ist sehr gut so. Bedenken wir ein Beispiel aus unseren Speisegepflogenheiten, das sowohl mit Wissen und Kenntnis als auch den finanziellen Möglichkeiten zusammenhängt: Ein ‚edles' Besteck, wie es sich früher nur der ‚Adel' geleistet hat, war und ist aus Silber, und die geringfügigen Abnutzungsspuren – heute als kolloidales Silber bekannt – hält die Menschen gesund. Dagegen gaben und geben unsere ebenfalls sehr weichen und billigen Nachkriegs-Alu-Bestecke genauso ihre Spuren an uns ab – heute als krankmachend erkannt.

Sollten Sie zu den Leserinnen und Lesern zählen, die es noch nicht ernst nehmen, dass Aluminiumspuren uns durch die Langzeitansammlung allmählich schwächen oder krank machen, dann lesen Sie bitte, was das »Zentrum der Gesundheit« (die »Gesellschaft für Ernährungsheilkunde«)[51] am 21.5.2010 veröffentlicht hat. Zum Beispiel haben weltweit unsere Vorfahren jahrhundertelang tönernes Geschirr verwendet anstelle von modernem Alu-Geschirr; fast alle herkömmlichen Deodorants beinhalten Aluminiumverbindungen; die übersüßten Softdrinks in den Aludosen müssen sehr säurehaltig sein und „...*Aluminium zeigt in einem sauren Milieu eine deutlich giftigere Wirkung als in einem basischen Umfeld"*.

In der »Regionalzeitschrift für Gesundheit – BALANCE« fand ich dazu Folgendes:

*„Da Zitronensäure ein natürliches Mittel ist, erlaubt es unser Organismus auch, dass sie die sogenannte Blut-Hirnschranke passieren darf, diese Schranke schützt normalerweise das Gehirn vor schädigenden äußeren Stoffen. Fatalerweise kann Zitronensäure nach neueren Forschungen jedoch als ‚Trojanisches Pferd' für Aluminiumzusätze dienen. Mit Hilfe der Zitronensäure kann Aluminium so mit den ‚leckeren' Schokolinsen ungehindert ins Gehirn von Kindern (und auch Erwachsenen) gelangen!*

*Dieses Universal-Leichtmetall steht nach vielen neueren Untersuchungen im Verdacht, bei Alzheimerkrankheit, Nerven-, Lern- und Verhaltensstörungen eine besondere Rolle zu spielen. Werden so unsere Kleinen vielleicht – im wahrsten Sinn des Wortes – mit Dummheit gefüttert? Natürlich gibt es hierzu, wie so oft, keine offiziellen wissenschaftlichen Beweise (ähnlich wie bei der täglichen Bestrahlung mit Mobilfunkwellen und deren Belastungen).*

*In Deutschland gibt es zudem keinerlei gesetzliche Grenzwerte für die tägliche Aufnahme von Aluminium mit der Nahrung, lediglich einen Richtwert von 12 Milligramm bei bayrischen Backblech-Brezeln.*"[99]

Verrückt! Leben wir hierbei noch in einem Entwicklungsland? A l l e Getränkeverpackungen im Handel, die uns *außen* aus bunt bedruckter Pappe anlachen, sind *innen* aluminiumbeschichtet. Die dabei verwendete Aluminiumfolie wird in hochtechnischen und rationellen Massenproduktions- und Verpackungsmaschinen verwendet und bearbeitet. Spuren davon landen in unseren Getränken und Speisen! Täglich!

Um dabei das Schlimmste zu verhindern, wird auf die Getränkeverpackungsaluminium-Innenschicht eine hauchdünne Plastikfolie aufgeklebt. Wieviele Weichmacher trinken wir dadurch auch noch mit? Wie wirkt eine chemische Klebesubstanz, die auf einer glänzenden Aluminiumfolie haftet(!), auf das monatelang darin gelagerte Getränk?

*„Bereits im Jahre 1933 fand man in einer Studie heraus, dass sich Aluminium im Körper einlagert. Einige Versuchsratten erhielten Wasser aus Aluminiumdosen und wiesen einen wesentlich höheren Aluminiumgehalt in ihrem Blut, ihrer Leber und ihren Knochen auf als Ratten, die Wasser aus Glasschälchen tranken. Die Aluminiumkonzentration in den Knochen der Alu-Ratten war um 69 Prozent höher als die der Glasschälchen-Ratten. Außerdem zeigte sich, dass die Knochendichte der Alu-Ratten um 16 Prozent niedriger war als die der Glasschälchen-Ratten."*

Und wie sieht es heute aus? Dazu fand ich ein weiteres Beispiel bei »www.zentrum-der-gesundheit«:

*„Organisches Hauptmerkmal der Alzheimer-Krankheit ist die sog. Plaque – eiweißhaltige Ablagerungen –, die sich im Gehirn zwischen den Nervenzellen einlagert. Im gesunden Gehirn werden solche Plaques zersetzt und vernichtet. Bei der Alzheimer-Krankheit aber häufen sie sich zu harten, unauflöslichen Plaques an. Laut Dr. John McDougall, Arzt und Ernährungsexperte in Santa Rosa, Kalifornien, befindet sich im Zentrum dieser Plaques ein Stoff, der nicht hingehört: Aluminium."*

Sollte der vielfache Autor und Facharzt Dr. McDougall Recht haben, so würde das bedeuten, dass der menschliche Körper die Plaque rund um den Fremdkörper Aluminium anlagert, um das schädliche Metall vom Gewebe fernzuhalten und den Körper auf diese Weise zu schützen. Doch trotz dieser körpereigenen Schutzmaßnahme kommt es früher oder später automatisch zu gesundheitlichen Problemen, und verschiedene Gehirnstörungen bestimmen das weitere Leben.

Abb. 16:
Chemie statt Abgase

Bei genauerem Hinsehen finden wir Aluminium auch im Backpulver, in Mehlmischungen, als Konservierungsmittel in Impfstoffen, als Fällungsmittel im Trinkwasser und vielen weiteren ‚diskreten' Einsätzen.

Nun habe ich noch drei Informationen, die man wohl Aluminium-Seuche nennen könnte – eine nicht so gravierende und eine geradezu entsetzliche: *erhitzte Alu-Folien, gentechnisch veränderte Nahrungspflanzen* und die inzwischen wohlbekannten *Chemtrails*.

**Erstens**: Wenn Aluminium erhitzt wird, zerstreuen sich die positiven (schädlichen) Aluminium-Ionen in der Nahrung. Die hochgiftigen Stoffe aus der Folie werden vom Körper aufgenommen und können die kolloidale Stabilität des biologischen Systems zerstören. (Ofen-Kartoffeln, Grillfeste usw.)

**Zweitens** berichtet das US-amerikanische Technologie-Magazin »WIRED« darüber, dass gentechnologisch aluminium-immunisierte Pflanzen in aluminiumverseuchten Böden gedeihen und undeklariert von uns verspeist werden.

**Drittens** will ich an dieser Stelle auf die sogenannten Chemtrails hinweisen, mit denen man *angeblich* unsere *angebliche* Klimaerwärmung abkühlen will. Bei Chemtrails handelt es sich nicht um normale Kondensstreifen (Contrails), die aus Eiskristallen bestehen, sondern um Sprühspuren von diversen chemischen Substanzen. Bei diesen Substanzen geht es sich hauptsächlich um Barium und Aluminium, die als feine Partikel (inzwischen schon in Nanogrößen) auch an Polymerfäden (Morgellons) gebunden sind. Fluoride wurden auch schon gefunden. Sie werden über den USA seit 1997 und über Europa seit 2003 regelmäßig versprüht.

Was ursprünglich als Klimasteuerung geplant war, wird inzwischen dazu missbraucht, großflächige gesundheitsschädliche Substanzen über Felder, Wälder und Seen zu versprühen, sodass damit zumindest die gesundheitswichtige Minus-Ionisierung reduziert, die Austrocknung der Luft verursacht und ein großflächiger Sonnenlichtmangel erzeugt wird. Die weltweite Schädigung von Mensch und Natur ist längst keine Verschwörungstheorie mehr, sondern eine weltweit sichtbare Verschwörungspraxis! Man erfuhr zum Beispiel von abartigen WHO-Insidern, dass damit bis 2025 systematisch die Weltbevölkerung reduziert werden soll[108]. Eine ziemlich erschreckende Internetseite findet man unter »www.chemtrails-info.de«. Und auch im »www.chemtrails-forum.de« wird reichlich aufklärendes Bildmaterial gezeigt. In allen Internetsuchmaschinen findet sich zum Suchbegriff ‚Chemtrails' ausführliches Text- und Bildmaterial, eben auch längst in Form von Büchern, weshalb ich jedoch aus Gründen meines Buchumfangs hier nicht weiter darauf eingehen möchte.

In den meisten Fällen können wir uns vor der Alu-Aufnahme durch unsere Nahrung schützen, indem wir sowohl ‚umweltfreundlicher' denken als auch bewusster ‚handeln' und diese Verpackungsformen einfach weniger oder gar nicht mehr kaufen – nämlich damit finanziell unterstützen. Doch wie können wir das bereits in uns eingelagerte Alu wieder ausleiten? Mein persönliches Rezept ist *Koriander*-Pulver am Morgen (Dr. Dietrich Klinghardt) und tagsüber im Trinkwasser täglich einen Teelöffel *Mikro-Zeolith* (das Kristallgitter des Zeoliths hat mit 0,4 Nanometer genau die richtige Größe), das in seiner Hohlraumstruktur Giftstoffe, Schwermetalle, Bakterien, Viren und kleinste Partikelchen durch Ionenbindung anzieht und dort festhält. Danach können diese Partikel vom Körper leicht auf den üblichen Wegen (Stuhl, Urin, Atem und Schweiß) ausgeschieden werden[52]. Andere Autoren raten zu Zinnkraut-Tee (Ackerschachtelhalm), Chlorella- oder AFA-Algen, und Dr. Mutter empfiehlt Desferroaxamin.

# Süßstoffe können dick machen

...nicht gleich, aber allmählich. Man weiß es jetzt durch die Schweine-
mast, denn diese Tiere bekommen Süßstoffe ins Futter gemischt. Sie
nehmen dadurch besser an Gewicht zu. Süßstoffhersteller bestreiten
natürlich die langfristig dickmachende Wirkung ihrer Produkte und finanzieren fast ohne Unterlass Studien, die beweisen sollen: Süßstoffe
machen nicht dick. Dünner, wie erhofft, machen sie allerdings auch
nicht. Und was sie auf jeden Fall tun: Sie verwirren den menschlichen
Körper! Was heißt das?

,Irritierte Hormone' nennt es die österreichische Vereinigung »Initiative – Information – Natur – Gesellschaft« (www.initiative.cc) und
erklärt uns den logischen Vorgang:

*„Wird Süßstoff verzehrt, wird der Körper durch den süßen Geschmack
getäuscht und glaubt: ,Aha, Zucker oder Kohlenhydrate sind im An-
marsch!' Er trifft folglich insulinhaltige Vorbereitungen, um die vermeintlich energiereiche Nahrung schnell und angemessen verarbeiten zu
können. All diese Mühen sind aber umsonst! Denn es kommen weder
Zucker noch Kohlenhydrate – nur Süßstoff mit einem Nährwert von
annähernd Null. Ein künstlicher, chemisch hergestellter Stoff, der im
Körper zu nichts verwendet werden kann, der vortäuscht, etwas zu sein,
was er nicht ist – und dadurch für extreme Irritationen des Organismus
und des Hormonhaushalts sorgt. Die Folge: **Appetitzunahme**. ... Diese
dabei durch Süßstoffe entstandene Neigung des Körpers, verstärkt Fett
einzulagern, führt in Kombination mit größerem Appetit somit beinahe
zwingend zu einer Gewichtszunahme."*

Das nützt den Schlachttiermästereien und schadet den Menschen –
von den armen Tieren ganz zu schweigen. Dazu zählt auch Aspartam.
Aspartam, auch bekannt als Nutra-Sweet, Equal, Spoonful, Canderel,
Sanecta oder einfach E-951, wird neuerdings auch **Aminosweet** genannt. Prägen Sie sich diese Veränderung bitte ein. Wie bereits ausführlich im »JR1 ab Seite 234« berichtet, ist das seit gut 25 Jahren auf dem
Markt sein Unwesen treibende Aspartam, als E-951 klassifiziert, sehr
gesundheitsschädlich. Dr. Mutter schreibt dazu: *„Aspartam ist nach ei-*

nigen Therapeuten wohl die giftigste Substanz, die als Nahrungsmittel zugelassen ist."

Dank des wachsenden Bewusstseins der Verbraucher ist Aspartam doch nicht mehr so beliebt. Die zu Monsanto gehörende Firma »NutraSweet Company« lässt seit 1986 das Produkt beim weltgrößten Nahrungsmittelzusatz-Produzenten Ajinomoto herstellen. Nicole Schwarzer schreibt dazu im »Nature Power Gesundheitsbrief«:

*„Zugegeben, AminoSweet klingt doch wirklich ganz nett. Damit werden sich sicherlich einige Verbraucher täuschen lassen. Wer wird auch gleich herausfinden, dass AminoSweet in Wirklichkeit Aspartam ist? Und die Werbung, schlanke Frauen, einfach super! Zum Beispiel hier: www.aminosweet.info ‚Only Sugar Tastes As Good'. Ist doch klasse, oder?!*

*Ich sage es mal auf gut Deutsch: Lassen Sie sich nicht von diesem Betrug täuschen! Das ist ein verzweifelter Versuch der Süßstoff-Industrie, die Multi-Milliarden-Cash-Cow noch länger am Leben zu erhalten. Es bleibt bei der einfachen Gleichung: AminoSweet = Aspartam = Gift!"*

Wenn Sie sich die ‚Nebenwirkungen' einmal ansehen möchten, welche die »Federal Drug and Food Administration« (F.D.A.), die US-Zulassungsbehörde für Nahrungsmittel und Medikamente, bei Aspartam veröffentlicht hat (angeblich so an die 90), dann surfen Sie mal bei »www.initiative.cc«.

## Die Jod-Diktatur

Es ist kaum zu glauben, doch wussten Sie, dass in Deutschland, Österreich und der Schweiz den Lebensmitteln künstliches Jod zugefügt wird; dass bei uns praktisch schon jedes Lebensmittel jodiert ist; dass dies propagiert ist vom Bundesgesundheitsamt und weit über 10 Prozent der Bevölkerung dadurch bereits zum Teil schwer erkrankt sind? **Für die meisten Menschen ist Jod in der Summe der unauffälligen Zwangsdosierung schädlich.**

Seit Inkrafttreten der Jodsalzverordnung 1989 wird dem Speisesalz bei uns künstliches Jod zugesetzt. Zusätzlich führt kräftig jodiertes Tierfutter dazu, dass wir alle ungewollt weiteres Jod im Fleisch, in den Eiern und damit in fast allen tierischen Produkten zu uns nehmen. In unzähligen industriell gefertigten Nahrungsmitteln ‚sammeln' wir weiter und weiter.

Wussten Sie, dass dies alles schon seit zwei Jahrzehnten forciert wird, um uns vor der angeblichen Gefahr von Schilddrüsenerkrankungen und Kröpfen zu schützen, die sich andernfalls seuchenartig über das ‚Jodmangelgebiet Deutschland' ausbreiten würden – *„...denn nichts ist unnötiger als ein Kropf!"*. Die bisherige Bilanz des Jodprophylaxen-Experiments zeigt: Es gibt heute mehr Schilddrüsenerkrankungen denn je, und die Zahl der durch Jod erkrankten Menschen steigt kontinuierlich. Doch wissen die Betroffenen, dass ihre Symptome auf eine *Jod-Unverträglichkeit* zurückgehen können?

Ein Überblick über möglicherweise durch Jod ausgelöste Krankheiten zeigt uns nämlich völlig Unerwartetes: Aggressionen, Akne, Allergien, Arteriosklerose, Atemwegserkrankungen, Bindehautentzündungen, Depressionen, Diabetes, Herzerkrankungen, Hyperaktivität, Impotenz, Kopfschmerzen, Krebs, Kreislaufstörungen, Kropf, Lichtallergie, Morbus Basedow, Osteoporose, Reizdarm, Schilddrüsenerkrankungen, Schlafstörungen, Sehstörungen, Tuberkulose und Zappelbeine.

Bitte lesen Sie diese (alphabetische) Aufzählung noch mal sehr aufmerksam. Hier sind Symptome aufgezählt, bei denen man niemals eine Jod-Verbindung vermuten würde. Falls Sie irgend ein Wehwehchen darin entdecken, das Sie auch schon bei sich oder in der Familie beobachten, dann lohnt es sich, das Büchlein »Die Jod-Lüge« von Dagmar Braunschweig-Pauli zu studieren, aus dem ich diese Symptomliste übernommen habe. Die Autorin stellt auch knallhart klar, dass wir mit solchen ‚Nöten' allein gelassen werden, denn von den Ärzten und Gesundheitsbehörden werden diese Gefahren absichtlich verschwiegen, *„...um die flächendeckende Jodierung nicht zu gefährden"*.

Der menschliche Körper speichert normalerweise 12 bis 20 mg Jod. Doch als ahnungsloser ‚Jodsammler' haben Sie womöglich deutlich mehr als diese Menge im Körper. Ab einer Menge von 2 Milligramm (im Körper freigesetztem) Jod können bereits Symptome wie Reizungen der Schleimhäute, Entzündungen oder Atemnot auftreten. Eine Menge von 2 bis 3 Gramm reinem Jod kann bereits tödlich sein. Jod gehört wie Ozon oder Chlor zu den sehr starken Oxidationsmitteln. Sie zerstören durch Oxidation lebenswichtige Stoffe wie zum Beispiel den zelleigenen Sauerstoff im Körper. Die Sauerstoffaufnahme wird so gegebenenfalls bis zum Ersticken der Zellen reduziert. Die Folge sind Atemnot, starker Leistungsabfall, nächtliches Schwächeln von Kreislauf und Körpertemperatur mit morgendlichem Erschlagensein sowie starke Kopf- und Nierenschmerzen. Im Buch »Chemie erlebt«[53] wird als Beispiel für unseren Jod-Überschuss erklärt:

*„Es gibt Gifte wie z.B. Quecksilber, Cadmium oder Blei, für die unser Körper über keinen Ausscheidungsmechanismus verfügt. Diese werden daher in bestimmten Körperregionen (z.B. Fettpolster) abgelagert. Sobald die Lagerkapazitäten erschöpft sind oder aufgelöst werden (z.B. bei Diäten), wird der Köper plötzlich mit Gift überschwemmt. Man nennt solche Gifte kumulierend, man kann lange Zeit geringe Dosen eines kumulierenden Giftes aufnehmen und aushalten, bis es dann plötzlich zur Vergiftung kommt. "*

Bei einer Dosis von 0,5 mg Jod, das unter Umständen bereits in 100 Gramm Brot enthalten sein kann, kann laut Professor Hans-Jürgen Hapke von der »Tierärztlichen Hochschule Hannover« bei empfindlichen Personen *Jodismus*, also eine Jodvergiftung auftreten.

Im Internet gibt es die Seite »www.jod-kritik.de«, die folgende berechtigte Fragen stellt: *„Wussten Sie eigentlich,*

- *dass Deutschland die meisten jodhaltigen Heilquellen hat? Damit dürfte man es wirklich nicht als Jodmangelgebiet bezeichnen, nicht wahr?*
- *dass Jod krebserregend ist? Jod erhöht die Nitrosaminbildung um mindestens das 6-fache, und erhöht damit grundsätzlich die Krebsge-*

144

*fahr. Eine erfolgreiche Krebsdiät muß deshalb immer ohne künstliche Jodzusätze sein.*

- *dass schon jeder 10. Aknepatient eine Jodakne hat, Tendenz steigend? Jodpickel sind schmerzhaft und hinterlassen tiefe Narben.*
- *dass eine Dauerbehandlung mit Jod und Jodiden zu psychischer Depression, Nervosität, Schlaflosigkeit und sexueller Impotenz führen kann? Insider nennen das Jodsalz deshalb auch ‚Eunuchensalz!'*
- *dass Jod auch aus giftigen Industrieabfällen (z.B. Druckfarben, Katalysatoren und Röntgenkontrastmitteln) recycelt wird und über Düngung möglicherweise in den Nahrungskreislauf gelangen kann? (siehe Bonner Stadtanzeiger vom 12. Nov. 1996)*
- *dass in den meisten Mineralfuttergemischen für unser Vieh – auch für Geflügel – Jod ist? Damit sind bereits die Ausgangsprodukte wie Milch, Sahne, Joghurt, Quark, Fleisch, Eier etc. hochjodiert, ohne Deklaration.*
- *dass Jod eine latente Tuberkulose reaktivieren kann? Nicht umsonst ist die Tuberkulose – auch beim Vieh, dessen Futter ebenfalls jodiert wird – wieder auf dem Vormarsch.*
- *dass Jod Herzrasen, Herzstolpern, Herzrhythmusstörungen und sogar Herzinfarkt auslösen kann? Beim Jod-Herzinfarkt kommt es infolge einer allergischen Reaktion im Blut zu einem totalen Verschluss der arteriellen Blutbahn, auch bei nicht verengten Arterien.*
- *dass der durch Jod ausgelöste anaphylaktische Schock zu 98% tödlich verläuft? Jodallergiker leben in Deutschland mit den fast vollständig jodierten Lebensmitteln in steter Todesgefahr.*
- *dass jeder durch zu viel Jod zum Jodallergiker werden kann? Ganz plötzlich, sozusagen über Nacht.*
- *dass bereits über 16% der Bevölkerung durch die Jodierung schwere gesundheitliche Schäden erlitten haben? Tendenz steigend, es wird ja weiterjodiert.*
- *dass das Gesundheitsministerium argumentiert, diese Gesundheitsschädigungen seien ja nur geringfügig und im Interesse der Volksgesundheit zu verantworten?"*

# Macht künstliches Glutamat dick und krank?

Glutamat ist eine natürliche Aminosäure und ein gefährlicher Zusatzstoff zugleich und wie so oft in der Natur und im Leben: Die Menge davon ist entscheidend. Dazu fällt mir der Spruch auf einem Kalenderblatt ein: *„Man kann einen Menschen mit guten Soßen genauso unter die Erde bringen wie mit Strychnin – es dauert nur länger."* Der Lebensmittelchemiker und vielfache Buchautor Udo Pollmer[54] erklärt dazu:

*„Mit Glutamat täuschen Sie die Zunge. Die Suppe schmeckt dann so, als sei viel Fleisch verwendet worden, und in Wahrheit sind es nur ein paar Krümel und der Rest Geschmacksverstärker. Die Folge: Wer fleißig zum Glutamat greift, kann sein Produkt billiger anbieten als einer, der den Geschmack allein durch einen guten Rohstoff erzielt. Und schon verschwindet der ehrliche Hersteller vom Markt."*

Problematisch ist natürlich nur die Verwendung von Glutamat als synthetischer und industriell zugesetzter **Geschmacksverstärker** (Inosinat, Guanylat, Maltol und andere, chemisch sind es Natriumglutamat, Kaliumglutamat, Calciumglutamat und Glutaminsäure), mit denen man unabhängig vom Aroma der Lebensmittel ein künstliches *Hungergefühl* simuliert. Momentane Auswirkungen sind dann zum Beispiel Schweißausbrüche, Magenschmerzen, Bluthochdruck und Herzklopfen. Die chemische Substanz kann aber auch zu einer Minderung der Lernfähigkeit, des Konzentrationsvermögens oder der Sinneswahrnehmung führen.[55]

Glutamat wird zwar nach wie vor als ‚Geschmacksverstärker' bezeichnet, doch auch das ist falsch. Japanische Wissenschaftler haben mittlerweile herausgefunden, dass das weiße Pulver selbst einen Geschmack hat. Als synthetisches Natriumglutamat wird es pikanten Fertig- und Tiefkühlgerichten, Tütensuppen, Gewürzmischungen, Salat- und Würzsoßen, Brühwürfeln, Hefeextrakten zugesetzt und hilft unter anderem teure Gewürze einzusparen.

Die Ernährungsökologin und Autorin Dipl. oec. troph. Kathi Dittrich schreibt dazu:

*„Fakt ist, dass einzelne Personen sensibel auf Glutamat reagieren. Auch schwer Asthmakranke weisen möglicherweise eine besondere Glutamat-Empfindlichkeit auf. Wer keine Unverträglichkeit auf glutamathaltige Speisen zeigt, für den wird der gelegentliche Genuss von Fertigsuppen oder Kartoffelchips sicher keine Folgen haben.*

*Von der Aufnahme größerer Mengen ist allerdings abzuraten, insbesondere Kindern und Jugendlichen. Zum einen aus kulinarischen Gründen. Denn wer sich regelmäßig dem Einheitsgeschmack von Glutamat aussetzt, verliert die Sensibilität für das natürliche Aroma von Lebensmitteln. Zudem soll der Geschmacksverstärker den Appetit anregen und kann so möglicherweise zu Übergewicht beitragen. Bedenklich stimmen sollte auch, dass sich die Glutamatproduktion und damit der Verzehr seit den 70er Jahren verfünffacht hat."* [56]

Und damit komme ich womöglich zur Gretchenfrage: Tragen unauffällige Geschmacksverstärker dazu bei, dass wir Deutsche inzwischen Europameister im Übergewicht sind? Im August 2008 erhielt die Übergewichtstheorie durch eine Studie der Universität von North Carolina endgültige Bestätigung. Die Forscher analysierten die Glutamataufnahme von 752 Frauen und Männern. Dabei zeigte sich, dass diejenigen mit dem höchsten Glutamatkonsum dreimal so häufig übergewichtig waren wie diejenigen, die den Zusatzstoff nur sparsam verwendeten. (Dr. Ulrich Fricke)

Sofern Sie kein Allergiker (mit Überempfindlichkeitsreaktionen als ‚China-Restaurant-Syndrom') oder Asthmatiker sind, bringt Sie unser industrielles Fast- oder Junkfood auf jeden Fall auf die Badezimmerwaage. Es kann jedoch auch psychische Schäden verursachen. Und jetzt wird es ernst: *Neurologisch* gesehen, handelt es sich dabei nämlich um ein Rauschgift, das über die Schleimhäute ins Blut geht und dadurch direkt im Stammhirn wirkt und dort zu Störungen führen kann, denn diese Stoffe stören die Signalübertragung der Nerven bis hin zu ernsthaften Schädigungen bei Langzeiteinwirkungen.

Das synthetisch hergestellte Glutamat wird mit Hilfe von Mutation produziert, und alleine schon das Verfahren selber ist ein Widerspruch in sich. Die Natur kann man nicht so einfach kopieren, und meistens ist das Ergebnis nicht das, was man wirklich gerne hätte. Da es hier aber um Milliarden der Chemie- und Pharmaindustrie geht, wird schön weiter Werbung für Glutamate gemacht.

Diese Aussage findet man auf der Internetseite »www.giftig.me«. Außerdem heißt es: ‚Glutamat' ist deswegen besonders fatal, weil die Moleküle dieses Geschmacksverstärkers *Mononatriumglutamat* (MSG) so klein sind, dass sie die Bluthirnschranke problemlos überwinden. Es wurde in zahlreichen Tierversuchen und auch beim Menschen beobachtet, dass MSG schwere Gehirnschäden verursachen kann. Außerdem schädigt es nachweislich die Netzhaut.

Aspartate und Glutamate wirken im Gehirn als Neurotransmitter, eine erhöhte Zufuhr solcher Stoffe veranlasst die Neuronen zu vermehrter Kalkaufnahme, was bei den Neuronen zu einer Selbstvernichtung führt. Sie werden ausgelaugt. Zerstörte Gehirnzellen regenerieren sich nicht wieder!

Ergänzend fand ich dazu noch folgenden Hinweis:

*„Mononatriumglutamat (MSG) wurde 1908 von einem japanischen Chemiker aus einer Meeresalge isoliert. Es fand schnell Verwendung als Geschmacksverstärker in sehr vielen würzigen Speisen. Unabhängige Wissenschaftler erkannten früh seine neurodegenerativen Eigenschaften: Es überstimuliert Nervenzellen so stark, dass sie zugrunde gehen. MSG ist deshalb ein sogenanntes Exzitotoxin und unter E-621 registriert. Glutamat ist ein Paradebeispiel eines Exzitotoxins im Gehirn, und ist auch der wichtigste exzitatorische Neurotransmitter im Zentralnervensystem von Säugetieren*

*Der Neurologe Dr. Russell Blaylock erklärt in seinem Buch »Excitotoxins – A Taste that Kills« sehr genau den neurotoxischen Wirkmechanismus von Exzitotoxinen. Auf Google-Video ist ein gleichnamiger Vortrag von ihm in englischer Sprache zu sehen, der besonders die Historie und Toxizität von MSG erklärt. Deutschsprachig ist darüber kaum Literatur zu finden.«*[61]

Ob ein Nahrungsmittel Glutamat beziehungsweise Geschmacksverstärker enthält, erkennen Sie an der E-Nummer auf der Verpackung: E-620 bis E-625 sind Glutamatverbindungen. Gaststätten müssen auf glutamathaltige Speisen auf ihrer Speisekarten hinweisen. Mehr als 1 Gramm täglich sollte es nicht sein und Roquefort-Käse, Parmesan und Sojasoßen beinhalten diese natürliche Menge bereits bei einem Warengewicht von etwa 100 Gramm. Als Geschmacksverstärker boomt in den Tütensuppen und Würzsoßen das Zwei- bis Vierfache, sofern Sie diese Produkte nicht in einem Reformhaus oder einem Naturkostladen erwerben.

Eine ausführlichere Beschreibung finden Sie unter »www.zentrum-der-gesundheit.de/glutamat-ia.html«

# Der Schwindel mit der Lebensmittelbestrahlung

Bestrahlt oder nicht? Leider sieht man es den Lebensmitteln nicht an, ob sie bestrahlt sind. Kennen Sie das auch? Sie haben eingekauft, die Waren in den Kühlschrank gepackt, und ein paar Wochen später finden Sie eine Tomate, die ganz hinten in die Gemüseschublade gerutscht war. Das Seltsame an der Sache ist nur, dass diese noch so aussieht, wie bei ihrem Kauf – sie wurde also bestrahlt.

Die Behandlung von Lebensmitteln mit ionisierenden Strahlen wird derzeit in etwa 40 Ländern zum Zwecke der Konservierung von Lebensmitteln und der Verringerung von lebensmittelbedingten Infektionen angewendet; hinzu kommt vor allem in den USA die Insektenbekämpfung bei Obst zur Erfüllung der Quarantänevorschriften.

Im Bereich der EU findet eine kommerzielle Lebensmittelbestrahlung vor allem in Belgien, Frankreich und den Niederlanden statt. Zulassungen für bestimmte Produkte gibt es auch in anderen Mitgliedsstaaten der EU. Durch geschicktes Transportieren und Deklarieren werden die Produkte aus bestimmten warmen südlichen Ländern – auch östlichen – so umgeleitet, dass Kontrollen und Statistiken leicht vermieden werden können. In allen EU-Mitgliedsstaaten sind Bestrahlungen bis zu einer absorbierten Gesamtdosis von 10 Kilogray (kGy) erlaubt.

Warum werden Lebensmittel überhaupt bestrahlt? Die Bestrahlung bietet für den Handel und die einzelnen Industriezweige eine ganze Reihe von Vorteilen. Eigentlich werden Nahrungsmittel aus denselben Gründen bestrahlt, aus denen man auch erhitzt, gefriert, kühlt und mit Chemikalien behandelt. Bakterien, Pilze und anderes sollen abgetötet werden, damit die Ware nicht verdirbt und über einen längeren Zeitraum in Lagerhallen, Läden und Haushalten gelagert werden kann. Auch das Reifen der Früchte auf dem Transportweg soll hierdurch verzögert werden. Die Früchte und Gemüse wirken somit noch frisch und attraktiv, während sie eigentlich schon längst wertlos oder gar ungenießbar wären. Die Täuschung für den Verbraucher ist perfekt – Schwindel hoch zwei.

Über die Strahlenarten weiß man, dass die Eindringtiefe von *Teilchenstrahlen* sehr viel geringer ist als die von *Photonenstrahlen*. Und mit *Elektronen* kann man nur schüttfähige Güter auf Transportbändern beziehungsweise verpackte Ware in Päckchen entsprechender Dicke wirksam behandeln. Dies geht dann sekundenschnell. Bei *Gammaanlagen* können ganze Europaletten behandelt werden. Das kann aber Stunden dauern.

Je nach Art der Bestrahlung werden in den bestrahlten Lebensmitteln mehr oder weniger große chemische Veränderungen ausgelöst. Wenn mit relativ kleinen Strahlendosen von 0,5 kGy zum Beispiel Insekten im Getreide getötet werden können, erscheint es nur logisch, dass damit auch pflanzliches Leben und damit die lebenswichtigen Biostoffe zerstört werden können. Die Nährstoffverluste sind bei den Eiweißen und den essentiellen Aminosäuren besonders hoch. Fetthaltige Lebensmittel weisen die höchsten Verluste auf, bei Fleisch werden 60 Prozent und bei Milch 100 Prozent des Vitamins E zerstört. Wasserlösliche Vitamine erleiden bei einer Bestrahlung von 1 kGy sehr hohe Verluste, bei Karotten und bei Kartoffeln liegen sie bei 40 Prozent, bei Äpfeln gar bei rund 70 Prozent.

Bei höheren Dosen sind bereits viele chemische Veränderungen nachweisbar. *„Die strahleninduzierte Fettoxidation hat deutliche Qualitätsminderungen bei anschließender Lagerung zur Folge."*(Professor Dr. Dr. hc. Großklaus) Auch wird den Oxydationsprodukten der Aminosäuren, besonders denen von Methionin, erhebliche Giftigkeit zugeschrieben, ebenso den Oxydationsprodukten von Kohlenhydraten wie beispielsweise Formaldehyd und Glyocal. Des Weiteren bilden sich durch die Bestrahlung vermehrt Freie Radikale. Prof. Dr. Klaus Pfeilsticker weist zum Beispiel darauf hin, dass die Bestrahlung bei niedrigen Organismen sowie bei isolierten Pflanzen- und Tierzellen Schäden verursacht und dass als mutagen und cytotoxisch bekannte Verbindungen nachgewiesen werden konnten.

*„Jeder Verbraucher sollte an der bestmöglichen Frische der Lebensmittel interessiert sein, da nur sie den bestmöglichen Gesundheitswert versprechen. Frisches Obst und Gemüse aus kontrolliert biologischem Anbau wird deswegen sogar als sogenannte Heilnahrung eingesetzt. Alle denaturierten Nahrungsmittel sind einfach nur als tot zu bezeichnen, auch wenn man ihnen dies nicht ansieht, und sind in ihrer Gesundheitswirkung entwertet. Daher sollten Sie möglichst Ihr Obst und Gemüse aus kontrolliert biologischem Anbau beziehen oder noch besser selbst anbauen. Wenn Sie nicht selbst anbauen können, sollten Sie darauf achten, dass die Ware möglichst aus der Region kommt und damit lange Transportwege entfallen. Ware, die lange Strecken zurücklegt, ist meistens bestrahlt."*[57]

Über die gesundheitlichen Folgen bestrahlter Nahrung erfährt man noch überhaupt nichts Genaues – der Mantel des Tabus versteckt fast alles in diesem Bereich. Nur über Bestrahlungen auf dem technischen Sektor wird fleißig berichtet.

Unsere zukünftigen Wege sehen für eine gesunde Ernährung nicht gut aus. Angeblich steht in den »10 goldenen Regeln der WHO« für eine hygienische Lebensmittelzubereitung: *„Falls Sie die Wahl haben, sollten Sie frisches oder gefrorenes Geflügelfleisch verwenden, das mit ionisierenden Strahlen behandelt worden ist."* Guten Appetit! Laut »Codex

Alimentarius« (Lebensmittelcodex) soll die Bestrahlung von Lebensmitteln gesetzlich vorgeschrieben werden. Was können wir da noch tun, wenn sich so viel ‚Verwaltung' immer mehr einmischt? Eine logische, doch äußert schwierige Empfehlung lautet:

*„Kaufen Sie Ihre Lebensmittel möglichst aus biologischem Anbau, möglichst aus Ihrer Region. Wenn Sie sich nicht sicher sind, ob ein Produkt eventuell bestrahlt ist, lassen Sie es liegen! Mit dem Kauf eventuell bestrahlter Nahrungsmittel fördern wir nur zusätzlich diesen Markt, und das sollten wir keinesfalls tun. Bezahlen Sie lieber etwas mehr als zu wenig für ein zweifelhaftes Produkt. Sprechen Sie Ihren Lebensmittelhändler offen auf die Problematik an. Leider handelt es sich bei der Lebensmittelbestrahlung seit Jahren um ein Tabu-Thema, bei dem gut geschwindelt werden kann."*[57]

Natürlich tu ich mich schwer mit solchen pauschalen Empfehlungen, weil uns in unserer Zeitnot und in größeren Städten nur selten entsprechende Einkaufsmöglichkeiten geboten werden. Doch zwischendurch wird es für jeden immer wieder Gelegenheiten geben, sich mit unbehandeltem Obst und Gemüse zu versorgen – entscheidend ist doch, dass wir dieses Einkaufskriterium erst einmal kennen und beachten.

## ‚Analog' – alles Käse oder was?

Es tut mir leid, dass ich Ihnen jetzt Ihre Pizza-Freuden trübe. Eine romantische Gemeinsamkeit mit liebevollen Urlaubserinnerungen? Ich liebe das sehr, vor allem, wenn ich den Wirt kenne und ihm unkritisch vertrauen kann. Doch klar ist: Pizza, Käsebrötchen oder Cordon bleu sind nämlich erst solche, weil der Käse mitwirkt. Und da erfahren wir heute, dass unser industriell erzeugter Käse gar kein Käse mehr sein muss – so ein Käse!

*Analog-Käse* nennt man dieses Produkt, und Dr. med. Michael Spitzbart schreibt dazu:

*„Die Herstellung ist denkbar einfach. Pflanzenfett wird einfach erwärmt, dann wird eine Trockenmischung, die unter anderem Milcheiweiß enthält, beigemischt, genauso wie Wasser. Die Mischung wird erwärmt, und es werden Geschmacksstoffe hinzugegeben. Der falsche Käse wird abgepackt, gekühlt und ausgeliefert. Die Herstellung ist schnell, einfach und 40 Prozent billiger als normaler Käse – ein eindeutiges Plus für den Hersteller...*
*Meiner Meinung nach kann der Analog-Käse aber auf Dauer Ihrer Gesundheit schaden. Denn es handelt sich dabei um eine Mischung, bei der viele gehärtete Fette verwendet werden. Es kommen natürlich keine hochwertigen Pflanzenöle zum Einsatz, sondern vielmehr billige, gehärtete, pflanzliche Öle, die acht Stunden lang auf bis zu 240 Grad Celsius erhitzt wurden. Dabei entstehen Fettmoleküle, die in der Natur so nicht vorkommen und die Ihr Körper daher weder kennt noch verarbeiten kann. Diese können Ihre Arterien verstopfen und so zu Herz-Kreislauf-Erkrankungen führen."*

Doch jetzt kommt's: 100.000 Tonnen Analog-Käse werden pro Jahr allein in Deutschland produziert, schätzt das TV-Politmagazin »Frontal 21«. Ein Teil wird in kuhmilcharme Länder exportiert, doch er wird auch bei uns zunehmend in Fertigprodukten, Backshops und der Gastronomie verwendet, weil er wegen der minderwertigen Zutaten wesentlich billiger ist. Das Problem: Der Gast wird auf der Speisekarte nicht darüber informiert. Und der Trick: Um eine Kennzeichnung ‚mit Käse-Imitat' zu vermeiden, verwenden einige Anbieter den Hinweis ‚überbacken' oder fügen eine vergleichsweise winzige Menge echten Käse hinzu, der dann bei den Zutaten aufgeführt wird. Zudem wird Analog-Käse auch im Einzelhandel als ‚Pizza-Mix' verkauft. Der Inhalt solcher Packungen ist von geriebenem Käse kaum zu unterscheiden.

Mir ist heute beim Schreiben dieses Textes mein Sonntagsfrühstück vergangen. Ich hatte noch einen Rest ‚Emmentaler' – Qualität aus Bayern. Das Wort ‚Käse' fehlte auf der ganzen Packung, bei den Inhaltsangaben hieß es 13% Fett und 29% gesättigte Fettsäuren. Also meldeten sich alle meine Warnsignale: sehr verdächtig!

Nun können pfiffige Hersteller argumentieren, dass Schwindel oder Täuschung doch bei vielen Nahrungsmitteln an der Tagesordnung ist. Stimmt! *Schokoladenkekse* ohne Schokolade, *Wasabi-Erdnüsse* ohne jegliche Spur des japanischen Meerrettichs oder täuschend echt aussehende *Surimi-Garnelen*, die aus gepresstem Fisch- und Hühnereiweiß bestehen: Eine neue Liste der Verbraucherzentrale Hamburg zeigt, dass neben Schinken-Ersatz und künstlichem Käse viele weitere Lebensmittel-Imitate beim Verbraucher landen. So sollten Kunden nicht nur bei den Billigmarken, sondern auch bei teureren Markenartikeln aufpassen. Denn die Tester fanden auch *‚Meeresfrüchtecocktail'* ohne Meeresfrüchte oder italienisches *Pesto* aus billigem Sonnenblumen- statt teurem Olivenöl.

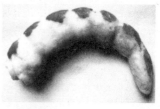

Abb. 17: Pseudo-Garnele

Die Verbraucherschützerin Silke Schwartau, Ernährungsexpertin der »Verbraucherzentrale Hamburg«, hält die Imitate auch für gesundheitlich bedenklich.

*„Zum einen peppen die Hersteller sie meist durch Farbstoffe und Geschmacksverstärker auf. Diese führen dazu, dass der Käufer zu viel davon isst. Zum anderen fehlen den Imitaten genau die gesunden Vitamine, Mineralstoffe und sekundären Pflanzenstoffe der Zutaten, die ersetzt wurden. Echter Wasabi wirke beispielsweise antibakteriell, Wasabi-Erdnüsse ohne den japanischen Meerrettich nicht. Stattdessen beißen Sie auf Geschmacksverstärkern herum."*

**Dann gibt es da noch den Mogelschinken (Klebeschinken und Schinkenimitate). Denn bei Roh- und Kochschinken werden Verbraucher immer öfter mit minderwertigen Gel-Produkten getäuscht.**
Zuerst hatten Lebensmittelkontrolleure im Jahr 2009 bei angeblichem Kochschinken festgestellt, dass dieser in der Gastronomie oft nur aus gel-artigem Formfleisch besteht. In Hessen hatten sie bei 528 Proben in fast jedem dritten Fall Schinkenimitat im Essen gefunden. Im April 2010 fanden Experten auch bei Rohschinken heraus, dass viele

vermeintlich hochwertige Produkte lediglich aus zusammengefügten und mit Enzymen verklebten Einzelteilen bestehen. Der sogenannte Klebeschinken wird jedoch als Lachs- oder Nussschinken verkauft.

Ich dachte immer, wir Deutsche sind mehr als genug von Behörden und Organisationen kontrolliert, doch da gäbe es durchaus noch weiteren Handlungsbedarf. Wer noch mehr davon wissen möchte und diese beiden Internetadressen noch nicht kennt: Surfen Sie doch einfach bei »www.abgespeist.de« und »www.foodwatch.de«.

# Krankmachende psychomentale Belastungen

Das tolle Gefühl, dass es uns „gut geht", wir uns gesund fühlen, dass Lebensschwung uns beflügelt und wir uns in ‚Top-Form' fühlen, wünschen wir uns alle. Wir achten darauf, was wir essen und trinken, gönnen uns regelmäßig Bewegung und sorgen für eine ungetrübte Stimmung. Und trotzdem merken wir, dass wir immer wieder einmal an unsere Grenzen stoßen – vielleicht sogar immer öfter?

Wir haben jetzt im Buch einen Blick auf die stärksten Belastungen durch den Elektro-Dauerstress geworfen und haben mehrere Alltagsbelastungen kennengelernt, die uns unsere vielgelobte Zivilisation beschert. Es sind alles Langzeitbelastungen, sonst wären sie keine Belastungen, denn unser geniales Körpersystem wird schon mit allerhand ‚Wertlosem' und Unnatürlichem fertig – eine Zeit lang.

Unser Körpersystem ist eigentlich ein Trio, und dass es dabei eine **natürliche Ganzheitlichkeit** haben sollte, können wir uns auch vorstellen: Unser Erdenleib hat nämlich noch zwei unsichtbare Partner, unseren Geistkörper, das Übersinnliche oder das *Mentale* und unseren Seelen- oder Gefühlskörper, die *Psyche*. Es sind drei gewaltige Welten, die hier zusammenwirken, von denen wir zwei nur fühlen können, die jedoch als feinstoffliche Energien in jeder Sekunde eine Einheit bilden. Als übliche Erklärung spricht man einfach vom *Unbewussten* oder etwas konkreter vom *Unterbewussten*, dessen Existenz nicht nur in den Kirchensystemen und in der Medizin einen klareren Ausdruck bekommen hat, sondern inzwischen auch in unserer Arbeitswelt.

Ordnungsbewusst, wie wir sind, haben wir zuerst die *psychischen Belastungen* in unserer Arbeitswelt definiert und DIN-genormt, gemäß DIN EN ISO 10075 kann jedoch auch von *mentaler Belastung* gesprochen werden. Gegenstand der Norm ist also nicht irgendeine Art von individuellem psychischem Defizit einer Person, sondern die *Belastung von Geist und Seele*. **Psychomentale Belastung** ist dafür der treffende Begriff.[100]

Nachdem heute die Kirche ihren Einfluss auf unser praktisches Leben weitgehend verloren hat – die Kirchenfeiertage verwenden wir natürlich gerne für unsere Freizeitgestaltung, oft auch mit dringend nötigen Erholungswerten –, stecken in dem Begriff *psychomental* die unsichtbaren Energiefelder unseres Privatlebens, unserer beruflichen Tätigkeiten und unserer Gesundheit schwer trennbar in einer vernetzten menschlichen *Summenfrequenz*.

Wenn wir das auch als *Ganzheitlichkeit* begreifen, sind wir auf dem besten Weg, uns selbst besser verstehen zu können. So etwas geht nicht ‚über Nacht‘, denn es sind meistens recht erlebnisreiche Bewusstseinsprozesse. In meinem Buch »Alles ist Gott – Anleitung für das Spiel des Lebens« gehe ich ausführlich darauf ein.

Unter dem Stichwort ‚ganzheitlich‘ werden allerdings noch sehr viele östliche Erkenntniswege dargestellt, obwohl sich in unsere moderne westliche Denkweise großartige neue Verständnisbilder in den Vordergrund drängen. Nach dem Ansatz, den die Quantenphysik bietet, öffnen sich zum Teil völlig neue Perspektiven bester Lebensqualität bis hin zu Heilungsprozessen.

Prompt entwickelt sich eine Art Pseudo-Boom, der zum Paradigmenwechsel werden kann und welcher der bewährten ‚ganzheitlichen Sichtweise‘ neue Etiketten umhängt: komplexer Informationsfluss, biologische oder mentale Interaktionen, Geist-Materie-Beziehungen, makroskopische Realitätsgestaltung, ‚Ökologie des Bewusst-Seins‘ und andere mehr.

*Ganzheitlichkeit* wird im Bereich von Gesundheit und Ernährung noch ein Wort mit einer hohen und wertvollen Bedeutung werden.

Es wird uns immer öfter signalisieren, dass wir uns in vielem zu weit entfernt haben von der ursprünglichen Einheit, der ursprünglichen Natürlichkeit und Reinheit und Klarheit. Wenn wir *ganzheitlich* wie ein unterbewusstes Steuerprogramm in unseren Betrachtungen anlegen, öffnen sich uns auch in vielen Alltagsproblemen neue Erkenntnisse und verständnisvollere Sichtweisen – nicht nur in unserer Zeit der großen Veränderungen, sondern auch immer öfter als sicherer Wegweiser „...um gesund durch den kommenden Wandel zu gehen!".

## Depressionen, die angebliche Volkskrankheit Nr. 1

Nun kommen wir zu einer zweiten gesundheitlichen Zeiterscheinung, die wie unsere *Schlafstörungen* ein noch unbekanntes Ausmaß angenommen hat. Wer kennt diese Lebensphasen nicht – Müdigkeit, Unlust, Antriebslosigkeit –, die einen zwischendurch auch mal wochenlang beschäftigen, die man eigentlich so gar nicht kennt und die uns dabei völlig durcheinanderbringen können? Mein Naturarzt erklärte dies ganz einfach: Wenn ein Körper durch irgendwelche Schwächen oder Mängel oder Überlastungen unterversorgt ist, muss er sich ja schützen und in den täglichen Energieleistungen herunterfahren. Wie kann er das am einfachsten?

Er zwingt zur Ruhe, zu Aktivitätsreduzierungen und Passivität – einfach zu Energieeinsparungen.

Sogenannte *depressive Phasen* sind anfänglich stets rein seelische Signale, die dann aber durch zunehmende körperliche Probleme auch zu falschen

**Abb. 18:** Die erstaunliche ‚Top Ten'

Beurteilungen führen können oder eben zu Veränderungen. Manche bezeichnen es daher auch als das, was es ist: Ein **Erschöpfungssyndrom**, und das hat noch viele andere Namen. Es betrifft Millionen Zeitgenossen, die Frauen mehr als die Männer, und unser Körper-Trio Geist-Seele-Leib schreit dabei im Chor: *„...raus aus dem System!"* »Spiegelonline« (11.11.2009) nennt es ‚Tabuthema Depression – wenn die Seele gefangen ist'.

Unser kritischer und ernüchternder Blick auf die Tabelle der Abb. 18 fordert unseren Verstand doch geradezu heraus zu protestieren: *„Das würde der mächtigen Pharmaindustrie so passen, dass sie auch mit mir ihre Umsätze macht und dann ihre Aktionäre genüsslich grinsen lässt. Jetzt reicht's!"* Denn als ‚Depressionskranke' werden offiziell rund 4 Millionen Deutsche behandelt, wogegen die ‚Erschöpfungs- und Burnout-Leidenden' auf das gut Doppelte dieser Zahl geschätzt werden. Auch ist *Melancholie* keine behandlungsbedürftige Krankheit.

Wenn in unserem Autotank kein Treibstoff mehr ist, können wir Gas geben soviel wir wollen, da tut sich nichts, der Tank ist leer. Bewegung gibt es dann nur noch, wenn es bergab geht. Und wenn wir doch wieder bergauf weiter wollen, dürfen wir erst einmal gehen und neuen ‚Sprit' besorgen. Was sagt uns das Wort Sprit, Esprit, Sprite? Alles kommt vom lateinischen *spiritus,* der Geist. Ich behaupte daher, dass die vielen verschiedenen Schwächeanfälle nichts weiter als irgendwelche Erschöpfungen sind. Daher sind sie auch keine Krankheiten im üblichen Sinne, schon gar keine ansteckenden, die wir mit einer chemischen Keule behandeln lassen müssen.

**Es sind sicherlich sehr sinnvolle geistige Signale, die uns auffordern, nachzudenken und hineinzuspüren, wo und wie wir unseren Körper anhaltend überlasten. Andauernd höchsttourig zu fahren, schadet dem stärksten Motor, denn dazu ist er in seiner Serienmäßigkeit gar nicht konzipiert – ein Rennmotörchen kostet schon einiges mehr.**

Wenn die automatische Kupplung zum Beispiel einmal nicht mehr funktioniert, dann müssen wir halt wieder schalten – *selbst* schalten und darüber nachdenken, welchen Gang wir einlegen. Wenn dann das Fahrzeug trotzdem stottert, dann haben wir vielleicht den falschen Gang gewählt. Da kann der teuerste Wagen nichts dafür, und auch keine Werkstatt hilft uns da weiter. Wir erkennen dann, dass das Problem selbstverursacht ist, dass es handlungsbedingt anzusehen ist, dass es dabei entscheidungsbedürftig geworden ist und dass wir mit unseren Patzern ganz allein die Störungen verursacht haben – wir selbst!

Natürlich gibt es auch schwere Depressionsformen, über deren Therapiemöglichkeiten ich nicht ausreichend unterrichtet bin, was auch die Aufgabe der Spezialisten ist. Trotzdem frage ich dabei: Wo können wir da selbst ansetzen? Es sind wieder die vier Säulen unseres zunehmenden Ungesundwerdens: der *Elektrostress*, unsere immer künstlicher werdende *Ernährung*, der grassierende *Bewegungsmangel* und unsere vielen *mentalen Schwachstellen*.

Im Elektrostressbereich sind es die latenten Entspannungsstörungen, vor allem nachts – statische und elektrostatische Spannungen belasten unser harmonisch abgestimmtes körperliches Zellsystem. Gezielte ELF-Wellen wirken gebietsweise, unser Gehirn ruhigstellende und willensschwächende Fluorid-Verbindungen (auch aus den Zahnpasten, dem Trinkwasser) hemmen uns möglicherweise schon lange.

Zum Ernährungsschwindel gehören auch die gezielten Desinformationen über **Mangelerscheinungen** durch unsere moderne Nahrung: unseren Ferritin-Eisen*mangel* im Blut, den Vitamin*mangel* der B-Gruppe ($B_6$, $B_9$ und $B_{12}$), der Melatonin-Serotonin*mangel*, der Kalium*mangel*, der Omega-3-*Mangel* und der Cholesterin*mangel* – alles aufgrund falscher Informationen. Bei Ferritin und Vitamin B kommen sie gezielt schon von Seiten der WHO, der Weltgesundheitsorganisation. (Zu **Eisenmangel** siehe auch »JR1 ab Seite 218«.)

Im Zusammenhang mit dem **Vitamin-B-Komplex** – der in seiner Dreiheit eine entscheidende Bedeutung hat – wird auch in anderen Untersuchungen die Folsäure $B_9$ besonders herausgestellt. „*Wenn Folsäuremangel traurig macht*", betont unser bewusst gesteuertes Ernährungsdefizit in Bezug auch auf Depressionen – die weltweit empfohlenen 200 anstelle der benötigten 1.000 Mikrogramm (µg) bedürfen dringend der Roten Karte. Über den hohen Ergänzungswert der drei B-Vitamine zusammen habe ich in »JR1 Seite 143« ausführlich berichtet, wobei mir ein Schreibfehler passiert ist: Das unter [68] empfohlene Präparat heißt *Synervit,* und ich habe versehentlich *Synergit* eingetippt. Inzwischen schlucke ich einen anderen hochdosierten Vitamin-B-Komplex.[58]

Auch als ‚Anti-Burnout-Vitalstoffe' werden von alternativen Therapeuten hochdosiertes Vitamin C, Magnesium und die drei B-Vitamine empfohlen.

„Depression – die erfundene Krankheit", versichert Bruno Rupkalwis, Sprecher des »Arbeitskreises Depression« (www.hirndefekte.de). Wer sich falsch ernährt, was durch die heutige Industrieernährung fast an der Tagesordnung ist, läuft Gefahr, depressiv zu werden. *„Depressionen sind Symptome von Mangelkrankheiten (Industrieernährung), sie entstehen aufgrund von Serotoninmangel in den Synapsen der Hirnzellen!"* Sich-wohlfühlen und Serotonin sind eine Angelegenheit der Biochemie, nicht der Ärzte und Psychologen, die haben allgemein keine Ahnung davon, meint Rupkalwis.

*„Depressivkranke Menschen bedürfen einer Ernährungsberatung und der Umstellung ihrer Ernährung auf eine Kost, welche reich an Tryptophan und an Vitaminen des B-Komplexes ist. Gegebenenfalls kann Nahrungsergänzung mit Vitaminpräparaten erfolgen. Wenn die Stoffwechselstörung behoben ist, verschwinden die Depressionen nach etwa zwei bis drei Wochen, vorausgesetzt, sie sind noch nicht chronisch geworden. In letzter Konsequenz enden Betroffene, die von diesen Gegebenheiten nichts wissen, im Selbstmord oder in der Schizophrenie. In Deutschland sitzen mehr als 500.000 Menschen in Psychiatrien. Bei vielen, vielleicht den meisten, fing es mit Depressionen an.*

*Das Dogma der WHO, Depressionen mit Psychopharmaka und Psychotherapie zu behandeln, ist ein Irrweg (Indoktrination) und ein Verbrechen an der Menschheit zugleich (etwa 40 Millionen Tote)."*

Auf das Thema **Omega-3** komme ich in einem eigenen Kapitel zu sprechen. Bevor wir uns den besonderen Knüller ‚depressionverursachender Cholesterin-Mangel' ansehen, betrachten wir noch einige Randbeobachtungen. So ist der dritte depressive Belastungsbereich, der

**Bewegungsmangel**, eigentlich jedem klar – der symbolische Rückzug unter die Bettdecke (wie früher als ängstliches Kind bei Gewitter) ist eines der typischen ‚Leiden' im depressivähnlichen Erschöpfungszustand. Im Gegensatz dazu können – regelmäßig, also mehrfach in der Woche – 30 Minuten Sport *Endorphine*, die sogenannten Glückshormone, freisetzen – vor allem, wenn es sich nicht um Alleingänge handelt, sondern kleine Gemeinschaften durch ihre mitmenschliche Nähe vom emotionalen Alleinsein mit seinem Stimmungstief ablenken.

Dazu kommt dann auch die Kraft des lebenserhaltenden und lebenerweckenden *Sonnenlichtes* (»JR1 ab Seite 124«), die ebenso wichtige Atmung und vor allem *Ausatmung* und schließlich noch die Entgiftung und *Entsäuerung* (worauf ist der Erschöpfte sauer?) – was alles auch mit unserer inneren und äußeren Beweglichkeit und Bewegtheit zu tun hat.

Zugleich steht im Falle depressiver Stimmung hinter den drei Säulen unseres möglichen Ungesundwerdens unsere **mentale und geistige Einstellung** – natürlich sind es hunderte von persönlichen und individuellen Situationen, die uns in einen solchen Rückzug fliehen lassen. Und damit beginnt eine aufwendige (falls ehrliche) Ursachen-Suche: *„Was will mir mein Körper damit sagen?"* Sehr schwer ist dabei auch das *Nach*-denken anstelle des belastenden Dauer-Grübelns: Gedanken, Gedanken und immerzu Gedanken. Hierbei darf natürlich auch nach kundigen Helfern gerufen werden. Aus meinem Miterleben von ähnlichen Fällen in meinem Umfeld weiß ich, dass dabei jeder Versuch etwas helfen kann, Erkenntnisse zu mobilisieren: die Psychiatrie (möglichst alternativ wie vor allem in der Anthroposophie), in der Psychologie, dem alternativen ‚Coaching', der Reinkarnationstherapie, der Geistheilung und anderen ähnlichen Therapien (eben möglichst ohne Pharmaka).

Wer zudem spirituell oder religiös aufgeschlossen ist, dem stehen noch weitere **Selbsterkenntniswege** offen: Dies kann das klassische Gebet sein, aber auch der mediale Kontakt zu feinstofflichen Wesen (Engel). Immer mehr Menschen suchen aber auch Rücksprache über ein Medium zu ihren Ahnen, also zu verstorbenen Familienangehörigen. Das muss jeder für sich selbst entscheiden – je nach der eigenen persönlichen Gefühlslage und der inneren Vertrauensbasis, denn Selbstliebe, Glaube und Vertrauen sind die geistigen Grundlagen jeder Selbstheilung. Wer diesen Weg schon gegangen ist, weiß wie erfolgreich er sein kann – allerdings nicht ohne gleichzeitige geistige und körperliche Veränderungen.

Einige Stichworte möchte ich noch aus vielen Gesprächen und Erlebnissen mit ,Erschöpften' und ,Ausgebrannten' beitragen: Wichtig ist das Reduzieren und mögliche Freiwerden von *Selbstbeschuldigungen*; das gedankliche ,Leben' *im Jetzt und in der Gegenwart* anstatt im endlosen Gedankenfrust der eigenen Vergangenheit oder in den ängstlichen Gedankenketten vor der Zukunft. Ein berühmt gewordener diesbezüglicher Fall war ja der Freitod des Fußball-Torwarts Robert Enke.

Einen heilsamen Weg beschreibt dafür ganz vortrefflich der Psychologe und vierfache Bestsellerautor Eckhart Tolle in seinen Büchern und Vorträgen. Diese häufig als *Erleuchtung* bezeichnete Loslösung aus der Identifikation mit der belasteten Gedankenwelt wird von Tolle in seinem ersten Buch »Jetzt! Die Kraft der Gegenwart« beschrieben, das auch als Nummer Eins wochenlang auf der Bestsellerliste der »New York Times« zu finden war und in über 30 Sprachen übersetzt wurde.

Die Naturärztin Dr. Eva Lischka, Fasten- und Badeärztin in Bad Brückenau, schreibt dazu in der Monatszeitschrift »Naturarzt«:

*„Man sollte sich daher nicht in negative Emotionen hineinsteigern. Kontrollierte Studien zeigen, dass Wutanfälle, die Wut und Tränen die Depression noch verstärken können. Bei alltäglichem Stimmungstief können Sie negative Emotionen bereits im Entstehen kontrollieren. Das erreichen Sie, indem Sie diese Gefühle einen Moment bewusst wahrnehmen (also nicht verdrängen!), den Realitätsbezug herstellen – „Ist das jetzt wirklich eine Katastrophe?" – und einfach wieder zur Tagesordnung übergehen. Dieses Verhalten lässt sich trainieren. Indem man sich mit anderen Dingen beschäftigt – zum Beispiel ein gutes Buch liest, Musik hört, eine Ausstellung besucht –, aktiviert unser Erwartungssystem den Botenstoff Dopamin. Dadurch verbessert sich automatisch die Stimmung."*

Mit solchen Prozessen des gedanklichen Freiwerdens und der inneren Stärkung und Bewusstseinserweiterung befasse ich mich auch ausführlich in meinem bereits erwähnten Buch »Alles ist Gott– Anleitung für das Spiel des Lebens«. Dabei geht es auch um das gedankliche Loslassenkönnen durch ein **bewusstes Akzeptieren:**

*„Durch das Annehmen, das Akzeptieren, befreist du dich von der modernen Übermacht deines Intellekts und seiner bewährten gedanklichen Kontrolle. Der allerwichtigste Schwerpunkt deines Akzeptierens ist dabei der deines bisherigen Lebensweges – und deiner momentanen Lebenssituation. Akzeptiere ab sofort alles, was bis gestern war – nämlich dein sogenanntes Schicksal.*

*Bewerte dich nicht mehr im gedanklichen Rückblick. Akzeptiere was war, segne es notfalls oder bedanke dich bei den vermeintlich ‚Bösen‘, durch die du herausgefordert wurdest und an denen du gewachsen bist. Bitte um Verzeihung (...es tut mir leid!) diejenigen, denen du der Spiegel in der Rolle des ‚Bösen‘ warst und ‚mache gut‘, wo du das Gefühl hast, etwas gutmachen zu sollen – das kann aber auch auf geistiger Ebene erledigt werden. Aber akzeptiere, und das führt direkt in deine Innerlichkeit, zu deiner inneren Neutralität und deinem inneren Frieden."*

Je feingeistiger und empfindsamer die Betroffenen sind, desto stärker ‚spüren‘ sie noch eine andere moderne Belastung: das Leid und die Todesängste der geschlachteten Tiere. An den tierischen Eiweißzellen haften diese ‚Informationen‘ unauflöslich und dauerhaft, und kommen automatisch über die Nahrung in unsere Körperzellen und unsere Psyche. Ich habe die positiven Veränderungen einer vegetarischen ‚Diät‘ miterlebt und empfehle es sehr, einmal darüber gründlich nachzudenken und hineinzuspüren, ob sich dabei nicht zwischen unserer Tierliebe (zu unseren Haustieren) und den Todesängsten der Tierwelt Energiebrücken aufgebaut haben. Pflanzliche Eiweißlieferanten gibt es in unserer Ernährung genügend, vor allem unter den hiesigen Hülsenfrüchten und Nüssen.

Auch zu viel Kaffee übersäuert unseren Körper und belastet kräftig mit. Neben Guarana (gibt es wegen des bitteren Geschmacks auch in vegetarischen Kapseln) helfen uns dabei die vorgestellten Teesorten im Kapitel »Tees aus fernen Ländern als tägliche Medizin«. Die ‚Aufheiterungen' durch Alkohol bringen auch nur kurzfristige Lösungen.

Vor wenigen Tagen erhaschte mein Blick in einer Tageszeitung die Schlagzeile „Wenn Arbeit krank macht" und ich erwarb das Blatt. Darin stehen viele psychologische Erkenntnisse, die an die Betroffenen gerichtet sind und keine über die möglichen Auswirkungen und Belastungen durch das Arbeitssystem (zum Beispiel fehlender Teamgeist) und das Arbeitsumfeld (ganztägiger Elektrostress). Das erwähnte Gesundheitsmanagement in Großbetrieben erscheint diesbezüglich viel zu einseitig, und der Bericht schließt lediglich mit dem Hinweis „...so bleiben die Leute bei der Stange".

‚Selbstverstümmelung' nennt es eine Leserin, die mich aufmerksam machte auf folgende Pressenotiz: ‚Internetsüchtige Jugendliche haben ein erhöhtes Risiko für Depressionen'. Das berichten chinesische und australische Forscher in den »Archives of Pediatrics & Adolescent Medicine«, die 1.000 Teenager untersuchten.

Weiter vorne im Kapitel habe ich auf mehrere Mangelerscheinungen hingewiesen, die in der Systempresse als ‚normal' bezeichnet werden, jedoch speziell in vielen depressiv-ähnlichen Körperreaktionen die nachweislichen Verursacher sind. Dabei habe ich nun noch etwas Erstaunliches zu ergänzen:

# Ein weiterer Schwindel mit Cholesterin

Bei meinem ersten Vortrag in Freiburg habe ich auch das Ehepaar Rietig-Eilers kennengelernt. Die Heilpraktikerin Helga Rietig[59] schreibt zur Zeit ihr erstes Buch mit dem Titel »Kraftstoff Cholesterin« und versicherte mir: „Darin werden Infos stehen, die aus der Praxis sind oder wir, mein Vater und ich, auf diversen Tagungen gesammelt haben. Es stecken mehr als 40 Jahre Praxiserfahrung drin." Auf meine Fragen zum Bereich ‚Depressionen' bekam ich dann verblüffende Antworten.

**Liebe Helga, von Cholesterinmangel habe ich noch nie etwas gehört.**

*„Es ist in der Praxis allgemein bekannt, dass man bei Depressiven und Krebspatienten im Endstadium fast immer einen zu niedrigen Cholesterinspiegel findet. Diese Patienten wirken blutleer und erschöpft. Betrachte ich im Gegensatz dazu meine Patienten, die einen leicht erhöhten Cholesterin- und Harnsäurespiegel haben, so muss ich immer wieder feststellen, dass sie in der Regel gut drauf sind, das Leben genießen, Biss haben und sich in ihren Führungspositionen hervorragend durchsetzen. Sie verzehren mit Genuss und nicht mit schlechtem Gewissen auch Fleisch und Eier. Dieses Bild widerspricht völlig der modernen Lehrmeinung, auch im naturheilkundlichen Bereich, den vorgegebenen, ständig von der WHO nach unten korrigierten Laborwerten für Cholesterin und den negativen Prognosen für diese Menschen.*

*Aber die deutlich sichtbare Realität sieht allen Unkenrufen zum Trotz eben so aus. Es lohnt sich also, das Ganze einmal zu hinterfragen.*

*Diese Patienten freuen sich ihres Lebens und kommen in der Regel nur in meine Praxis, weil ihr Arzt gesagt hat, sie müssten etwas tun. Durch chemische Cholesterin-Senker sind sie schlapp geworden. Einige haben sich sogar als energie- und willenlos seit der Einnahme beschrieben.“*

**Wenn sie schon ihren Cholesterinspiegel senken ‚müssen', kann das nicht auch etwas Pflanzliches oder Homöopathisches anstelle der Pharmabomben sein?**

*„Natürlich gibt es da aus dem naturheilkundlichen Bereich wirksame Hilfe. In meinem Buch habe ich diesem Thema ein ganzes Kapitel gewidmet.*

*Doch zurück zu Deiner Frage. Am Wunsch dieser Patienten merke ich dann schon, dass sie sich bis vor Beginn der Einnahme der chemischen Cholesterin-Senker fit fühlten, nun gern ihren alten Zustand zurückhaben möchten und eigentlich auch gar nicht anders drauf sein wollen. Es geht doch im Leben um ein gutes Lebensgefühl! Das einzig echte Problem ist nun die Angst durch das Horror-Szenario, das ihnen der Arzt an die Wand gemalt hat.*

*Diese Aussage soll jetzt bitte nicht als Aufruf zu massivem Fleischver-*
*zehr gewertet werden, aber ich glaube es ist sinnvoll, sich die Realität*
*anzuschauen, anstatt nur fanatisch – da bist du als Vegetarier nicht ge-*
*meint – bestimmte Ernährungs-Religionen als Ersatz für verlorenge-*
*gangene Glaubenswerte zu verfolgen. Es lohnt sich für einige vielleicht*
*doch, ein gutes Stück Bio-Fleisch oder eine kräftige Fleischbrühe mit Ei*
*zu verzehren, genauso, wie es für andere sinnvoll ist, kurzfristig zu fa-*
*sten. Als Therapeut frage ich mich immer, was braucht mein Patient,*
*welche Wünsche, welche Sehnsüchte und Bedürfnisse hat er wirklich.*
*Allem Diät-Fanatismus zum Trotz: der Mensch hat immerhin ein Al-*
*lesfressergebiss! Vielleicht meint damit unser ‚Konstrukteur‘, dass wir*
*selbst, und nur für uns selbst entscheiden sollten, was wir mit einer be-*
*stimmten Ernährung erreichen wollen. Immerhin gibt es in unserer*
*Nahrung jede Menge psychoaktiver Stoffe, die ich gezielt in der Praxis*
*einsetze.*
*Gegen das schlechte Gewissen beim Verzehr von Fleisch hilft es viel-*
*leicht, es so wie die Indianer zu machen, die sich bei der Seele des ge-*
*schlachteten Tieres dafür bedanken, dass es sich geopfert hat. Und letz-*
*ten Endes stimmt uns ein gutes, mit Dankbarkeit gesprochenes Tischge-*
*bet auf die Mahlzeit ein."*

**Es heißt ja: *„Du bist, was du isst!"* Die ethische Entscheidung zwi-**
**schen fleischlos, also lacto-vegetarisch und der modernen Tierei-**
**weißmast können wir jetzt einmal weglassen.**

*„Natürlich, es gibt ja noch die dritte Möglichkeit, einen Mittelweg. Du*
*passt dich an Veränderungen an, nimmst die Jahreszeiten wahr und*
*lebst mit der Natur. Dann gibt es vielleicht für dich Pfefferkuchen, er-*
*wärmende Gewürze und Fleischbrühe im Winter, frische Kräuter, Obst*
*und Gemüse zu der Zeit, wenn es alles natürlicherweise in Deiner Um-*
*gebung wächst. Es ist Deine Entscheidung!"*

**Hat das nicht auch etwas mit dem Fettverzehr zu tun?**

*„Man muss zur Kenntnis nehmen, dass im Zeitalter der propagierten*
*Fett-Phobie und Light-Produkte die Bevölkerung der Industrieländer*
*immer dicker geworden ist, obwohl immer weniger tierisches Fett ver-*

zehrt wird. Es lohnt sich offensichtlich, teures Functional-Food, damit meine ich mit Vitaminen und bestimmten Fett- und Aminosäuren angereicherte Nahrungsmittel, und Light-Produkte zu verkaufen.

Light-Produkte klingen im Deutschen ja auch wie Leid-Produkte. Und genau so wirken sie dann, zum Beispiel in der Tiermast, vor allem bei Schweinen, aber auch beim Menschen durch folgenden Mechanismus: Wenn etwas Süßes im Mund landet, bekommt die Bauchspeicheldrüse den Befehl, Insulin auszuschütten, damit der erwartete Zucker in die Zellen eingeschleust werden kann. Nun kommt aber bei Light-Produkten kein Zucker im Körper an, da sie nur aus chemisch hergestelltem Süßstoff bestehen. Süßstoff belastet unter anderem die Leber und steht im dringenden Verdacht, krebserregend zu sein.

Was macht also der Körper, der nun das Insulin wieder aus dem Blut entfernen muss? Er ordnet Heißhunger auf Süßes beziehungsweise Kohlenhydrate an, das Schwein frisst, Insulin wird abgebaut, und die Welt ist wieder in Ordnung, jedenfalls für den Insulinspiegel des Blutes. So werden die Tiere zum Fressen animiert.

Ganz nebenbei: Bis auf ein einziges Gen hat der Mensch die gleichen Gene wie das Schwein. Aus diesem Grund war auch das erste transplantierte Herz ein Schweineherz und vielleicht funktioniert deshalb das gleiche Light-Produkt-Mastprinzip beim Menschen so gut.

Light-Produkte enthalten neben künstlichem Süßstoff in der Regel auch noch Fettersatzstoffe, die größtenteils im Labor zusammengepanscht werden. Auf diese Art lässt sich ganz geschickt auch noch Wasser teuer verkaufen."

**Siehst du es auch als Problem neben der Industrienahrung, die kein Lebens-Mittel mehr ist, und unserem gewohnheitsmäßig gewordenen Bewegungsmangel, die Kohlenhydrate zu forcieren?**

„Ja, das sind echte Probleme für unsere Gesundheit. Industriell veränderte Nahrung und Bewegungsmangel beeinflussen unseren Hormonhaushalt, den ganzen Stoffwechsel und damit natürlich auch das Wohlbefinden negativ. Unterschätzt wird in diesem Zusammenhang die Kohlenhydratmast. Ist dir einmal aufgefallen, wie viele Nudel- und

*Kartoffeldiäten in der Regenbogenpresse empfohlen werden? Glaubst du an Zufälle? Doch zurück zum Cholesterin."*

## Wo kommt Cholesterin im Körper vor? Wozu wird es benötigt?

*"Cholesterin ist, abgesehen von etwa 75 Prozent Wasser, im Körper neben Aminosäuren und Mineralen der wichtigste Grundbaustein. Deshalb stellt es der Körper vorsichtshalber zum größten Teil selbst her, anstatt sich auf regelmäßige Nahrungszufuhr zu verlassen. Immerhin hat der Körper im Lauf der Evolution während vieler Hungerperioden genug schlechte Erfahrungen gemacht. Ohne Cholesterin gibt es kein Überleben.*

*Cholesterin ist wasserunlöslich und befindet sich zu 95 Prozent in den Zellen. Das heißt, dass der im Blut gemessene Plasmaspiegel, in dem sich nur die restlichen 5 Prozent befinden, darüber keine echte Aussage machen kann. Außerdem ist Cholesterin rein chemisch gesehen ein polyzyklischer Alkohol, wird aber traditionell zu den Lipiden und Fetten gerechnet, da es im Blut umhüllt von Lipoproteinen, also Fett-Eiweiß-Verbindungen, zur Zelle transportiert wird.*

*Es ist außerdem Bestandteil aller Zellwände und stabilisiert sie. Das heißt, Cholesterin ist in der Folge für jede Zelle, den Zellverband und damit für jede gesunde Organstruktur zwingend notwendig.*

*Cholesterin ermöglicht gemeinsam mit Proteinen die Einschleusung von Nahrung, Sauerstoff und bestimmten Signalstoffen in die Zelle sowie die Ausschleusung von ‚Abfall' aus der Zelle. Ich betone: Flexible Zellwände sind damit ein Zeichen von gesunder Organfunktion, Lebensfähigkeit, Jugend und Vitalität. Damit entscheidet das ausreichende Vorhandensein von Cholesterin über unsere Lebensfreude.*

*Cholesterin stabilisiert die roten Blutkörperchen und ist der Baustein für die Abwehrzellen des Immunsystems.*

*Die Myelinscheiden umhüllen, isolieren und schützen die Nerven. Sie sind damit für die ungestörte Übertragung von Nervenimpulsen wichtig. Die Myelinscheiden bestehen ebenfalls zu einem großen Teil aus Cholesterin.*

*Cholesterin ist auch für die Herstellung wichtiger Hormone, wie zum Beispiel Testosteron und Östrogen der Ausgangsstoff. Das heißt im Be-*

zug auf sexuelle Probleme eindeutig, dass Testosteron Männer potenter und Östrogen Frauen weiblicher macht. Diese und andere Hormone auf Cholesterinbasis sind für die Zeugungsfähigkeit und eine gesunde Schwangerschaft verantwortlich. Es lohnt sich also auch in diesem Zusammenhang über Cholesterin nachzudenken. Das vielgerühmte Hühnerei war früher nicht umsonst so beliebt. Übrigens wurde inzwischen wissenschaftlich nachgewiesen, dass der häufige Verzehr von Hühnereiern keinen Einfluss auf den Cholesterinspiegel hat. Das Eiweiß neutralisiert das Cholesterin, das sich im Eigelb befindet.
Zudem sagt man: ‚Liebe entsteht im Kopf.' Kein Wunder, denn unser Gehirn besteht ja zu etwa 20 Prozent aus Cholesterin. Es spielt damit sogar in der kindlichen Entwicklung eine wichtige Rolle. Deshalb ist Cholesterin in der Muttermilch reichlich vorhanden."

**Finde ich sagenhaft, was du uns da aufzählst!**
„Es geht noch weiter, und das betrifft auch Deine Frage wegen der Depression: Wird dieser wichtige Baustoff durch die Mangelernährung oder durch Cholesterin-Senker dem ständig stattfindenden Stoffwechsel dauerhaft entzogen, gibt es hier logischerweise Probleme. Es kann im Lauf der Zeit unter anderem zu Intelligenzdefiziten, Depression, Aggression, Vergesslichkeit, Schlaf- und Konzentrationsstörungen, Verdauungsstörungen, Schmerzen, vor allem Kopf- und Gelenkschmerzen, Burn-Out-Syndrom und damit leider auch letzten Endes zu Selbstmord kommen.
Sogar das gesunde Herz besteht zu etwa 10 Prozent aus Cholesterin.
Um im Alter gesund zu bleiben, nehmen viele Patienten über Jahre Cholesterin-Senker. Es gibt sogar Ärzte, die eine vorbeugende und lebenslange Einnahme empfehlen. Bei einigen dieser Produkte wird im Beipackzettel als mögliche Nebenwirkung Rhabdomyolyse beschrieben. Es steht meist unter dem Punkt ‚Skelettmuskulatur, Bindegewebs- und Knochenerkrankungen'. Weißt Du, was das ist?
Auch wenn es etwas trocken klingt, verweise ich einmal auf mein klinisches Wörterbuch für Ärzte und medizinisches Personal, dem Pschyrembel in der 257. Auflage auf der Seite 1329: [siehe 60]

*Worauf ich hinaus will? Selbst wenn man als Laie nicht alles versteht, so ist doch eines sonnenklar: Das Herz ist unser wichtigster Muskel! Und eine mögliche Nebenwirkung, die im Beipackzettel aufgeführt wird, ist die Zerstörung von Muskelgewebe! Man senkt also Cholesterin und nimmt gleichzeitig billigend in Kauf, dass der Herzmuskel zerstört werden kann. Was für ein Wahnsinn!*

*Jeder Patient, der Cholesterin-Senker einnimmt und gleichzeitig Muskelschmerzen bekommt, sollte hellwach werden und in Absprache mit seinem Arzt eine andere Lösung finden oder sich bei einem/einer guten HeilpraktikerIn unbedingt Hilfe holen. Außerdem bleibt die Frage offen, wie lange sich der Körper gegen die Nebenwirkungen zur Wehr setzen kann. Irgendwann schaffen Leber, Nieren und Milz die Entgiftung der chemischen Präparate nicht mehr, die Entgiftungskapazität ist erschöpft, und es tauchen plötzlich viele Symptome gleichzeitig auf. Zudem ist nicht genau bekannt, wie viele Patienten jährlich an den Folgen dieser Einnahmen versterben.*

*Doch zurück zu Deiner Frage, wo Cholesterin noch im Körper gebraucht wird. Cholesterin verhindert als körpereigenes ‚Pflaster' innere Blutungen. Es legt sich bei brüchig gewordenen Gefäßen innen an die Gefäßwand an, sodass das Blut nicht ins Gewebe fließen kann. Zum Beispiel nach Verletzungen oder Operationen versucht der Körper, Wunden zu schließen und aktiviert seine Selbstheilungsmechanismen. Dabei steigt logischerweise kurzfristig der Cholesterinspiegel an, es werden mehr körpereigene ‚Pflaster' produziert. In diesem Zusammenhang muss die Frage erlaubt sein, wie sinnvoll tatsächlich nach Operationen die massive Gabe von Cholesterin-Senkern ist. Doch weiter im Text.*

*Die Gallensäure, die für eine gut funktionierende Fettverdauung wichtig ist, besteht ebenfalls aus Cholesterin. Bei den Nebennieren macht Cholesterin sogar 50 Prozent aus. Auf einige wichtige Hormone werde ich später noch eingehen.*

*Vorab erst einmal soviel dazu: Die Nebennierenrinde produziert über 40 verschiedene Steroide beziehungsweise Kortikoide. Kortikoide unterscheidet man in Mineralokortikoide, zum Beispiel Aldosteron, in*

*Glucokortikoide, zum Beispiel Cortisol und in Sexualhormone, zum Beispiel Androgene.*

*Im Nebennierenmark findet unter anderem die Produktion von Katecholaminen, zum Beispiel Adrenalin, Noradrenalin und Dopamin statt. Es werden also auf der Basis von Cholesterin wichtige Hormone für die Stressanpassung, Verteidigung, aber auch fürs Glücklichsein hergestellt.*

*In gefährlichen Situationen konnte der Mensch über Jahrtausende ‚draufhauen oder weglaufen'. Damit war die Sache erledigt, und der Körper hat anschließend die überflüssigen Stresshormone wieder abgebaut. Heute ist das leider nicht mehr ganz so einfach, auch wenn es vom gesundheitlichen Standpunkt aus in der Regel die beste Lösung wäre.*

*Alle Hormone, auch die Nebennierenhormone, haben trotz des gesellschaftlichen Wandels über die letzten Jahrhunderte oder gar Jahrtausende ihre ursprüngliche Funktion behalten, weshalb wir in der Regel auch heute noch unbewusst dementsprechend reagieren."*

**Aber was verstopft denn nun tatsächlich die Gefäße?**
*„Das sind chronische Entzündungen, anorganische Minerale und das oxidierte Cholesterin. Achtung, das hat nichts mit unserem Superkraftstoff Cholesterin zu tun. Doch dazu dann mehr in meinem Buch."*

**Das klingt alles plausibel. Kannst du mehr zu den wichtigen Hormonen sagen?**
*„Das kann ich dir rein praktisch erklären. Adrenalin aus dem Nebennierenmark regt den Sympathikus an, der der entscheidende Teil des Nervensystems für die Stressanpassung ist. Es sorgt für eine erhöhte Pulsfrequenz, lässt den Blutdruck steigen und verengt die Gefäße. Damit kommt schon einmal mehr Blut in Gehirn und Muskulatur an. Das ist vor allem dann sinnvoll, wenn man sich entscheiden muss, ob man lieber im übertragenen Sinn ‚draufhaut oder wegläuft'. Adrenalin erweitert außerdem die Bronchien der Lunge, sodass mehr Sauerstoff zur Verfügung steht. Das ist besonders beim ‚Davonlaufen' sinnvoll. Es stellt die Pupillen weit, damit möglichst viel wahrgenommen wird. Ad-*

renalin steigert den Grundumsatz und veranlasst den Körper, unter anderem aus der Leber mehr Zucker als schnelle Energiereserve zur Verfügung zu stellen. Zur Sicherheit wird aber auch Fett in Form von freien Fettsäuren mobil gemacht. Zudem vermindert es die Darmperistaltik, damit der Mensch nicht gerade jetzt zur Toilette muss.

Letztendlich gilt, wer sich verteidigen kann oder gerade noch einmal davonkommt, ist auf jeden Fall weniger depressiv."

**Wenn ich mir vorstelle, dass durch Cholesterinmangel alle diese Funktionen beeinträchtigt werden können?**

„Das geht noch weiter. Noradrenalin steigert ebenfalls den Blutdruck, senkt aber die Pulsfrequenz, damit es keinen ‚Herzkasper' gibt. Es stimuliert das Nervensystem. Damit sind wir wachsamer.

Dopamin ist die Vorstufe von Noradrenalin und Adrenalin. Diese Überträgersubstanz wird an den Nerven freigesetzt. Fehlt es, kommt es zur gefürchteten Parkinson-Erkrankung mit Störungen im Bewegungsablauf, der Neigung zum Hinfallen und Depressionen, leiser monotoner Sprache, schlurfendem Gang und während des Schreibens zu einer immer kleiner werdenden Schrift. Durch den Ruhetremor, das ist das starke Schütteln der Hand, kann im späteren Stadium der Krankheit keine Tasse mehr gehalten werden.

Die Nervenübertragung wird generell immer langsamer und letztendlich laufen viele der Parkinson-Patienten in ein Auto, weil es vom Wahrnehmen der grünen Ampel bis zum Loslaufen zu lange dauert. Inzwischen ist für Fußgänger schon wieder rot. Der Parkinson-Patient kann nun aber die Bewegung nicht mehr stoppen.

Im Umkehrschluss bedeutet das, dass eine ausreichende Versorgung mit dem Grundbaustein Cholesterin notwendig ist, um genug Dopamin herzustellen. Dopamin macht fit, glücklich und beweglich.

Dann ist da noch Kortisol (nicht zu verwechseln mit Kortison), das für den Zuckerstoffwechsel und damit für die Energiebereitstellung wichtig ist. Es ist im Blut zu 90 Prozent an Transporteiweiße gebunden und damit schnell für Kraft und Handlungsfähigkeit verfügbar.

*Das Hormon Aldosteron gehört zu den Mineralokortikoiden. Es beeinflusst über die Steuerung von Natrium und Kalium wesentlich den Wasserhaushalt des Körpers. Es bestimmt, wie viel Flüssigkeit sich im Raum um die Zellen befindet und wie viel der Körper in Form von Urin ausscheidet oder sich über die Tubuli der Nieren zurückholt. Generelle Symptome einer Nebenniereninsuffizienz beziehungsweise Nebennierenerschöpfung sind Müdigkeit, Übelkeit, niedriger Blutdruck mit Unterversorgung des Kopfes sowie Niedergeschlagenheit, Depression, Aggression und/oder Reizbarkeit. Außerdem gilt die Insuffizienz, diese Erschöpfung der Nebennieren, als eine wichtige Ursache für die Entstehung von Krebs. Ausreichende wissenschaftliche Nachweise hat Frau Dr. Waltraud Fryda erbracht."*

## Und bei all dem spielt das verrufene Cholesterin mit?

*„Glaubst Du, dass es ein Zufall ist, dass Cholesterin so ‚verrufen' ist? Erst wird den Menschen Angst gemacht, und dann bietet man die geniale, wenn auch teure Lösung an. Eine Pille soll's richten, und der Patient muss weder nachdenken, noch seinen Lebensstil verändern. Wie bequem!*

*Die deutschen Krankenkassen werden systematisch ausgeplündert, oder kannst Du mir sagen, wieso das gleiche Präparat im Ausland billiger ist? Vor einigen Wochen (September 2010) wurde mehrmals in den Medien berichtet, dass die Pharmafirmen in Deutschland selbst ihre Preise festlegen und dass die Medikamente den größten Ausgabenposten der Krankenkassen, Tendenz steigend, ausmachen. Was für eine vorausschauende Lobbyarbeit zur Gewinnmaximierung! Das Volk wurde über die Medien informiert, aber es gab keine Proteste. Und anschließend steigen wieder einmal die Beiträge der Krankenkassen. Ich denke, es wird Zeit, dass die Patienten aufwachen und sich nicht länger kritiklos als gute Konsumenten der Pharmakonzerne missbrauchen lassen. Zugegeben, das ist allerdings schwierig, wenn man unter Medikamenteneinfluss steht.*

Ja, da steckt ein ganzes, immer dreister werdendes System dahinter. Und mir wird immer klarer, wie wichtig Cholesterin tatsächlich ist.

*„Genau. Zusammengefasst kann man also sagen: Ist der Cholesterinspiegel zu niedrig, hätten wir möglicherweise bei all den oben genannten Hormonfunktionen ausnahmslos mehr oder weniger auffällige Probleme. Es wäre der Schlaf-Wach-Rhythmus ebenso gestört wie eine vernünftige Anpassung an Stress, und es gäbe keine echte Entspannung, keine glatte Haut, keine ausgewogenen Beziehungen, keine Glücksgefühle, keinen Spaß beim Sex, keine gesunden Babys und keine fitten, wissbegierigen Kinder."*

### Du schockierst ganz schön!

*„Weil ich trockene medizinische Fakten aufzähle, die jeder nachlesen kann? Erinnern wir uns: Cholesterin sitzt zu 95 Prozent in den Zellen, nicht im Blut, wo es gemessen werden kann. Das Gehirn besteht zu etwa 20 Prozent aus dem Grundbaustein Cholesterin, bei den Nebennieren macht Cholesterin 50 Prozent aus, und sogar das Herz besteht zu 10 Prozent aus Cholesterin. Alle Zellwände, die über die einwandfreie Funktion sämtlicher Organe und die Elastizität aller Blut- und Lymphgefäße bestimmen, wären ohne Cholesterin undenkbar. Es verhindert als körpereigenes Pflaster, so nenne ich es immer, innere Blutungen. Cholesterin ist der Baustein für die Gallensäure, die Abwehrzellen, die über unser Immunsystem bestimmen, und das Blut."*

**Cholesterin hilft uns somit, uns auch an unsere aktuellen Lebensumstände anzupassen.**

*„Natürlich, denn der Körper muss die Seele tragen. Er stellt auch deshalb vorsichtshalber Cholesterin größtenteils selbst in Leber und Dünndarm her. Er gleicht Schwankungen des Cholesterinspiegels aus, um unser Überleben zu sichern. Über teure chemische Cholesterin-Senker wird kurzfristig massiv am Cholesterinspiegel und damit auch an der Hormonproduktion und damit an unserem Lebensgefühl herummanipuliert.*

*Es muss zumindest die Frage erlaubt sein, wie sinnvoll und gesundheitsfördernd das wirklich ist. Und das möchte ich dazu noch klarstellen: Es ist ohnehin genetisch festgelegt, ob man einen hohen oder niedrigen Cholesterinspiegel hat. Der Körper wird in jedem Fall versuchen, diesen genetisch festgelegten Cholesterinspiegel zu halten."*

Danke sehr, Helga. Ich denke, dass diese Aussagen für gewaltig Diskussionsstoff sorgen werden...

## Mangelnde oder gesunde Selbstliebe?

Nun gibt es noch ein eigenes, schwerwiegendes Defizit im modernen, allgemeinen und weiter zunehmenden Erschöpfungskomplex: den **Mangel an Selbstliebe.**

> *„Um äußere Konflikte langfristig auszuhalten,*
> *können allmählich innere Konflikte entstehen."*

Und das hat dann mit unserem Selbst, unserem Selbstwert und unserer Selbstliebe – die Liebe zum Selbst – zu tun. Da unsere innere *Geistigkeit* auch alles weiß und kennt, was unserem Körper gut tut, was er braucht und was er nicht will, ist es sowohl sinnvoll als auch nützlich, mehr Wert auf diese *innere Verbindung* mit unserer Geistigkeit und unser ‚Höheres Selbst' zu legen – auf unseren **Selbstwert** und unser Selbstbewusstsein.

Sind nicht alle Krankheitsbilder dringende Signale unseres Geistes, unserer Seele und unseres Selbstes, das in solchen Fällen an einem Mangel leidet, am ‚Zusammenbrechen', am Verlorengehen ist – eben ein *Selbstwertverlust?* Es sind wertvolle Signale für unser *„Gesundbleiben im Chaos";* Signale für unser Freiwerden von Falschem und Nebensächlichem; Signale zur Rückkehr zu unserer Natürlichkeit (das, was *unsere* individuelle Natur ist) und Signale zu neuer Stärke für unsere wiederkehrenden Erfolge – eben für unser *Selbstbewusstsein.*

Ein Spruch drückt die tatsächliche Realität aus: „Du *hast* einen Körper, du *bist* aber kein Körper." Weil wir uns zu oft oder immer wieder anpassen, kann es geschehen, dass wir hart zu unserem Körper werden, oder wir muten ihm zu viel zu oder überlassen ihn zeitgeistigen Manipulationen oder missbrauchen ihn gar zu irgendwelchen illusionären ‚Möchte-ich-gerne' und manchen Sinnlosigkeiten, oder wir opfern uns zu oft aus Gutmütigkeit oder Pflichtgefühlen, oder wir lieben manchmal andere (den Nächsten) auch so wenig wie uns selbst.

Wenn das zu lange unser Lebensinhalt ist, winkt die Rote Karte auch *uns* zu, bremst uns unser inneres Selbst immer öfter aus und entzieht dem Körper immer mehr von den verplemperten Energien. Und wenn das dann umschlägt und durchschlägt, ziehen wir uns beleidigt zurück, verkriechen uns und lecken unsere seelischen Wunden – was eine Zeit lang auch bestimmt nicht ungesund ist.

Verehrte Leserinnen, liebe Leser, wir leben nicht nur in Zeiten der großen Veränderungen, sondern auch in einer Zeit *äußerer Freiheiten*, wie es sie wohl noch nie gab. Parallel dazu sind jedoch auch *innere Einschränkungen* mitgewachsen, die durch Kritik in jeder Form unser eigenes Wachsen, vor allem unser inneres, einschränken – und das schon von klein auf. Daher gilt: Die **eigene Wertschätzung** bietet uns neben dem *Gesundbleiben* zugleich wirkliche *Lebensfreude* und *Motivation* – und auch zugleich allen Menschen (und Haustieren), die mit uns in Resonanz sind.

**Wie leicht würde sich so Vieles in Harmonie und Wohlgefühle verwandeln, wenn dieses »Prinzip des Selbstwertes« besser verstanden und öfter angewendet werden würde. Vielleicht sollten wir uns auch schnellstens gedanklich darauf einrichten, dass ‚ich-liebe-mich-so-wie-ich-bin' wieder zu einem *erfüllten Selbstwertgefühl* führt.**

So wie die ‚Mentale Last' unstillbarer und ablenkender Gedankenfluten uns niederdrücken kann, so schlummern hier auch die hauptsächlichen Kräfte und selbstheilenden Energien einer ‚**Mentalen Bestform'** – *„Begeisterung statt Burnout – Power your Life!"* Mit diesen neudeutschen Modeworten fordert Dr. Michael Spitzbart auf, unsere mentalen Energien wieder in Schwung zu bringen, und er erklärt dabei in seinem Seminar: *„Ernährung – essen Sie sich kreativ!"* und *„Mentale Stärke – entspannen Sie für neue Kraft!"* Beides zusammen ist der direkteste Selbstheilungsweg mit der entscheidenden Veränderungsgrundlage:

**Wir sind und werden nämlich das, was wir denken.**

Eine – und auch meine – philosophische wie auch religiöse Lebensregel besagt nämlich ganz klar:

*„Du erntest, was Du säst! Wenn du Weizen säst, dann erntest du Weizen. Du kannst nicht Weizen säen und Mais ernten. Das ist ein universelles Gesetz.*
*Wenn du zu anderen freundlich bist, erntest du meist Freundlichkeit. Wenn du ablehnend bist, erntest du meist Ablehnung. Wenn du dir ärgerliche und depressive Gedanken machst, dann fühlst du dich ärgerlich, deprimiert und ängstlich. Achte also darauf, was du säst."*

Das noch etwas weiterführend und damit abschließend gehe ich in dieser selbstkritischen Thematik noch auf

- den großartigen, entspannenden Alpha-Zustand;
- die lebensformenden, globalen Schumann-Resonanzfrequenzen und
- die Einflussnahme unserer getrennten Hirnhemisphären

in den nachfolgenden Kapiteln »Geniale Selbstheilungen aus unserem Inneren« und »Geniale Selbstheilungen durch unsere Gedankenkräfte« ausführlich ein.

Wer krank ist, wird zur Not sich fassen,
gilt's, dies und das zu unterlassen.

Doch meistens zeigt er sich immun,
heißt es, dagegen was zu tun.

Er wählt den Weg meist, den bequemen,
was ein- statt was zu unternehmen!

*Eugen Roth* (1895-1976)
Münchner Lyriker

# TEIL 3

## Immer mehr Menschen gehen die Augen auf

# Glück und Chaos im Gehirn

Das menschliche Wunderwerk Gehirn ist eine gespaltene Angelegenheit. Unsere geteilten Gehirnhemisphären haben eine viel tiefgreifendere Bedeutung als allgemein bekannt ist. Ich zähle hier erst einmal einige gegensätzliche Schwerpunkte auf:

| linke Hemisphäre | rechte Hemisphäre |
|---|---|
| rationaler | emotionaler |
| logischer | intuitiver |
| zweifelnder | schöpferischer |
| extrovertierter (Außenwelt) | introvertierter (Innenwelt) |
| analytischer | künstlerisch/musischer |
| verstandesbewusster | wissensstärker |
| weibliche Aspekte schwächer | weibliche Aspekte stärker |
| männliche Aspekte stärker | männliche Aspekte schwächer |
| ICH-geprägter | DU/WIR-geprägter |
| kleinlicher | großzügiger |
| einzelgängerischer | gemeinschaftsfähiger |
| bauch-verbundener | herz-verbundener |
| perfektionistischer | toleranter |
| ordnungsliebender | unordnungsverträglicher |
| materialistisch-erfolgsorientierter | mehr im Sein als im Haben |
| zeiteingebundener (Pünktlichkeit) | weniger zeiteingebunden |
| liebt mehr die Seriosität | liebt mehr das ‚innere Kind' |
| denkt detaillierter | fühlt ganzheitlicher |
| mit mehr Verantwortungsgefühl | mit mehr Gewissen |

**Mit unserer linken Gehirnhälfte sind unser rechtes Auge und Ohr, unsere rechte Hand und die ganze rechte Körperhälfte verbunden. Mit unserer rechten Gehirnhälfte sind unser linkes Auge und Ohr, unsere linke Hand und die ganze linke Körperhälfte verbunden.**

Man nennt diese kreuzweise Verbindung kontralateral. Manche Forscher und Autoren trennen diese Qualitäten der beiden Gehirnhälften noch viel konsequenter und härter, als ich sie oben gegenübergestellt habe. Als Entschuldigung könnte ich dann natürlich wieder sagen: „...das ist eben noch *männlich-linkskopfig ausgedrückt.*" Doch diese Gegensätze sehe ich heute nicht mehr so ausgeprägt wie bisher. Denn die Zeiten verändern sich zunehmend und schwenken immer stärker in ein neues *ganzheitlicheres* Verständnis.

Erkennen Sie, wenn Sie oben noch einmal die Gegenüberstellung der konträren ‚Veranlagungen' unserer beiden Gehirnhälften aufmerksam lesen, welchen gewaltigen Einfluss sie auf unser Alltagsleben haben, wie sie unseren Charakter mitbestimmen, unsere Aktionen und Reaktionen und vieles, vieles mehr?

Rund 10 Milliarden Nervenzellen finden wir im menschlichen Gehirn, wobei unser gesamtes Nervensystem nur aus 15 Milliarden Nervenzellen bestehen soll. Könnte man die Nervenfasern dieser Zellen hintereinanderlegen, käme man auf eine Länge von rund 500.000 Kilometern. **Damit ist unser Gehirn das mächtigste Steuerorgan unseres sichtbaren Köpers und ‚steuert' nicht nur alle vegetativen Körperprozesse in uns – unauffällig –, sondern mit seinen Gedankenenergien gestalten wir bewusst und schöpferisch unseren Alltag.**
Billionen von Nervenfasern verbinden die beiden getrennten Gehirnhälften für ihren lebenslangen Dienst. Doch das ist nicht die einzige Gemeinsamkeit zweier gegensätzlicher Ebenen. Wir können es generell ausdehnen in Yin (rechts) und Yang (links), also in weibliche und männliche Qualitäten, und finden damit auch zu dem größten Konflikt, der uns inzwischen seit Jahrtausenden beschäftigt: das Ungleichgewicht zwischen Frau und Mann. Im Prozess der Unterdrückung von *allem*, was die weiblichen Qualitäten auszeichnet, haben wir uns in ein festgeschriebenes Patriarchat verwickelt – das auch heute immer noch mögliche Konfrontationen tunlichst zu vermeiden versucht.

**Durch diese fast archaischen Verschiedenheiten unserer beiden Hirnhälften – wie Urprinzipien – ist ein dringendes Umdenken notwendig geworden. Denn erst der *harmonisierte Zustand* dieser Prinzipien bedeutet für uns Glück, Gesundheit und Wohlergehen – und ist Selbstheilung in Reinstform.**

Durch die mangelnde Synchronisation unserer Gehirnhälften sind viele Ergebnisse unserer Bemühungen alles andere als harmonisch. So begleiten uns vielfach eigene Unzufriedenheiten. Gibt es womöglich auch **chaotische Zustände** in unserem Wunderwerk Gehirn? Wohl nicht zwischen den beiden Hemisphären, aber scheinbar insgesamt, denn Hirnforscher haben tatsächlich ‚beispiellose Kämpfe' (»Welt der Wunder« 11/09) in unseren Gehirnwindungen festgestellt: Das Angst- und das Belohnungszentrum zum Beispiel ringen ständig miteinander um die Vorherrschaft. Das ist der Grund, weshalb Menschen einerseits Versicherungen abschließen und andererseits riskante Börsenwetten eingehen.

Die Verbindung unserer linken Hemisphäre mit der rechten Körperseite und daher mit unserer rechten Hand ist ganz selbstverständlich und bei der absoluten Mehrzahl der Menschen unseres Kulturkreises so veranlagt. Doch der bekannte Ausruf *„Das mach ich doch mit links!"* zeigt uns, dass da auch etwas erledigt werden kann, das keine Mühe macht. Fallen uns Aktivitäten, die mit der linken Hand und damit von unserer rechten Hirnhälfte gesteuert sind, leichter? Wird vielleicht deshalb *rechts* als richtig und etwas ‚Rechtes' und *links* als etwas ‚Unrechtes' angesehen – wie zum Beispiel in der Bezeichnung *„...eine linke Tour!"* oder *„...da hat mich jemand gelinkt!"*?

Habe ich jetzt meine rechte Gehirnhälfte beleidigt, denn sie ist ja damit gemeint? Sie schreibt alle diese meine Texte mit und spürt ganz sicher, wenn mein innerer linker Besserwisser hier etwas ‚Einseitiges' oder gar Falsches in die Dateien tippt. So lassen mich meine inneren rechten Hirnwindungen an dieser Stelle prompt an einen Text denken, der ihr geniales Können ganz kurz demonstrieren wird. Ihre linksseitige Kollegin muss nämlich bei diesen Buchtexten Buchstabe für Buchstabe schreiben und lesen und korrigieren, während sie, die rechte Gehirnhälfte, in ihrer holistischen Veranlagung (schon die Altgriechen nannten es *holos*) viel mehr kann. Ihre Überraschung, verehrte Leserin, lieber Leser, werden wir nun beide genießen – mein schreibender Verstand und meine strahlende rechte Gehirnhälfte:

**Afugrnud enier Sduite an enier Elingshcen Unvirestiät ist es eagl, in wlehcer Rienhnelfoge die Bcuhtsbaen in eniem Wrot sethen, das enizg Wcihitge dbaei ist, dsas der estre und lzete Bcuhtsbae am rcihgiten Paltz snid. Der Rset knan ttolaer Bölsdinn sien, und du knasnt es torztedm onhe Porbelme lseen. Das ghet dseahlb, wiel wir nchit Bcuhtsbae für Bcuhtsbae enizlen lseen, snodren Wröeter als Gnaezs.**

Jetzt jubelt es, mein rechtsseitiges Steuerorgan, und gibt mir gedanklich ein: *"...sowas mach ich doch mit links!"*

Ja, unsere lieben irdischen Polaritäten! *Wo* sind sie nicht überall und seit uralten Zeiten festgeschrieben? *Wohin* überall verfolgen sie uns mit ihren Gegensätzlichkeiten und in *wie vielen* Fällen begegnen uns die irdischen Polaritäten immer wieder? Und jetzt wird uns auch noch klar, dass sie seit jeher in *unserer* individuellsten und intimsten Denk- und Steuerzentrale, unserem Wunderwerk Gehirn, ursächlich angelegt sind – dass sie dort zuhause sind.

Yin (chin.; *dunkel*) stellt mit dem weiblichen Aspekt auch die Polarisierung *minus* (–) dar und Yang (chin.; *hell*) die Polarisierung *plus* (+). Doch wir werden in der chinesischen Mythologie niemals eines dieser Zeichen einzeln finden. Beide sind eine Einheit und sind deshalb wie im menschlichen Gehirn eine **duale Einheit**. Könnte diese uralte Symbolik möglicherweise ein Hinweis darauf sein, die Ganzheitlichkeit *über* die Dualität zu stellen? Könnte es unsere Lernaufgabe sein, unseren Umgang mit unserem zweigeteilten Gehirn immer öfter *ganzheitlich* zu arrangieren?

Wenn wir weiter über die Kräfte der körperlichen Selbstheilung nachdenken, empfehle ich, ab jetzt nur noch über diese verbindenden Energien der **Ganzheitlichkeit** weiterzusuchen. Denn das ‚Problem' ist uralt, wie man am Yin/Yang-Symbol erkennen kann.

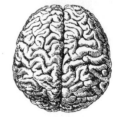

Abb. 19:
Die gleichen Kräfte?

Der ungarische Evolutionsforscher und Wissenschaftsphilosoph Professor Dr. Ervin László, Autor von über 40 Sachbüchern, überträgt diese gegensätzlichen Qualitäten unserer Gehirnhälften auf unsere Kultur und fordert für eine veränderte **rechtshirnige Zukunft** einen Paradigmenwechsel – einen grundsätzlichen Wechsel der ‚herrschenden Meinung': *„Wir müssen den Sprung schaffen zu einer ganzheitlichen organistischen Empfindung, die dann auch eine wissenschaftliche Grundlage haben kann."* László arbeitete auch an dem Film und Buch »Bleep« mit.

Die Autorin, Theologin und Pädagogin Dr. Christa Mulack erklärt dazu:

*„Das religiöse Empfinden entspricht den Eigenschaften der rechten Hirnhälfte, die mit ihrem synthetisch-ganzheitlichen metaphorischen Denken als typisch weiblich angesehen wird, da in der Tat Frauen in ihr mehr zu Hause sind als Männer, die meist nur unbewussten Zugang zu ihr haben. Weiblicher Vielfalt entsprechend ist diese rechte Hemisphäre bei der Frau weniger spezialisiert als beim Mann, so dass sie bei Ausfällen der linken Hälfte deren Funktion übernehmen kann. Das ist beim Mann nicht möglich, da bei ihm die Funktionen der rechten stärker festgelegt sind, genauso festgelegt wie sein dogmatisches Glaubensgebäude."*

Der Gehirnforscher und Arzt Dr. Andrew Newberg beschäftigt sich mit der Neurowissenschaft in Verbindung mit spirituellen Erfahrungen, ist Co-Autor des Bestsellers »Der bewusste Gott« und bestätigt im Buch des Filmes »Bleep«:

*„Das Gehirn ist zu Millionen von unterschiedlichen Dingen fähig, und die Menschen sollten wirklich erfahren, wie unglaublich sie sind und wie unglaublich ihr Verstand tatsächlich ist. Wir haben nicht nur dieses sagenhafte Ding in unserem Kopf, das so vieles für uns tun und uns beim Lernen helfen kann, sondern es kann sich auch verändern und anpassen und uns weiter voranbringen, als wir bisher gekommen sind. Es kann uns dabei helfen, uns selbst zu transzendieren."*

Der bekannte holländische Arzt und spirituelle Lehrer Dr. Roy Martina beschäftigt sich seit 1978 mit alternativen Heilweisen wie Homöopathie, Akupunktur, Kräuterheilkunde, Qigong und vielem mehr. Außerdem trainiert er seit 35 Jahren Kampfsport und hat internationale Titel in Karate und Judo gewonnen. Roy Martina hält weltweit Seminare im Bereich der Präventivmedizin und Selbsterkenntnis und erklärte mit Überzeugung:

*„Würde man die linke Gehirnhälfte entfernen, wären alle Menschen sofort spirituell. Auch die Männer."*

**Mit diesen Beispielen aus wissenschaftlichem Munde sind wir aufgefordert, uns immer wieder aufs Neue zu bemühen, die Synchronizität unserer beiden Gehirnhälften zu steigern.**

Ein paar Seiten zuvor habe ich erwähnt, dass es auch andere ‚Quellen' gibt, die man befragen und als Quelle anzapfen kann – sogenannte spirituelle Medien, auch als Channeling-Medien bekannt, welche Botschaften von feinstofflichen Existenzen in die unsrige physische Welt übermitteln.

Es ist sehr schwierig, bei solchen übermittelten Botschaften das Seriöse vom Unseriösen zu unterscheiden, denn in den letzten Jahren hat sich ein regelrechter Channeling-Markt entwickelt, wobei alleine in Deutschland hunderte Menschen vorgeben, Kontakt zu nicht-irdischen Intelligenzen zu haben und deren Botschaften zu übermitteln. Solche Erklärungen und Aufforderungen aus dem ‚Kosmos' sollten und sollen dem Menschen helfen, das irdische Geschehen einmal etwas ‚größer' dimensioniert zu betrachten. So hieß es beispielsweise bereits vor Jahrhunderten: Das *Endliche* ist in der linken und das *Unendliche* in der rechten Hirnhemisphäre angelegt. Die altgriechische Definition bezeichnete links schon als *Logos* und rechts als *Holos*.

Bereits im »Thomas-Evangeliums« sagte Jesu im 22. Logion:

*„Wenn du aus den Zweien Eins machst und wenn du das Innere wie das Äußere und das Äußere wie das Innere machst und das Oben wie das Unten und wenn du aus dem Männlichen und dem Weiblichen ein*

und dasselbe machst ... dann wirst du eingehen in das Königreich Gottes."

Und auch in der modernen spirituellen Szene tauchen Hinweise auf, über deren Ursprung man zwar geteilter Meinung sein kann, deren Inhalte jedoch eine tieferblickende Betrachtungsweise voll bestätigen. Zwei kurze Textauszüge will ich hier als Anregungen zitieren:

*„Änderungen des Magnetfeldes eures Planeten haben mit der Wiedervernetzung dieser Gehirnhälften begonnen, die es euch erlauben wird, dass die zwei Hälften eures Gehirnes auf eine Weise miteinander kommunizieren, zu der ihr vorher noch nie fähig gewesen seid. Dies ist nicht nur ein Lichtarbeiterphänomen, sondern das wird jeden Menschen auf dem Planeten verändern."*[62]

*„Euer Gehirn ist, wie es der Dualität entspricht, in zwei Pole unterteilt. Die beiden Gehirnhälften steuern die jeweils andere Körperhälfte, sie brauchen einander, sind voneinander abhängig und existieren in uns als unsere zwei Urprinzipien. Die linke Seite ist ähnlich einer Festplatte bei der Geburt ‚leer', und das Neugeborene lebt ganz aus der rechten Gehirnhälfte heraus."*

Und:

*„Das betrifft die intuitive, kreative, nach innen gerichtete, rechte Gehirnhälfte: Zapft euer geniales Potential oder die Lichtpakete der Weisheit an, die in eurem Gehirn in Lichtmembranen gelagert sind, die auf das höherdimensionale oder das ‚kosmische Warenhaus' des Wissens eingestimmt sind."*

# In der Harmonie liegt die Heilung

Wenn zwei Zerstrittene wieder zusammenkommen wollen, müssen sie miteinander sprechen. Und das gilt auch für unsere beiden Gehirnhälften. Eine reibungslose Kommunikation zwischen beiden ist nämlich die Voraussetzung für einen gesunden Körper und ein gesundes Leben. Andere Autoren fordern dabei das *Gleichgewicht* der beiden Hemisphären, doch wenn wir die oben genannten Differenzen betrachten, finde ich die Zielsetzung *Harmonie* realistischer.

In unserem Kulturkreis sind es die althergebrachten Kontemplationen, die moderneren Meditationen oder das unreligiöse ‚Autogene Training', in denen wir die beiden Getrennten in die Ruhe führen und in die Gedankenlosigkeit – in *ihre* Ruhe und in *ihre* Gedankenlosigkeit. Unsere Gebete schaffen das ebenso wie tiefgehende Ruhephasen mit anregenden Düften. Es gibt jedoch auch anspruchsvolle Beschäftigungen, die beide Gehirnhälften *gleichzeitig aktivieren*. Ich denke dabei an Gesang oder das Spielen eines Musikinstruments oder andere musische Tätigkeiten, die laufend erlernt werden müssen und nur durch das *Zusammenwirken* der beiden erfolgreich werden können.

Einer meiner Leser weist mich darauf hin, dass er den vielen Rechtshändern empfiehlt, stressfreie und langsame Bewegungen und Arbeiten mit der linken Hand *bewusst auszuführen*, weil auch dies das Zusammenwirken unserer Hemisphären fördert. Das wirkt sich auch positiv auf einen leistungsfähigen Hypothalamus und eine funktionierende Zirbeldrüse aus, welche unsere kosmische Anbindung erleichtern sollen.

Nachdem ich diesen kleinen Absatz geschrieben hatte und über Beispiele nachdachte, passierte mir Folgendes. Ich habe mich versehentlich am vordersten Nagelbett meines rechten Daumens verletzt, was für viele Tätigkeiten als Rechtshänder recht schmerzhaft war. Ich musste ab sofort allerhand Griffe links ausführen. Dabei staunte ich und amüsierte mich, wie mir damit meine rechte Hirnhemisphäre praktische und passende Beispiele lieferte.

Man nennt so etwas **Koordinationsübungen,** wenn man dieses Zusammenwirken der beiden Gehirnhälften durch Geschicklichkeitsübun-

188

gen forciert. Dabei macht man mit der rechten Hand, dem Arm und dem Bein eine andere Bewegung als mit der linken Hand, dem Arm und Bein. Wunderschöne Geduldsspiele mit geistiger Wirkung: Wenn wir mit beiden Gehirnhälften zusammenarbeiten, sind wir bei Problemlösungen deutlich besser konditioniert.

Zur Erleichterung einer Harmoniefindung gibt es auch noch bestimmte **Harmoniesymbole**, die man beispielsweise während einer Meditation verwenden und sich vorstellen kann, um besser in einen Entspannungszustand oder eben in ‚Harmonie' zu gelangen (Abb. 20). Ein Kreis versteht sich hierbei grundsätzlich als *einende* und *vereinende* Symbolik der Harmonisierung der verschiedenen im Kreis eingeschlossenen Gegenkräfte. Dabei existiert seit Urzeiten und weltweit das gleichschenklige Urkreuz oder »kosmische Kreuz«. Im übertragenen Sinne ist diese »Energie der Einheit« (oder ‚Schutz' des Urkreuzes) auch Ausgleich beziehungsweise *Aufhebung* oder *Vereinigung* von unseren inneren und äußeren Spannungen und Gegensätzen.

Äußere Beispiele sind die vier Himmelsrichtungen (Nord, Süd, Ost, West) oder die Energien der Vier-Elementen-Lehre (Erde, Wasser, Feuer, Luft). Als fünfte Energie, als Schwingung der zentralen Kreuzung, sprachen die altgriechischen Philosophen von der *Quintessenz* und die Hindus von der *Akasha*, die Rosenkreuzer von der *Göttlichkeit* – wir heute von *Ganzheitlichkeit*. Stets treffen sich dabei konträre Energien in der Mitte, in der Harmonisierung beziehungsweise im Ausgleich oder der Aufhebung ihrer Gegensätze.

Unser empfohlenes Ziel im Bereich unserer Gesundheit heißt dabei **Harmonie im Inneren**, auch wenn es nur eine flüchtige Form ist, die sich einfach nicht ‚manifestieren' lässt. Denn sie ist Ausdruck unseres jeweiligen momentanen Ist-Zustandes, der dabei natürlich möglichst oft und möglichst anhaltend zu einem Ideal-Zustand werden könnte. Es gibt in unserer polaren Welt der Materialität nichts Schöneres und Angeneh-

**Abb. 20:** Ein modernes Harmoniesymbol

189

meres als mit sich und der Umgebung *in Harmonie* zu sein. Das bedeutet in den meisten Fällen den Erhalt einer stabilen Gesundheit und eines Resonanzfeldes, das uns *über* hunderten von kleinen und eigentlich unbedeutenden Alltagsproblemen unbehelligt und stressfrei ‚schweben' lässt. Die Schwingung dieser inneren Harmonie ist nach außen wie ein Schutzschirm unseres Körperenergiefeldes, an dem die meisten kleinen, miesen Attacken unseres (oft neidischen) Umfeldes abblitzen.

**Harmonie zwischen den Gedanken und den Gefühlen, also zwischen unseren Gehirnhälften und unserm Herz, ist Selbstheilung ‚pur'. Praktisch kann dieses Harmonisieren auch Kooperation und Zusammenwirken heißen.**

Erinnern Sie sich an ‚die vier Säulen unserer Gesundheit': Ernährung – Bewegung – Stille/Pause – mentale Fitness? Jetzt sind wir bei einem Teil der vierten Säule. Dieses *Harmonisieren* heißt nämlich auch, sich mit dem großzügigen ‚**sowohl/als auch**' zu identifizieren und – als mentale Aufgabe – den Sinn dahinter zu erspüren und dabei unsere beiden hilfreichen, aber hirnigen Gedankenkontrahenten außen vor zu lassen.

Damit komme ich zu einem recht schwierigen Kapitel. Sowohl über unsere *Gedanken* wie auch über unsere *Gefühle* gibt es längst wertvolle Untersuchungen und Bücher, auf die ich jetzt hier nicht eingehen möchte. Schon die Unterscheidung zwischen *Verstand* und *Gedanken* kann uns da ordentlich durcheinanderbringen. Ähnlich ist es mit den *Gefühlen*, die wir so fühlen. Ist immer das Herz dabei ursächlich? Oder ist es mehr unsere rechte Hirnhemisphäre und somit ein Teil unseres Verstandes?

Unsere Gedanken sind sehr vielfältig und oft konträr. Schöpferisch oder zerstörerisch, rein oder schmutzig, depressiv oder visionär, erbauend oder vernichtend, beeinflussbar oder stur und vieles andere mehr – und das oft noch völlig durcheinander, der reinste Gedankensalat. Angeblich sind es 60.000 Gedanken pro Tag, die jeder von uns so rumschwirren lässt, etliche sicherlich nur als Gedankenfetzen. Und nur 3 Prozent davon sollen aufbauende und hilfreiche Gedanken sein, die uns und anderen nützen, 25 Prozent sind angeblich destruktive Gedanken, die uns und anderen schaden, und 72 Prozent sind bloß flüchtig und unbedeutend, die können aber möglicherweise eine Wirkung auf uns selbst haben.

Stecken in diesen Zahlen auch diejenigen Gedankenschöpfer, die sich Folterungen ausdenken, Waffen zum Töten erfinden und testen, qualvolle Tierversuche studieren und allopathische ‚Heilmittel' mit Nebenwirkungen erzeugen?

Zu diesem Gedanken-Glück-und-Chaos hat unser Gehirn eine Art ‚Programm', das *versteht*, was sich da gedanklich in uns abspielt; das *versteht*, google-schnell zu ordnen und zu beurteilen und das *versteht*, was von den Gedanken ausgedrückt und umgesetzt wird in Worten und Werken. Dieses geniale Programm nennen wir **Verstand**. Dieses ‚Programm' ist geistig – immer schon. Es passt sich allerdings auch dem sogenannten Zeitgeist an, wird quasi ‚aktualisiert' und ge‚updatet'. Daher wird heute der Verstand gerne mit der Intelligenz und dem IQ, dem Intelligenz-Quotienten, gleichgesetzt, wird geschult, zum Denken angeregt oder politisch-korrekt gestutzt. Das sind dann äußere matrixähnliche Systeme, die teils bewusst, teils unbewusst auf unsere verstandesmäßigen Datenmengen zugreifen und fragmentieren.

Geradezu archaische Konflikte im *übergeordneten Verstehen* verursachen auch die zwei menschlichen Uralt-Themen: Das weiblich/männlich-Ungleichgewicht und das ICH/WIR-Ungleichgewicht. Unser geniales Verstandesdenken ist inzwischen überwiegend linkshirnhälftig geprägt und das bedeutet auch heute noch egozentrisch und vermännlicht. Sowie wir diese beiden elementaren und polaren Spannungsfelder entspannen – und unsere Gedankenfestplatte defragmentieren –, harmonisieren wir auch den mentalen Einfluss auf unsere Gesundheit.

Um alles noch ein bisschen zu verkomplizieren, untersuchen wir die Frage: *„Ist unser Verstand wirklich genial?"* Dem widerspricht nämlich unser Ulmer Genie-Professor Albert Einstein ganz klar und deutet eine noch höhere Ebene an: *„Der intuitive Geist ist ein heiliges Geschenk und der rationale Verstand sein treuer Diener. Wir haben eine Gesellschaft geschaffen, die den Diener verehrt und das Geschenk vergessen hat."*

Deutlicher wird es noch, wenn wir dabei ans ‚Handeln', also ans Umsetzen unserer Gedanken denken:

- Dem *verstandesmäßigen* Handeln steht
- das *intuitive* Handeln gegenüber (das „*...aus dem Bauch heraus*").

Ich betone, dass es mir hierbei nicht um wirtschaftliche Entscheidungen in der Geschäftswelt geht (auch da könnte es oft sehr förderlich sein), sondern um unsere zwischenmenschlichen Verhaltensweisen.

Auch beim ‚Handeln' betrifft es die unbewussten Gehirnhälften eines Gegenübers, eines Mitmenschen. Der ‚Bauch' beim intuitiven Handeln erhält seine Signale aus unserem Gehirn oder aus dem Teil, den manche als ‚Seele' bezeichnen, wiederum andere als das ‚Höhere Selbst'. Dieses schwingt logischerweise höherfrequenter als das mentale Denken und hat auch schon höhere Erkenntnisse. Es überzeugt durch *Weisheit* statt durch *angelerntes Wissen* – typisch *holos*.

Und noch eine Frage: „*Mit wem unterhalten wir uns, wenn wir denken?*" Man sagt zwar „*Gedanken eilen hin und her*", doch Tatsache ist vielmehr, dass wir permanente Selbstgespräche oder Dialoge führen. Beobachten wir uns einfach: Wir reden und reden und reden – alles mit uns selbst. Dabei sind die meisten von uns weitgehend unfähig, das Denken anzuhalten. Zwanghaft? Wer zwingt uns denn? Schon eher krankhaft, aber wir alle sehen es nicht so, weil fast jeder an dieser Krankheit leidet.

Wir sind so erzogen worden, stolz auf unsere Denkfähigkeit zu sein. Doch durch unser redendes Denken oder denkendes ‚Reden-mit-uns-selbst' beschäftigt unser Gehirn sich und uns. Es nimmt sich so wichtig – für alle wahrscheinlich unbewusst –, dass es sich mit Analysieren, Zerstückeln und Fragmentieren seinen Tätigkeitssinn erhält – Teil der erwähnten zweiundsiebzig Prozent täglicher unsinniger Gedanken. Diese Gesetzmäßigkeit funktioniert wie in der Politik: *Divide et impera!* (lat.; *teile und herrsche!*) Denn diesem **Dauerfragmentieren** unseres verstandesmäßigen Intellekts steht das Eins-sein, der Zustand der *Einheit* gegenüber.

Diese beiden Hirnhälften sind eine gewaltige Polarität – eigentlich jedoch eine Korrelation, denn sie sind aufeinander bezogen und in steter Wechselwirkung. Als getrennte Hirnhälften, die trotz Trennung nebeneinander schwimmen, steuern sie die gleichen Hormone, Botenstoffe, Nerven und sicherlich Unzähliges völlig unterbewusst und vegetativ.

## Das weibliche Gehirn

Eine wertvolle Ergänzung unserer bisherigen Erkenntnisse stellen die Forschungen der nordamerikanischen Ärztin Dr. med. Louann Brizandine dar, die in ihrer eigenen Klinik weibliche Themen erforscht und therapiert. Dabei erkannte sie, dass auch die hormonellen Unterschiede zwischen Frau und Mann unsere Gehirnhälften prägen, eine Forschungsaufgabe, die von den Wissenschaften bisher geflissentlich gemieden wurde. In ihrem Buch »Das weibliche Gehirn – warum Frauen anders sind als Männer« erklärt sie:

*„Wie sich durch unsere Untersuchungen herausstellte, haben Hormone so tiefgreifende Auswirkungen auf das weibliche Gehirn, dass man mit Fug und Recht behaupten kann, die Realität einer Frau werde durch sie erst erschaffen. Sie können ihre Wertvorstellungen und Wünsche prägen und sagen ihr Tag für Tag, was wichtig ist. Von Geburt an machen sie sich in allen Lebensstadien bemerkbar. Jedes Stadium der hormonellen Entwicklung – die Kindheit, die Jahre des Heranwachsens, die Zeit der Männerbekanntschaften, die Phase als Mutter und die Wechseljahre – wird zum Nährboden für andere Nervenverknüpfungen, und sie sorgen für neue Gedanken, Gefühle und Interessen. Wegen der Schwankungen, die schon im Alter von drei Monaten beginnen und sich bis in die Zeit nach den Wechseljahren fortsetzen, ist die neurologische Realität einer Frau nicht so konstant wie die eines Mannes. Bei ihm gleicht sie einem Berg, der im Laufe der Jahrtausende von Gletschern, der Witterung und den tektonischen Bewegungen der Erde unmerklich abgetragen wird. Ihre gleicht eher dem Wetter: Sie ändert sich ständig und lässt sich nur schwer vorhersagen."* [63]

Zur Struktur und dieser chemischen Besonderheit unseres Gehirns schreibt sie:

*„Die Gehirne von Männern und Frauen verarbeiten Reize nicht auf die gleiche Weise: Sie hören, sehen und ‚spüren' unterschiedlich. Die charakteristisch weiblichen und männlichen Gehirn-,Betriebssysteme' sind in den meisten Fällen kompatibel und ihren Aufgaben gleichermaßen gewachsen, aber sie bearbeiten und erreichen die gleichen Ziele mithilfe unterschiedlicher Schaltkreise."*

Ihr Buch zu lesen ist sehr empfehlenswert – für Frauen wie Männer. Es erweitert unsere Sichtweisen ganz wesentlich, wenn wir eine Vorstellung davon bekommen, wie vielfältig unsere Gehirne funktionieren. Dazu zählen eben auch chemische Vorgänge in unserer Hirnmasse, die bei Frauen und Männern in einzelnen Bereichen gravierend sein können. Viele solcher Vorgänge sind davon noch zu wenig erforscht und überrunden richtiggehend unser Zeitgeschehen.

Es gibt ja das Primitivurteil vergangener Jahrhunderte über die Frau mit den ‚3 Ks': Küche, Kinder, Kirche. Das war bequem für die Männer, die damit meinten, den Mythos von den männlichen Normen stetig aufrechterhalten zu können. Doch die Veränderungen im weiblichen Gehirn werden offensichtlich und setzen direkt auffällig in der heutigen Jugend an. Der Hauptgrund dafür wird in der neuen Freiheit gefunden, dass durch die selbstbewusste Entscheidungsmöglichkeit die Frau (meistens) selbst bestimmen kann, wann sie in die Mutterrolle einsteigen will. Verhütung heißt Freiheit, und die Kontrolle über die eigene Fruchtbarkeit erlaubt individuelle Abgrenzungen. Dazu kommen in der längst geschlechtlich vernetzten Wirtschaft auch die eigenen finanziellen Mittel, die erst das ausgehende 20. Jahrhundert in großem Umfang ermöglichte. Moderne Technik erleichtert auch das Zusammenspiel von Haushalt und Beruf.

Nachdem allmählich auch wissenschaftliche Erkenntnisse den Unterschied zwischen dem Gehirn von Frauen und Männern bestätigen, ist unsere heutige Zeit in vielerlei Hinsicht das ‚Goldene Zeitalter' für Frauen, vergleichbar mit dem Goldenen Zeitalter Athens unter Perikles, meint Frau Dr. Brizendine. Und erklärt: *„Solche Möglichkeiten ver-*

*setzen uns Frauen in die Lage, mit unserem weiblichen Gehirn neue Richtlinien für die Organisation unseres Berufs- und Privatlebens sowie unserer Fortpflanzung aufzustellen."* Dieses weltweit zunehmende neue Denken ist eine typische Bewusstseins-Erweiterung, die unsere nächsten Jahre noch stärker prägen wird. Vermutlich befinden wir uns in einer sich abzeichnenden Reformation, die entscheidend dabei mitwirkt, dass sich unsere Gesellschaft tiefgreifend verändern wird – schon ganz im Sinne der zukünftigen Gleichwertigkeit und Gleichbewertung von Frauen und Männern.

Die wissenschaftliche Anerkennung hinkt dabei der **weiblichen Realität** noch ordentlich hinterher. Wenn wir in den ‚weiblichen Aspekten' bislang Gefühle, Emotionen und Herz gelobt haben, scheinen wir schon wieder die Messlatte zu niedrig anzusetzen. Etwas als ‚urweiblich' Angelegtes und seit Jahrtausenden Überlebensnotwendiges aktualisiert sich zunehmend, und man staunt auf verschiedenen Wissenschaftsebenen darüber, wie anders das weibliche Gehirn funktioniert, wie anders es die Realität wahrnimmt, auf Gefühle reagiert, die Emotionen anderer aufnimmt und andere Menschen versorgt. Das ICH-DU-WIR-Prinzip scheint hier wohl ursprünglich und heute schon musterhaft angelegt zu sein.

Und was tut sich in der neuen Generation, in unseren ‚neuen' Kindern? In einer Jugend, die uns nicht mehr versteht? Schon erscheinen die ersten unpolemischen Untersuchungen, warum es mehr männliche Hauptschüler und mehr weibliche Abiturientinnen gibt. Mädchen sind schon früher junge Frauen, während sich die Jungen noch an ihre Computerspiele klammern. Welche Prozesse wirken auch in unserer Biologie mit? Ist es nur ein notwendiger Ausgleich der zurückliegenden Anpassungen an die etablierte Männerwelt? *„Doch was geht bei diesem weiblichen Rundumausgleich womöglich auf Kosten der Kindererziehung und der Familien, der Mütteraufgaben und der Elternvorbilder?"* – das ist die andere Frage!

*„Immerhin besitzt das Gehirn einer Frau aufgrund seiner Verdrahtung eine große Wandlungsfähigkeit"*, schreibt Frau Dr. Brinzendine und hat keine Angst vor der Zukunft.

# Heilsame Maßnahmen von außen

Bei dem weiten Bereich der verschiedenen Selbstheilungswege, die mir bekannt sind, unterscheide ich zur besseren Übersicht in drei Gruppierungen:

- heilsame Maßnahmen durch äußere Möglichkeiten;
- geniale Selbstheilungen, die wir in unserem Inneren mobilisieren können und
- geniale Selbstheilungen durch unsere eigenen Mental- oder Gedankenkräfte.

## Materielle Vitalstoffe

Das einfachste Bild über unsere Nahrung zeigt uns den arbeitenden Menschen, der etwas essen muss, um ,schaffen' zu können – das ist das *Kalorienbild.* Doch da ist noch ein Bildinhalt, den man auf den ersten Blick nicht erkennt, das sind die Lebensenergien, die unsere Nahrung lebendig macht, und man nennt sie die *Vitalstoffe.* Die »Nationale Verzehrstudie« brachte dabei an den Tag, dass die bundesdeutsche Durchschnittsernährung eine Mangelernährung geworden ist. Denn die reichlich vorhandenen Arbeitskalorien werden immer leerer und wertloser. Dr. Michael Spitzbart meint: *„Solches Blut würden selbst Vampire verschmähen. Alarmierend: 94 Prozent der Deutschen leiden an einem gefährlichen Vitalstoff-Mangel, ohne es zu ahnen."*

Als Vitalstoffe, auch Mikro- oder bioaktive Nährstoffe genannt, werden alle vom menschlichen Körper benötigten und der Gesundheit des Organismus förderlichen Substanzen bezeichnet, und sie betreffen eine große Anzahl verschiedener Inhaltsstoffe mit unterschiedlichen Wirkmechanismen. Mit diesem Sammelbegriff werden vor allem Vitamine, Mineralstoffe als Mengen- und als Spurenelemente, sekundäre Pflanzenstoffe, bestimmte Fettsäuren und die Essentiellen Aminosäuren bezeichnet.

Darüber gibt es schon sehr viele Fachliteratur und Empfehlungen, vor allem über Nahrungsergänzungsmittel. Diese wurden und werden inzwischen zu einem ‚Markt', der allerdings in der oft heftig diskutierten Frage gipfelt: *„Sind die biologischen Stoffe, die wir heute als Vitalstoffe definieren und die kaum noch in unserer industriell gefertigten Ernährung enthalten sind, durch synthetisch hergestellte Vitalstoffe ersetztbar?"*

Die Forschungen darüber gehen sehr weit zurück. Es begann mit dem deutschen Chemiker und Ernährungswissenschaftler Hans Albert Schweigart (1909-1972), der schon 1935 den Begriff *Vitalstoffe* prägte. Er gründete nach dem Krieg die »Internationale Gesellschaft für Nahrungs- und Vitalstoff-Forschung« (IVG) (später umbenannt in »Internationale Gesellschaft für Vitalstoffe und Zivilisationskrankheiten«). Unter seiner Leitung konnte die IVG 17 Nobelpreisträger als Mitglieder werben; ab 1956 wurde Albert Schweitzer, 1958 Linus Pauling Ehrenpräsident der IVG. Sie entwickelte sich damit lange vor der ‚Umweltbewegung' zu einer prominent besetzten Organisation im Themenbereich ‚Ernährung-Gesundheit-Umwelt'. Schweigart wurde 1964 zum ersten Präsidenten der internationalen Stufe des »Weltbundes zum Schutz des Lebens« (Luxemburg) gewählt.[100] Später wurde der Begriff auch in der alternativmedizinischen »Orthomolekularen Medizin« nach Professor Dr. Linus Pauling, dem zweifachen Nobelpreisträger, und seinen weltweiten Nachfolgern verwendet.

Und wie geht es uns dabei als ‚Konsumenten' und ‚Verbraucher'? Blicken wir daher kurz auf das Streitobjekt selbst und fragen: Welche Stoffe verstehen wir in unserem Alltag als *Vitalstoffe*? Es sind die ‚Amine des Lebens' (Vitamine), die Mineralstoffe und die Spurenelemente (und noch einiges mehr), denn ohne sie gibt es kein Leben (lat.; *vita*).

Es ist keine Frage, dass meine heutige Ernährung nicht mehr der meiner Eltern und meiner Jugend entspricht – das zeigt schon ganz offensichtlich der ‚Handelsmarkt'. Die Handelskonzerne wuchsen und wuchsen und wurden dabei immer mächtiger. Die »Edeka-Gruppe« zum Beispiel beschäftigt über 260.000 Mitarbeiter und setzte 2008 über 36 Milliarden Euro um.

Natürlich bekam auch der preisliche Wettbewerb immer mehr Bedeutung, und es entstanden landes- und europaweit die Discounter, die Billiganbieter. Die zuliefernde Industrie forcierte den Boom, und die Nahrungsmittelindustrie ist heute nach der Waffenindustrie und der chemisch-pharmazeutischen Industrie die drittgrößte auf der Welt.

Während in der Waffenindustrie allein die Qualität der Maßstab der industriellen Fertigung und der kommerziellen Erfolge ist, kann in der Nahrungsmittelindustrie immer wieder zwischen Qualität und Quantität und Preis/Leistung entschieden werden.

**Allerdings nicht nur auf Seiten der Hersteller, sondern genauso von uns Käufern: Mit unserem Kauf und unserem Geld bestimmen wir im Qualitätsbereich entscheidend mit – siehe die erfolgreiche Bio-Welle bei den Produkten und bei den Vertriebswegen.**

Trotzdem finden wir auf unserer Käuferseite noch viel zu viele ‚Konsumenten' und ‚Verbraucher', die im Bereich der lebensnotwendigen Vitalstoffe teilweise gar nicht und teilweise nur unvollständig ‚aufgeklärt' sind. Und dieser Zustand dient nur einem: dem Hersteller – weniger unserer Gesundheit.

Auf dem modernen Vitalstoff-Sektor haben sich nämlich die beiden oben erwähnten Lager gebildet. Das eine versucht mit möglichst *naturbelassenen'* Vitalstoffen der allgemeinen Gesundheit zu helfen, und das andere (der orthomolekularen Produkte) ‚belegt', dass auch rein *synthetisch* hergestellt Vitalstoffe helfen und heilen – und dabei eben auch preisgünstiger. So spielen auch die Hochdosierungen noch eine wichtige Rolle.

Ich selbst tendiere zum Lager der Synthetika, allerdings nicht pauschal, sondern ganz produktbezogen. Vor allem sollte man sich auch intensiver damit befassen, das allein ist schon grundsätzlich ein entscheidender Einfluss von gesundheitserhaltenden Energien – dabei geht es nämlich um unser bewusstes Sein, eben um *Bewusstsein*.

Diese meine persönlichen bewussten Erfahrungen unterstützt auch ein aktueller Bericht in der immer bedeutender werdenden Monatszeitschrift »raum&zeit – die neue Dimension der Wissenschaft«. In der Augustausgabe 2010 wird unter anderem aufgeklärt:

*„Natürliche und chemische Vitamine sind chemisch völlig identisch und nicht unterscheidbar, auch nicht in ihrer Wirkung. ‚Natürliche' Vitamine werden durch ihre Behandlung mit chemischen Substanzen, vor allem Lösungsmitteln, aus Nahrungsmitteln konzentriert und auf diese Weise gewonnen. ‚Künstliche' Vitamine werden durch chemische Synthese hergestellt.“*[64]

Der bekannteste deutsche Vertreter der orthomolekularen Therapien ist Dr. med. Matthias Rath, und er schreibt in einem offenen Brief an unsere Bundeskanzlerin unter anderem:

*„Während die Pharma-Interessen in Deutschland gegen den Durchbruch der Vitaminforschung in der Krebsbehandlung noch Amok laufen, bestätigte das weltgrößte Forschungsinstitut, die National Institutes of Health (NIH) der USA bereits diesen wissenschaftlichen Durchbruch: Am 13. September 2005 veröffentlichte das NIH eine Aufsehen erregende Studie mit dem Titel ‚Vitamin C tötet Krebszellen ab'. Sie zeigte, dass zahlreiche Tumorarten sich durch hoch dosiertes Vitamin C gezielt abtöten lassen. Damit steht jetzt und für alle zukünftigen Generationen fest: Krebs ist kein Todesurteil mehr und ist in vielen Fällen auf natürliche Weise heilbar – ohne gefährliche Chemotherapie!“*

Wer es beim Vitamin C ganz natürlich meint und noch dem Glauben anhängt, mit Orangen, Grapefruits und Zitronen aus südlichen Ländern seinen täglichen Bedarf abzudecken, der irrt. Diese Früchte werden ‚grasgrün' und sonnenverschont geerntet und in einer langen Logistikkette in unsere Läden gebracht – schön fürs Auge. Reife Kiwis und Erdbeeren versorgen Sie mit wesentlich mehr Vitamin C, schwarze Johannisbeeren sogar mit dem 4-fachen.

Mit diesem einfachen Hinweis möchte ich zwischen den oft pauschalen ‚Meinungen' der beiden Lager vermitteln, die ja beide wissenschaftlich belegte Untersuchungen zitieren können. Ich meine, jeder sollte selbst, also individuell und selbst-bezogen, seine eigenen Erfahrungen sammeln – in Ruhe und hineinfühlend, denn beide Wege sind prinzipiell gesundheitsförderlich. Auch hier gilt die Bereitschaft, statt eines blinden ‚entweder/oder' ein aufmerksames ‚sowohl-als-auch' zu pflegen. Manche Aussage darüber klingt eher wie ein Glaubensbekenntnis, obwohl wir Menschen doch sehr verschieden ‚angelegt' sind und unsere Körper auch sehr verschieden reagieren. Seien wir doch froh, dass unsere Körper nicht so genormt sind und viele unserer Verhaltensweisen und auch unsere Organe sehr unterschiedlich arbeiten und reagieren.

In »JR1 auf Seite 363« beschreibe ich ausführlich den *Kinesiologischen Muskeltest,* der uns bei solchen Unklarheiten überzeugend die individuelle Körperantwort präsentiert – allerdings jeweils als momentanen Istzustand. Doch durch geeignete Fragestellungen kann auf diesem Wege präzise das ‚passendere' Produkt abgefragt werden.

Wie schon erwähnt, existiert längst ausführliche Literatur darüber, doch deren Auslegungen und die zunehmende Beeinflussung durch die mächtige Pharmaindustrie irritieren uns dabei mit ausgeklügelten Methoden. Dabei wird der deutsche ‚Markt' vom Gesetzgeber schon beachtlich eingeschränkt, EU-Einmischungen nehmen – meist sehr stillschweigend – immer mehr zu, und Dosierungsempfehlungen werden manipulativ niedriggehalten. Darauf bin ich im Buch 1 schon recht ausführlich eingegangen, möchte aber diesmal noch einige besondere ‚Lügen' klarstellen und ergänzen.

Nummer 1 ist dabei die immer wieder auftauchende und geschickt formulierte Behauptung, wir seien auch mit unserer heutigen Ernährung ausreichend mit Vitalstoffen versorgt, obwohl es andererseits klare Aussagen schon allein über den schleichenden Vitaminmangel gibt. *„Die meisten Menschen erreichen die täglichen Mindestmengen nicht",* erklärt Dr. Ulrich Fricke. Allerdings eben nicht im Fernsehen und all den uns überflutenden, industriewerbeetatabhängigen Presseorganen. Daher stelle ich hier noch einige manipulierte Verdrehungen klar, die uns in unserem Gesundbleiben und Wiedergesundwerden behindern – auch in der lebenswichtigen Entscheidung, deshalb Naturarzt/ärztin oder Heilpraktiker/in dazu zu hören.

# Magnesium ist ein Wundermittel

Von 18 Mineralien ist Magnesium (Mg) das wichtigste für unsere Gesundheit – so wichtig wie das Wasser für den Planeten. Weniger Sonne, das geht, aber ohne Wasser, da kommt Chaos auf. Ohne dieses Mineral könnten wir gar nicht existieren, und es muss über unsere tägliche Nahrung aufgenommen werden.

Das Wirkungsspektrum von Magnesium ist daher auch entsprechend weit gefächert, ist es doch der Aktivator von mehr als 300 **Enzymsystemen**. Dazu heißt es[65]:

*„Das Enzymsystem ist noch längst nicht vollständig erforscht. Enzyme sind eine Art ‚Biokatalysatoren‘, die in den Körperzellen chemische Reaktionen in Gang setzen beziehungsweise verlangsamen, beschleunigen oder verbessern. Enzyme bestehen aus langen Aminosäureketten, und man schätzt, dass es 50.000 verschiedene gibt. Sie steuern die unterschiedlichen Regelsysteme des Körpers, wobei für jede Funktion ein einzelnes Enzym zuständig ist.“*

Anders ausgedrückt bedeutet das, dass 300 Enzyme ohne Magnesium wirkungslos wären – und unser Körper funktionsunfähig.

*„Vor allem bei Energiemangelerscheinungen, aber auch Bluthochdruck, Herzrhythmusstörungen und Verkrampfungen sollte Magnesium genommen werden... Es schützt das Herz, wirkt gegen Osteoporose und reduziert – genauso wie Vanadium, Mangan und Chrom – den Heißhunger auf Süßigkeiten“*, erklärt Dr. Joachim Mutter.

Die Liste der Heilempfehlungen ist bei Magnesium ellenlang. Meine private Sammel-Mappe, in der ich die verschiedenen Berichte darüber zusammengetragen habe, zählt zu einer der dicksten. Ich führe hier weitere Symptome eines möglichen **Magnesiummangels** alphabetisch auf: Alterserscheinungen, Bluthochdruck, Durchblutungsstörungen, Depressionen, Hautunreinheiten (Furunkel), Herzerkrankungen, mehr Infektanfälligkeit, Konzentrationsmangel, Kopfschmerzen, Krampfneigungen, Migräne, Menstruationsbeschwerden, Muskelkrämpfe, Nervosität, Ohrensausen, Reizbarkeit, Schwächegefühle, Schwindel, Ruhelosigkeit, vegetative Störungen, Verkalkungen, Verknorpelung an Wirbelsäule und Gelenken und Verstopfungen.

Magnesium reduziert auch das Risiko an *Diabetes* zu erkranken, hilft gegen *Verspannungen* aller Art, auch *Schmerzen*, vermindert *Nierensteine*, stimuliert das *Immunsystem* (Bildung von Antikörpern) und steigert unsere *Energie*. Haben Sie gewusst, dass Magnesium als ein allgemeines *Anti-Stress-Mineral* gilt? Dr. Spitzbart nennt es gar ‚Salz der inneren Ruhe'. Bei Dr. Mutter zählt es auch zu einem der *Muntermacher*. Es ist eines der wichtigsten Mineralien, um im Alter dem *Abbau* entgegenzuwirken sowie die Regeneration und den Wiederaufbau der Knorpel und die Zähigkeit (Viskosität) der Gelenkflüssigkeit (Schmierung) zu ermöglichen. Es aktiviert die Ausleitungen unserer Aluminiumvergiftungen. Auch bei den meisten Schwerkranken (wie bei *Krebs*) ist der Zellstoffwechsel oft 80 bis 90 Grad abbauend. (Dr. Bodo Köhler) Magnesium hilft bei der *Reparatur* fehlerhafter DNS-Stränge, repariert *Zell-Mutationen* und hilft bei *Verkalkungen*, indem es das Kalzium an die richtigen Stellen im Körper dirigiert[66]. Diese beiden Gegenspieler Kalzium/Magnesium habe ich auch schon auf Seite 118 erwähnt. Dr. Mutter empfiehlt Magnesium hochdosiert bei *Borreliose* (1-2g/Tag) und bei Hexenschuss und Bandscheibenproblemen (600-800mg).

Einen besonderen Schwerpunkt hat natürlich der milliardenteure rheumatische Formenkreis der Arthrose und Arthritis. Dazu heißt es bei »wikipedia«:

*„Arthrose ist einer der häufigsten Beratungsanlässe in einer allgemeinmedizinischen Praxis. Arthrosen sind mit erheblichen Kosten für das Gesundheitssystem verbunden. Erkrankungen des Muskel-Skelett-Systems nahmen 2004 mit 24,46 Mrd. Euro (= 10,9%), nach den Erkrankungen des Kreislaufsystems (2004: 35,27 Mrd. Euro = 15,7%) und den Erkrankungen des Verdauungssystems (33,27 Mrd. Euro = 14,8%), den drittgrößten Kostenfaktor für Behandlungen von Erkrankungen in Deutschland ein. Von den Kosten für Erkrankungen des Muskel-Skelett-Systems wurden 6,77 Mrd. Euro (= 27,7%) für die Be-*

*handlung von Arthrose aufgewandt. Über 96 Prozent der Kosten für die Behandlung von OA 2004 in Deutschland entfiel auf die Personengruppe der Menschen ab 45 Jahren; etwa zwei Drittel (67,8%) auf Personen ab 65 Jahren."*

In der ausführlichen Beschreibung der ‚Arthrose' erscheint bei »wikipedia« der Begriff *Magnesium* nur am Rande. Dagegen empfehle ich dringend allen Betroffenen, ob schon cortisonabhängig oder erst im Verdachtsbereich, das neue Buch der inzwischen weltweit bekannten spanischen Lehrerin und mehrfachen Autorin Ana Maria Lajusticia Bergasa »Die erstaunliche Wirkung von Magnesium: Über die Bedeutung von Magnesium und Probleme bei Magnesiummangel«[67] aufmerksam zu lesen, um gesund zu bleiben oder es wieder zu werden.

Interessant sind auch die Aufzählungen, wie der Magnesiummangel überhaupt entsteht. Grundsätzlich gilt heute mehr denn je, was der französisches Professor Pierre Gilbert (1861-1957) schon damals feststellte:

*„Wo zu wenig Magnesium im Boden ist, sind auch die Pflanzen arm an Magnesium. Der Prozentsatz der Krebserkrankungen ist zwei- bis dreimal so hoch wie bei magnesiumreichen Böden.*
*Außerdem hat Professor Delbet auch festgestellt, dass alles Magnesium verloren geht, wenn das Kochwasser vom Gemüse weggeschüttet wird. Ebenso hat er festgestellt, dass im Weißbrot so gut wie kein Magnesium enthalten ist. Deswegen hat Professor Delbet vorgeschlagen, die magnesiumarmen Böden mit Magnesium anzureichern. Obwohl der Professor Delbet selbst Mitglied der ‚Académié de Médicine' war, ist er auf den Widerwillen seiner Kollegen gestoßen. Denn die Krebsbehandlung ist eine Goldgrube für die Mediziner. Von einer Krebsverhütung will keiner etwas wissen."* (Frédéric Stahl, Privatgelehrter)[68]

Außerdem wird der weitverbreitete Magnesium-Mangel auch erzeugt durch den Verzehr zu vieler Kuhmilchprodukte; das Nachlassen der Aufnahmefähigkeit im Alter; anhaltenden Stress, der nicht durch genügend Bewegung (Adrenalin) kompensiert wird; zu wenig Vitamin

C, um das Magnesium richtig zu verwerten; in der Schwangerschaft und Stillzeit; bei Alkohol-Missbrauch; bei anhaltenden Durchfällen und logischerweise auch bei Sportlern.

Heute werden im orthomolekularen Therapiebereich und als Nahrungsergänzungsmittel verschiedene Magnesium-Präparate angeboten – als Chelat, Chlorid, Zitrat, Carbonat und andere mehr. Nach meinen Unterlagen haben bei den oralen Darreichungsformen die Präparate als *Chelat* (spricht man ‚Kelat') die beste Resorption und Aufnahmefähigkeit unseres Körpers – wer es sich finanziell leisten kann, ist damit am besten versorgt[69].

Magnesium-Verbindungen mit einem organischen Säureanteil wie *Magnesiumzitrat* können besonders gut verstoffwechselt werden, da das Zitrat (Zitronensäure) als körpereigener Bindungsstoff natürlicherweise im Organismus vorhanden ist. *Magnesiumchlorid* ($MgCl_2$) ist das Magnesiumsalz der Salzsäure und wird von vielen Therapeuten empfohlen, dabei auch als gesundheitsfördernder Jungbrunnen. Es soll nämlich außerdem verstärkt gegen ernährungs- oder altersbedingte Verkalkungen unseres Skelettsystems wirken, die sich auch auf die Organe mit Steinebildung ausdehnen. Bei Verhärtungen und Verkalkungen steht das *Kalzium* auf einer Ebene mit Sauerstoff und freien Radikalen, während der Kalzium-Gegenspieler *Magnesium* mit Wasserstoff und Antioxidantien zusammenwirkt, um die Körperstrukturen weich zu halten.

Der spanische Jesuitenpater Puig ist wegen seiner jahrelangen krankhaften Verkalkungen berühmt geworden, weil er sich mittels seiner Forschungen mit Magnesiumchlorid völlig geheilt hat. Er empfiehlt folgende Magnesiumchlorid-Lösung: 33,3 Gramm $MgCl_2$ in 1 Liter Mineralwasser auflösen und in einer dunklen Glasflasche (keine Plastik und evtl. mit einer Aluminiumfolie umwickelt) im Kühlschrank aufbewahren. Davon täglich ein Schnapsgläschen (2 bis 3 cl) morgens gleich nach dem Aufstehen einnehmen. Ein Schweizer Geistesfreund bestätigt mir, dass er 43-jährig durch Schmerzen in den Fingergelenken nicht einmal mehr eine Flasche öffnen konnte. Nach rund drei Wochen mit obiger Kur waren die Schmerzen schon geringer und nach weiteren drei Wochen ganz verschwunden.

Von dem erwähnten Magnesiumzitrat in Pulverform[52] nehme ich täglich zwei Messerspitzen in meinen 2 Liter Wasserkonsum verteilt, dazu jedoch auch täglich 1.000 mg Vitamin C, die beiden brauchen sich. Aufgrund meines Alters ergänze ich es noch mit täglich 100 mg Coenzym Q10. Die Forscherin Bergasa empfiehlt für Vegetarier und Veganer, bei der Magnesiumeinnahme etwas Eiweißhaltiges zu verspeisen, weil die Verstoffwechslung mit Aminosäuren effektiver verläuft.

Das natürliche Magnesium in unserer Nahrung reicht für den modernen täglichen Bedarf normalerweise nicht mehr aus. Am meisten davon befindet sich in den Vollkornprodukten (vor allem in Braunhirse), in Weizenkeimen, Sonnenblumenkernen, Kürbiskernen, getrockneten Aprikosen, Paranüssen, Mandelkernen und dunkler Schokolade.

**Meine Empfehlung: Befassen Sie sich ernsthaft damit – nicht umsonst bezeichnen Insider Magnesium als ein *Lebenselexier*!**

# Sind unsere AO-Speicher gefüllt?

Interzelluläre *Antioxidantien* (AO) begleiten unseren Körper ein Leben lang und zählen zur Biochemie, die unsere Gesundheit und unser Alter bestimmt. Doch wie fast immer gibt es latenten Streit unter den Wissenschaftlern und über die Auslegungen ihrer aufwendigen Untersuchungen, wobei der Patentierungs- und Vermarktungsbereich hier wohl auch eine entscheidende Rolle spielt.

Bei den geschätzten täglichen Trillionen von Stoffwechselvorgängen in unserem Körper ist es wohl nicht einfach, dabei auch noch die Individualität des einzelnen Menschen maßgeblich zu beachten. Zwar werden alle Lebensprozesse im Biosystem unseres Körpers – sowohl chemisch wie auch physikalisch – auf der molekularen Ebene aktiviert, reguliert und aufrechterhalten, doch der gesundheitsbestimmende und vital-energetische Fluss von ordnungsgebender Energie und anhaltender Lebenskraft hängt auch noch von innerer und äußerer Harmonie der verschiedensten Energieflüsse ab – das belegen uns die asiatischen Heilungswege seit Jahrtausenden.

Die immer schädlicher werdenden Gegenspieler der Antioxidantien und damit Harmoniestörer sind die *oxidativen Freien Radikale*, Atome oder Moleküle mit mindestens einem ungepaarten Elektron. Diese Radikale spielen eine wichtige Rolle bei bestimmten Oxidationsprozessen – bis hin zum oxidativen Stress –, und so haben wir hier ein entscheidendes Spannungspotential schon in unseren kleinsten zellulären Lebenseinheiten, den Atomen und Molekülen.

In früheren Zeiten hatten diese beiden gegensätzlichen Reaktionssysteme Antioxidantien/Radikale eine gewisse bewährte Ordnung. Doch durch unsere modernen Veränderungen der Lebensumstände, unsere Ernährung (Industrienahrung, Junk Food, Soft-Drinks und mehr) und unserer Umwelteinflüsse (Luftverschmutzung) entstand und entsteht zunehmend ein ‚Durcheinander' sowohl unserer körperlichen Reaktionen wie auch der Lehrmeinungen.

**Diese molekularen ‚Spannungen' zwischen den Antioxidantien und den oxidativen Freien Radikalen (Mikrokosmos) pflegen unsere Wissenschaften gut honoriert weiter in ihren publizierten Untersuchungsergebnissen (Makrokosmos).**

Mit diesem wenig bekannten Themenkreis hat sich intensiv der internationale Erfolgsautor Johannes von Buttlar in seinem Buch »Vitalstofflexikon – den Jahren mehr Leben geben«[70] befasst. Zu den Freien Radikalen schreibt er:

*„Freie Radikale sind Sauerstoffverbindungen, die eine krank- und altmachende Wirkung auf jede Körperzelle ausüben. Experten sind der Ansicht, dass die Freien Radikale heute die größte Einzelbedrohung für die öffentliche Gesundheit darstellen. Mehr als fünfzig Zivilisationskrankheiten werden nach jüngsten Forschungsergebnissen mit den zerstörerischen Wirkungen der Freien Radikalen in Zusammenhang gebracht..."*

Haben Sie das schon jemals gehört? Bitte lesen Sie dieses Zitat noch einmal aufmerksam nach. Hier brodelt es!

Von Buttlar hat auch die ‚Quellen', die diese ‚Radikalisierung' in unserem Körper bewirken, aufgezählt und da heißt es: Zigarettenrauch, Alkoholkonsum, chemische Schadstoffe wie Pestizide, Schwermetalle, Röntgenstrahlen, Industrieabgase, Autoabgase, Elektrostress, UV-Bestrahlung und Langstreckenflüge. Doch auch innerkörperliche Belastungen radikalisieren: Stress, starke Körperbelastungen, Entzündungen, Depressionen, chronische Krankheiten (wie Diabetes) oder sogar verstärktes sportliches Training. Generell spielt dabei auch das zunehmende Alter eine Rolle.

Doch unser genial konstruierter Körper hat durchaus die Möglichkeit, sich weitgehendst vor diesen Radikalen zu schützen – unser Staat tut es ja auch. Unsere inneren ‚Bodygards' sind eben die *Antioxidantien* sowie einige andere, weniger bekannte Radikalfänger. Gemeint sind damit vor allem die Vitamine E und C, Betakarotin, OPC, Lycopin, Lutein-Zeaxantin, Selen und Coenzym $Q_{10}$. Für das Baby ist es auch die Muttermilch.

Dazu Johannes von Buttlar:

*„Da diese Antioxidantien sich in ihrer Funktion gegenseitig unterstützen und regenerieren, ist es nachhaltig und sinnvoll, diese Wirksubstanzen in ausreichender Menge und kombiniert aufzunehmen... Gefördert wird dieser Zellschutzeffekt auch durch eine vernünftige, gesunde Ernährung mit viel frischem Obst, Gemüse und wenig Fett.“* [70]

Die Angaben über den Gehalt an Antioxidantien in unseren Pflanzen gehen teilweise auseinander, doch viele sind längst dafür bekannt (Sanddorn, Blaubeeren, Himbeeren, Brombeeren, Erdbeeren, Moosbeere/Cranberry). Bei den Getränken sind es vor allem der Grüne Tee, doch auch Kakao, Kaffee und Rotwein gehören dazu. Aus naturgeschützten Höhenlagen die Zistrose (Cystus incanus) und die AFA-Alge und in unserer Heimat sind es außerdem viele Samen, Bohnen, rote Kartoffeln, rote Weintrauben und Traubenkernöl, Rosmarin, Tomaten, Goji oder Bocksdorn.

Als Früchte aus südlichen Regionen kommen zu uns die Banane, Avocado, Mango, Granatapfel, Açaí und viele andere. Je nachdem, wie unreif sie vor den teilweise langen Transportwegen geerntet worden sind, können auch die Inhaltsstoffe qualitativ bescheiden sein. Daher gibt es auf dem alternativen und biologischen Markt schon sehr speziell zusammengestellte Nahrungsergänzungsmittel. Das Internet öffnet dafür internationale Bezugsmöglichkeiten.

So möchte ich damit anregen, bei all dem Kleingedruckten, den Packungsbeilagen, den bunten Prospekten und den Internetseiten des reichlichen Angebots von Nahrungsergänzungsmitteln besonders auf die Angabe *Antioxidans* zu achten, denn diese Eigenschaft steckt noch in manchem weiteren Inhaltskomplex. Achtsamsein und entsprechenden Wert darauf zu legen, ist die dabei positiv *praktizierte Bewusstheit* – sie kann sehr gesundheitsförderlich sein.

Damit komme ich zu einer weiteren Unterstützung der Radikalenfängerei: Professor Dr. rer. nat. Dr. med. habil. Reinhard E. Geiger berichtet dazu abschließend in »raum&zeit«:

*„Die Erkenntnis, dass beim modernen, zivilisierten Menschen aufgrund seines naturfremden Lebensstils die körpereigenen Vitalstoff-Speicher einen gefährlich niedrigen Füllstand aufweisen, erfordert ein fundamentales Umdenken bezüglich Lebensstil und präventiven sowie therapeutischen eumetabolischen Maßnahmen."*

Eumetabolik nennt Geiger mit Kollegen die modernere orthomolekulare Medizin mit hochdosierten Nährstoffen. Aufgrund der nachweislichen Erfolge dieser chemischen Vitalstoffergänzungen fordert er dazu die ergänzenden inneren Komponenten wie:

*„Ohne eigenverantwortliche, harmonisierende Veränderung der Lebenseinstellung und Lebensweise können die Menschen... den notwendigen Abbau der übermäßigen Stress-Anhäufungen nicht vollbringen. Gleichzeitig mit dem Abbau von belastenden Dingen und Verhaltensweisen individuellen Lebensstils sollte darauf geachtet werden, dass die Antioxidantien-Speicher ausreichend gefüllt sind."*

Ich kenne noch zwei ungewöhnliche Speicherfüller, die ich ausführlicher vorstellen möchte: exotische Tees und ein wertvolles Gewürz.

# Kurkuma, das gesunde Gewürz

Das Gelbe vom Ei kennen wir, doch das Gelbe vom Curry wohl kaum – in der indischen Gewürzmischung Curry liefert das Knallgelbe das Gewürz Kurkuma. Und das ist eines der leistungsstärksten Antioxidantien von erstaunlichem Nutzen für unsere Gesundheit.

*„In Indien wird Kurkuma seit Jahrtausenden als Farbstoff, Gewürz und in der traditionellen indischen ayurvedischen Medizin verwendet. Kurkuma ist eines der Gewürze, die die Fettverbrennung und die Heilkraft unterstützten, mehr als jedes andere Gewürz. Es bekämpft Freie Radikale, wirkt entzündungshemmend und antibakteriell.“*

Das berichten in ihrem Newsletter Catherine Ebeling und Mike Geary, der Flachbauchspezialist (www.FlacherBauch.com) und zitieren dabei moderne Untersuchungsergebnisse. Neben der bewährten Verdauungshilfe wirkt es homocystein-reduzierend (Herzattacken und Hirnschlag) und kann das Wachstum von Krebszellen verhindern. Wegen seines reinigenden und energiespendenden Effekts wird Kurkuma in Indien auch bei Herpesbläschen, Mumps, Masern, Windpocken und Insektenstichen verwendet.

*„Die indische Heilmedizin Ayurveda verwendet dieses Gewürz, um den ganzen Körper zu reinigen, bei Verdauungsbeschwerden und zur Behandlung von Fieber, Infektionen, Leberleiden, bei Gallenblasenproblemen und Arthritis – alles langfristige Schädigungen durch Freie Radikale. Es kann sogar helfen, Fett zu verbrennen, und scheint Herzerkrankungen sowie Alzheimer und Parkinson entgegenzuwirken.“*

Der zweite natürliche Antioxidantien-Speicherfüller kommt in Form von Tees aus sonnenlichtreichen Ländern:

# Tees aus fernen Ländern als tägliche Medizin

Deutschlands meistgetrunkenes Getränk ist der Kaffee und dieser hat damit schon lange das Bier überholt. Aus den USA stammt die Meldung, dass Kaffee eigentlich der stärkste Antioxidantien-Lieferant sei, doch zugleich ist er auch einer der schädlichen Hauptversäuerer in unserem körperlichen Säure-Basen-Milieu. Diese Eigenschaft entsteht durch die Röstung, ähnlich wie die Fermentierung der asiatischen Teesorten uns den Schwarzen Tee liefert – wohlschmeckend, jedoch gesundheitsbelastend. Wer Schwarztee oder Kaffee als Aufwecker am Morgen nicht benötigt, sollte sie auf den Nachmittag verschieben, denn beide stören die morgendliche Stammzellenschwemme unseres täglichen Zell-Reparaturdientes.

Anders ist das beim **Grünen Tee**. *„Eine Tasse grüner Tee erwärmt Körper und Seele"*, erklärt Dr. Ulrich Fricke und *„Das Herz-Feuer kühlen und den Geist beruhigen"*, drückt der Heilpraktiker Christoph Wagner es aus.

Da Grüner Tee unfermentiert ist, enthält er als Haupt-Gerbstoff weiterhin Catechine – und genau diesen zu den Polyphenolen zählenden ‚sekundären Pflanzenstoffen' werden die gesundheitsrelevanten Eigenschaften dieses Tees zugeschrieben. Schwarzer Tee enthält nur noch ein Zehntel dieser wertvollen Inhaltsstoffe. (Dr. Fricke)

Der Journalist und Heilpraktiker Christoph Wagner schreibt dazu im »Naturarzt« (5/2008):

*„Die bekannteste Gesundheitswirkung von Grüntee ist der vorbeugende Effekt gegen einige Krebsarten. Nach verschiedenen Forschungen gilt Epigallocatechingallat (EGCG) als der diesbezüglich wichtigste Wirkstoff. Er ist mit Sicherheit ein starker Radikalenfänger bzw. ein wirksames Antioxidans, das heißt er hemmt überschießende Oxidationsreaktionen im Organismus und damit unter anderem den Zellalterungsprozess. Grüntee hilft Prostatakrebs vorzubeugen, aber auch anderen bösartigen Tumorerkrankungen. EGCG oder andere Catechine sollen außerdem Bluthochdruck senken... Und da eine weitere Gruppe von ‚sekundären Pflanzenstoffen', die Saponine, den Cholesterinspiegel senkt,*

*wurde dem Grüntee schon länger auch eine vorbeugende Wirkung auf Herz-Kreislauf-Erkrankungen inklusive Herzinfarkt und Schlaganfall zugetraut."*

Über dieses Multitalent aus Fernost habe ich auch schon im »JR1 Seite 207« berichtet. Denn dies belegt in einem Selbstversuch auch der Professor Werner Hunsteln an der Poliklinik Heidelberg, der seine Leukämie schlicht und einfach mit der Heilwirkung des Grünen Tees kuriert hat[71]. Sofern Grüntee noch nicht zu Ihren gesunden Genüssen zählt, empfehle ich, Folgendes zu beachten: Übergießen Sie den Tee nicht mit kochendem Wasser! Ideal sind 60 bis 70 Grad. 2 Minuten ziehen lassen ergibt einen belebenden, koffeinhaltigen Trunk, 4 Minuten dagegen einen gerbstoffreichen, beruhigenden Tee. Die Blätter können 2- bis 3-mal aufgegossen werden. Tee mit Bio-Siegel ist anderen vorzuziehen!

Zu der südeuropäischen Teesorte **Zistrose** (Cystus incanus) schreibt Dr. G. Pandalis:

*„Nach einer Untersuchung des »LEFO-Instituts für Lebensmittel und Umweltforschung« in Ahrensburg verfügt Cystus-Tee über ein mehr als vierfach höheres antioxidatives Potential als Rotwein, auch grüner Tee kann im Vergleich nur etwa ein Drittel der Menge bieten. Damit ist Cystus der Star unter den natürlichen Antioxidantien. Internationale Schlagzeilen machte die aromatische Pflanze im Jahr 1999: Eine Expertenjury zeichnete Cystus incanus als ‚Pflanze Europas 1999' aus."*

Ich kenne diese Büsche von meinen Wanderungen auf der Insel La Palma an den trockenen, sonnenüberfluteten Hängen – duftend, minusionenreich und heilsam.

Zu der afrikanischen Teesorte **Rooibos** schreibt der Ernährungsberater Mike Geary:

*„Rooibos Tee enthält kein Koffein, dafür aber eine Menge unterschiedlicher Antioxidantien im Vergleich zum Grüntee. Der Tee ist reich an Mineralien, Flavonoiden, Karotinoiden, Vitamin C und vieler anderer*

*einzigartiger Antioxidantien. Rooibos Tee wirkt sich positiv auf hohen Blutdruck aus, und durch den hohen Mineraliengehalt gilt er bei Sportlern als optimaler isotonischer Durstlöscher. Auch geschmacklich wird dieser Tee Ihnen zusagen. Rooibos Tee kann gut am Abend vor dem Einschlafen alternativ zu Kamillentee getrunken werden, da es durch die positiven Eigenschaften auf das Glückshormon Serotonin beim Einschlafen förderlich ist."*

Andere Kontinente, andere Sitten! Von den Inkas aus Südamerika kennen wir den **Mate-Tee**. Diese berühmten Rothäute hatten damals ein perfektes Nachrichtensystem durch ausdauernde Läufer, welche diese belebenden Teeblätter kauten. Ich selbst liebe diesen etwas herben Teegeschmack (nur kurz ziehen lassen), und sein Koffeingehalt soll zwischen dem des Kaffees und des Grüntees liegen. Auch dabei kommen wieder die lebenswichtigen *Antioxidantien* in den Vordergrund, neben vielen Vitaminen und Mineralien. Durch die enthaltenen Saponine wirkt sich der Tee günstig auf die Fettverbrennung aus, da Saponine das Körperfett spalten – zumal durch die Inhaltsstoffe sogar Heißhungerattacken besser kontrolliert und gedämpft werden sollen. Auch sonst ist diese Teesorte für uns vorteilhaft, da sie sowohl Blutdruck wie auch Leber, Galle und die Muskulatur positiv beeinflussen kann.

# Das Multitalent Vitamin D

...oder auch ‚Das Drama des Sonnenentzugs'. Ohne Sonne gäbe es kein Leben auf der Erde. Bis vor einigen Jahrzehnten nutzten wir alle ihre heilende Kraft. Albert Szent-Györgyi, Entdecker des Vitamins C und Nobelpreisträger, belegte die Formel: *„Alles Leben der Erde kommt vom Licht der Sonne."* Schade, dass wir modernen Menschen uns jeden Tag freiwillig des Sonnenlichts berauben lassen. Wir können annehmen, dass jahrtausendelang unser Leben im Freien untrennbar mit der Kraft der (heiligen?!) Sonne verbunden war. Inzwischen leben wir weitgehend bewegungsarm in geschlossenen Räumen. Und darauf ist unsere Genetik überhaupt nicht eingerichtet – ohne das Bio-Licht zu leben!

Durch gezielte Angstmache ist unsere liebe Sonne zum bösen Dämon mutiert, der angeblich unsere Gesundheit bedroht, und das hat dann allgemein die Heilkraft der Sonnenstrahlen vergessen lassen. Durch Sonnenmangel kommt es zu einem Defizit an Vitamin D, das für die Regulation zahlreicher Prozesse in nahezu allen Körperzellen benötigt wird. 70 bis 90 Prozent aller Menschen in Deutschland, Österreich und der Schweiz leiden an **Vitamin-D-Mangel** und wissen nicht, dass dieser in vielen Fällen auch zu schweren Leiden führen kann. Weltweit soll dies schon rund eine Milliarde von Mitmenschen betreffen.

Das *Sonnenvitamin* kann nicht nur bei Betroffenen die Lebensqualität verbessern und die Lebenszeit verlängern, sondern ist vor allem maßgeblicher Schlüssel zur Vorbeugung: Mit einer Extraportion Sonnenlicht stärken wir nicht nur unsere Knochen, sondern beugen auch Krebs und Infektionskrankheiten vor. Inzwischen veröffentlicht man wieder: Vitamin D senkt das Krebsrisiko und unterdrückt das Wachstum bösartiger Tumore.

**Vitamin D gehört zu den Schlüsselsubstanzen für die Gesundheit des Menschen. Das bestätigen immer mehr weltweite Untersuchungen.**

Im Schweizer »Nature Power Gesundheitsbrief« heißt es dazu:
*„In den letzten drei Jahren sind die wissenschaftlichen Erkenntnisse förmlich explodiert. Es sind Hunderte neuer Arbeiten erschienen... Beim Thema Vitamin D geht es um praktisch alle Zivilisationskrankheiten. Von der unzureichenden Versorgung ist nahezu jeder betroffen. Das Bewusstsein dafür ist in der Bevölkerung bislang so gut wie nicht vorhanden... Vitamin D wurde bislang total unterschätzt, inzwischen jedoch erkennen immer mehr führende Wissenschaftler, dass ohne Vitamin D nichts funktioniert und das Leben erst bei einer reichlichen Vitamin-D-Versorgung rund läuft."*

Haben die Gesundheitspolitiker und Meinungsbildner in Sachen Ernährungswissenschaft diese Mangelversorgung epidemischen Ausmaßes in der Bevölkerung bislang offenbar verschlafen? Das natürliche Sonnenvitamin schützt uns vor Rachitis und Diabetes; verlangsamt Knochenschwund; kräftigt die Muskulatur; fördert das Immunsystem und schützt vor Autoimmunkrankheiten; produziert körpereigene Antibiotika (antimikrobielle Proteine); stabilisiert gegen die winterliche und sonnenarme Erkältungsanfälligkeit; vermeidet Nervenstörungen, weil Vitamin D für die Signalübertragungen auf Nervenbahnen und in Nervenzellen zuständig ist (betrifft auch Multiple Sklerose, Schizophrenie, den Morbus Parkinson und verschiedene Depressionsformen); verkürzt oder heilt (besonders im Urlaub) depressive Phasen; heilt Hautkrankheiten wie Neurodermitis; senkt den Blutdruck (durch Herz- und Gefäßeschutz) und mildert chronische Schmerzen. Und schließlich könnte Vitamin-D-Mangel die Hauptursache von Krebs sein, erforschte Cedric Garland, Doctor of Public Health sowie Professor für Familien- und Vorsorgemedizin an der »San Diego School of Medicine«. Und ab circa 65 Jahren nimmt die körpereigene Produktion des Vitamins ab – seine Produktionsstätte, das Hautgewebe, wird da eben dünner.

**Diese Aufzählungen stellen nur einen kleinen Ausschnitt dar. Berichte in internationalen Fachzeitschriften zeigen, dass es kaum eine Zivilisationskrankheit gibt, die man nicht mit Vitamin D verhüten oder behandeln kann.**

Dazu schreibt auch Dr. Ulrich Fricke, Chefredakteur seiner Monatshefte »Länger und gesünder leben« (7/2009) weiter:

*„Ganz neue Forschungsergebnisse legen sogar nahe, dass Vitamin D Alterungsprozesse bremsen kann, weil es die Stabilität der Chromosomen fördert. Außerdem gibt es Hinweise darauf, dass das chronische Müdigkeitssyndrom (CFS) zu einem erheblichen Teil auf einen Vitamin-D-Mangel zurückgeht."*

Ich könnte jetzt seitenweise über die neuesten Erkenntnisse, Untersuchungsergebnisse, Dosierungsempfehlungen, Knochenbruch- und Zusammenwachshilfe weiterberichten – doch ich erkenne dabei die zeitgemäße ‚Falle'. Ich finde es ‚hirnrissig', dass wir uns durch neueste Wissenschaftserkenntnisse die einfache Aufforderung *„...zurück zur Natürlichkeit"* erklären lassen müssen, **denn Vitamin D erzeugt unser**

**Körper automatisch**, wenn wir mehr im Freien und besonders an die Sonne gehen – zudem dieses Vitamin im Körper sogar speicherbar ist.

‚Brauchbare' Kaufempfehlungen für das künstliche Sonnenvitamin lauten 1.000iE täglich. (Professor Dr. Jörg Spitz) Doch jetzt verrate ich Ihnen noch, wie das käufliche Vitamin D ‚aktiviert' und produziert wird und beim ersten Mal Lesen hat es mich geschüttelt:

*„Tierisches Vitamin D wird Vitamin D3 genannt. Großtechnisch wird es so erzeugt: Man bestrahlt das Wollfett Lanolin mit UVB-Licht und extrahiert daraus das gewonnene D3. Auch Pflanzen bilden Vitamin D, indem sie die cholesterinähnliche Substanz Ergosterol mit Hilfe des Sonnenlichtes in das pflanzliche Vitamin D2 umwandeln. Pilze werden benutzt, um Nahrungsergänzungen mit Vitamin D2 zu produzieren: Sie werden bestrahlt, anschließend wird D2 herausgelöst und in Präparate eingearbeitet."* (Nature Power Gesundheitsbrief)

Für mich sind das lediglich wichtige und nötige Präparate für erkrankte Bettlägerige – doch auch für die gäbe es *„...einen Platz an der Sonne"* oder künstliche Höhensonnen. Alle anderen sollten doch lieber den kostenlosen und gesundheitsfördernden Weg der **Eigenproduktion von Vitamin D** gehen: *Ab ins Freie!* Sonne, Sauerstoff und Bewegung ist auch dabei alles! Und wenn die Sonne mal ‚brennt', dann übertreiben Sie lieber nicht und achten zeitbezogen auf Ihre natürlichen Körperreaktionen, anstatt die Hautporen mit irgend einer chemischen Soße zu verkleistern – ab Lichtschutzfaktor 15 wird gar kein Vitamin D mehr gebildet!

# Bluthochdruck – eine gesunde Herausforderung

Bluthochdruck ist wie Krebs eben keine ansteckende Seuche, sondern ein selbstverursachtes Leiden. Selbstverursachter Bluthochdruck ist der Dauerschrei unseres Körpers, endlich etwas zu verändern – die symbolische Vuvuzela-Tröte unserer Gesundheit und unseres Wohlbefindens. Dieser Lärm kann ganz schön nerven, wenn wir davon nichts wissen wollen und wenn alles andere wichtiger und bequemer ist als unsere

Gesundheit und unser Wohlbefinden. Und es kann schließlich auch tödlich ausgehen, wenn wir es nicht ernst nehmen – *dann wird es eben sehr ernst!* Selbstverursachter Bluthochdruck ist dabei ein Signal unseres vielschichtigen Körperenergiefeldes, dass wir unsere Eigenverantwortung in zu vielen Lebensbereichen an andere abgegeben haben.

Dieser ‚Bluthochdruck' (essentielle Hypertonie) ist der Haupt-Risikofaktor für die *häufigste Todesursache der Zivilisation*: Die Herz- und Kreislauf-Krankheiten. Jeder zweite Mensch in Europa, USA, Kanada und weiteren Ländern stirbt daran – trotz aller teuren Bluthochdruckmedikamente. In Deutschland findet sich die höchste Hypertonie-Prävalenz in Europa, und bei der Schlaganfall-Mortalität steht Deutschland mit an Europas (trauriger) Spitze. 60 Prozent der Männer und 40 Prozent der Frauen haben (selbstverursachten) Bluthochdruck. 400.000 Deutsche sterben jährlich an den Folgen. Dazu schreibt Dr. Schnitzer weiter:

*„Hoher Blutdruck ist – für sich betrachtet – eine der ‚lukrativsten' Krankheiten. Medikamente zur Senkung des Blutdrucks bringen allein in Deutschland täglich (!!!) etwa 50 bis 75 Millionen EUR Umsatz, das sind im Jahr 18 bis 27 Milliarden (= 18 250 bis 27 375 mal 1 Million) EUR, nachdem die ‚Standardtherapie des Bluthochdrucks' von drei auf fünf verschiedene Medikamente ausgeweitet wurde. Noch weit höhere Einnahmen bringen ambulante und klinische Behandlung des auch ‚essentielle Hypertonie' genannten Bluthochdrucks und seiner Folge-Krankheiten (Angina pectoris, Impotenz, Herzinfarkt, Hirnschlag, Hörsturz, Schwindel, Störungen der Durchblutung des Gehirns, Embolie, Kopfweh, Migräne, Versagen der Nierenfunktionen). Etwa 50 Prozent aller Patienten von Arztpraxen sind solche mit Bluthochdruck! Alle diese riesenhaften Kosten schaffen dabei kaum nennenswerten volkswirtschaftlichen Gegenwert."*

Geht es Ihnen auch so, dass Sie bei diesen Zahlen in sich spüren: *„Mit mir nicht! Ich lasse mich da nicht mit reinholen, ich gehe meinen eigenen Weg!"* Und wenn wir dann noch darauf Bezug nehmen, durch Unkenntnisse die Selbstverursacher zu sein, dann wird das doch zu einem befreienden Aufschrei: *„Jetzt reicht's!"*

Geht es Ihnen auch so, dass Sie sich da nicht mehr wohlfühlen? Dann steigen Sie doch ein in *unser* Boot, hier sitzen schon Dr. Schnitzer und meine Wenigkeit, und das Boot füllt sich mit immer mehr freudigen Umsteigern. Ja, es sind immer mehr Erwachende, die unserer Einladung folgen. Seit es sich auf dem Luxusdampfer (Titanic?) herumspricht, dass die ersten Krankenkassen schon pleite sind – mal sehen, wie die nächsten Jahresabschlüsse ausfallen werden –, entsteht zunehmende Ernüchterung, welche die ‚Versicherten' auch zunehmend verunsichert und in unser Boot ‚Selbstverantwortung' umsteigen lässt. Und da stehen dann wir, und ich habe schon immer liebe Mitmenschen sehr gerne umarmt. Transparente sind modern, und auf unserem Spruchband steht:

**Normaler Blutdruck ohne Pillen und ohne deren Nebenwirkungen ist möglich.**

Darüber gibt es inzwischen schon mehrere Fachbücher und praktizierte Untersuchungen. Ausführlich schildert dies auch Dr. Schnitzer in seinem Buch »Bluthochdruck heilen – Risikofaktor Hypertonie lebensbedrohend, aber heilbar!«[72] Dieses Buch holt Sie, Ihre Familie, Freunde und Mitarbeiter aus der Risiko-Zone der plötzlichen fatalen Herz-Kreislauf-Ereignisse heraus, und ermöglicht die Ausheilung des Bluthochdrucks in wenigen Wochen – ohne Pillen, ohne Medikamente, und ohne deren ‚Nebenwirkungen'. Titanic ade! Ich verrate es Ihnen gerne gleich an dieser Stelle: Die Heilung kommt durch Veränderungen – einerseits durch die konsequente Ernährungsumstellung und andererseits durch die Energie der ‚Information', dem vermittelten Wissen über unsere Selbstheilungskräfte in unserem unnatürlich gewordenen Alltagsleben.

Die Regel heißt auch hier: *„Gefahr erkannt, Gefahr gebannt!"*

Zu dieser häufigsten Todesursache bin ich sicher nicht kompetent genug, noch mehr zu berichten. Ich kann nur dringend anraten, dass sich die Betroffenen eines der speziellen Sachbücher zulegen und auf einem der empfohlenen Wege selbstverantwortlich an ihrer Wiedergesundung arbeiten und dass die Nichtbetroffenen die Thematik vorbeugend studieren, um gar nicht erst den schmerzlichen und zeitraubenden Körperprotest auszulösen. Ich wünsche dabei Ihnen und Ihrer Familie viel Erfolg – kaufen Sie sich für ein paar Euro die vielleicht entscheidendste Lektüre für eine gesunde und lebensfrohe Zukunft!

## Spucke, die kleine Wundheilung

Tiere kennen als äußere Wundbehandlung das Ablecken und Lecken. Es bedeutet nicht nur Reinigung und Pflege, sondern auch Ruhe und Rückzug, damit das innere und automatische Selbstheilungsprogramm auf Trab kommt. Das weiß wohl jeder von uns...

Und wie reagieren *wir* spontan, wenn wir uns irgendwie am Finger verletzt haben? Wir stecken ihn in den Mund, kleine Wunden saugen wir aus, wobei sich auch gleich mehr Speichel bildet – Spucke genannt. *„Da bleibt einem ja die Spucke weg!"*, werden Sie gleich sagen, wenn ich Ihnen mitteile, dass in unserem Speichel ein Schmerzmittel steckt, das sechsmal besser wirkt als Morphium. Das körpereigene Opioid nennt sich *Opiorphin* und ist ein ideales Soforthilfeprogramm des Körpers.

Forscher des Pariser Instituts Pasteur fanden das heraus, und vom Medizinischen Institut der Uni Amsterdam kam die Bestätigung, dass Spucke den verletzten Zellverbänden hilft, sich wieder zu geschlossenen Schichten zusammenzufinden. Was unser genialer Körper alles kann!

## »Sauerstoff-Ionen« – die Vitamine der Luft

Die Ionisierung der Luft ist in der Baubiologie wohlbekannt, ansonsten jedoch weitgehend unbeachtet. Gemeint sind die **Negativ-Ionen**, die für unser Wohlbefinden *positiv* sind – sehr sogar. Negativ-Ionen fördern Alpha-Wellen im Gehirn, beruhigen den Geist und verbreiten eine optimistische Grundstimmung. Man ist ausgeglichener, weniger nervös und weniger reizbar. Angstgefühle und Depressionen nehmen ab, ebenso Aufmerksamkeitsschwäche sowie Schlafstörungen, Stress, Kummer,

Sorgen, Erschöpfung und Überlastungsgefühle. Man fühlt sich in mit Minus-Ionen-angereicherter Luft einfach wohl wie im Urlaub – ich verwende lieber diese Bezeichnung *Minus-Ionen* anstelle der *Negativ-Ionen*. Das und noch viel mehr wird durch den Einfluss des ionisierten Sauerstoffs auf unser Hormonsystem und das Gehirn erklärt.

**Die positiv wirkenden Minus-Ionen spüren wir wohltuend nach einem Gewitter, nach Regen, im Wald und auf dem Lande, in Höhenlagen (auch UV-Strahlung), bei Wasserfällen, am Meer und noch an anderen entsprechenden Erholungsplätzen.**

Raumluft, die durch elektrostatische Felder belastet ist, schwirrt dagegen voller *positiv* geladener Ionen – den *Plus-Ionen* –, die sich aber nachteilig auf unser Wohlbefinden auswirken, typisch zum Beispiel beim bekannten alpinen Föhn. Professor Dr. Leonard Holbach erklärt: *„Unsere schlechte Atemluft, insbesondere in Arbeits-, Wohn- und Schlafräumen ist mitverantwortlich für die zunehmenden Atemwegserkrankungen, Allergien und Krebs."*

Die Bildung solcher ungesunder Plus-Ionen wird unter anderem begünstigt durch Feinstaub (Vorsicht, auch aus Laserdruckern!), kunststoff-(plastik)-bezogene Elektrostatik, computerüberlastete Raumluft und Klimaanlagen, um nur einige hochmoderne Beispiele zu nennen. Belastend wirken auch unsere synthetischen Wandfarben, billigen synthetischen Fuß- und Teppichböden und -beläge wie auch die billigen Plastikschuhe, die man so schön als Kunstlederschuhe bezeichnet. Ich trage, solange ich mich zurückerinnern kann – das ist leicht, weil es früher diese Massen-Plastikschuhe gar nicht gab –, bei trockenem Wetter Schuhe mit Ledersohlen und in der Wohnung Pantoffeln mit Filzsohlen, denn der direkte Kontakt mit unserem Planeten ist angenehm und gesundheitsfördernd minus-schwingend.

*„Durch Kunststoffe in unserem Wohn- und Arbeitsbereich (Kunststoff-Teppichböden!) kann man nicht selten einpolige Ladungen bis zu 12.000 Volt messen. Die auftretenden Schwierigkeiten werden dann oft mit Wetterfühligkeit verwechselt."* (Prof. Dr. Kruegers)

Dieser Überblick auf die natürliche Anzahl von Minus-Ionen pro Kubikzentimeter Luft (in der Sekunde) erklärt eigentlich schon alles:

In Höhenlagen (800-1.500m)  ca.  8.000 Ionen,
am Meer                     ca.  4.000 Ionen,
auf dem Lande               ca.  1.200 Ionen
in der Stadt nur            ca.   200 Ionen und
in den Büros zum Teil nur   ca.    20 Ionen[73].

Erkennen Sie nicht auch spontan, an welcher Natürlichkeit und Biologie es in unserer Atemluft und unserem Lebensraum mangelt? Erkennen Sie nicht auch spontan, wo wir ,heilendes Klima' erleben können? Erkennen wir hiermit nicht den wiederholten Drang der unzähligen Städter, die es am Wochenende und in den Ferienzeiten trotz überfüllter Autobahnen vor allem in die Berge oder ans Wasser zieht – oder wenigstens ab ins Grüne? Erkennen wir dabei auch den hohen Regenerationswert unserer schönen und wertvollen Wälder?

**Prägen Sie sich diese Aufstellung bitte gut ein – sie ist ein biologischer und grundlegender Gradmesser unserer Gesundheit, unseres Wohlbefindens und unserer Stimmungen.**

Absolute Spitzenwerte bieten die größten Wasserfälle Europas, die Krimmler Wasserfälle in Österreich: Bis zu 70.000 Minus-Ionen pro Kubikzentimeter – das sind Heilbomben! Somit prüfen Sie bitte: Wie gut ist zum Beispiel Ihr Schlafzimmer belüftet, in dem sich unser Körpersystem stundenlang erholen will? Wie viele Kunststoffoberflächen bestimmen das statische Umfeld Ihres Schlafraums? Gewachste Naturholzmöbel zum Beispiel liefern hierbei die sanierende Schlafqualität, kunststoffbeschichtete Oberflächen sind dagegen in der Küche und im Bad sehr nützlich. Könnten Sie sich eine Sauna aus Pressspanplatten vorstellen? Und dort bleiben Sie vielleicht hin und wieder zwanzig Minuten – in Ihrem Schlafraum jedoch täglich stundenlang. Sicherlich spüren Sie auch, dass man Holz lieben kann, wenn man sich bewusst damit befasst, es fühlt und sich hineinfühlt. Vielleicht kennen Sie einen Schreiner, der Ihnen ein metallfreies Bett baut, dessen Oberfläche Sie nur mit Wachs (aus dem Bioladen) selbst behandeln. Nicht der Schnickschnack zählt, sondern die Ruhequalität.

Hoch lebe das Minus-Ion! Und wenn wir diese ‚Vitamine der Luft' nicht aus dem Urlaub mit nach Hause nehmen können, dann kaufen wir uns eben welche. So können wir mit einer schon längst vorhandenen Technologie in unserem Alltag laufend Nachschub produzieren. Mit Minus-Ionen-Erzeugern und Ionisatoren können wir überall unsere Atemluft wieder ‚aufladen'.

Das Internet, der Elektrohandel oder Inserate in Naturzeitschriften helfen uns dabei. Ein breites Modellprogramm mit weiteren Erläuterungen bietet »www.heavenfresh.de«.

Übrigens: Beim Duschen können auch bis zu 14.000 belebende Minus-Ionen pro Kubikzentimeter entstehen.


# Omega-6 gegen Omega-3

Omega-3 und Omega-6 sind eine spezielle Gruppe innerhalb der ungesättigten Fettsäuren und gehören zu den essentiellen Fettsäuren. Sie sind also lebensnotwendig und können vom Körper nicht selbst hergestellt werden. Dabei zeigt unser Blut, dass wir heute meistens beide in einem unnatürlichen Ungleichgewicht haben. Nach Dr. Mutter war der menschliche Urzustand einstmals im Verhältnis der beiden Fettsäuren 1:1, heute liegt es überwiegend bei 1:20. Langlebige Bevölkerungsgruppen haben in ihren Körpern noch ein Verhältnis von 1:1,5 bis 1:2.

*„Heutzutage ist die Aufnahme von Omega-6-Fettsäuren, die in den meisten Pflanzenölen (Distelöl, Sonnenblumenöl, Rapsöl, Maiskeimöl) und praktisch allen Getreiden vorkommen, viel zu hoch. Sie hemmen zudem die körpereigene Produktion von höherkettigen Omega-3-Fettsäuren aus alpha-Linolsäuren...*

*Zu viel Omega-6-Fettsäuren verstärken nämlich z.B. Entzündungsprozesse, Omega-3-Fettsäuren wiederum hemmen Entzündungen. Schwerkranke Menschen und Allergiker sind auf eine Versorgung mit fertigen, langkettigen Omega-3-Fettsäuren (DHA, EPA) angewiesen. Nach einer gewissen Zeit der Einnahme wird dann die körpereigene Produktion aus alpha-Linolsäure (höchster Gehalt in Leinsamen!) wieder angekurbelt.*

*Dabei muss nicht auf Fischöle zugegriffen werden, die durch den Herstellungsprozess (Destillation) hitzeverändert oder oxidiert sind und Schadstoffe enthalten können."* (Dr. Mutter)

Bezüglich solcher Schadstoffe erinnere ich an den 1. Band von »Jetzt reicht's!«, in dem ich darauf hinweise, dass die WHO inzwischen empfiehlt, Meeresfische nur noch einmal monatlich zu verspeisen – wegen deren Schwermetallvergiftungen. Die regionale Küstenfischerei sowie die Süßwasserfische (Weiher) würde ich davon ausnehmen.

Omega-3-Fettsäuren erfüllen wichtige Funktionen im Körper des Menschen. So spielen sie beispielsweise bei der Entwicklung des Gehirns eine Rolle: **Etwa 40 Prozent der Fettsäuren im Gehirn** bestehen aus der Omega-3-Fettsäure DHA (Docosahexaensäure). Auch auf die Sehfunktion haben Omega-3-Fettsäuren positive Auswirkungen. In der Netzhaut des Auges macht DHA etwa 60 Prozent aller Fettsäuren aus. Darüber hinaus sind Omega-3-Fettsäuren Bestandteil der Zellwände und für die Bildung von Nervenzellen von Bedeutung. Der positive Einfluss auf Herz und Kreislauf wird von zahlreichen Forschungsergebnissen wissenschaftlich bestätigt.

Von welchen Krankheiten wird denn dabei ausgegangen? Günstig ist die Omega-3-Fettsäure – laut Dr. Mutter – bei Alzheimer, Parkinson, MS, Makuladegeneration, erhöhten Blutfettwerten, Neurodermitis, Allergien, Psoriasis, Rheuma, Krebs, Herz- und Kreislauferkrankungen, in der Schwangerschaft für einen besseren IQ der Kinder, bei Herzrhythmusstörungen und bei Depressionen. Bei Herzpatienten (Infarkt und Schlaganfall) wird Omega-3 fast zum Wundermittel im Vergleich zu den Ergebnissen der konventionellen Herzmedikamente wie ASS, Betablocker oder Statine. Das Internetlexikon »wikipedia« erwähnt außerdem Schizophrenie, Borderline-Syndrom, ADHS, Prostataleiden und viele entzündliche Erkrankungen.

Ich habe mich weiter oben der Meinung von Dr. Mutter angeschlossen, Omega-3-Fettsäure aus pflanzlicher Herkunft der aus Fischölen gewonnenen vorzuziehen. Das hat zwei weitere Gründe: Erstens kommt zu der möglichen Schwermetallbelastung der Tiere noch der ökologische Aspekt dazu, denn viele Fische sind durch die kommerzielle Überfischung bereits vom Aussterben bedroht. Und als zweites Argument lese ich:

*„Etwa 90 Prozent der Menschen und alle Pflanzenfresser können aus der in Pflanzen und Blättern oder in Leinöl vorhandenen alpha-Linolsäure die wirksamen höherkettigen Onega-3-Fettsäuren selbst herstellen. Dies geschieht durch Anhängen von Kohlenstoffatomen an die 18-kettige alpha-Linolsäure, sodass die wichtigen höherkettigen DHA, DPA und EPA entstehen."*

So komme ich nun zum **Leinöl**. Den mit Abstand höchsten relativen Anteil an Omega-3-Fettsäuren enthält Leinöl mit einem Verhältnis von Omega-3 zu Omega-6 von etwa 3:1. Es enthält als einziges Speiseöl mehr Omega-3-Fettsäure (in Form von Linolensäure) als Omega-6-Fettsäure. Weitere Speiseöle mit hohem relativem Omega-3-Gehalt sind Rapsöl (1:2), Hanföl (1:3) und Walnussöl (1:6). Leinöl ist geradezu ein Wundermittel, wenn wir uns davon tatsächlich frisch und kaltgepresstes Bio-Öl besorgen. Bei uns in der ländlichen Region gibt es dafür noch viele Familien-Mühlen, die frisch gepresste und nicht industriell abgefüllte Ware herstellen und liefern. Internetianer können den Begriff ‚frisches Leinöl' in ihre Suchmaschine eingeben, wer internetfrei lebt, kann es hier probieren[74].

Erinnern Sie sich an das Depressions-Kapitel »Die angebliche Volkskrankheit Nr. 1«, in dem ich 5 mangelnde Vitalstoffe zusammenfasste, die ein erhöhtes Erkrankungspotential verursachen und selbst von höchsten verantwortlichen Stellen als Schwindel *mit viel zu niedrigen* Vorgaben veröffentlicht werden: Eisen (Ferritin), die Vitamin-B-Gruppe, Melatonin/Serotonin, Cholesterin und *Omega-3*. So sind auch hier die offiziellen Anwendungsempfehlungen bescheiden niedrig: täglich 200 mg. Dr. Mutter erwähnt mindestens 500 mg DHA und 800 mg EPA, andere Empfehlungen liegen noch um einiges höher.

Nun möchte ich an dieser Stelle noch kurz auf etwas hinweisen, was ich in meinem nächsten Buch ausführlich ausarbeiten werde: »Etikettenschwindel – synthetische, billige und gute Öle«. Denn es gibt in diesem Fall gesättigte, einfach ungesättigte und mehrfach ungesättigte Fette und Öle. Durch das Erhitzen, Kochen, Backen und Lichteinfluss werden die gesättigten Öle *ungesund*. Somit ist Ihr geeignetstes Fett zum Kochen *Butter* oder tropische Öle wie *Palmöl* oder *Kokosöl*. *Olivenöl* (vorzugsweise ,*extra virgin*') ist für das Kochen oder Garen mit niedrigeren Temperaturen geeignet, da es meistens einfach gesättigt und damit nur moderat stabil ist. Die mehrfach ungesättigten Öle wie *Sojaöl, Traubenkernöl, Sonnenblumenöl, Rapsöl, Distelöl* und ähnliche eignen sich am wenigsten, um gesund zu kochen oder zu backen.

# Geniale Selbstheilungen aus unserem Inneren

Wir lassen uns meistens von allen möglichen Außenreizen überfluten. Unser Alltag ist so bewegt und überlastet mit Aufgaben, die darauf drängen erfüllt zu werden, sodass wir schließlich immer weniger Zeit für uns selbst haben. Spaziergänge, Gesänge und Klänge, In-uns-lauschen an einem stillen Wasser und natürlich Meditationen, Inversionen oder auch Kontemplationen sind wertvolle Hilfen, um wieder Ruhe, Kraft, Harmonie und Frieden in den Alltag unserer berühmten Leistungsfähigkeiten zu bringen. Und diese ,Einkehr' ist fast überall einsetzbar, sodass Ruhe, Einklang und harmonische Schwingungen dabei das Portal unserer inneren Kräfte öffnen.

Bitte seien Sie überzeugt, dass es diese innere Kraft, unsere innere Führung, Intuitionen unserer rechten Gehirnhälfte, innere Weisheit, innere Alchemie, unseren unterbewussten Autopiloten (Bruce H. Lipton), auch unser geniales Zellwissen und viele andere wissenschaftliche wie auch religiöse ,Tiefbohrungen' in unsere geistig-seelische Innenwelt gibt. Wenn wir meinen, dabei spricht unser Herz oder unser Bauch, dann ist das genauso gut.

Zugang zu diesem ‚inneren Sprudel' finden wir ganz natürlich über unsere *Impulse* und *Intuition* – Fähigkeiten, die ich unserer rechten Gehirnhälfte zuordne und was ich schon ausführlich dargestellt habe. Erinnern Sie sich? Unsere linke Gehirnhälfte stellt dagegen unseren *Inneren Zweifler* dar, sogar recht hartnäckig. Doch der Umgang mit beiden lässt sich trainieren.

Um auch Zugang zu unserem *Inneren Heiler* zu bekommen, ist es wichtig, die Aktivitäten beider Gehirnhälften in *Ein*-klang zu bringen und zu harmonisieren – in die *Alpha-Harmonie*. Auch hier stecken in uns bewährte Gegenkräfte, einschränkende Glaubenssätze (nicht nur kirchliche) und prägende Erfahrungen, gleichgültig, was wir wo erfahren haben, und diese wollen alles besserwissen.

Schauen wir uns das einmal näher an.

# Die vergessene Wunderformel ‚Selbstheilung'

*„Die Leber wächst mit ihren Aufgaben – Prost!"* Dieser Trinker-Spruch stimmt sogar, denn unsere Leber kann sich immer wieder regenerieren. Unsere Haare und Nägel wachsen nach. Kaputte ‚Haut und Knochen' wachsen wieder zusammen und schließlich: Unsere rund 70 Billionen Körperzellen erneuern sich permanent, denn die genetische Information dafür enthält jeder einzelne Zellkern.

Warum wachsen dann unsere Zähne nicht auch nach? Haben unsere Zellen das vergessen oder unser Verstand? Solange wir nur materiell und materialistisch denken, ist so etwas kaum vorstellbar. Doch wenn wir uns den Körper im Dreiersystem vorstellen – Geistkörper, Seelenkörper, Erdenleib –, dann eröffnen sich spontan neue Möglichkeiten. Ist daher Selbstheilung ein Geheimnis?

Ein neuer Begriff öffnet auch neue Vorstellungsmöglichkeiten, die **Salutogenese.** Während in der Schulmedizin Therapie häufig die Behandlung von Symptomen bedeutet, so wendet sich die Salutogenese dem Patienten in einem ganzheitlichen Ansatz zu. Nicht einzelne Symptome, sondern der gesamte Mensch wird behandelt. Ein weiteres wichtiges Merkmal des Salutogenese-Konzeptes ist, dass dem Betroffenen selbst Kompetenz und die entscheidenden Kräfte zugesprochen werden, die zu seiner Gesundung beitragen. Im Mittelpunkt steht unsere persönliche ‚Gesundheitsquelle', und man fragt nicht mehr: „...*was macht mich krank?*", sondern: „...*was macht mich gesund?*"

Aus wissenschaftlichem Munde klingt das so:
„*Ein Organismus ist ein Netzwerk, es enthält verschiedene Systeme wie das Immunsystem, den Stoffwechsel und die gesamte Persönlichkeit. Diese Systeme kommunizieren miteinander.*" (Professor Ernst Pöppel[75])

Noch klarer drückt sich Professor Wolfram Schüffel, Leiter der Klinik für Psychosomatik an der Uni Marburg, aus:
„*Es geht darum, die inneren Helfer freizusetzen und herauszufinden, was genau passiert, wenn der Geist den Körper heilt und Gedanken auf Organe, Zellen und Drüsen wirken.*"

Die vielen verschiedenen und natürlich auch individuellen Möglichkeiten, unsere *rechte Gehirnhälfte* in uns zu aktivieren, kann ich hier nicht einzeln beschreiben. Ich kann nur darauf hinweisen, dass ausgezeichnete Sachbücher längst am Markt sind und darauf warten, unser Selbstbewusstsein zu irgendeiner Form der Selbstheilung zu animieren. Stichworte lauten:

Selbstheilung mittels Quantenheilung,
Selbstheilung durch Autosuggestion,
Selbstheilung durch Heil-Imaginationen oder
Selbstheilung durch Selbstfindung.

Ich wünsche Ihnen sehr viel Erfolg auf der Suche Ihrer inneren Kräfte, die als Antwort kommen auf die allgemeine Frage: „...*was macht mich gesund?*" oder die aktuelle oder gar zukünftige Frage „...*wie gehe ich gesund durch Wandel und Energie-Chaos?*"

# Die Alpha-Harmonien

Die Aktivität unseres Gehirns lässt sich an ihren elektrischen Strömen erkennen. Diese kann man messen und im sogenannten Elektroenzephalogramm EEG darstellen. In der Medizin diagnostiziert man damit vor allem Erkrankungen des Gehirns. Generell zeigt uns dabei die elektrische Hirnaktivität unsere innere, nervliche Anspannung oder Entspannung an.

Bei dieser Messung werden Elektroden an die Schädeldecke angelegt. Man erhält ein Kurvenbild, das den Rhythmus der Hirnströme wiedergibt. Die Hirnströme werden auf einer Skala von 0 bis über 40 (und teilweise mehr) in Hertz (Hz) gemessen. Die nach dem griechischen Alphabet bezeichneten unterschiedlichen Bewusstseinsstadien (Delta, Theta, Alpha, Beta, Gamma) reichen von der tiefen Schlafphase bis zur heftigen, dauerstressbedingten Erregung. Diese naturwissenschaftlichen Kenntnisse heben sich klar von esoterischen Erklärungen und von asiatischen Mystifizierungen ab, belegen jedoch zugleich genau die meditativen Zustände.

Trotzdem lassen sich auch damit nicht alle Milliarden Menschen katalogisieren. Das weiß man seit einer Studie der Carleton University in Ottawa, in der die Forscherin Julie Thorpe im Jahre 2005 veröffentlichte:

„*Die Hirnwellensignale verschiedener Menschen sind nie ganz identisch, selbst dann nicht, wenn sie an die gleiche Sache denken. Sie sind einzigartig, genau wie Fingerabdrücke.*"

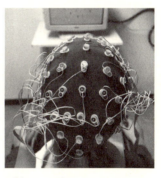

Abb. 21: Hirnstrommessung

| Stadium | Bewusstseinszustand | Zyklus pro Sek. (EEG) | Hertz – Frequenz | Gehirnhälften |
|---|---|---|---|---|
| Gamma | Blockade Spannung Blackout | über 21 | über 40 Hertz | linke GH |
| Beta | Wachzustand | 21 – 14 | 40 – 13,5 Hertz | linke GH |
| Alpha | Tagtraumzustand | 14 – 7 | 13 – 8 Hertz | linke + rechte GH |
| Theta | Schlafzustand | 7 – 3 | 7,5 – 3,5 Hertz | rechte GH |
| Delta | Tiefschlafzustand | 3 – 1/2 | 3,00 – 0,1 Hetz | rechte GH |

**Abb. 22:** Die Bewusstseinszustände

Uns interessiert jetzt der **Alpha-Zustand**, unser ursprünglicher Bewusstseinszustand. Die Alphawellen entstehen zuerst in der linken hinteren Gehirnhälfte, breiten sich dann nach vorne aus, wechseln danach zur rechten Gehirnhälfte und irgendwann sind die getrennten Hirnhälften synchron. In diesem Alphazustand erzeugt das Gehirn Ströme im Schwingungsbereich von etwa 7 bis 14 Hertz. Der Mensch ist dabei geistig wach, befindet sich jedoch in einem Entspannungszustand, der von Ruhe und Harmonie geprägt ist. Beide Gehirnhälften sind aktiv. **Vor allem bei dem Wert um 10 Hz sind die beiden Gehirnhälften in ihrer Aktivität entspannt und ausgewogen.** Wirken dann beide harmonisch zusammen, wird unser Denken kreativ und erfolgreich sein. Problemlösungen fallen hier leicht. Ich werde deshalb statt des technischen Wortes ‚Alpha-Zustand' den Begriff **Alpha-Harmonie** weiterverwenden.

Im Einzelnen wird darüber berichtet, dass Kinder bis zu einem Alter von etwa 7 Jahren fast ausschließlich in ihrer Alpha-Harmonie spielen und leben. Als Erwachsene erleben wir diese Harmonie vor allem täglich kurzfristig vor dem Einschlafen und dann wieder beim Aufwachen. In dieser Phase habe auch ich regelmäßig meine besten Einfälle, Gedankenblitze oder verlässlichen Erkenntnisse. Bei fast jedem von uns herrscht in diesen Phasen eine gesteigerte Empfänglichkeit für Suggestionen und Intuitionen, die speziell von der rechten Hirnhemisphäre stammen.

Ich habe in meinem Leben zweimal direkt mit der praktizierten Alpha-Harmonie zu tun gehabt: Der Einstieg unserer Familie in die Esoterik der Siebzigerjahre gelang durch die Silva-Mind-Methode[76] und ich kann mich seit Anfang des Trainings sehr kurzfristig in eine Entspannung oder ins Einschlafen ‚zählen'. Der zweite ‚praktische' Kontakt mit der praktizierten Alpha-Harmonie war das Superlearning nach Lozanov. Mitte der 1960er Jahre erschuf der bulgarische Arzt und Psychologe Dr. Georgi Lozanov seine Entspannungsmethode »Suggestopädie«, die dann in den USA zu »Superlearning« wurde. Ich musste nämlich mein Business-Englisch aufmöbeln, und dabei erzeugt dieser besondere Entspannungszustand, untermalt mit Barockmusik, unterbewusste Gedächtnisöffnungen (ohne Wörterbüffeln). Warum gerade Barockmusik? Diese Stücke haben meistens 60 bis 70 Schläge pro Minute, und man weiß, dass das genau der Hirnfrequenz im Alphazustand entspricht.

Abb. 23: Der vielseitige Genius

Wenn ein Physikprofessor wie Einstein gesteht, dass für ihn die *Intuition* an erster Stelle steht, dann meint auch er seine Alpha-Harmonie.

Unsere hochentwickelten und geliebten Haustiere sind dauerhaft in Alpha-Harmonie und wissen intuitiv, wann wir nach Hause kommen und noch viel mehr. Die Alpha-Harmonie ist auch der Halbtrancezustand der Yogis, beim Tai-Chi und Quigong, im Zen oder in der Meditation oder in stillen Gebeten. Die meisten Solisten in ihren Konzerten, viele Komponisten, viele Kunstmaler, alle Geistheiler wirken in ihrer Alpha-Harmonie – obwohl ich jetzt hierbei nur Männer aufzähle, gilt das ganz besonders auch für die Damenwelt.

In einen solchen ‚vertieften' Harmoniezustand geraten natürlich auch die Hörer solcher Musik und Gesänge, die Betenden in den Kirchen und die Urlauber beim Sonnenbad. Es spielt nämlich dabei auch das veränderte Umfeld eine förderliche Rolle zum Eintritt in das eigene entspannte Bewusstseinsfeld. ‚Starke' Plätze mit hohen Energiefeldern finden wir nämlich nicht nur in der ursprünglichen Natur, sondern auch in kulturellen Räumen wie den beliebten Konzertsälen und an ‚heiligen' Plätzen, wie sie einfache Kirchen und Kapellen und manche der berühmten Dome vermitteln. Alle diese Stätten schwingen in eigenen und höherfrequenten Energiefeldern, die es uns erleichtern, durch *äußere* und räumlich bedingte Entspannung in unsere *innere* Alpha-Entspannung zu kommen.

Schon die Vorbereitung zu solchen Momenten, unsere festliche Bekleidung, der Kirchgang oder die Urlaubsvorfreude bereiten uns auf diese erholsamen Schwingungsfelder vor. Aromatische Düfte stimulieren unser Loslassen genauso wie die Umarmungen Gleichgesinnter, die sich wieder begegnen, und schon entstehen neue harmonische und beglückende Bewusstseinsfelder – überwiegend im Bereich der Alphaschwingung so um die 10 Hz.

An solchen Plätzen, die ja meistens einen besonderen Rückzug aus unserem Alltag bedeuten, kommen wir auch unserer Seele oder unserer inneren Geistigkeit näher. *„In der Ruhe liegt die Kraft",* heißt es zu Recht. Durch Entspannung und Loslassen harmonisieren sich unsere beiden Hirnhemisphären, und wir bekommen dann den sonst verschütteten Zugang zum genialen Urwissen und der Weisheit unserer rechten Hemisphäre. Das nennen wir dann *Intuition.* Als weiterer Zugang bietet uns unsere rechte Hirnhemisphäre die Verbindung zu unserem ‚Höheren Selbst' oder unserem ‚Göttlichen Geist' oder zur ‚Göttlichen Ureinheit' – es gibt für den unsterblichen Aspekt von uns verschiedene Begriffe.

Eine spezielle Art dieser gedanklichen Entspannung können auch Gemälde und deren Kunstdrucke sein, wenn sie uns durch ihre ‚Ausstrahlung' mental erreichen. Bilder und Gemälde ohne Worte sprechen *direkt* unsere rechte Hirnhemisphäre an und gehen an der kritikstarken Vormachtstellung unserer linken Denkhälfte vorbei. Schwingen in solchen Gemälden, wie sie beispielsweise die Engelmalerin Brigitte Jost in ihrer Alpha-Harmonie erschafft, wortlose Seelenbotschaften aus der geistigen Welt, entsteht eine tiefe, unterbewusste *Kommunikation der Gefühle*. Versenkung steht meistens im Vordergrund, aber auch Tränen machen unseren Seelenbereich wieder frei. Dazu schreibt Brigitte Jost: *„Wenn Engel in solch feinen Frequenzen in unser Bewusstsein treten können, sich uns in bildhafter Form zeigen, sich in Klängen und Melodien hörbar machen, Botschaften durchgeben, dann setzt dies doch voraus, dass wir alle aufnahmebereit für sie sind, dass wir ihr Licht in uns finden und in unser Leben und in diese Welt integrieren können. Engel der neuen Zeit kommen in Scharen, um uns in den kommenden Jahren wertvolle Begleiter zu sein, während wir so manche Überraschung in uns und um uns herum erleben werden."*

Eine logische Grundvoraussetzung für das Erleben dieser harmonisierenden und entspannenden Schwingungen ist dabei die Ruhe und der Rückzug und zwar nicht nur der äußere, sondern vor allem unser innerer Rückzug. Es ist auch der Ausstieg aus unserem täglichen Gedankenwirrwarr und das ‚Umsteigen' in einen *inneren Raum*, aus dem heraus man seine Gedanken mit einem gewissen Abstand betrachten kann – genauso wie die Berge oder den Sonnenuntergang. Für mich bringt zum Beispiel das Schreiben und das philosophische Denken entspannte Klarheit, gleichgültig, welches Plätzchen ich mir dazu aussuche. Das Erleben und Wirken von Naturschönheiten als auserwähltes äußeres Umfeld liebe ich außerdem – solche Vergeistigungen lassen mich Schwerelosigkeit erahnen und Raum und Zeit vergessen.

Wenn wir es versäumen, uns diesen heilenden Luxus des entspannenden und beglückenden Rückzugs hin und wieder *bewusst* zu leisten, wird unser Unterbewusstes oder unsere Seele irgendwann von sich aus zwangsweise nachhelfen. Ihre Tricks können dann Schmerzen, Krankheit, Unfall oder Verluste heißen, die uns kurzfristig oder für längere Zeit ruhigstellen. Das ist dann auch stets verbunden mit heilsamem Nachdenken und Erwägen von nötigen Veränderungen. In unserem hektizierenden Zeitabschnitt können das auch die verschiedenen depressiven Formen übernehmen, einen Rückzug aus dem Dauerstress zu veranlassen und uns insgesamt ruhiger zu stellen. Sind deshalb Depressionen und Ausgebranntsein bereits zur Volkskrankheit Nr. 1 in unserem Lande geworden?

Leider sind mit einem depressiven Rückzug auch eine Vielzahl von **Ängsten** verbunden, die hauptsächlich unsere linke Gehirnhälfte mobilisiert, um uns nicht in die ersehnten und heilenden Alpha-Harmonien kommen zu lassen. Eine zusätzliche Gefahr sind dann unsere destruktiven Gedanken, die uns noch weiter runterziehen. Innere Unruhe, Entscheidungsunfähigkeit, Grübelzwang, Interessensverlust, Sinnkrisen, Vereinsamung, Traurigkeit bis hin zur Schwermut fesseln den Erkrankten. *Prokrastination* wird das Aufschiebeverhalten genannt, das wie eine Seuche grassiert. (»Welt der Wunder« 7/09) *„Morgen, morgen, nur nicht heute..."* Laut einer DAK-Studie greifen etwa 800.000 Arbeitnehmer bei uns regelmäßig zu Aufputschmitteln, um ihre Leistungsfähigkeit zu erhalten.

**Deshalb sind die Chancen, durch einen** *neu erwachenden Lebenswillen* **wie Phönix aus der Asche aufzuerstehen, sehr groß, denn dabei verstehen sich die beiden getrennten Hirnhemisphären wieder sehr gut – ab jetzt können wieder die biologisch angelegten Selbstheilungsprogramme wirksam werden.**

Unser Lebens- und Überlebenswille ist nämlich die zweite Möglichkeit des seltenen Zusammenwirkens unserer beiden getrennten Gehirnhälften. *„Gibt es ein Geheimnis der Motivation?"*, fragt die populärwissenschaftliche Zeitschrift »Welt der Wunder« (11/09) und befasst sich ausführlich mit den neuesten Erkenntnissen der Hirnforschung in Bezug auf Motivation und Willensstärke. Dies ist die andere Bewusstseinsebene, auf der es kaum Gegensätzlichkeiten zwischen den beiden getrennten Hirnhemisphären gibt. Dazu, wie sich unser Gehirn auf solche Leistungen programmiert, heißt es:

Abb. 24:
Ausweglosigkeit?

*„Jede Wahrnehmung, die unsere Motivation in Gang setzt, löst ein wahres Feuerwerk aus neuronalen Verknüpfungen in verschiedenen Bereichen unseres Gehirns aus.*

### Erstens: Das Entscheidungszentrum
*Fassen wir einen Entschluss, reagieren besonders die Neuronennetze im vorderen Stirnlappen. Sie entstehen erst dann, wenn wir öfter die Erfahrung machen, dass wir etwas, das wir erreichen wollen, auch schaffen.*

### Zweitens: Der unterbewusste Ansporn
*Unbewusste Motivation: Auch wenn Menschen gar nicht bewusst wahrnehmen, dass ihnen höhere Gewinne winken, arbeiten sie härter. Besonders aktiv ist dann das ventrale Pallidum an der Hirnbasis.*

### Drittens: Die Schaltstelle der Freude
*Auf Neues und Unerwartetes reagiert das Striatum in der Basis des Großhirns mit der Ausschüttung des Botenstoffes Dopamin – unser Motivationssystem wird in Gang gesetzt, wir verspüren Befriedigung."*

Professor Dr. Bruce Lipton, der große Revolutionär im Umgang mit unseren Körperzellen, würde hier als dritte Möglichkeit den Begriff ‚Überzeugung' einwerfen, denn auch in dieser Bewusstheit sind sich unsere beiden Hirnhemisphären einig.

*„Die Psychologie der persönlichen Veränderung ist ein gigantischer Schritt zur Befreiung unserer selbst von den Beschränkungen veralteter Konzepte. Sie zeigt, wie wir Meister unserer Bestimmung werden können, statt Opfer unserer Gene zu sein."*

Die bisherige Psychologie ‚erklärt' uns manches mit den breitgesteckten Begriffen ‚un-bewusst' und ‚unter-bewusst'. Für so viele von uns sind dies aber recht formlose und anonyme Räume. Teilweise können wir sie jedoch auch unseren beiden Gehirnhälften zuordnen, wenn wir *Bewusstes* bei der linken und *Unbewusstes* bei der rechten Hemisphäre finden.

Zugang zu unserem Unbewussten gelingt uns nicht in irgendeiner Bewusstheit, sondern in unserem ‚Feld der Wahrnehmung'. Unterbewusstes können wir uns somit nicht ‚erklären', wir können es jedoch wahrnehmen. Sowie wir uns in den rechten Teil unseres Denkapparates begeben, beginnen wir, in all unseren Wahrnehmungen und Empfindungen präzise Wegweiser zu erkennen, die dann in unsere Bewusstheit aufsteigen können.

**Nicht gleich zu wissen oder sofort zu bewerten, sondern einfach nur wahrzunehmen – dieses reine Wahrnehmen führt uns exakt zu dem, was gerade ‚wirklich' ist oder notwendig ist oder heilsam ist.**

Bei der seltenen Zusammenarbeit unserer beiden getrennten Gehirnhälften, die ich jetzt im Bereich der *Alpha-Harmonie* und des *Lebenswillens* und der *Überzeugungen* kurz beschrieben habe, kommt noch weitere Hilfe aus dem Bereiche der sich stetig erneuernden Zellen mit ihrer bislang unvorstellbaren *Zell-Intelligenz* – in jeder Sekunde rund 10 Millionen. Bei all dem scheint es einen gewissen Entwicklungsmechanismus zu geben, der unsere zunehmende Ver-Äußerlichung ausgleicht durch eine unterbewusste **Ver-Innerlichung** – eben diese verschiedenen Harmonisierungen unseres Gehirns. Unsere unterbewusste Biologie scheint sich zu wehren, und das halte ich für eine der hoffnungsvollsten Erkenntnisse für die nächsten Jahre. Darauf komme ich später noch ausführlich zurück.


# 10 Hz als Idealzustand

Jetzt picke ich mir das Herzstück des vielgelobten Alpha-Zustandes heraus, die 10-Hertz-Wellen. Diese werden – meiner Meinung nach – unsere Zukunft ganz besonders prägen. Dazu zitiere ich einen Auszug von der Internetseite des führenden Experten für Fitness, Prävention und gesunde Lebensführung, Dr. Dr. Michael Despeghel:

*„Die meisten Menschen sind überwiegend im Beta-Zustand, 15 Hertz aufwärts. Als Folgen können sich äußern: Stress, Gereiztheit, Aggression, Fehlentscheidungen, Missverständnisse, Streit usw.. Aber auch Auseinandersetzungen, Zeitdruck und unangenehme Gespräche bringen uns schnell in die Beta-Phase. Erschreckend ist das wissenschaftliche*

*Untersuchungsergebnis: Bei 90 Prozent der Menschen wurden Werte um 20 Hertz selbst bei stillem Nachdenken gemessen. Dieser Wert ist zwar für körperliche Arbeit in Ordnung, für geistig-kreative Tätigkeit jedoch eindeutig zu hoch. Es lohnt sich also, ein Alpha-Training zu machen.*
*Während wir in Alpha ruhen, sind die äußeren Einflüsse völlig unwichtig. Sie können uns nicht stören. Dennoch sind wir geistig voll wach. Wir sind durchlässig und können viel mehr aus unserem Unterbewusstsein schöpfen. Vergeuden Sie daher nicht länger Ihre Kapazitäten! Nutzen Sie die Möglichkeit, nehmen Sie Ihr Schicksal in die Hand, und entspannen Sie täglich. Das Zauberwort heißt „ALPHA". Denn in diesem Zustand können wir entscheiden, was wir beachten und verstärken wollen und was wir nicht beachten müssen."*(104)

Was geschieht, wenn immer mehr Menschen diese Abbildung sehen und sich dafür ernsthaft interessieren? Was ist, wenn Millionen wissen, was ich hier beschreibe? Was passiert, wenn dann immer mehr Menschen in ihre heilsamen Alpha-Harmonien kommen – ganz leicht und ohne Anstrengung?

**Ja, meine lieben Leserinnen und Leser, das ist tatsächlich möglich und kein abgehobenes Wunschdenken eines Philosophen. Ich werde es belegen. Und prägen Sie sich bitte dieses Kurvenbild fest in Ihr Unterbewusstsein ein – ganz bewusst!**

In allen guten Büchern zum Thema »2012« finden wir detaillierte Angaben darüber, dass unser Erdmagnetfeld laufend schwächer wird. Dafür gibt es verschiedene Begründungen, vor allem die zunehmenden Sonnenaktivitäten. Unsere früher als ‚Göttin' oder ‚Gott' verehrte Sonne scheint es damit gut zu meinen – mit unserer *unnatürlich* gewordenen Erdenwelt. Ohne unsere Sonne gäbe es nämlich kein Leben auf unserem Planeten, und

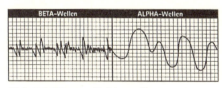

**Abb. 25:** Unsere Gehirnwellen

ich zähle zu denen, die das Schöpfungsprinzip – in diesem Falle ‚Groß-mutter' Sonne und ‚Mutter' Erde – generell als weiblich verstehen. Die Degradierung zu einer männlichen Sonne erfanden für unseren Kulturraum die alten Römer mit ihrem Sonnengott-Kult *sol invictus*, und schon damals wurde der Sonntag als *dies solis* ‚Tag des Sonnengottes' festgelegt. Dagegen ist in der Sprache der Germanen ‚die Sonne' immer schon weiblich.

Also – wir wissen, dass die Sonne wieder einmal unser Erdmagnet-feld schwächt. Wissenschaftler fanden heraus, dass dies schon 14mal in unserer äonenlangen Planetengeschichte geschah. Doch das Sensationelle, das uns solche Berichte dabei übermitteln, geht gleich einen Riesenschritt weiter:

**Mit der unaufhaltsamen Reduzierung des Erdmagnetfeldes nimmt nämlich die Schumannfrequenz unseres Planeten weiter zu – statt früher 7,83 Hz gibt es bereits Messungen rund um 11 Hz – und das sind globale Energiefelder in bester Alpha-Qualität.**

Die sogenannte Schumannfrequenz, welche bis 1987 konstant 7,83 Hertz betrug, beträgt inzwischen nach Messungen vieler Wissenschaftler um die 11 Hz. Diese Frequenz ist die Basisfrequenz (base resonant frequency) unserer Erde. Sie war auch bis 1958 allgemein bekannt und in Büchern nachlesbar, woraus sie damals jedoch für lange Zeit verschwand. Da sie *die einzige wirkliche Konstante* der Erde zu sein schien, wollte das Militär sie für sich alleine nutzen, um so einen wissenschaftlichen Vorsprung vor allen unabhängigen Instituten zu erringen. Nun, heute wissen wir, dass auch diese Konstante nicht mehr konstant ist.

Professor Dr. Winfried Otto Schumann (1888-1974) postulierte 1952 am Elektrophysikalischen Institut der Technischen Universität München, dass die Ionosphäre, der riesige Teil der Erdatmosphäre, mit unserer Erdoberfläche einen Hohlraumresonator bildet. Für Radiowellen, die von einem Sender auf der Erde abgestrahlt werden, wirkt die Ionosphäre wie ein riesiger Hohlspiegel. So stellen sich auch ‚stehende elektromagnetische Wellen' mit bestimmten Resonanzfrequenzen ein. Diese Wellen sind nach ihm als *Schumann-Resonanzen* benannt worden.

Die zunehmende Erhöhung dieser Mutter-Erde-Frequenz in den letzten Jahren hat natürlich auch Auswirkungen auf alle ihre ‚Kinder'. Es ist nicht nur der Planetenkörper selbst (Erdbeben und Vulkanismus), sondern die gesamte Natur mit allen ihren Lebewesen ist auf diese Gleichschwingung abgestimmt, die wir Schumannfrequenz nennen – somit auch unser menschlicher Körper und unser Bewusstsein. Und diese weltweite Mutter-Erde-Frequenz landet nun genau in dem Frequenzbereich, den wir schon als Alpha-Harmonie kennengelernt haben. Magister Werner Johannes Neuner fragt gar: *„Können wir also sagen, dass die Mutter Erde durch ihren Gesang gerade im Begriff ist, ein Erwachen des menschlichen Bewusstseins auszulösen?"* Dieses Zusammenwirken bekommt eine so hohe Bedeutung, dass Autorenkollegen schon fragen: *„Kommen wir in ein Frequenz-Zeitalter?"*

**Es stimmt optimistisch – entspannte 10-Hertz-Wellen sind unsere Zukunft!** Dazu kann ich natürlich auch ergänzen, dass von spiritueller Seite darauf hingewiesen wird, dass genau diese Gehirnfrequenz der optimalen Weitergabe von kosmischen Informationen dient. (Geistheiler Dr. Diethard Stelzl) Das ist dann erst recht unsere Zukunft!

Das wissen auch die Egomanen und Machthaber im Hintergrund (NWO), die an Krankheiten und Depressionen der Weltbevölkerung interessiert sind und nicht an unseren wiederkehrenden Selbstheilungskräften. Wie können sie diesen positiven Trend verhindern? *„Die Manipulatoren wissen, dass es sehr schwierig ist, die Menschen zu vorbestimmten Handlungen zu bringen"*, schreibt der Autor Armin Risi in seinem Buch »Machtwechsel auf der Erde«. Sie müssen dabei unser kritisches Ego und unsere Individualität umgehen oder möglichst ausschalten. Zumindest können sie uns *ablenken* – und wie sie das können! Sie können uns mit genügend und immer neuen *Zweifeln* versorgen – zweifellos führt das zu Stress und Anspannungen. Sie können uns *demoralisieren* – und die Jugend, die Zukunft unseres Volkes, mit der Lust an digitaler Brutalität vertraut machen. Sie können uns *desinformieren* – mit wissenschaftsverbrämten Halbwahrheiten. Und dann gibt es noch die *ELF-Wellen*, extrem niedrige, künstliche Frequenzen von 1 bis 100 Hz, zu der ja auch die Alphaschwingung unseres Gehirns zählt.

Das **Ablenken** hat längst System! Wir wissen ja durch die Suggestopädie und das Superlearning nach Lozanov, dass unser Gehirn über die Frequenz der Alpha-Harmonie und der rechten Hirnhemisphäre Zugang zu unserem Unterbewussten hat. Auch *Suggestibilität* ist ein Persönlichkeitsmerkmal, welches das Ausmaß der Empfindlichkeit für Suggestionen ausdrückt, das heißt die Übernahme von induzierten Gedanken, Gefühlen, Wahrnehmungen oder Vorstellungen auf Kosten des Bezuges zur Realität[77]. Auch unsere kritische linke Hirnhemisphäre entspannt sich dabei, und genau das ist ja so erwünscht. Das kann dann genutzt werden, um über das tägliche **Fernsehen** in unser Bewusstsein eindringen zu können. Chris M. Carmichael, Sachbuchautor, Radsporttrainer und Mitglied von »LinkedIn« (das weltweit führende Netzwerk für erfahrene Fach- und Führungskräfte), nennt es: *„...die totale Hypnose der Massenverdummungswaffe Fernsehen."*

Dieses Sich-öffnen des Unterbewussten, das als Teil unserer Seele angesehen wird, kann somit systematisch durch das Fernsehen missbraucht werden – falls wir fernsehen. Auch Werber wissen das seit langer Zeit, und die diesbezüglichen gigantischen Ausgaben finanzieren inzwischen eine Flut verschiedener Fernsehanstalten mit ihren Programmen, von denen man sich ‚programmieren' lassen kann.

*„1969 beobachtete Herbert Krugman bei einem Experiment mit einer Person, die zahlreiche Tests durchlief, dass die Gehirnströme der Person in weniger als einer Minute von Beta-Wellen – Gehirnströme die mit aktivem, logischem Denken in Verbindung gebracht werden – überwiegend auf Alpha-Wellen übergingen. Als der Betroffene aufhörte, Fernsehen zu schauen und damit anfing, eine Zeitschrift zu lesen, wurden die Gehirnströme wieder zu Beta-Wellen. Dies ist ein Hinweis darauf, dass für das logische Denken verantwortliche Teile des Gehirns sich während des Fernsehens abschalten."*[78]

Die entspannende Fernseh-Alpha-Harmonie kann natürlich auch gut tun und macht nach einem anstrengenden Arbeitstag geradezu süchtig, sodass der persönliche Fernseh-Bundesdurchschnitt inzwischen bei 3 Stunden und 41 Minuten täglich liegt. Jede Person in der Familie hat ihr Gerät, leider auch im Schlafzimmer. Der bescheidene

‚gesunde' Anteil des abendlichen Fernsehens ist die Einschlafhilfe, der ungesunde sind der elektromagnetische Stress des Geräts und der emotionale Stress der Sendungen selbst, durch welchen wir uns den wertvollsten Teil der erholsamen Nachtruhe stehlen lassen, den besonders tiefen Vormitternachtsschlaf. (Ich entziehe mich schon seit dem Jahr 2000 diesem Ablenkungssystem – sowohl auf der Insel La Palma als auch hier im Lande genieße ich ‚meine' Freiheit und Freizeit, zumal ich dabei niemanden mit meiner Einschaltquote unterstütze.)

Stefan Erdmann, Verlagsautorenkollege und Freund meines Sohnes, schreibt dazu auf seiner interessanten Internetseite »www.erdmann-forschung.de«:

*„Welchen großen Einfluss das Fernsehen auf unsere heutige Kultur hat, wird am leichtesten deutlich, wenn man sich vor Augen führt, dass fernsehen mittlerweile die Hauptfreizeitbeschäftigung ganzer Nationen geworden ist. Am Abend könnte man einem Hobby oder dem Studium eines guten Buches nachgehen, könnte musizieren, Freunde besuchen oder Spaziergänge in der Natur unternehmen. Stattdessen sitzen ganze Nationen wie hypnotisiert vor den Flimmerkisten – durchschnittlich vier Stunden pro Tag!*

*Die Fernsehgeräte haben mit dem Verlauf des 20. Jahrhunderts die kirchlichen Altäre abgelöst, obwohl auch diese trotz ihrer großen Irrlehren noch erstaunlich gut im Rennen sind. In unseren Wohnzimmern sind die bequemen Sitzplätze auf den Fernseh-Altar – auf das Allerheiligste – ausgerichtet, der im Durchschnitt viele Stunden am Tag mit seinen Botschaften auf den Zuschauer einrieselt. Natürlich gibt es in vielen Haushalten mehr als einen Fernseher, wo beispielsweise zwei oder sogar drei Generationen zusammenleben."*[90]

Ganz pragmatisch erklärt dazu Burkhard Krupa, Autor, Business-Coach und Experte für Mentaltraining:

*„Fernsehen bis in die Puppen und früh wieder raus – wer hält das auf Dauer durch? Sie sind dann nicht nur müde und abgeschlagen, sondern auch noch unruhig, nervös und angespannt. Das kostet Zeit, Kraft und Energie, macht Sie reizbar und aggressiv. Gedient ist damit nieman-*

*dem, am wenigsten Ihnen selbst. Also: Sorgen Sie für ausreichend Schlaf, um Ihre Leistungsfähigkeit auf Dauer zu erhalten."*

Gewaltverherrlichende Action- und Horrorfilme sowie Video- und **Computerspiele** wurden besonders in den letzten Jahrzehnten wie eine Seuche auf der ganzen Welt verbreitet. Dahinter stehen konkrete langfristige Ziele, zum Beispiel die Förderung der Gewaltbereitschaft!

*„Dass die Gewaltbereitschaft bei Kindern und Jugendlichen besonders in den letzten Jahrzehnten drastisch zugenommen hat und auch ein Sitten- und Moralverlust eingetreten ist, belegen aktuelle Studien nachhaltig. Dies wiederum geht auch einher mit dem schlechten Abschneiden unserer Schulen im internationalen Vergleich, was auch unlängst durch Studien bestätigt wurde"*, schreibt Stefan weiter.

Im gleichen Bericht erklärt der Professor der Psychologie und Schießtrainer der US-Army, David Grossman, sehr ausführlich, wie die Elitesoldaten ausgebildet werden. Da es wider der Natur des Menschen ist, seine Artgenossen zu töten, braucht es Jahre an hartem Training, um jemandem die ‚Fähigkeit' und den Willen zu töten beizubringen. In jedem Menschen ist eine biologische Hemmschwelle angelegt, welche die Vernichtung der eigenen Art verhindern soll.

Und unsere Jugend, von Natur aus noch in der Lebenslernphase mit seiner optimalen Aufnahmefähigkeit, hängt stattdessen spielsüchtig in der digitalen Welt und übt Stunde um Stunde Mörder zu sein. Wir hatten früher Spiele wie ‚Mensch ärgere dich nicht'. Das ist jetzt zwar ein extremer Vegleich, doch es zeigt, dass Spielen im Positiven und im jugendlichen Verhaltenstraining eine kleine WIR-Gemeinschaft mit Gewinnen und Verlieren darstellte – im Vergleich zur digitalen Spielmanie war das absolut lebensnah!

Diese digitale Scheinwelt von heute ermöglicht jedoch ein Spielen in Alleingängen, Siegersucht durch List und Gewalt – *einsame Sieger* durch blindwütiges Töten. Das lässt die unreife Persönlichkeit eines Jugendlichen überhaupt nicht zur Reife in der Gemeinschaft entwickeln. Schon die kleine Familiengemeinschaft ist gestört – damit haben wir uns ja am Anfang des Buches schon befasst: die Familie als Basis eines Volkes.

Dieser Missbrauch des lebenswichtigen von Natur aus bewährten und angelegten ‚Alphatrainings' unseres Gehirns in seiner entwicklungsfähigsten Lebensphase verankert allmählich sogar extreme **Verhaltensstörungen**.

Die dritte Möglichkeit, in unseren 10-Hz-Idealzustand eingreifen zu können, bieten den Manipulatoren im Hintergrund künstliche Wellentechnologien, die inzwischen auch weltweit als Waffen eingesetzt werden. ELF-Wellen sind elektromagnetische Wellen, deren Frequenzen im Bereich unter 100 Hz liegen (Extremly Low Frequencies – extrem niedrige Frequenzen). Diese Wellen waren Anfang des letzten Jahrhunderts von dem genialen Physiker Nikola Tesla entdeckt worden. Tesla war es gelungen, sich in das Energiefeld, das den Planeten umgibt, einzuklinken und daraus ‚Freie Energie' zu beziehen. Macht und geldgierige Interessengruppen konnten dies zusammen mit dem mächtigen Bankier J.P. Morgan jedoch verhindern.

Diese ELF-Wellen haben eine ‚natürliche' Verwandtschaft sowohl mit unseren menschlichen Gehirnwellen als auch mit der natürlichen Schwingung der Erde – 7,83 Hz und wie wir wissen: ansteigend.

Unser geniales Gehirn ist im Wesentlichen auch für zwei weitere äußere, technische Frequenzen empfänglich, denen wir Tag und Nacht ausgesetzt sind. Die eine ist der *Mikrowellenbereich*, der auch für das weltweite Handy-Kommunikationssystem benutzt wird, und der andere ist der *ELF-Bereich*. Denn ELF-Wellen haben ungeahnte Fähigkeiten: tief in die Erde einzudringen, Oberflächenkrümmungen zu folgen und auch in lebendigen Organismen mitzuschwingen. Mittels dieser Frequenzen lassen sich inzwischen nicht nur Worte ins Unterbewusstsein transportieren, sondern es ist auch möglich, die Gefühle eines Menschen zu steuern. Die Abbildung zeigt typische Wolkenformationen, welche durch diese Bestrahlung ‚ausgerichtet' wurden (Zürich/Aug. 2008) – im großen Stil wird

Abb. 26:
Typische Wolkenformation bei ELF-Wellen-Einsatz

dies durch Ablenkung der Jet Streams von den Militärs durchgeführt (Wettermanipulation durch HAARP).

Der Forscher René F. Hertach von der Zürcher »Bürgerwelle« (Dachverband der Bürger und Initiativen zum Schutz vor Elektrosmog) schreibt außerdem auf seiner Internetseite »www.warum-wir-krank-werden.ch« erklärt dazu:

> *„Die genauen Kenntnisse der elektromagnetischen Felder erlauben den Zugriff auf die komplexen neurokognitiven Prozesse, die mit dem menschlichen Selbst, dem Bewusstsein und dem Gedächtnis verbunden sind. Bei Einstrahlung entsprechender Frequenzen auf das Gehirn werden ab einer bestimmten Intensität veränderte Hirnwellenmuster erzwungen und die Funktion des Gehirns unterbrochen, was zu ernsthaften Störungen führen kann. Die neurologischen und physischen Funktionen werden durch die Manipulation der mentalen Funktion gestört.*
> ***Die Auswirkungen auf die Gesundheit können beträchtlich sein, da das menschliche Gehirn und verschiedene andere Organe ebenfalls mit elektromagnetischen Wellen im ELF-Bereich arbeiten.“***

In einem US-Bericht wird auch angenommen, dass ELF-Wellen die Produktion von Melatonin in der Zirbeldrüse hemmen.[79]

## Jeder von uns ist davon betroffen!

Sind wir alle schon ‚Gestörte‘? Forschungen, Erkenntnisse und Veröffentlichungen über diese geheim gehaltenen Technologien gibt es schon seit zwei Jahrzehnten – doch was hat sich dadurch verändert? Werden damit nicht noch viel zu wenig Menschen erreicht? Denn es sind nur einige mutige, alternative und Fachzeitschriften, spezielle Tagungen und Kongresse sowie Gruppierungen im Internet, die sich ernsthaft damit befassen! Und doch – die AZK (Anti-Zensur-Koalition) in der Schweiz ist ein erstaunliches Musterbeispiel (www.anti-zensur.info) dafür.

Auch die CFIDS-Association, die größte Patientenorganisation der USA, befasst sich mit ‚chronic fatigue and immune dysfunction syndrome', dem ‚Chronischen Müdigkeits- und Immundisfunktionssyndrom'. Ebenso informiert der deutsche »Bundesverband Chronisches Erschöpfungssyndrom Fatigatio e.V.« (www.fatigatio.de) weitgehend mutig in diesem Bereich, zumal die als Depressionen bezeichneten Reaktionen unserer Körper schon zur Volkskrankheit Nr. 1 führten.

**Abb. 27:** Wolfgang Emmerichs Kino-Film „2012"

Müssen die Massenmedien, die Millionen Betroffene erreichen könnten, weiterhin schweigen? Sie dürfen höchstens mal lächerlich machen und sich dann selbstbefriedigend einreden „*Wir haben gewarnt*" – wie zum Beispiel beim Emmerich-Hollywood-Untergangsspektakel »2012«. Ist doch eine Frechheit, wenn man sich überlegt, was da gedacht, geplant und dann geschrieben wird!

Sowohl Russland (mit Projekt LIDA) als auch die USA (mit ‚Project Black Beauty') besitzen – mit Unterstützung von HAARP-Systemen – entsprechende Großanlagen, um weltweit in unsere Gehirnfrequenzen und damit in unser Leben eingreifen zu können – nicht nur im Kriegsfall. Denn die *Immunschwächung* durch solche ELF-Beeinflussungen macht allgemein krankheitsanfälliger, und dieses Ziel scheint damit perfekt ersonnen und umgesetzt zu sein.

Um diese ‚klagenden' und anklagenden Zeilen zu kompensieren, weise ich schon an dieser Stelle darauf hin – was ich besonders mit diesem Buch unterstützen möchte –, dass wir auch hier schon die ‚Wende' erkennen.

„*Etwa 40 Prozent der Menschen in der Ersten Welt sind offen oder informiert über Themen dieser Art. Es ist die am schnellsten wachsende Szene, seit es Werteforschung gibt*", meint Karl Gamper, der mehrfache Erfolgsautor aus Österreich. Genau das hat sich bei dem Manipulationsversuch mit der sogenannten Schweinegrippe gezeigt. Die Pharmaindustrie hat zwar ihre Milliarden im Trockenen, doch zwischen der Herstellerindustrie und den politischen Hampelmännern und einigen Wissenschaftlern, die dabei schnell auf den lukrativen Zug aufgesprungen sind, stehen die erwachten Ungeimpften.

Unser ziemlich großes Handicap ist dabei die übliche Meinung, wir seien alleine – und das denken wir und glauben wir auch meistens ungeprüft. Wie sollen wir es denn auch prüfen? Aber das erscheint nur äußerlich so, innerlich sind wir zu Millionen längst vernetzt. Mit *innerlich* meine ich nicht nur die global vereinenden Mitgefühlswellen wie bei dem Michael Jackson- und dem Haiti-Leid, sondern auch die unterbewussten Meldungen eines zunehmenden Solitaritätsgefühls, das dann irgendwann in das notwendige Einheitsbewusstsein führen wird.

Da unser Gehirn bewiesenermaßen durch Resonanz mit dem Erdmagnetfeld verbunden ist, findet auch unser Bewusstsein in eine größere Ordnung. Der damit erfolgreiche Vorstreiter Dr. Dieter Broers dreht den Spieß um und fordert uns als »Morpheus« in seinem Buch »Matrix Code« auf:

*„Die Schumann-Resonanzfrequenz kann vom menschlichen Gehirn über dessen Gedanken moduliert werden und führt damit als ‚Feedback'-Resonanz zu einer entsprechenden Veränderung des Erdbewusstseins. Wenn Menschen – jeder für sich ganz individuell – ihr Bewusstsein erhöhen, in den Bereich der natürlichen Erdfrequenz, die wiederum der Frequenz der Liebe entspricht, kann diese die gesamte Erde und deren Zukunft verändern."*

Das möchte ich noch weiter ausdehnen:

**Ein solches heilsames Feedback für unsere bewährten, körperlich angelegten *Selbstheilungsprogramme* liegt genauso in der Resonanzfähigkeit unseres Gehirns und unserer Gedankenkräfte – dem neuen Denken, mit dem wir ebenfalls unsere Zukunft verändern!**

Trotzdem kommt nun die konsequente Frage: Wie können wir unser zentrales Körperfunktionssteuersystem, unser geniales Gehirn, vor diesen technischen Fremdsteuerungen **schützen**? Können wir solche

Fremdenergien überhaupt abwehren? Wie können wir weiterhin gesund in unserer zunehmend technischer, kommunikativer, bequemer und manipulierter werdenden Zivilisationsgesellschaft weiterleben?

Ich erinnere hierbei an das, was ich schon im Kapitel »Gesund durchs Chaos gehen!« ab Seite 97 geschrieben habe.

## Geniale Selbstheilungen durch unsere Gedankenkräfte

Es gab einen römischen Kaiser, der 19 Jahre lang die Welt regierte, der sich auch für die Erleichterung des Loses von Sklaven und Frauen einsetzte, ein berühmtes philosophisches Werk namens »Selbstbetrachtungen« schrieb und Marc Aurel hieß. Von ihm stammt das geflügelte Wort: *„Das Leben eines Menschen ist das, was seine Gedanken daraus machen."* Es ist doch erstaunlich, dass diese Erkenntnis schon zweitausend Jahre alt ist und heute immer noch Wissenschaftler, Autoren und Seminarleiter damit Geld verdienen können. Leben wir so gedankenlos?

Damit wir uns mit unseren Gedankenkräften sogar selbst heilen können, müssen wir natürlich sehr ,positiv denken'. Das haben Sie sicher schon tausendmal gehört – und? Weil Sie das begriffen haben – wir, ich zähle auch dazu –, sind und bleiben wir auch gesund im modernen äußeren Energie-Chaos – heute und in Zukunft! Wir bleiben einfach positiv!

Das »Gesetz der Resonanz oder Anziehung« ist uns allen wahrscheinlich längst bekannt und ich könnte mir vielleicht die Sprüche sparen: *„Wie man in den Wald hinein ruft, so schallt es heraus"* oder *„Gleich und Gleich gesellt sich gern"* oder gar, was uns der Pfarrer auf der Kanzel ins Gewissen reden will: *„Was der Mensch sät, das wird er ernten."*

Das heißt: Wir ziehen genau das in unser Leben, was wir durch unsere Gedanken, Einstellungen und Erwartungen aussenden beziehungsweise auch ausstrahlen – denn gleiche Schwingungen ziehen sich an. Dafür haben sich jahrzehntelang Tausende von eifrigen Damen und Herren der Esoterik die Münder fusselig geredet: Heute überzeugen damit die Wissenschaftler der Quantenphysik.

**Das, worauf wir unsere Aufmerksamkeit und unsere Gedanken richten, bekommt Energie, wächst, und wir ziehen es in unser Leben** – heißt es in der Erkenntnislehre der ‚Autosuggestion'.

Falls Sie diese Formel ernst nehmen, heißt es gleich Stift und Papier holen, um reiflich über unsere *Aufmerksamkeiten* nachzudenken.

## ...keiner lacht sich krank!

Im Gegenteil: *„Lachen ist die beste Medizin"*, lautet ein altes Sprichwort. Das weiß eigentlich jeder von uns, und die angenehme Lebensfreude kennt dabei auch jeder. Lachen entspannt nicht nur die Gesichts- und Bauchmuskulatur, Lachen bedeutet ‚Stimmung', und auch diese geistige Emotion ist ein äußerer ‚Transmitter' von positiven und befreienden Energien. Jedes Lachen und jedes Lächeln bedeutet Befreiung *und ist eine Befreiung.* Wovon? Ich behaupte vom Denken und manchmal sogar vom Fühlen, vor allem dem leidvollen. Das Schöne daran ist nämlich, dass es uns in den überwiegenden Fällen regelrecht überfällt und das Lachen, vor allem das laute, ganz plötzlich aus uns herausbricht – aus irgendeinem völlig überraschenden Grund.

Bei einem richtigen Lachanfall bewegen sich viele Muskeln im Körper. Der Puls steigt an, das Herz fängt an zu rasen, wir atmen schneller und die Lunge nimmt mehr von dem lebenswichtigen Sauerstoff aus der Luft auf. Außerdem werden durch das Lachen die Blutgefäße weicher, das Blut fließt so besser durch den Körper. Die Bauchmuskeln spannen sich an und pressen die Luft in kurzen Stößen hinaus – wir prusten los. So ein Anfall dauert normalerweise ein paar Sekunden, dann beruhigt sich alles wieder, zumindest äußerlich.

Man weiß inzwischen außerdem, dass im Moment des Lachens unser Verstand

Abb. 28:
Wer sie nicht kennt, siehe (80)

stillgelegt ist und unser Denken aussetzt. Es fällt schwer zu lachen und gleichzeitig zu denken, denn das eine ist körperlich-emotional und das andere völlig geistig. Lachen ist spontane Automatik – denken tun wir gezielt. Lachen ist ein Gesamtkörperprogramm, das uns durchschütteln kann – Denken ist eine klare Sache in unserem Oberstübchen. Ja, das Lachen stellt unser Denken ruhig. Damit hat es etwas gemeinsam mit der Meditation, obwohl es ja das Gegenteil zu sein scheint: laut und bewegungsreich. Doch Lachen ist auch ‚herzlich' – und damit hat es etwas mit unseren heilsamsten Energien zu tun.

Und tatsächlich auch mit einer Meditation, denn eine solche führen wir ja oft als eine bewusste und heilige Gedanken-Entspannung aufwendig durch. Zen als buddhistische, gedankenfreie ‚Versenkung' ist besonders anspruchsvoll, und es erstaunt Sie sicher, wenn ich berichte, dass es Zen-Klöster gibt, die das Lachen beim Nicht-Denken täglich pflegen – den Morgen mit Lachen beginnend und den Abend mit Lachen beendend.

Lachen ist eine tolle Energie, die anstecken kann. Und auch diese kommt dann nicht kontrolliert von unserem Kopf, sondern ziemlich unkontrolliert aus unserem Herzen, dem Zentrum der Liebe. Lachen ist in den meisten Fällen eine Herzverbindung in einer ‚Gemeinschaft'. Liebe und Lachen gehören nämlich zusammen und daher heißt es auch schon von alters her: *„Lachen ist die beste Medizin!"*

Aber nicht nur das! *„Es gibt keine größere Macht als die des Lachens"*, schreibt Sir Hugh Carleton Greene, der jüngere Bruder des britischen Schriftstellers Graham Greene. Na also!

Transformation ist ein Modewort geworden, und so können wir auch dem Lachen dieses Prädikat zuweisen, obwohl diese ‚Mode' eigentlich ein seelisches Ur-Programm ist. Fühlt sich die *Stille* nach dem Lachen nicht tatsächlich wie eine Transformation an? Lachen mit Tränen? Manche angespannte Situation wird in einem einzigen Augenblick ‚transformiert'. Verbindende Gemeinsamkeiten, die man sonst heimlich versteckt, werden beim Lachen erkannt.

Selbst unsere Lach-Anfälle, die sehr anstecken können, sind keine Symptome, dass sich jemand ‚krankgelacht' hat, und kein einziger Fall ist bisher bekannt geworden, dass sich jemand wirklich ‚kaputtgelacht‘ oder gar ‚totgelacht‘ hat. Allerdings sollen sich einige krumm und schief gelacht haben. Leicht zu begreifen ist auch: Zum Stirnrunzeln sind über vierzig Muskeln erforderlich, zum Lächeln dagegen nur fünfzehn. Noch mehr dazu weiß die Journalistin Corinna Heyer vom »Gesundheitsportal« (www.phytodoc.de), denn für ‚www.leben.freenet.de‘ schreibt sie unter anderem:

*„Keine Diät und keine Medizin halten das Herz so gut in Schuss wie Humor und häufiges Lachen. Dennoch lachen Erwachsene am Tag durchschnittlich nur 15 Mal – Kinder dagegen sind wahre Lachkünstler: Sie bringen es auf 400 Lacher am Tag. Und das ist wahre Schwerstarbeit: Fast 100 verschiedene Muskeln werden für das Lachen angespannt. Allein im Gesicht treten 15 verschiedene Muskeln in Aktion, mit hundert Kilometern pro Stunde entweicht die Luft aus der Lunge.“*

Lachen verbindet, lachen verjüngt, lachen ist herrlich kindisch, und lachen reinigt uns innerlich ganz gründlich – und garantiert ohne chemische Nebenwirkungen. Allerdings gibt es sehr beliebte Nebenwirkungen, sogar ansteckende, die das Lachen offenbart: Sichwohlfühlen, natürlichsein, stressfrei- und unbelastetsein macht nämlich süchtig – sehnsüchtig nach lustigen und erheiternden Momenten und Tagesabschnitten. Manchmal ‚braucht‘ man sie richtiggehend und legt dann mal zwischendurch eine DVD von »Hannes und der Bürgermeister« ein oder von »Dick und Doof« und anderen begnadeten Komikern.

Frohnaturen besitzen Anziehungskraft – die professionellen ebenso wie die mitmenschlichen unserer Umgebung. Ein Späßle im rechten Moment macht heiter, auch wenn es draußen wolkig ist, und um lustig zu sein, braucht es auch kein Zigeunerleben.

**Lachen und gelassene Heiterkeit sind altbewährte biologische Entspannungstechniken.**

Es sind geradezu entspannende Schüttel-Techniken – von Kopf bis Bauch –, welche jegliche Spannungen und Anspannungen lockern. Anspannung erzeugt Spannung, und umgekehrt passiert das Gleiche – geistig wie körperlich. Eine zeitgemäße Ergänzung dazu ist der vielbeklagte Stress, eigentlich müsste es heißen: der übermäßige Stress, der Disstress. Was werden da heute für aufwendige und kostenintensive Linderungsprogramme angeboten, um uns davon zu kurieren – meistens nur kurzfristig, falls man seine Tätigkeit nicht wechseln kann. Ich kenne den Stress gut, sehr gut und gehe ihm oft in die Falle – ich bin ja auch ein hyperaktiver Rentner. Doch ich verrate Ihnen auch gerne, wie ich dann meistens diese Energien wegstecke, in die ich geraten bin: Ich lache dann über mich selbst – und das funktioniert sogar und tut richtig gut.

*„Der hat nichts zu lachen"*, drohen wir, wenn wir wieder einmal unter Dampf und Anspannung stehen – wobei eigentlich Lachen die angenehmste Art ist, seine Zähne zu zeigen. Wahrscheinlich nimmt man das Lachen nicht ernst genug, denn es gibt auch kein Studienfach und keinen Nobelpreis dafür. Doch es gibt inzwischen Lachforscher, die sich Gelotologen nennen.

Der Moment des Lachens gebiert bei vielen von uns den dauerhaften **Segen der Lebensfreude**. Optimismus, Dankbarkeit, innere Zufriedenheit, Fröhlichkeit, Heiterkeit und Glücklichsein haben sogar einen medizinischen Überbegriff erhalten, die bereits erwähnte **Salutogenese**. Das kommt vom lateinischen *salus* (Gesundheit) und vom griechischen *genese* (Entstehung) und meint das Gegenteil von ‚Pathogenese', der Entstehung von Krankheiten. Dazu schreibt Dr. Ulrich Fricke, Chefredakteur seiner Monatshefte »Länger und gesünder leben« (1/2009) unter anderem:

*„Bei der Salutogenese stehen die Pflege und der Erhalt der Gesundheit im Vordergrund. Und das beste Rezept zur Pflege Ihrer Gesundheit ist das Glücklichsein. Glück können Sie bis zu einem gewissen Grad tatsächlich ‚erzwingen'. Dazu gehören eine positive Lebenseinstellung, ein offenes Zugehen auf Ihre Mitmenschen oder auch die Konzentration auf das Wesentliche. Finden Sie etwas, wofür es sich zu leben lohnt – sei es eine große Familie, soziales Engagement oder erfüllende Hobbys."*

Das klingt schon wieder sehr therapeutisch und scheint mehr auf uns Senioren gemünzt zu sein, zumal dabei ein Foto mit lachenden ,Alten' abgebildet ist. Der Text darunter lautet: *„Glück schützt Sie nachweislich vor Krankheiten. Denn schädliche Stresshormone werden abgebaut, und Glücksbotenstoffe bekämpfen gleichzeitig chronische Schmerzen."*

Gibt es da noch eine Steigerung? Vom Lachen zur Lebensfreude und zum Glücklichsein? Ja, da soll es noch die *Glückseligkeit* geben. Und die hat es so in sich. Das *selig*-machende Glück kommt nämlich nicht vom Bankkonto, es kommt bei uns allen von *innen heraus*. ,Selig' deutet ja auf ,himmlisch' hin, einen Wunschzustand, in dem sich *friedvoll* und ohne unsere irdischen Spannungen und Anspannungen leben lässt. Das hat doch nicht nur mit Weihnachten zu tun.

Trotzdem ist dieser ,himmlische' Brauch sehr richtig:

**Denn Lachen, Lebensfreude und Glückseligkeiten sind Kommunikationen mit unserer Seele und schwingen dabei in einer ,himmlischen' Non-Dualität – wieder so ein Modewort mit uraltem philosophischem Hintergrund.**

Die innere Wirkung des Lachens hält lange an. Denn durch einen Lachanfall sind viele Vorgänge in unserem Körper ausgelöst worden. *„Bei so einem Lachanfall wird zum Beispiel die ,Körperpolizei' alarmiert, die uns vor Krankheitserregern schützt"*, erklärt Susanne Maier. Sie ist Lehrerin an einer ganz besonderen Schule: der »1. Berliner Lachschule«. Sie erklärt, wozu Lachen sonst noch gut ist. *„Beim Lachen bildet der Körper sogenannte Glücksbotenstoffe. Die führen dazu, dass wir uns ganz glücklich und entspannt fühlen."* An der Lachschule bringt Susanne Maier Menschen bei, mehr zu lachen und fröhlicher zu sein. (dpa vom 6.5.2008)

Noch auf fünf weitere Dinge erlaube ich mir, ,wissend lächelnd' hinzuweisen: eben dieses milde, aber wissende Lächeln der asiatischen Gläubigen; auf die Hormone, die unser Körper dafür zur Verfügung stellt; auf die Sonne, die unsere Stimmungen erhellt; die Art der Lebensfreude, mit der wir unsere eigene Zukunft vorbestimmen und zuletzt eine Anti-Falten-Übung. Man nennt es buddhistisch, dieses feine Lächeln, das den Asiaten wohl angeboren zu sein scheint. Ist es ihr Gefühl der sicheren Einheit, wie uns das Symbol von Yin und Yang zeigt? Oder versteckte Weisheit? Oder ist es nur eine Maske, hinter der sich die besondere Brutalität dieser Völker verstecken kann? Uraltes Wissen zeigt sich aus diesem Großraum in der Medizin, den örtlichen Lebensenergien wie Feng Shui und einer kenntnisreichen Biologie – ein Wissen, das von Weisheit mit einem Lächeln gezeichnet ist.

Wenn wir im Westen lächeln, ist das oft mit einem *Danke* verbunden oder einem liebevollen Blick oder einer stillen Freude oder einer klugen Zufriedenheit oder einem tiefen Glück – dann lacht auch das Herz.

Und was halten Sie von **Glückshormonen** zum Mittagessen? Tryptophan, Endorphin und Serotonin geistern durch verschiedene Gesundheitsempfehlungen und sind die eigentlichen Stimmungshormone. *„Fröhliche Menschen haben weniger Stresshormone"*, bestätigt eine Studie der Universität London aus dem Jahr 2005.

*„Menschen, die sich selbst als ‚überwiegend fröhlich' bezeichneten, hatten einen um 32 Prozent niedrigeren Kortisol-Spiegel als Menschen, die eher betrübt durchs Leben gehen. Das Stresshormon Kortisol schwächt nicht nur auf Dauer das Immunsystem, sondern kann auch Depressionen, Bluthochdruck oder Verdauungsprobleme auslösen."* (Dr. Ulrich Fricke in »Länger und gesünder leben« 1/2009)

Freude bereitete es mir, als ich den Titel der Kinderzeitschrift »Dein Spiegel« am Kiosk erhaschte: *„Warum schlapplachen stark macht"*. Das ist so wichtig und richtig für unseren Nachwuchs!

Wenn es ein *Lach*-Hormon gäbe, welche Massen könnten wir davon verkaufen? *Fröhlichkeit* und *Lebensfreude* dagegen sind langfristige Stimmungslagen, und diese scheinen bei uns stärker belastet zu sein als man gemeinhin bemerkt. Inzwischen sind Depressionen heute zur Volkskrankheit Nr. 1 bei uns geworden – da scheint uns immer mehr das Lachen zu vergehen. Auch wenn der reichliche Schokolade-Umsatz dem Hersteller die Rendite und uns den Alltag versüßt... Tut es das?

Unsere Ernährungsforscher wissen genau, dass die Kohlenhydrate der Süßigkeiten und der Schokoladen nur Strohfeuer in der Serotonin-Produktion bewirken. Das verstärkt bloß das Auf und Ab unserer Gefühlslagen. Die den Serotonin-Spiegel länger versorgenden Nahrungsmittel sind fettarm, sind sämtliche Vollkornprodukte (vor allem aus Hirse und Dinkel), sind Nüsse (besonders Cashewkerne), Obst (Bananen, Avocados, Datteln und Äpfel) und fast alle Gemüsesorten (besonders Steinpilze) wie auch alle Fischarten. Bei den Milchprodukten ist es der Romadur. Und natürlich gibt es auch Vitamine als Schrittmacher für die gute Laune: Vitamin $B_1$ und $B_6$ und $B_{12}$. Bei den Mineralstoffen steht an erster Stelle das Magnesium, und in Spuren sollen Selen und Zink über unsere Schilddrüsenhormone indirekt mitwirken.

Der sympathischste und völlig kostenlose Glückserzeuger ist das Sonnenlicht. Unsere Sonne, der Motor des Lebens auf der Erde, ist überwiegend ein *Quell des Frohsinns*. Seien es ihre romantischen Auf- oder Untergänge; sei es das Frühlingserwachen, wenn sie ihre wärmenden Strahlen schickt, das Eis des Winters zu schmelzen oder sei es, wenn Freizeit und Urlaub Erholung in der Sonne bieten. Sonnenlicht bedeutet unterbewusste Urlaubsstimmung – Losgelöstsein, Heiterkeit und Lebensfreude. Wärme im Außen und Wärme im Herzen erfüllt die Hermetische Lebensregel *...wie außen, so innen – wie innen, so außen.* Wem da das Herz nicht lacht!

Der Forscher Udo Sperlich hat festgestellt, dass die Größe und die Intensität unseres Körperenergiefeldes (die Aura) von dem Sonnenlichtangebot abhängt, das unser Körper erhält. In unserer wolkenreichen Region in Deutschland ist unser Energiefeld von Natur aus einfach kleiner, etwa nur ein Drittel des Auraumfangs, den wir in südlichen und sonnenreichen Aufenthalten bekommen. Sicherlich spielt da heute auch unser klimabedingter Aufenthalt fast ausschließlich in Räumen mit. Daher versprechen zum Beispiel Sperlichs sonnenersetzende Nullpunktenergie-Produkte und Photonenenergien „Wohlergehen und Fülle durch die Anwendung von Nullpunktenergie".[81]

Nun habe ich noch etwas Langfristiges, das Lebensfreude bringen kann: Ich nenne es unsere *Bewusstseinserweiterung*. Ich komme an mehreren Stellen im Buch immer einmal darauf zurück, dass unsere Zukunft holistisch, also ganzheitlich ausgerichtet sein wird. Meine Kurzformel dabei heißt *...vom ICH zum WIR*. All die zehrenden Energien der hergeredeten Endzeitstimmungen hängen mit unserem verängstigten Ego zusammen, von einem ICH, das immer mehr in die Isolierung geführt wird. Das bedeutet früher oder später Bewusstseins-Einschränkungen, Egozentrik und Eigensucht – genau die seelischen Krankheiten unseres weltweiten und immer selbstsüchtigeren Zustandes. (Darauf gehe ich dann in meinem letzten Kapitel des Buches ausführlich ein.)

*„Lache viel, lange und laut. Lache, bis du nach Luft schnappen musst"*, empfiehlt George Carlin im Alter von 102 Jahren.

*„Lächeln statt Falten kriegen"*, betitelt Dr. Michael Spitzbart einen Bericht in seinem Monatsheft »Gesundheits-Praxis«. Eine der beschriebenen Übungen heißt: „Wechseln Sie von Pressmund zu Pustemund." Wir versuchen, eine imaginäre Kerze auszublasen, deren Flamme trotzdem immer größer wird.

*„Pusten Sie, bis sich Ihre Backen richtig aufblasen. Und nun gehen Sie zurück in den Pressmund... Einatmen durch die Nase mit Pressen und Ausatmen beim Pustemund... Wiederholen Sie das Ganze maximal fünfmal... Diese Übung moduliert Ihre Gesichtszüge, indem Sie rund um Ihren Mund schlappe Muskeln wieder aufbauen."*

Und wie wäre es mit Busseln?

# *„Pfeif drauf!"*

Natürlich sollen Sie weder auf das Busseln pfeifen, noch auf das, worüber ich bisher berichtet habe! Alle pfiffigen Leserinnen und Leser vermuten vielmehr: *„...jetzt kommt der Pfiff!"* Und ich werde Sie nicht enttäuschen, denn ich verrate Ihnen nun eine weitere, auch meine persönliche Pustemund-Methode.

Ich fand vor Jahren eine kleine Broschüre, die sich ♪Pfeifen♪ nennt, von Dr. Otman Zar-Adusht Hanish, einem Forscher, der die altpersische Lehre des Mazdaznan aktualisierte und berühmt machte. Er belegt, dass Pfeifen nicht nur Stimmungssache ist, sondern auch Organpflege und ein pfiffiger Weg der Heilung.

Üblicherweise bedeutet pfeifen, dass der Pfeifende in einer fröhlichen bis ausgelassenen Stimmung ist – ein Zeichen von Lebensfreude. Das finde ich schon sehr empfehlenswert. Wenn eine Sache *Pfiff* hat, ist es etwas Besonderes und jemand, der *pfiffig* reagiert, ist kein Dummer. Klug klingt es auch, wenn Dr. Hanish zuversichtlich schreibt:

*„Weil sich durch das Pfeifen die Muskeln im Unterleib zusammenziehen, wird der Unterleib dünn, und Magen, Leber, Eingeweide und nach und nach alle übrigen Organe kommen in ihre richtige Lage. Behält man das Pfeifen bei, so bleibt man dünn im Unterleib, während die Lungengegend sich auszuwölben beginnt und man mehr die Formen einer Venus oder eines Apollo annimmt. Selbst ein Bier-, Schnaps- oder Brotbauch wird dünner und die Verdauungsbeschwerden verschwinden; sogar Herzleiden treten zur Seite. Denn das Pfeifen korrigiert das Herz, und man merkt die Besserung von Tag zu Tag, selbst wenn man nur pfeift des Morgens, während man sich zurechtmacht und die Schuhe anzieht."*

Schön, diese Sprache des ausgehenden vorletzten Jahrhunderts. Er versichert außerdem: *„Wenn wir das Pfeifen nur regelmäßig üben wollen, könnten wir uns damit ganz und gar heilen."* Denn: *„...durch die fortwährenden Vibrierungen und Revibrierungen entwickeln wir schließlich den Selbsterhaltungstrieb."*

*„Pfeifen Sie auf Ihre Krankheit – pfeifen Sie sich gesund"*, schreibt der Karlsruher Verleger Marco Trautwein von der »Wassermann-Arbeitsgemeinschaft«[82], dessen Schrift ich die Gedanken von Dr. Hanish entnommen habe. Dazu ergänze ich für uns Gesundgebliebenen:

*„Pfeife auf allen Unmut, alles Unschöne, alles Ungute, alles Ungesunde, alles Unpässliche, alle Ungereimtheiten – pfeif endlich drauf! Mit jeder gepfiffenen Melodie, ob Ohrwürmer oder eigene Phantasiemelodien, gestalten wir ein heiteres Körperenergiefeld, wir ganz persönlich!"*

Beim Autofahren höre ich weder Radio noch sonst eine Musik. Ich genieße die Ruhe, und die elektromagnetischen Belastungen durch die vier mich umgebenden Lautsprecher erspare ich mir. Unlängst habe ich auf meiner Fernfahrt nach München nur gepfiffen, bewusst und anhaltend. Und am nächsten Morgen hatte ich doch tatsächlich einen ganz ordentlichen Bauchfellmuskelkater.

Wenn ich inzwischen die übernächste Generation immer mehr mit ihrem ‚zeitgemäßen' elektronischen Anschluss an die Massenberieselung gehen oder laufen sehe und wie sie damit die schöpferischen Pausen ihrer Gedankenfreiheit verdrängt, dann genieße ich meine Lust, auf all das zu pfeifen – „...*pfeif drauf!*" Das ist dann *mein* energetischer Ausgleich für diese moderne Verführung. In diesem Falle drehe ich eben den Spieß um und anstatt zu forcieren „...*vom ICH zum WIR*", genieße ich die Umkehrung „...*vom Massen-WIR zurück zu meinem ganz persönlichen ICH*".

# Raus den Schrott! – Entgifte und leite aus!

Die Angelsachsen, die Niederländer und vor allem wir Deutsche, Österreicher und Schweizer sind weltbekannt für unsere Sauberkeit, Reinlichkeit und Ordnung – auch auf unseren Straßen, in den Gärtchen und sehr bei unseren Fahrzeugen; und natürlich auch am Körper – beim Zähneputzen und auf der Toilette. Eine Fernsehsendung untersuchte sogar, ob wir das Klopapier vorher falten oder ob wir wild drauflos putzen. Kann es sein, dass wir mit solchen äußeren Aktivitäten ganz-und gar vergessen, dass auch *in uns* eine gigantische und komplexe Welt – so um die 60 Billionen Körperzellen – jahrzehntelang funktioniert, der höchsten Reinheit bedarf und eine perfekte Ordnung pflegt? Gibt es da auch Unrat? Und Abfalldeponien? Schadstofflager? Außen hui, innen pfui?

Natürlich hat unsere geniale Körpereinheit auch reichlich Reinigungs- und Bereinigungs-Zellsysteme, automatische Erste-Hilfe-Programme, Abwehrreaktionen gegen Entzündungen, eine Körperpolizei gegen Viren, Schadstofflagerplätze und vieles Großartiges mehr. Das funktioniert alles jahrzehntelang – unterbewusst und unbewusst.

Doch die Zeiten haben sich im Vergleich zu früher wesentlich geändert. Durch unsere industriell hergestellte ‚Nahrung', durch unsere ungesund gewordenen ‚Getränke' und die grassierende Übersäuerung unserer Zellsysteme – und noch manches andere, auf das ich im Buch hinweise – ist schon bei viel zu vielen von unseren Körpern der Notstand ausgerufen worden. Statistisch – und unsere linke Gehirnhälfte liebt solche Zahlen – haben wir uns im Bereich des Übergewichts zur europäischen Nr. 1 hochgefuttert.

Wenn es dabei nur eingelagertes *Wasser* und schwabbelndes *Fett* wäre, hielte es unser Körper ja auch erstaunlich lange aus damit. Doch beide ‚Lagersysteme' sind auch *körperliche Depots*, angefüllt mit solchen körperfremden Schadstoffen und lästigem Chemieunrat, welche die normale, gesunde Zellversorgung sonst behindern würden. Auf die wissenschaftliche Erkenntnis „*Du bist, was Du isst*" habe ich schon hingewiesen.

Natürlich wollen unser überlasteter Körper, unser kluger Verstand und unsere leidvolle Seele wieder frei werden von diesen Unnatürlichkeiten und dem inneren Zivilisationsschrott. Und da gibt es vier Stichworte, die uns bei solchem ‚Freiwerden' immer wieder begegnen und uns an unsere ursprünglichen und natürlichen Körperformen erinnern: Hunger, Fasten, Diäten und Ausleitungen.

**Hunger** war früher auch in unseren Breitengraden ein wiederkehrendes Thema, denn es gab ja für die meisten Mitteleuropäer noch keine Importe aus dem Süden. So um den Februar und März waren alle Vorräte weitgehend aufgebraucht und Schmalhans zog in viele Küchen ein. Auch unser Kirchensystem griff da mit zu und forderte die Wohlhabenden zur fastenzeitlichen Enthaltsamkeit von Fleisch auf – nach dem turbulenten ‚*carne vale*' und Fleisch-ade-sagen. Doch beides ist heute nicht mehr modern, ist längst *out*.

Diese Notzeiten sind vorbei, und die wohlmeinenden Therapeuten verdonnern uns stattdessen zum gezielten **Fasten**, zu dem wir freiwillig eben keine Lust verspüren. Das räumt dann auch viele unserer belastenden Körperdepots aus, und unser Körperenergiefeld dankt es uns durch die wiedergewonnene Mobilität, Aktivität und Lebensfreude.

Dann gibt es da noch die **Diät** mit sehr vielen verschiedenen Möglichkeiten – sinnvolle und völlig unsinnige. Das Wort *Diät* führt uns in die griechische Antike, als *diaita* schon die ‚gesunde Lebensweise' betraf. Unserer zunehmenden Übergewichtigkeit setzen die ideenarmen Modedesigner nur dürre ‚Models' entgegen und jede bekannte Illustrierte mehrfach im Jahr skurrile Vorschläge zum Abnehmen. Bei solchen Diäten wird zum Teil nur entwässert, aber nicht entgiftet – beim Absetzen einer Diät sammelt der Körper sofort wieder Wasser an, um die Gifte weiter zu neutralisieren, was als ‚Jojo-Effekt' bekannt ist.

Dass neben der Menge unserer Nahrungsaufnahme vor allem auch ihre *Vollwertigkeit* und *Naturbelassenheit* ausschlaggebend für unsere Gesundheit und unser Jungbleiben sind, wird immer klarer, doch zwischen Wissen und alltäglichem Verhalten besteht bei den meisten Menschen eine beachtliche Kluft. Dabei gilt auch hierbei die altgriechische Überlieferung des wohl berühmtesten Arztes Hippokrates: *„Der Tod sitzt im Darm"* – und heute noch (statistisch im Jahr 2004) ist Darmkrebs die häufigste Krebsneuerkrankung in der EU.

Die »Deutsche Gesellschaft für Ernährung« DGE empfiehlt daher als wichtige Vorsorgemaßnahme gegen Darmerkrankungen die Vermeidung von *Verstopfungen*. Wer sich viel bewegt und reichlich Ballaststoffe verzehrt, fördert seine Verdauung auf natürliche Weise und stimuliert gleichzeitig die mit dem Darm zusammenhängende Immunabwehr (80 Prozent des Immunsystems befinden sich im Darm). Somit ist die **Darmreinigung** ein Grundthema unseres Gesund- und Jungbleibens. Wertvolle Literatur bieten dazu alle Gesundheitszeitschriften und ein zunehmendes Angebot an aktuellen Fachbüchern – mit immer frecheren Titeln.

Wenn unser überforderter Körper schon an verschiedenen Stellen oder Organen den Notstand ausgerufen hat, empfiehlt es sich, sehr gezielt vorzugehen, uns wirklich intensiv damit zu befassen, auch therapeutische Hilfe und Ratschläge einzuholen und dann dauerhaft und ideenreich in unserem Alltag umzusetzen. Ich übernehme dabei die praxisbezogene Ausdrucksweise, wenn das Kind schon in den Brunnen gefallen ist: ‚**Ausleitung** – entschlacke und entgifte.' Da tut schon einmal ein Großputz gut, so ein körperlicher Frühjahrsputz, wobei bestimmte ‚Putzmittel' uns weiterhelfen, *clean* zu bleiben.

**Es geht dabei auch darum, aus gedankenlosen Routinen auszuscheren.**

Seit alters her verfügt unser Körper natürlich über bewährte Ausscheidungsmechanismen, und diese erklärt die Dresdner Ernährungsberaterin Steffi Rossille[84]:

*„An erster Stelle steht der **Darm** als wichtigstes und größtes Ausscheidungsorgan. Was der Darm nicht schafft, versucht die Leber dann so umzubauen, dass sie (die Giftstoffe; A.d.A.) den Körper über die Niere verlassen können.*

*An zweiter Stelle steht die **Niere**, sie ist das Filtersystem für das Blut und reinigt so den Körper. Dabei ist wichtig zu wissen, dass dieser Filter nur kleine Moleküle zurückhalten kann und großmolekulare Stoffe wie chemische Zusatzstoffe in Körperpflegeprodukten, Schwermetalle, Pestizide kaum ausgeschieden werden können. Somit bleiben sie im Körper und werden irgendwo eingelagert. Um sie einlagern zu können, müssen dem Körper Nährstoffe zur Neutralisation entzogen werden. Die verbliebenen, nicht verarbeiteten Gifte versucht der Körper entweder über die Lunge oder die Haut auszuscheiden.*

*Die **Lunge** steht an dritter Stelle. Sie ist sehr gut geeignet, um das verbrauchte $CO_2$ abzuatmen, jedoch schlecht geeignet, um andere Gifte loszuwerden. Manchmal kann sich der Körper aber nicht anders helfen, wodurch es dann z.B. zur chronischen Bronchitis kommt.*

*Die **Haut** hingegen ist ein ausgezeichnetes Entgiftungsorgan, hat aber mit nur 2 $m^2$ eine zu geringe Oberfläche, um das Entgiftungsproblem zu lösen. Im Vergleich dazu hat der Darm ca. 300 $m^2$ und die Lunge immerhin noch ca. 100 $m^2$ Oberfläche. Die Haut ist somit immer das kleinste Glied am Ende der Kette. Mit diesem Verständnis der Vorgänge wird klar, wieso Hautausschläge, Ekzeme und andere Hautprobleme so zunehmen.*

Alle Gifte, die der Körper über die oben beschriebenen Funktionen nicht los wird, müssen zwangsläufig eingelagert werden. Selbstverständlich nimmt der Körper nicht zuerst die lebenswichtigen Organe (zum Beispiel das Herz und unser Gehirn) als ‚Müllhalden', sondern schiebt die Gifte in Speicherorgane wie Bindegewebe, Muskeln, Fettgewebe und Gelenke – packen es diese dann nicht mehr, folgen auch wichtigere Organe.

**Erschwerend ist dabei, dass im Laufe des letzten Jahrhunderts völlig neue ‚Gifte' – chemische aus Ernährung, Wasser und Luft; Metalle aller Art; elektromagnetische aus unserem Lebensumfeld und stressig-mentale aus unseren Stimmungen – unsere Körpersysteme belasten.**

Ich kann es mir kaum vorstellen, wenn ich lese, dass der Körper vieler Menschen bereits zu 50 Prozent aus solchen Schlacken besteht. Aber was versteht man unter Schlacken in unserem Körper? Solche Schlacken sind Salze, die aus Säuren und Giften entstanden sind, die der Körper unter Zuhilfenahme von wertvollen Mineralstoffen und Spurenelementen aus organischen und anorganischen Säuren bilden muss, um nicht von diesen verätzt oder gar vergiftet zu werden. Schrecklich!

Julia Tuschl[85] erklärt es uns so:
*„Das geschwächte Immunsystem kann nicht mehr die beschleunigte Vermehrung der krankheitserregenden Bakterien, die im Körper immer vorhanden sind, zurückhalten.*
*Die flüssigen Medien des Körpers (Kolloide) werden verschlackt und dickflüssig. Dadurch werden die Nährstoffe schlechter zu den Zellen transportiert und die von den Zellen ausgeschiedenen Abbauprodukte schlechter abtransportiert.*

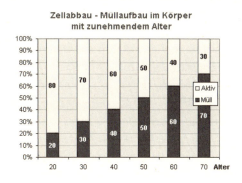

**Abb. 29**: Anteil der Schlacken im Körper

*Die geschwächten, hungrigen Zellen funktionieren immer schlechter, viel mehr Zellen sterben, und es bilden sich viel weniger neue Zellen. Es erfolgt eine fortgeschrittene frühzeitige Alterung. Durch eine regelmäßige Entgiftung und Entschlackung können Sie diesen Prozess aufhalten oder sogar rückgängig machen und den Körper um 10 bis 20 Jahre verjüngen!"*

Angenommen, diese vereinfachte Statistik gilt nicht nur für die Anderen, sondern es könnte sein, dass auch wir uns darin finden – natüüürlich niemals sooo dramatisch. Wir machen uns nicht nur darüber Gedanken, in welchen ausgewählten Restaurants wir unseren Körper füttern, wir greifen dazu auch gerne in die Tasche. Angenommen, es wird uns jetzt klar, dass wir uns auch Gedanken machen sollten für die nachfolgende ,Entrümpelung' unseres Körpers, so könnten wir leicht auch dafür die monatlichen Kosten aufbringen – einzig und allein zu unserem eigenen Wohle.

Außerdem ist es selbst bei sorgfältiger Zusammenstellung sämtlicher Nahrungsmittel und Getränke äußerst schwierig geworden, sich den vergiftenden Einflüssen unseres Umfeldes zu entziehen – auch in Muttermilch wurden schon Giftkonzentrationen festgestellt!

**Um die Abwehrkräfte und Immunbereitschaft unserer Selbstheilungskräfte anzuregen und zu stärken, ist es daher sehr hilfreich, den Körper regelmäßigen Entgiftungs- und Entschlackungsroutinen zu unterziehen oder täglich Entgiftungs- und Entschlackungspräparate zu schlucken.**

Ich habe mir daher aus den *vielen Möglichkeiten* der empfohlenen ,reinigenden' Nahrungsmittelergänzungen einige ausgewählt und langzeitgestestet, die mich völlig natürlich, kostengünstig und auch geschmacklich zumutbar seit Jahren begleiten. Dabei kann und soll man ja auch variieren – so wie man die ,Lust' dazu verspürt oder es der Alltag ermöglicht oder was gerade *in* ist oder plötzlich auf uns ,zukommt', weil unser Geistenergiefeld dabei ein Resonanzfeld aufgebaut hat. Das kann richtig spannend sein, wenn wir uns selbst dabei beobachten – unsere Reaktionen und unsere Entwicklung.

Ich führe nun einige einfache Möglichkeiten auf, ohne sie zu bewerten, denn jeder von uns ist ein eigenes Individuum mit verschiedenen Veranlagungen und verschiedenen Lebenssituationen und entsprechendem Wirkungsansatz. Und wer sich damit ernsthaft befasst, wird dann genau zu den verschiedenen Ergänzungen, Mittelchen und Tees geführt – unser genialer Körper weiß nämlich ganz genau, was ihm gut tut und was er nicht mag. Auch hierbei ist es empfehlenswert, nicht so sehr auf die Ideen zu achten, die unsere dominante linke Hirnhälfte dazu produziert, sondern mehr auf unseren Gefühlsbereich zu achten, der mit seinen Reaktionen unverfälschte Pro- oder Kontra-Signale liefert. Dabei geht es mir nicht um krankheitsbedingte Ausleitungsprozesse und Heilverfahren – was in die Hände von Fachleuten gehört –, sondern um Ergänzungen unserer täglichen Ernährung.

Drei ganz einfache Arten von Bioregulatoren stehen uns dabei aus einer unverfälschten Natur zur Verfügung: *Gesteine* und *Algen* und *Tees*. Wäre es demnach nicht sinnvoll, zuerst diese Selbstregulation und die damit verbundenen Selbstheilungskräfte – möglichst einfach und völlig natürlich – zu unterstützen und zu stärken? Dann können unsere bewährten körperlichen Ausleitungsmechanismen auch wie gewohnt erfolgreich sein.

An erster Stelle stehen bei mir mineralische Nahrungsergänzungen aus dem Schoß unseres Planeten – verschiedene **Gesteinsmehle**. Es sind völlig natürliche Auf- und Abbaustoffe, eine erstaunliche Doppelfunktion in unserem Körper. Durch die erdig-mineralische Ergänzung unserer reinlich gekochten und sonstwie steril-industriellen Alltagsnahrung helfen wir unserem Biosystem wieder in seine ‚dreckige' Ursprünglichkeit. Solche Mineralien bauen dabei auf und regulieren und stabilisieren den Elektrolythaushalt unserer Zellflüssigkeiten. Durch moderne Feinstmahltechniken in der Nähe des Nanobereichs werden sie zugleich Absorber vieler Giftstoffe, auch der meisten metallischen und schwermetallenen Einlagerungen, die dann den Körper verlassen.

Vier Urmineralien bieten Unterstützung der Selbstheilungskräfte durch Schaffung optimaler **Selbstregulation**. Zeolith, Bentonit, Schindele's Mineralien und Schungit. Die Heilpraktikerin Marika Müller (www.zeolith-bentonit-versand.de) erklärt dazu:

*„Was ist so wichtig an der Selbstregulation? Als Selbstregulation wird die Anpassungsfähigkeit eines Organismus an die sich ständig ändernden inneren und äußeren Lebensbedingungen bezeichnet. Sie ist ein elementares Grundprinzip der Natur und ein Thema, das Ihrer Aufmerksamkeit wert ist!"*

Das feinstgemahlene Vulkangestein **Zeolith**, der ‚Rohstoff des 21. Jahrhunderts', besitzt vor allem die Fähigkeit, die in seinen Hohlräumen enthaltenen Ionen gegen andere Substanzen in seiner Umgebung auszutauschen. Das Mega-Mineral Zeolith ist ein Alleskönner und eines der besten Antioxidantien. Ein halber Teelöffel morgens auf nüchternen Magen geht am einfachsten.

Für unsere Darmpflege eignet sich besonders das **Bentonit**, es kann das 180-fache seines Eigengewichtes an Giften, Bakterien und Parasiten an sich binden. Es empfiehlt sich, davon einen Brei anzusetzen und davon täglich etwas in einem Getränk aufzulösen. Vulkanmineralien sind kein Allheilmittel, bieten aber dafür eine natürliche Möglichkeit.

Ein weiteres feinstgemahlenes Urgestein ist »**Schindele's Mineralien**«. Einen Teelöffel täglich löse ich in einer Halbliterflasche auf und verteile das Trinken auf den ganzen Tag.

Die Wirkung des **Schungits** auf den Körper ist beinahe fantastisch: Der Stein heilt, schützt, verjüngt, lindert Schmerzen und neutralisiert die schädliche Wirkung von geopathologisch stark belasteten Orten. (www.schungit-mineralien.de) Man gießt Leitungswasser in einem Glasgefäß auf die Schungitsteine und produziert damit selbst seine tägliche Menge Gesundheitswasser. (www.emgwd.de) Auch Elektrosensibilität sollen diese Steine ausgleichen.

Ebenfalls hochwertig, biologisch und völlig natürlich entgiftet und reinigt unseren geliebten Körper die wildwachsende, blaugrüne AFA-Alge aus dem vulkanischen Klamath-See in Oregon (USA), die blaue oder blaugrüne Mikroalge Spirulina aus salzigen Binnengewässern und die grüne Süßwasseralge Chlorella – diese drei Lebensfreunde und Heiler sind allerdings auch Geschmacksache.

Die **AFA-Alge** liefert 20 der 25 im menschlichen Körper bekannten Aminosäuren, darunter die acht essentiellen Aminosäuren, die der Körper nicht selbst synthetisieren kann. Zusätzlich verfügt die Blaualge über ein reiches Potential an Enzymen und solchen Vitaminen, Mineralstoffen und Spurenelementen, die als Co-Enzyme Bestandteil von Enzymen sind. Die AFA – das ‚blaue Wunder' – besitzt reichlich Beta-Carotin (Provitamin A), die meisten B-Vitamine und auch Vitamin E. Des Weiteren ist sie reicher an essentiellen Fettsäuren als alle Samen, Nüsse und andere Algenarten. Sie enthält beispielsweise fast soviel Gamma-Linolensäure (GLS) wie Muttermilch, die beste natürliche Quelle – insgesamt mehr Nährstoffe als jede andere Pflanze. Eine ‚Symphonie von Nährstoffen' nennt sie Professor Karl J. Abrams (Lehrstuhl für Chemie in Orange County/Kalifornien).

Die mehrfache Sachbuchautorin Barbara Simonsohn schreibt in ihrem Taschenbuch »Die Heilkraft der AFA-Alge«:

*„Die AFA-Alge enthält nach Professor Fritz-Albert Popp knapp viermal so viel Lebenskraft oder Lichtspeicherkapazität wie die Spirulina-Alge und knapp dreimal so viel wie die Chlorella-Alge."*

Gabriel Cousens, der Autor von »Ganzheitliche Ernährung und ihre spirituelle Dimension«, empfiehlt, neben den AFA-Algen auch regelmäßig Spirulina zu nehmen, weil letztere sehr positiv auf den Körper wirkt und ihn reinigt und nährt. Die AFA-Alge hingegen wirkt auch ganzheitlich und besonders stark auf der emotionalen, mentalen und spirituellen Ebene: Wo immer sich im menschlichen Organismus Disharmonien befinden, gleicht die AFA-Alge diese harmonisch aus.

Eine große Zukunft verspricht sich auch die Stammzellen-Anregung durch AFA-Algen. *Stammzellen* sind die täglich bereitstehende Erste-Hilfe-Einheit, die jedem Organ mit irgendwelchen Defekten ‚Reparaturzellen' nachliefert.

*„Eine Zukunft mit brandneuen Patenten erwartet Sie! Das patentierte StemAFA wirkt – von Wissenschaft und Forschung belegt – durch die Unterstützung des Ablösens von 25 bis 30 Prozent mehr adulter Stammzellen vom Knochenmark in den Blutkreislauf innerhalb von 60*

*Minuten bei 2 Kapseln. Stammzellen dringen in den Bereich ein, den der Körper als besonders hilfebedürftig bestimmt."*

Sie ist auch diejenige der drei berühmten Algen, die im 1.262 m hoch gelegenen Naturreservat gewonnen wird, die beiden anderen Algen werden in entsprechenden Seen gezüchtet. Empfohlen wird die Einnahme von 4 bis 6 Presslingen oder Kapseln. Letztere – AFA ist für Veganer sehr wichtig – diese gibt es auch in vegetarischen Kapseln.[105]

Preislich günstiger und mehr auf die Entgiftung des Körpers ausgerichtet ist die blaugrüne Mikroalge **Spirulina**, ein *Entgiftungsgenie* unter den Algen. Algen sind eines der ältesten Lebewesen auf unserer Erde, und Spirulina kommt in der Natur in stark alkalischen Salzseen (Sodaseen) mit einem pH-Wert zwischen 9 und 11 vor. Spirulina-Biomasse wird dagegen in tropischen und subtropischen Aquakulturen bei einer Wassertemperatur von bis zu 50 Grad Celsius produziert.

Diplom-Ingenieurin sc. agr. Stefanie Goldscheider, Chefredakteurin von »www.biothemen.de«, schreibt dazu unter anderem:

*„Spirulina wird oft als Supernahrung bezeichnet. Bei keinem anderen Nahrungsmittel, ob tierisch oder pflanzlich, ist der Eiweißgehalt so hoch und die Nährstoffzusammensetzung so vollständig. Besonders die Nährstoffe, die durch die heutige Ernährung oder die Belastung im Alltag leicht im Mangel sind, wie Eisen, Selen, die Vitamine A und B12, sind in Spirulina reichlich vorhanden. Auch der relativ hohe Kaliumgehalt bei gleichzeitig niedrigem Natriumgehalt machen die Alge interessant. Der Tagesbedarf an einigen Mineralstoffen kann schon bei 10 g Einnahme zu einem erheblichen Anteil gedeckt werden, und das bei minimaler Kalorien- und Fettzufuhr. Mit nur 36 Kalorien in 10 g ist Spirulina deswegen auch für Menschen interessant, die fasten oder abnehmen möchten... Spirulina hat mit über 60 % den höchsten Proteingehalt aller natürlichen Nahrungsmittel. Wichtig für die Verwertbarkeit des Proteins ist aber auch die Zusammensetzung der essentiellen, d.h. nicht vom Körper herstellbaren Aminosäuren. Die Eiweißwertigkeit von Spirulina ist vergleichbar mit der von Fleisch. Das Spirulina-*

*Eiweiß ist aber viel gesünder, denn es belastet den Körper nicht mit Cholesterin. Allerdings deckt man seinen Proteinbedarf wesentlich schmackhafter aus anderen Quellen."*

Noch ein paar weitblickende Knüller fand ich zu dieser globalen Uralge:

*„Studien der FAO (Food and Agriculture Organization) sprechen von 14 Millionen Kindern weltweit, die an Vitamin-A-Mangel leiden. Pro Jahr erblinden eine halbe Million Kinder durch Vitamin-A-Mangel; 300 000 sterben daran im weiteren Verlauf. Hier könnte 1 g Spirulina pro Tag wahre Wunder bewirken. Nach Studien der WHO leben neun von zehn Menschen mit Anämie in Entwicklungsländern. Eisenmangel schwächt den Körper, das Immunsystem und die Leistungsfähigkeit von Kindern und Erwachsenen. Spirulina enthält relativ viel Eisen und kann dazu beitragen die Lebenssituation zu verbessern. Ist Spirulina Bioenergie der Zukunft? Versuche bei der NASA und am Nationalen Raumfahrt Laboratorium in Japan mit Spirulina im Weltraum nutzen den hohen Nährwert der Algen zur Fischproduktion in Raumfahrtstationen. Das schnelle Wachstum der Alge ermöglicht den gezielten und computergesteuerten Gasaustausch. Es gibt ehrgeizige Pläne für größer dimensionierte biologische Lebenserhaltungssysteme mit Mikroalgen, die Sonnenlicht und ausgeatmetes Kohlendioxyd der Astronauten sowie aufbereitete Abfälle in genügend Sauerstoff, Protein und Energie für menschliches Leben im Weltraum umwandeln sollen."* [86]

Die Alge hat eine immunstärkende Wirkung, wirkt antioxydativ bei Übersäuerungen und sollte eine reinigende Basenfastenkur immer wirksam unterstützen. Empfohlen[87] wird die Alge auch nach Röntgenuntersuchungen, bei Stress und Nervosität, hohem Alkoholkonsum, starkem Rauchen, bei Strahlenbelastungen und Mineralstoffmangel. Einnahmevorschläge gehen bis zu täglich 15 Spiruletten.

Der hier besonders herausgestellte Schwerpunkt der körperlichen Entgiftung und Entschlackung durch Uralgen betrifft nicht nur die AFA- und die Spirulina-Algen, sondern auch ihre weltweiten Süßwassergeschwister, die den Namen **Chlorella** tragen. Hier hatten sich zuerst westliche Wissenschaftler eingeschaltet, und der Biochemiker Professor Melvin Calvin hat dabei die Photosynthese entdeckt und dafür 1961 den Nobelpreis in Chemie erhalten. Die Süßwasseralge Chlorella ist im Fernen Osten, besonders in Japan, längst bekannt und wird auch für die Herstellung von Lebensmitteln, Nahrungsergänzungsmitteln und Kosmetika verwendet. Im Ausleitungsbereich ist auf die Form *Chlorella pyrenoidosa* zu achten. Diese wird angeblich immer wieder mit der *Chlorella vulgaris* verwechselt. Dazu Dr. Mutter:

> *„Ausschließlich in Chlorella (besonders C. pyrenoidosa), nicht in anderen Algen und Bakterien (Meeresalgen, Spirulina), ist Sporopollein enthalten, das fast alle Giftarten wie Schwermetalle, Dioxin oder PCB effektiv binden kann."*

Die Mikroalge *Chlorella vulgaris* hat dafür mehr *Chlorophyll* als jedes andere ‚Grünzeug'. Chlorophyll ist gebündelte Lichtenergie und wird aus energiearmen anorganischen Stoffen, hauptsächlich Kohlenstoffdioxid ($CO_2$) und Wasser ($H_2O$), gebildet, und es werden dabei energiereiche organische Verbindungen – Kohlenhydrate – synthetisiert. Der hohe Chlorophyllgehalt aktiviert einen spezifischen Rezeptor, der eine modulierende, harmonisierende Wirkung auf die Zellteilung und das Ablesen der Erbinformation hat. (Dr. Mutter)

Chlorella kann längst gezielt kultiviert werden. Hinsichtlich der Produktionstechnologie wird zwischen der Kultur in offenen und geschlossenen Systemen unterschieden. Dr. Mutter rät, sehr auf Bio-Qualität zu achten. Seit dem Jahr 1999 existiert auch in Deutschland eine Produktionsanlage für Mikroalgen in Klötze/Altmark. In dieser wird die Alge in einem 500 km langen Glasröhrensystem kultiviert.

Grundsätzlich ist bei diesen Algen-Ernährungsergänzungen zu beachten, dass bei der Einnahme für die *aufbauenden* Funktionen das morgendliche oder über den Tag verteilte Einnehmen wichtig ist. Für *ausleitende* Zwecke empfiehlt es sich, mehr auf die Leberrhythmen zu achten und das heißt dann: vor dem Schlafengehen. Zwischen zwei und vier Uhr nachts übt die Leber (nach der chinesischen Organuhr) ihre größte Entgiftungsfunktion aus und bedarf dann der Mitwirkung von Chlorella im Zwölffingerdarm.

Wie erwähnt stehen uns im wichtigen Lebensbereich der Gesunderhaltung und des Jungbleibens völlig natürliche Bioregulatoren aus der Natur zur Verfügung: *Gesteine, Algen* und *Tees*. Auch letztere helfen uns auf einfachste Weise, die innere Selbstregulation und unsere damit verbundenen Selbstheilungskräfte – möglichst einfach und völlig natürlich – zu unterstützen und zu stärken. Einige Tees sind längst dafür bekannt, Entgiftungs-, Entschlackungs- und Ausleitungsmechanismen erfolgreicher zu machen, allerdings bedarf dieser einfache und biologische Weg unserer längeren Ausdauer. Tees wirken nicht wie Spritzen, pflanzliche Tees brauchen unsere Liebe, unsere Anerkennung und unsere Geduld – schon bei der Zubereitung. Es stimmt tatsächlich und verlässlich, was der Volksmund sagt: *„Gegen jede Krankheit ist ein Kraut gewachsen."* Längst gibt es die wissenschaftlichen Belege dafür in der Pflanzenheilkunde, der Phytotherapie.

Mineralien und Algen schlucken wir so nebenher mit unseren Speisen, doch die einzelnen Teekräuter, die uns Mutter Erde schenkt, wollen dabei auch unsere Aufmerksamkeit für ihre heilsamen Eigenarten und Qualitäten. Das Angebot ist groß und sehr vielfältig, und eigentlich geht es hauptsächlich darum, dass wir bei irgendwelchen Schwächen oder Erkrankungen überhaupt das Vertrauen aufbringen, auch Kräutertees als ‚Heilmittel' anzusehen. In der Literatur der Hildegard von Bingen – heute als Ganzheitsmedizin erkannt – finden sich verlässliche Hinweise aus dieser bewährten Sicht.

Denn wie war das früher? Krankenkassen kannte man nicht, und diese ehemaligen Selbsthilfeeinrichtungen sind noch keine hundert Jahre alt. Davor gab es für diejenigen, die es bezahlen konnten, ‚Ärzte' und für den riesigen Rest der Bevölkerung nur die sogenannten *Kräuterfrauen* – viele Tausende. So war es, solange wir zurückdenken können, und daher haben wir heute einen unvorstellbaren, gesammelten und praktizierten Wissensschatz – als »traditionelle Volksmedizin«. Wurden die

Kräuterfrauen dabei zu mächtig, selbstbewusst oder ‚wussten' zu viel, schickten die ‚Fach'-Männer sie auf den Scheiterhaufen.

Unsere Familie hat sich schon in den 80er Jahren des letzten Jahrhunderts mit Kräutern der weltbekannten Autorin und ‚Schwedenkräuter-Tante' Maria Treben befasst. Sie ist auch in meiner ehemaligen Heimatstadt Saaz im Egerland und am gleichen Tag wie ich, allerdings 28 Jahre früher, geboren. Sie hat über 20 Kräuter- und Gesundheitsbücher geschrieben, viele davon sind in andere Sprachen übersetzt worden. Ihr Bestseller »Gesundheit aus der Apotheke Gottes – Ratschläge und Erfahrungen mit Heilkräutern« ist im April 2010 in seiner 90. Auflage erschienen[88]. Ähnlich wie die mediale Äbtissin Hildegard von Bingen verbindet sie traditionelle Weisheiten mit zeitgemäßen *geistigen* Informationen, denn sie gesteht, dass sie auch weiteres Wissen von der ‚Jungfrau Maria' erhalten hat.

Die eher seltene männliche Ergänzung zu ihr ist der viel schreibende, allgäuer Naturapostel Professor Dr. Wolf-Dieter Sporl, ein leidenschaftlicher Vertreter der gleichen Zunft.

Heute sind es vor allem die Naturärztinnen und die Heilpraktikerinnen, die wieder mit den bewährten Naturmitteln (auch modern technisierten) und mit der Vielfalt **heilsamer Kräutermischungen** unserer Gesundheit und unserem Wohlbefinden helfen können. Darunter gibt es im Sinne der inneren körperlichen Reinigung und Entschlackung einfache und altbewährte Hausmittel wie das *Zinnkraut* und die *Brennnessel*, die jede Fastenkur begleiten, die jedoch auch im täglichen Nebenher entgiftend und ausleitend wirken, wenn wir sie dafür bewusst ‚einnehmen' – als Tee oder Saft. Dazu spare ich mir allerdings Einzelheiten und Rezepturen. Ich will damit nur anregen, denn für Interessierte gibt es eine Vielzahl großartiger Sachbücher, die mit ihren Naturkenntnissen und positiven Erfahrungen geradezu begeistern können.

Außerdem gibt es die Tees anderer Länder, und davon möchte ich auf drei Sorten hinweisen, die sich beim Entgiften und Entschlacken einen Namen gemacht haben – vor allem der *Grüne Tee* aus Asien, *Cy-*

*stus-Tee* aus dem südlichen Europa und die Indianer-Teemischung »Flor Essence« aus Kanada.

Über den **Grünen Tee** und seine Zubereitung habe ich schon weiter vorne im Buch geschwärmt, und er ist auch ein Spezialist einer feinen Art von Ausleitungshilfe. (Siehe Kapitel »Tees aus fernen Ländern als tägliche Medizin«)

Ein viel weniger bekannter Spezialist ist der **Zistrosen-Tee**. Ein einfacher wie schöner wilder Strauch der sonnigen, mediterranen Landschaft, die Zistrose (Cystus incanus), reinigt einige unserer inneren Mülldepots. Der Versender Dr. G. Pandalis wirbt auf seiner umfangreichen Internetseite (www.pandalis.de):

*„Cystus entgiftet den ganzen Organismus, schützt das Herz gegen Infarkte und die Haut wirksam vor Alterungsprozessen. Waschungen und Wundauflagen mit Cystusextrakt wirken vorbeugend gegen bakterielle Infektionen.“*

In seinem Buch »Cystus – Gesundheit und Schönheit aus der griechischen Wildpflanze« schreibt Dr. Günter Harnisch unter anderem:

*„Cystus-Sud ist ein polyphenolreiches Pflanzenkonzentrat, welches bei Aufnahme in den Magen-Darm-Trakt die mit der Nahrung aufgenommenen Schwermetalle und bestimmte Eiweißstoffe durch Anlagerung bindet. Die Schwermetalle bzw. Eiweißverbindungen werden so an der Aufnahme durch den Organismus gehindert und als schwerlösliche Verbindungen auf natürlichem Wege ausgeschieden. Bei erhöhter Schwermetallbelastung z.B. durch starkes Rauchen oder Amalgamfüllungen ist Cystus ebenfalls zu empfehlen.“*

Die Zistrose macht das wohl verlässlich. Professor Claus Peter Siegers von der Universität Lübeck bewies:

*„Ein konzentrierter Sud aus ‚Cistus incanus' entgiftet den Körper von giftigen Schwermetallen wie von Zigarettenrauch, Zahnfüllungen und Umweltverschmutzung (verwendet wurde der biologische Cistus-Sud, bei dem die auf der Chalkidiki wachsende Unterart des Cistus, die ‚Cistus incanus ssp. Tauricus', zu einem zehnfach konzentrierten Auszug*

*verarbeitet wird). In der Studie tranken Raucher zweimal täglich nur 50 Milliliter den Zistrosen-Sud. Am Ende der Untersuchung nach vier Wochen war der Cadmiumgehalt im Blut deutlich niedriger als zuvor. Therapeuten empfehlen daher, bei Zahnsanierungen täglich einen Liter Cistus-Tee zu trinken.*"

Bei solchen Entgiftungen und zur Stärkung der Abwehrkräfte wird empfohlen, über den Tag verteilt 1 Liter Cistus-Tee (davor 5 Minuten ziehen lassen), die erste Tasse morgens auf nüchternen Magen zu trinken. Alternativ könne man stattdessen auch zweimal täglich 50ml Cystus-Sud als fertiges Konzentrat einnehmen und das Ganze durchhalten, solange unser Körper den Wunsch signalisiert.

Internationale Schlagzeilen machte der bescheidene Strauch auch schon: Eine Expertenjury zeichnete *Cistus incanus* als »Pflanze Europas 1999« aus. Ich kenne diese blühenden Büsche von meinen Wanderungen auf der Insel La Palma an den trockenen, sonnenüberfluteten Hängen – einfach duftend, minus-ionenreich und heilsam.

Die Teemischung »**Flor Essence**« beruht auf der uralten Kräuterweisheit der Ojibwa-Indianer Kanadas. Ihre Medizinmänner sagten, dass es ein heiliges Getränk sei, das den Körper reinige und jeden wieder zurückbringe ins Gleichgewicht mit dem ‚Großen Geist'. Die Acht-Kräuter-Mischung unterstützt das Immunsystem, entgiftet den Körper, reguliert den Stoffwechsel und wirkt sich sehr günstig auf die Darmflora aus – auch alles in vorbeugender Bewusstheit. 70 Jahre Erfahrung mit diesem Tonikum erfährt man in dem Buch »Gesund durch Indianerheilwissen«. (Bezugsquelle siehe [89])

**Doch eines gilt grundsätzlich bei allen Ausleitungen, Entgiftungen und Entschlackungen – ob konzentriert als Kur oder als zeitweilige Ergänzung unserer Ernährung:** *Zusätzlich* **sollten Sie zum besseren Ausschwemmen noch pro Tag 2 Liter mineralarmes und kohlensäurefreies Wasser trinken.**

# Unsere zwei Saubermacher

Bei der täglichen und vollautomatischen Reinigung, Entgiftung und Klärung unseres Körpers spielt unsere **Leber** eine zentrale Rolle. Zugleich ist sie das Organ, in dem viele lebenswichtige Nährstoffe gebildet, gespeichert und bei Bedarf dem Körper zugeführt werden. **Ohne eine gesunde Leber ist der menschliche Körper nicht gesund.** Sein Blut wird nicht mehr ordnungsgemäß gefiltert und er erhält nur noch in unzureichender Menge die nötigen Nährstoffe. Bald erscheinen die ersten Beschwerden. Dazu zählen Müdigkeit, Trägheit, Hormonstörungen, Akne, Kopfschmerzen und vieles, vieles mehr. Nina Dudek erklärt recht bildhaft:

*„Die Leber ist das Chemielabor des Körpers: Rund 300 Milliarden Leberzellen verarbeiten die Nährstoffe und den Sauerstoff aus dem Blut. Sie filtern es und fügen ihm neue Bestandteile zu, die unter anderem den Energiehaushalt des Körpers regulieren. Durch diese Stoffwechselprozesse aufbereitet, sammelt sich das Blut in der Lebervene und gelangt dadurch in den gesamten Organismus.“*[91]

Gerade in der heutigen Zeit mit immer mehr denaturierten Nahrungsmitteln, schädlichen Angewohnheiten – Fastfood, zu viel Alkohol, zu viel Zucker, zu viel Fleisch, zu wenig Bewegung – und vielfältigen Umweltgiften ist die Leber völlig gestresst und überfordert. Eine schwedische Studie zeigt, dass Fastfood die Leber stärker schädigen kann als Alkohol (und das heißt was in Schweden).

Wenn wir also jahrzehntelang gesund leben möchten, kommen wir nicht umhin, uns auch um unsere Leber zu kümmern. Bei unserem geliebten PKW zum Beispiel müssen auch Kundendienste regelmäßig durchgeführt und alle Filter gereinigt oder erneuert werden, *„...damit der Karren weiterläuft“*. So ähnlich können wir auch mit unserem Körperfilter ‚Leber‘ umgehen, damit diese Tag und Nacht einsatzfähig bleibt.

Womit können wir sie reinigen? Es gibt dafür Unterstützungen, quasi als Zusätze, aus dem Kräuterbereich wie Mariendistel, Artischocke und Süßholz. Es gibt notfalls auch ganz spezielle Leberreinigungsverfahren. Der Buchmarkt bietet ausreichende Informationen, besonders auch über die verschiedenen Verfahren nach Dr. med. Hulda Clark. Bei »www.think-fitness.de« heißt es zum Beispiel:

*„Es gibt eine mit Olivenöl, Grapefruitsaft und Bittersalz durchführbare Leberreinigung. Dies ist eine effektive und sehr preiswerte Möglichkeit, die Gallengänge und Leberkapillaren von Verstopfungen und Verschlackungen frei zu machen. Eine Verstopfung dieser sehr kleinen Kanälchen in der Leber entwickelt sich meistens sehr langsam und ist darauf zurückzuführen, dass die Filterfunktion überlastet ist. Mögliche Ursachen einer solchen Überlastung können einseitige Ernährung, speziell zu viel tierisches Eiweiß, Alkohol und harte Drogen sein, jedoch auch medikamentöse Rückstände und Pestizide aus unserer Ernährung (leider auch bei frischem Obst und Gemüse, welche mehr und mehr mit Pestiziden oder Transportkonservierungsmitteln versehen werden). Ferner können Toxine, welche durch Aufenthalt in Arbeitsstätten mit gesundheitsschädlichen Materialien eingeatmet werden, auch eine langfristige Überlastung für die Leber bedeuten. Aus all diesen Gründen ist eine regelmäßige Leberreinigung empfehlenswert."*

Dies ist ein einfacher Hinweis, doch unsere Körper und unser jeweiliger Gesundheitszustand sind sehr individuell und verschieden – und das ist gut so! Naturheilpraxen, Kur- und Heilbäder bieten für Leberreinigungen verschiedene und längst bewährte Verfahren an. Atmosphäre und Sichzeitlassen bieten beliebte Kurorte auch für gleichzeitige mentale ‚Erholungen', wobei Höhen- und Küstenlagen dieser Orte die heilsamen Minus-Ionen in der Luft mitliefern.

Unser zweiter täglicher wie auch lebenslanger, vollautomatischer Saubermacher ist unser Nierenpärchen. Auch für diese beiden Biofilter, die zur Reinigung des Blutes von Stoffwechselendprodukten dienen, gibt es **Nierenreinigungen**.

In den Nieren befinden sich Millionen von kleinen Filtern – die Nierenkörperchen –, die aus unserem Blut den Urin abfiltern beziehungsweise Nährstoffe und Mineralien zurückhalten, die der Körper weiter braucht. Durchschnittlich 180 Liter bearbeiten die beiden Filterchen Tag und Nacht, wovon etwa 2 Liter als Urin, vermischt mit den Schadstoffen, ausgeschieden werden. Daher ist die konstante Blutversorgung der Niere für den menschlichen Organismus von entscheidender Bedeutung. Wird die Durchblutung der Niere selbst gestört, wird der Organismus mit Abfallprodukten unseres Stoffwechsels überflutet. Das kann zu vielen unterschiedlichen Beschwerden führen, wie beispielsweise zu Rückenschmerzen, Bluthochdruck, Kopfschmerzen, Rheuma, Gicht, Gelenkschmerzen, Übersäuerung, Hautkrankheiten, Ödemen und vielem mehr. Unser Nierenpaar reagiert auch sehr empfindlich auf emotionale Reize. Besonders können Partnerschaftsprobleme *„an die Nieren gehen"*.

Werden schwerlösliche Salze und Harnsäure nicht schnell genug aus unserem Körper ausgeschieden, können sie zudem auskristallisieren und Steine bilden. Hier können sich dann Bakterien ansiedeln und die Ausscheidung weiter erschweren.

Eine Nierenreinigung löst auch Nierensteine auf, sodass Bakterien, Parasiten und ‚Abfallstoffe' wieder besser und schneller ausgeschieden werden können. **Sie ist auch gleichzeitig eine sehr starke, allgemeine Entsäuerung des Körpers. Da wir fast alle chronisch übersäuert sind, ist eine Nierenreinigung, auch ohne schon Nierensteine zu haben, sehr sinnvoll.**

Die Nierenstein-Behandlungen selbst gehören in die Hände der Therapeuten, doch eine Nierenreinigung können wir mit einfachen Mitteln immer wieder einmal selbst einschieben. Im Gegensatz zur Leberreinigung sollte die der Nieren drei bis sechs Wochen lang nebenher durchgeführt werden. Und dazu stehen viele Tees vor allem im Bioladen bereit und mehrere aufklärende Fachbücher in der Buchhandlung oder im Internet. Dr. Hulda Clark ist auch hier ein passendes Stichwort. Beim Urlaub in südlichen Ländern empfiehlt sich auch mal eine spezielle Nierenreinigung: Man kann für zwei oder drei Tage auf das gewohnte Essen verzichten und eine Wassermelonendiät machen – mit sonnengereiften Früchten natürlich!

Die grundsätzliche Nieren-Hilfe besteht darin, dass wir möglichst täglich mindestens eineinhalb Liter reines Wasser trinken – empfohlen wird mineralarm – und ganz allgemein auf ein stabiles Säure-Basen-Gleichgewicht achten. Darüber habe ich im »JR1 ab Seite 148« ausführlich berichtet.

# TEIL 4

## Das zukünftige ICH-DU-WIR-Prinzip

# Auf dem Weg zur Wir-Kultur

So heißt eine Überschrift im anthroposophischen Demeter-Journal 7/2010. Und genau das meine ich mit dem Untertitel ‚Der Aufstieg der Menschheit' bei meinem Buch »Bis zum Jahr 2012«. Der Aufstieg wird geistig sein und entsteht für den Einzelnen durch seine Bewusstseinserweiterung, und ist dabei von dem neuen Prinzip geprägt: vom ICH zum DU und zum WIR. Genau das erzähle ich auch bei meinen Vorträgen mit dem Titel »Noch zwei Jahre bis 2012 und das Geschäft mit der Angst davor«. Denn mit einer solchen Angstmache will man ja auch etwas verhindern.

Dieses Prinzip kommt trotzdem immer klarer zum Vorschein. So schrieb mir Sabine Olthof vom »Verlag für die Deutsche Wirtschaft«, dass seit den 90er Jahren das ‚Wir' zum Hauptwort der Werbeprofis geworden ist. Es ist ein neues WIR im Gegensatz zum stolzen Ur-Wir, wie es zum Beispiel aus Bayern klingt: *„Mia san mia!"* Das neue WIR ist ein immer wieder frisch moduliertes Wir, oft aus Leid entstanden, aus tränenreichen Umarmungen, genauso wie aus hoffnungsvollem Händedruck, aus klarer Augensprache und stets verbunden mit guten Gefühlen. Bei der Fußballweltmeisterschaft in Deutschland war es auch schon zu spüren – das neue WIR.

Dieses neue WIR wird nicht nur geplappert oder ausgetüftelt oder routiniert vorgeführt – nein, es wird spürbar gelebt! Und wie? Ganz einfach: *„Das Ego etwas versteckt und dann zusammengerückt!"* Das alte ‚Wir' hat inzwischen schon sehr viele Möglichkeiten auf den Weg gebracht, um allmählich immer mehr neues WIR zu erleichtern. Ungewollt? Dabei denke ich vor allem an die weltweite Vernetzung des Fernsehens und des Internets.

Natürlich gibt es in *diesem neuen Verständnisbild* wieder tausend verschiedene Variationen und Größenordnungen und Visionen. Doch hier möchte ich einfach ein paar verschiedene Möglichkeiten als interessante Beispiele aufführen und darauf hinweisen.

Die **Astrologie** erleichtert es uns. Astronomisch wie astrologisch wandert Pluto seit 2008 aus dem Sternbild des Schützen (1995 bis 2007/8) in das des Steinbocks (2008 bis 2024). Wirtschaftlich soll das bedeuten, dass nationale Planwirtschaften zunehmen werden und der Gemeinschaftssinn geschärft wird, ohne der EU noch weitere Vollmachten zu erlauben. (Siehe auch »JR1 ab Seite 64«.) Zwei weitere astrologische Meinungen zitiere ich kurz:

*„Hier denke ich müssen wir sehr klar unterscheiden zwischen den individuellen Erfahrungen, die viele von uns mit Pluto verbinden, und dem, was Pluto als kollektives Prinzip für die Entwicklung der Menschheit bedeutet."* (Astrologe Christopher Weidner[105])

*„Momentan wechselt der Planet Pluto vom Schützen in den Steinbock und drückt dort für über ein Jahrzehnt der Welt seinen ganz besonderen Stempel auf. Alles Aufgeblasene platzt, das Überbordende wird zusammengestaucht und auf das Wesentliche, Stimmige und Echte reduziert... Für jeden Einzelnen von uns gilt es in dieser Zeitphase, den Blick auf das Wesentliche zu richten und unsere Ansprüche auf das Notwendigste zu reduzieren. Überfluss war gestern, und die Risse im Gefüge sind längst sichtbar. Nun heißt es in der Realität anzukommen und sich auf das zu besinnen, was man selbst gut kann. Sich auf ‚den Staat' zu verlassen ist in diesen Zeiten trügerisch. Hilfreicher wäre, sich mit Gleichgesinnten zusammenzutun, Netzwerke zu knüpfen und neue Strukturen des Gebens und Nehmens zu finden. Die Eigenverantwortlichkeit in ökologischer und sozialer Hinsicht, aber auch im Hinblick auf eine gerechtere Verteilung dessen, was da ist, wird nun groß geschrieben. ‚Down to earth' heißt die Devise von Pluto in Steinbock. Was es jetzt allerdings zu heilen gibt, ist nichts Geringeres als die Erde selbst."* (Astrologin Mona Riegger[106])

Die **Quantenphysik** präsentiert uns seit Jahrzehnten auch eine wissenschaftliche Bewusstseinserweiterung, die uns endlich unsere Grenzenlosigkeit erahnen lässt. Das ICH/DU, der Newtonsche Glauben an die Getrenntheit, hat ausgedient, und die Ganzheitlichkeit einer geistvollen Quantenphysik ermöglicht neue Visionen – jedes WIR ist vielfältig energetisch miteinander verbunden. Das klingt zwar auch nach ‚Neuer Weltordnung', ist aber eine, die wir liebend gern erwarten können.

Von der **ICH-Welt** zur **WIR-Welt**: Man spricht von einem Evolutionssprung oder gar *Paradigmenwechsel* – unter einem Paradigma können wir ‚Weltanschauung' oder auch ‚Denkweise' verstehen. Die Stichworte unserer Gespräche lauten dabei: mögliche Währungsreform (ich freue mich auch auf die DM2), Ende des Konsum-Wahns, der wirtschaftliche Globalismus geht (allmählich?) zurück, immer mehr Eigensüchtiges (Ego) verliert sich, dafür erwacht das ICH des kleinen Mannes, und gebietsweise wird es natürlich Reinigungen der ‚Mutter' Erde geben (als Erdheilungsprozess).

Die neue WIR-Welt formt sich immer stärker zwischen der etablierten ICH-Welt durch Normalisierungen, Demaskierungen auf allen Ebenen, mitempfundene Herzensverbindungen (bei Katastrophen), immer mehr Gleichgesinnte und Netzwerke finden sich, der ‚Globalismus der Gefühle' nimmt weiter zu, das WIR will endlich Frieden, und damit erweitert sich das Bewusstsein (bewusstes SEIN) der Menschen.

Die **Sehnsucht nach Einheit** wird zunehmen – familiär, in Ortsteilen, in Landschaften, im Nationalen, in Glaubensgruppen, in den Krankheitsbildern (Selbsthilfegruppen), im Ökobereich und vielen anderen ‚Minderheiten' –, sie wird noch munter zunehmen! Je mehr dabei unsere Gefühle (anstatt der Emotionen) mitspielen, umso harmonischer werden die Begegnungen und Findungen, auch die persönlichen Selbstfindungen. Einheit bedeutet einfach Frieden und Harmonie.

Auch eine **neue Wertigkeit des WIRs** entwickelt sich. Damit meine ich nicht nur den spontanen ehrlichen und ethischen Charakter unseres Denkens und Empfindens, sondern auch mögliche ‚Schulungen' in Seminaren und Gruppentreffen. In immer mehr Alltags- und Lebensbereichen werden wir unser bewährtes Ego kritischer betrachten und immer öfter werden wir versuchen, die eigenen Wünsche den Bedürfnissen und dem Gelingen der Allgemeinheit hintanzustellen.

Das **Einkommen für alle** wird eine ‚erlösende' Befreiung unserer noch zunehmenden Existenzängste. Dazu gibt es immer mehr Forderungen und kompetente Vorschläge. Professor Götz W. Werner ist Leiter des »Instituts für Entrepreneurship« der Uni Karlsruhe und Gründer des beispielhaften dm-Drogeriemarktes. Für das bedingungslose Grundeinkommen setzt sich der gebürtige Heidelberger schon seit vielen Jahren ein. Sein neues Buch »1.000 Euro für jeden«[92] bietet realisierbare und bahnbrechende Konzepte.

Die **Einheit aller Mutter-Erde-Kinder** im ‚gereinigten' Zustand wie Wasser, Felder, Luft und Wälder, Tiere und Menschen, Körper und Geist wird vordergründig. Naturreiche erwachen. Die Alpha-Harmonien, forciert durch die neue Schumann-Resonanzfrequenz, erleichtern die Änderungs- und Anpassungsmöglichkeiten unseres Verstandes und unserer Gefühle *an das jeweilige Kollektiv.* Harmonie führt zur Einheit, so wie die Einheit uns dafür Harmonie schenkt.

Die **ökologischen Gemeinschaften** werden förmlich explodieren. Musterhafte Gruppierungen manifestieren schon heute weltweit die neuen Grundsätze. Beteiligungsmodelle wie CSA (Communitysupported Agriculture) werden erfolgreicher: Ein Hof versorgt sein Umfeld mit Lebensmitteln, und das Umfeld sorgt für die nötigen finanziellen Mittel. Für den »Wandel von unten« gab es den ‚Alternativen Nobelpreis 2010' an Umweltschützer, Dorfgemeinschaften und Ärzte. Ökologische Gemeinschaften und Ökodörfer in Europa stellen sich vor in der DVD »Ein neues Wir«[94]. *„Ein Film, der Hoffnung und Mut schenkt – für eine neue Welt und ein neues Wir."*

Das **gesunde Zusammenleben im WIR** hatte unsere Holey-Familie auf der subtropischen Atlantikinsel La Palma schon lange geplant und die Gemeinschaft »Parque Palmavital S.L.« (Ökologischer Wohnpark) gegründet — ein 30.000 m² großes Grundstück mit toller Landschaft, reiner Luft, reinem Wasser und reinem Boden. Die E-Smog-Dauerbelastungen sind minimal im Vergleich zu unseren Städten. Aus politischen Gründen wurde die Baugenehmigung bislang verhindert, doch auch hier öffnen sich jetzt neue Möglichkeiten. Mehr Informationen darüber haben wir unter »www.palmavital.de«.

An dieser Stelle möchte ich den Satz wiederholen, mit dem ich den Teil 1 dieses Buches begann:

*„Die Familie ist der sichtbare und bestens bewährte Weg einer Bewusstseinsentwicklung vom ICH über das DU zum WIR. Die Begegnung zweier einzelner Menschen macht glücklich, wenn sie das DU entdecken und noch glücklicher, wenn sie zum WIR werden, zu einer Familie."*

Das WIR der kleineren und größeren neuen Gemeinschaften baut auf diese Strukturen auf, kann sie jedoch auch ersetzen, wenn der Umbruch auch schon in den Familien beginnt.

Das sind einige typische Anregungen, in welche Richtungen sich ein neues Verständnis und Miteinander entwickeln kann und auch immer klarer zusammenfindet. Strategien und Handlungsansätze, auch visionäre, erwachen in immer mehr Lebensbereichen und zeigen bewährte wie auch neue Wege, *gesund auch durch das zunehmende Energie-Chaos zu gehen!*
In unserer neuen Zeit, in der immer mehr Masken fallen und Lügen Beine kriegen, floriert gleichzeitig ein noch nie dagewesenes Potential an überraschenden Erfindungen, sinnvollen Neuerungen, ungeahnten Gemeinsamkeiten und kraftvollen Bewusstwerdungen.

# Der Lebensplan
## und die zunehmende Orientierungslosigkeit

Nehmen wir einmal an, wir sind ein erfolgreicher Rennfahrer, oder wir sind ein Rollstuhlfahrer durch eine Behinderung nach einem Verkehrsunfall oder ein Gourmetkoch mit Fernsehauftritten oder haben eine Würstchenbude an der Straße, oder wir sind ein Rentner oder Bestsellerautor und reisen um die Welt oder sitzen im Altersheim, und unsere Kinder und Enkel besuchen uns viel zu wenig, oder wir sind eine beliebte Pflegerin auf der Intensivstation oder sind selbst ein Pflegefall einige Räume weiter im nächsten Gang, oder wir sind ein strenger Schupo in Uniform oder ein Strafgefangener wegen Steuerhinterziehung oder oder oder... Egal wie die Lebenssituation aussehen mag – negativ oder positiv, angenehm oder unangenehm –, so fragen wir uns: Sind das alles Zufälle? Sind es zufällige oder selbstverschuldete Fälle oder von irgendeinem Gott zu uns geschickte?

Gerne tendieren die unbewussten Menschen dazu, dies dem Gott oder den Göttern zuzuschreiben, wenn es ihnen schlecht geht oder ihnen ein Unglück widerfahren ist. Vielfach wird dann der Teufel aus der Kiste geholt, der dann der Schuldige ist. Alle sind schuld an der Misere, nur wir selbst nicht. Stimmt's? Falls Sie selbst nicht so denken sollten, Ihr Nachbar oder Ihr Kollege auf der Arbeit tut es ganz bestimmt.

Um mit diesem Irrglauben ein wenig aufzuräumen, erlaube ich mir, in dieses Sachbuch noch ein paar geistig-spirituelle Aspekte mit einfließen zu lassen. Es geht ja in diesem Buch darum, uns selbst wie auch die Ereignisse um uns und auf dem Planeten ganzheitlich zu sehen. Und da der Mensch nicht nur der Körper ist, sondern wir unsterbliche Wesen sind, die jetzt einen Körper bewohnen, sollten wir auch in dieser Richtung einen Blick über den Tellerrand hinaus wagen.

Ganz gleich, ob die Menschen ihr Erdenleben im häuslichen Bett beenden, im Krankenbett, im Krieg, als Berufsunfall, bei einer Naturkatastrophe oder durch einen Sprung von der Brücke (in unserem verkehrsreichen Land gibt es mehr Selbsttötungen als tödliche Verkehrsunfälle) – die beiden unsterblichen ‚Teile' des Menschen landen stets im ‚Jenseits'. Wir können es auch ‚Himmel' nennen, ‚Äther' oder ‚Transzendenz'. Die Quantenphysiker nennen es den ‚Hyperraum'. All dies sind Begriffe für eine oder mehrere unsichtbare Existenzebenen, wo diese beiden, unsere unsichtbare *Seele* und unser unsichtbarer *Geistkörper*, weiterleben. Keiner von uns kommt drum herum, immer wieder einmal festzustellen, dass es in unserem Leben Einflüsse gibt, die wir nicht erklären können. Was fließt da ein?

Vergleicht man die abertausenden Berichte von Menschen, die einmal klinisch tot waren beziehungsweise ein Nahtoderlebnis hatten, so kann man aus diesen resümieren: Wenn wir unseren materiellen Erdenkörper zurücklassen, werden wir in der geistigen Welt – im Jenseits – von unseren bereits heimgegangenen Familienangehörigen oder dem sogenannten ‚Schutzengel' in Empfang genommen.

Mein Sohn Jan ist jemand, der so ein nahtodähnliches Erlebnis am eigenen Leib erfahren hat. Es war eines seiner großen Schlüsselerlebnisse. Nach diesem Erlebnis war nichts mehr wie zuvor – und aus einem jungen Mann wurde der heute viel gelesene Jan van Helsing.

*„Ich war damals 19 Jahre alt, als ich mit meinem Auto aus der Kurve flog. Dreimal überschlagen und dann um einen Baum gewickelt. Einen Moment später fand ich mich über der Unfallstelle wieder, etwa 20 Meter über der Situation schwebend, und habe von oben das Geschehen betrachtet. Ich sah, wie die Autos anhielten, wie die Straße gesperrt wurde, der Schulbus hielt, der Krankenwagen kam und so weiter. Und vor allem war ich überrascht, mich selbst da unten im Auto liegend zu sehen. Ich brauchte einen Moment, um zu realisieren, dass ich, also genauer gesagt mein Körper da unten im Wagen eingeklemmt lag und ich dennoch hier oben war – in der Luft. Plötzlich hörte ich eine Stimme neben mir, die sagte: ‚Jan, Du bist von Deinem Lebensweg abgekommen, besinne Dich, sonst holen wir Dich wieder ab.'*

*Und dann sah ich, ja wie soll ich das sagen, es war, als wenn man einen alten Super-8-Film von der Filmrolle zieht. Man sieht die kleinen Zacken am Rand und hat die Bilder einzeln untereinander. Oder die Negative eines Fotofilms. Ich sah einzelne Bilder aus meinem Leben. Wenn ich geradeaus sah, sah ich meine gegenwärtige Situation. Wenn* ich nun ein Bild nach oben wählte, sah ich Bilder aus meiner Zukunft. Ging ich nach unten, sah ich Bilder aus der Vergangenheit.

Ich möchte das näher beschreiben: Also da war ein Bild, das war aus meiner Kindheit. Es war ein Tag, an dem meine Eltern morgens am Frühstückstisch darüber sprachen, ob es nicht besser für mich sei, dass ich auf ein Internat komme. Das war damals eine Situation als Kind, die mir sehr negativ in Erinnerung blieb, da natürlich kein Kind gerne von Zuhause weggeht. Im Endeffekt war es natürlich gut für mich, aufs Internat zu gehen, und es hatte auch richtig Spaß gemacht. Doch damals an diesem Morgen war das ein Schock für mich. So, da war also nun das Bild, und plötzlich war ich in dem Geschehen drin, sah mich im Kinderzimmer liegen, sah die alte Blümchentapete im Zimmer, sah die alten Kinderbilder. Es war alles abgespeichert.

Und so konnte ich nun in die verschiedensten Bildchen, die ich vor mir sah, hineinschlüpfen, und alle wurden sie dann wie zu einem Film, also beweglich. Ich befand mich dann wieder in der jeweiligen Situation.

Nun befand ich mich auf einmal wieder in einer Situation, bei der ich vom Rad fiel und ins Krankenhaus kam. In einer anderen Situation war ich im Mutterleib. Kurz darauf fand ich mich im Weltraum schwebend wieder und spürte, wie etwas oder jemand neben mir war – konnte aber niemanden sehen. Dieses Etwas, was ich heute als meinen Schutzengel deute, zeigte mir drei verschiedene Familien, in die ich wählen durfte zu gehen. Ich weiß heute nicht mehr, was genau der Unterschied war, doch im Wesentlichen ging es darum, dass ich zwar in jeder Familie und in jedem der drei Leben ähnliche Lebenswege einschlagen würde, da die Prüfungen und Herausforderungen in etwa die selben waren. Nur würde ich dann eben – je nach genetischem Code der Eltern – etwas anders aussehen, eventuell eine andere Kindheit haben, aber spätestens nach dem Auszug aus dem Elternhaus meinen Weg gehen. Es war also an mir zu wählen, zu welcher Familie ich als Seele hineinschlüpfe und an welchem Ort das sein würde. Es ist natürlich jetzt die Frage, ob das ein hundertprozentiger freier Wille ist, da ich nicht irgendein Leben wählen konnte, sondern nur eines von dreien, doch ich selbst hatte mich offenbar bereit erklärt, wieder auf die Erde zu kommen, weil ich etwas lernen oder verrichten wollte. Könnte also schon ein richtiger ‚freier Wille' sein...

Dann zeigte man mir mich selbst in einem anderen Körper. Es war der Körper meines vorherigen Lebens, und ich sah mich als erwachsenen Mann während eines Kriegsgeschehens.

Und so, wie ich in der Zeit zurückgehen konnte, so konnte ich auch in meine damalige Zukunft schauen. Es wurde mir gezeigt, was ich mir einst selbst gewählt hatte, bevor ich in den Körper des Jan schlüpfte und was ich mir für dieses Leben vorgenommen hatte. Und ein Teil hat sich bereits erfüllt, und ein anderer wartet noch auf mich.

Nun kann man sagen: Na ja, das ist eben eines dieser Nahtoderlebnisse, die schon tausende anderer Menschen ebenso geschildert haben. Sicherlich. Aber zum einen ist es ein Unterschied, ob ich solch eine Erfahrung in einem Buch lese oder ob ich es **selbst erlebt** habe! Zum anderen ergeben sich unter näherer Betrachtung – und genau das habe ich mit meinen 19 Jahren dann auch getan – ein paar ganz klare Konsequenzen und Erkenntnisse daraus:

1. Es gibt eine Seele, die getrennt vom Körper existiert und im Gegensatz zum physischen Leib weiterlebt und -denkt. Sie ist das eigentliche ICH, das, was denkt.

2. Es gibt einen Lebensplan, den man sich selbst vor der Inkarnation ausgesucht hat, um Prüfungen und Erfahrungen zu sammeln, welche die Seele schulen sollen. Dieser Lebensplan ist in groben Etappen festgelegt und es gilt, diese Etappen, diese Lebensprüfungen zu absolvieren (siehe die Bilder im Lebensfilm).

3. Es gibt Wesen – Schutzengel –, die der Seele, also sprich uns, zur Seite stehen und die mit uns kommunizieren – ja, eigentlich noch viel mehr: mit denen auch WIR kommunizieren können.

4. Es gibt die Reinkarnation, da mir zumindest **ein** vorhergehendes Leben gezeigt wurde und die Zusammenhänge, die zu meinem jetzigen Leben führten.

5. Der physische Tod ist nichts, wovor man Angst haben sollte!

Sehen Sie auch diese Konsequenzen?...

*Es gibt so etwas wie einen freien Willen auf der Erde nicht gänzlich. Es gibt ihn sozusagen eingeschränkt, wenn wir uns für dieses Leben entscheiden und die Eltern gewählt haben. Aber sind wir einmal inkarniert, also auf der Erde geboren, dann sind wir gefangen im Plan, in einer Struktur, einer Ordnung mit Gesetzmäßigkeiten, die es zu befolgen gilt. Nur wenn wir diesem roten Faden durch unser Leben folgen, können wir wirklichen Erfolg haben und glücklich sein."*

Der Entwicklungsweg der menschlichen Seele ist ein Weg des Lernens. Dieser Lernprozess, dessen Ziel das Erfahren des Lebens in seiner Ganzheit ist, ist ein sehr langer Weg mit vielen Irrtümern und Korrekturen. Die meisten, die sich im Jenseits befinden, haben auch schon viele, viele Erdenleben hinter sich und wissen daher, wie schwer es ist, seine ideellen Vorsätze in der materiell verdichteten Ebene der Polaritäten mit dem dort herrschenden Dualitätsbewusstsein zu verwirklichen.

Am eigentlichen Sinn des Lebens gehen mindestens vier Milliarden Menschen ein Leben lang vorbei, auch wenn sie noch so intelligent sind. Sie wissen es nicht, oder sie wollen es nicht wissen. Denn was man ein *Lebensprinzip* nennen kann, hat mit Verantwortung zu tun, mit viel *Eigenverantwortung*. Sie haben hier im Buch schon viel von dem gelesen, was für uns im Denken und im Handeln gut und was schädlich sein könnte – jetzt betrifft es auch unseren Seelenanteil und unseren unsterblichen Geist (würde die Kirche sagen). **Der Grundsatz lautet: Wenn jeder Mensch weiß, dass er sich durch ‚falsche' Gedanken, Worte und Werke Energien auflädt, die er alle irgendwann wieder s e l b s t richtig-stellen muss, dann wird er grundsätzlich ein anderes Leben führen. Erlöser gibt es nämlich dafür keine.**

Auch wenn ich selbst kein persönliches Nahtoderlebnis hatte, ist die Seelenwiederverkörperung bzw. die Reinkarnationslehre die Basis meiner Lebenseinstellung. Die Kurzbezeichnung **Wiedergeburt** heißt genauer *Re-inkarnation*, was aus dem Lateinischen übertragen *zurück-ins-Fleisch* bedeutet und allgemein *Inkarnation* genannt wird. Die Hindus nennen sie *Samsara* (Geburtenkreislauf), und die Altgriechen nannten sie *Palingenesis*, die Lehre von der Wiederkehr der Seele in die Materie und dem wiederholten Erdenleben als Mensch. Typisch war und ist sie auch für religiöse ‚Gnostische Gruppen’ – die urchristlichen wie die modernen. Pythagoras (570-496 v.Chr.) wird als Vater der abendländischen Wiederverkörperungs-Philosophie angesehen. Im »Bellum Gallicum« berichtet Caesar von der Überzeugung der Germanen, dass ‚*die Seelen nicht sterben, sondern nach dem Tode auf einen anderen Menschen übergehen, **worin sie einen Hauptantrieb zur Tugend sehen**, während die Todesfurcht in den Hintergrund tritt*‘. Dies gilt generell für alle Keltenvölker:

„*Die Botschaft der Druiden besagt: Die Materie dient nur als äußere Hülle, als Stütze für die Seele, die von Inkarnation zu Inkarnation ihr wahres Selbst zu befreien sucht, um in Gwenwed, die Weiße Welt, einzutreten. Die Individualseele, Teil der kosmischen oder unerschaffenen Seele, muss alle Bereiche der Schöpfung zuvor kennenlernen.*" (Bernard Vaillant[98])

Mit meinen Worten: Unter *Reinkarnation* verstehe ich heute die wiederholte Möglichkeit des Wiederkommens, der Einverleibung, der Verkörperung oder Inkarnation unserer Seele. „*Man kommt auf die Welt*" – sagt der Volksmund –, um über erfahrungsbedingte Bewusstseinsentfaltung wieder zu spiritueller Vollkommenheit zu gelangen. Schon der Weisheitslehrer Jesus gab dieses Ziel vor: „*...wenn ihr nicht vollkommen werdet wie euer Vater...*" Und das geht nicht in einem einzigen Erdenleben. Wie könnte eben dieser *gütige Vater* – im Gegensatz zu den anderen *strafenden* Gottesbildern der Juden und Römer – dem einen Menschen goldene Löffel und dem anderen nur das Hungertuch geben – in einem *angeblich* einzigen Erdenleben? Völlig unlogisch! Die Essenz steckt somit in den drei eindeutigen Formeln, die uns Jesus – quasi als Lebens-Code – vermacht hat:

‚*Wie du gesät, so wirst du ernten*’,
‚*nach dem Maß, wie du misst und zuteilst, wird dir zugeteilt*’ und
„*...dass alles getilgt werden muss bis zum letzten Heller*’.

Wie wir wissen, kamen diese einfachen Regeln bei den Kirchengelehrten nicht an. Später verschwand dann durch den Rationalismus und die ‚Aufklärung' auch das Göttliche und der Geist weitgehend aus dem Leben der Völker, und es zog das grundsätzliche Missverständnis der **komischen Zufälle** in die Köpfe der Menschen ein. Der preußische Dramatiker und große Publizist der beginnenden ‚Aufklärung', Heinrich von Kleist (1777-1811), meinte dazu nur ironisch:

*„Ohne Lebensplan zu leben heißt, vom Zufall zu erwarten, ob er uns glücklich machen werde, wie wir es selbst nicht begreifen."*

Sowie unsere linke Gehirnhälfte soweit ist, dieses geistige Lebenskonzept als ein faires und absolut gerechtes ‚Abrechnungssystem' endgültig anzuerkennen, haben wir die Möglichkeit, das Passwort zum Zugang der jenseitigen Abspeicherungen in der rechten Gehirnhälfte wiederzufinden. Dabei erkennen wir immer öfter logische und gefühlsmäßige Hinweise auf unseren einst beschlossenen Lebensplan. **Und dabei erhält unser Leben einen immer klareren Wert und einen akzeptablen Sinn – und zum Teil völlig neue Prioritäten!**

Durch die moderne *Sinnlosigkeit* eines gehetzten Erdenlebens schlittern heute immer mehr Menschen in *Sinnkrisen*, welche unsere rechte Gehirnhälfte bewusst zu mehr Aktivität veranlassen, damit sie mit ihren intuitiven Weisheiten mehr Geltung erhält und wir damit in eine Bewusstseins-Erweiterung kommen. Diese permanente ‚online'-Verbindung an unsere Seele schließt uns an ein kosmisches Netzwerk an, das gigantisch und noch viel, viel schneller als ‚google' ist, und wir können getrost ‚göttlich' dazu sagen – und *„Zufall ade!"*.

**Jede Seele, die sich freiwillig ein erneutes Erdenleben aussucht, stellt zuvor einen individuellen Lebensplan für ihr neues Erdenleben auf. Manche nennen es auch Seelenplan oder Masterplan oder Lebensentwurf.**

Wenn ich also – wie grundsätzlich jeder andere von uns – im Jenseits einen solchen Lebensplan für das derzeitige Erdenleben entworfen habe, wie komme ich jetzt an diese meine überirdische Planung heran? Muss sie in Vergessenheit geraten sein, damit ich unbefangen alles neu durchlebe und erlebe? Vielleicht habe ich nur das Passwort vergessen, um an die geschützte Lebensdatei zu kommen?

Um wenigstens einen teilweisen Zugang zu solchen geheimnisvollen Lebensumständen zu finden, können wir auch einen anderen Erkenntnisweg gehen.

Aus meinen jahrzehntelangen Erfahrungen verrate ich Ihnen, dass auch Sie auf diesem Weg Ihr Passwort wiederfinden werden. Ich brauchte davon gleich zwei nacheinander: Zuerst »Ich-lasse-mich-führen«, und danach bilde ich mir ein, mit »Ich-lasse-geschehen« eine noch feinere Version, einen aktualisierten ‚Anschluss' bekommen zu haben.

Ich bin da mit meiner Meinung in bester Gesellschaft, auch wenn ich kein Gläubiger des Taoismus bin. Denn von da stammt die religiöse Philosophie „...es geschieht einfach". Im chinesischen Taoismus heißt die Formel »WuWei«. Zu deutsch: WuWei heißt handeln durch Nichteingreifen, durch Geschehenlassen. Es handelt sich dabei also um ‚nicht-tun' und keinesfalls um ‚nichts-tun'.

Jeder von uns hat einen eigenen und ganz individuellen Lebensplan, der trotzdem bewusstseinsmäßig mit Raum und Zeit vernetzt ist – unser Dualitätsbewusstsein – und damit auch mit den verschiedensten Schwierigkeiten und Lebensumständen. Auch diese können einst vorgeplant und so ausgewählt worden sein, damit jetzt bestimmte Lernleistungen erbracht werden und dann entsprechende Entscheidungen fallen können. Für mich selbst habe ich die Formel »$e^3$« geprägt: erfahren – erkennen – entscheiden. Ohne diesen dreistufigen Prozess gibt es in unserem Erdenleben, das vom Raum-Zeit-Kontinuum geprägt ist, keinen Fortschritt. Im seelischen Bereich gibt es ohne Entscheidungen keine Seelen-Entwicklung, das Sich-ent-wickeln aus zurückliegenden Verwicklungen – und in unserer Wendezeit kein Erwachen aus ihren belastenden Alltagsspannungen.

Im Prinzip geht es dabei nur um unser **Bewusstsein** und dessen Erweiterungen. *Bewusstsein* bedeutet ja ‚bewusstes Sein', und ohne bewusste Entscheidungen bleiben wir in irgendeiner Form der vielen modernen und bequemen Bewusstlosigkeiten hängen. Ohne *Ja* oder *Nein* oder *Trotzdem* ändert sich nichts, und auch unsere Passwortsuche für den ursprünglichen Lebensplan bleibt ein Dauerversuch – mit Betonung auf ‚suchen'.

Ich kann in diesem Kapitel dazu nur solche kurze Hinweise geben, die Sie anregen können, sich auch dieser einfachen Lebensführung zu öffnen, denn Informationen, Kenntnisse und Erkennen kommen dann ganz von selbst auf Sie zu und/oder erwachen in Ihnen zur richtigen Zeit. Die Autorenkollegin Kornelia Wöllner beschreibt ausführlich ihren eigenen Weg des Erwachens und gibt unserem kritischen Hirn überzeugende Argumente zu diesem neuen Selbstbewusstsein. Sie bearbeitet diese Thematik von Grund auf in ihrer Broschüre »Geistiges Erwachen – der wichtigste Entwicklungsschritt der Menschheit zu Beginn des Wassermannzeitalters«[103] und warnt dabei auch vor ungeduldigem Wunschdenken:

*„Ich sage es gleich im Voraus: Du kannst nicht wach werden, indem Du diesen Artikel liest oder Dir jede Menge Wissen dazu aneignest. Du kannst Dein Erwachen auch nicht absichtlich hervorrufen. Es ist ein Ereignis, das geschieht, wenn die notwendigen Bedingungen in Dir vorhanden sind. Man könnte sagen, das Erwachen passiert Dir, wenn Du auf der Erwachungsfrequenz bist. Das hängt mit Deiner Schwingungserhöhung und inneren Öffnung zusammen und ist ein evolutionärer Prozess."*

Folgende grundlegende Erklärungen möchte ich Ihnen dabei auf Ihren sicherlich lebenslangen Seelenentwicklungsweg mitgeben:

Wir leben in einem Universum des Freien Willens beziehungsweise der Entscheidungsfreiheit. Also kann eine *Seele* immer wieder in irgendeiner menschlichen Daseinsform in der materiellen Dichte des Erdplaneten inkarnieren – ‚ins Fleisch gehen' und ‚auf die Welt kommen' oder wie es zu Weihnachten heißt: *„...auf die Erde nieder."* Wir alle kommen aus dem Jenseits und machen das freiwillig, entweder aus Liebe, um den Menschen allgemein oder einem schon inkarnierten Seelenpartner zu helfen, oder weil es noch etwas zu lernen gibt.

Diese ‚Entscheidungsfreiheit' gilt auch später im Erdenleben weiter. Auch hier können wir immer wieder *pro* oder *kontra* entscheiden, wenn allmählich immer mehr solcher im jenseitigen Lebensplan beschlossenen Aufgabenstellungen auf uns zukommen. Ob das Kontra dann sinnvoll ist, ist eine andere Sache – doch auch dafür gibt es später keine *Schuldzuweisung* oder gar *Strafen*. Solche sind menschliche Erfindungen des Dualitätsbewusstseins, weil irdische Ordnungssysteme ihrer bedürfen. Im höherfrequenten Jenseits gibt es sie nicht.

Um meinen Lebensplan in mir aufzustöbern, könnte ich natürlich auch allerhand Versuche starten, um durch große Meister oder Gurus oder andere ‚Berufene' Mitteilungen darüber zu bekommen. Aber keinem würde ich trauen, obwohl auch ich schon mit solchen Gedanken gespielt habe.

Heute weiß ich längst, dass auch dieses gesamte Wissen in uns selbst steckt. Jeder von uns weiß, dass eine kleine Eichel das jahrhundertelange Lebensprogramm einer riesigen ‚deutschen Eiche' in sich trägt. Wir wissen, dass in jeder Sekunde rund 10 Millionen neue Zellen in unserem Körper entstehen und verlässlich ihre Funktionen kennen. Und wir bekommen erklärt, dass in den Zellen unserer rechten Hirnhemisphäre die gesamte Erinnerung aller unserer Leben gespeichert ist – eben auch der einstmals beschlossene Lebensplan. Ich empfehle noch einmal, Ihre eigenen diesbezüglichen Wahrnehmungen und spontanen Intuitionen ernstzunehmen, wenn sich solche bei Ihnen ‚melden', denn unser geistiges Überbewusstsein weiß sehr wohl, wann es uns passende Impulse geben kann.

Sollte das nicht funktionieren, so kann man auch eines der englischen Medien aufsuchen, welche die Möglichkeit haben, Verstorbene zu sehen und mit diesen zu kommunizieren. Hier kann man Fragen stellen. Die Frage ist nur, ob dies der richtige Weg ist. Wie gesagt: Zufall heißt, dass es mir zugefallen ist, dass es zu mir passt, zu mir gehört und deswegen bei mir ist. Es kommt zum richtigen Zeitpunkt. Und den kann man nicht forcieren.

Ein *Zufall* ist für viele Menschen das, was angeblich ohne erkennbaren Grund und ohne Absicht geschieht – aber so etwas gibt es eben nicht. Der niederländische Philosoph *Baruch de Spinoza* (1632-77) erklärte damals schon, dass „*...das, was wir Zufall nennen, der Zufluchtsort der Unwissenheit ist.*". Es gibt keinen einzigen zufälligen Zufall!

Der atheistische Materialismus mit seinem geistlosen und entgotteten Hintergrund – also ‚frei' auch vom Glauben, mit dem die christlichen Kirchen einst das Abendland beherrschten – mogelte sich nahtlos in den ‚Zufalls-Glauben', und dies wird sogar ‚wissenschaftlich' belegt. Daniel Kahneman, Wirtschaftsnobelpreisträger und Professor für Psychologie an der Elite-Universität Princeton, resigniert beim Thema ‚Zufall': „*Optimistische Trugschlüsse halten die Wirtschaft in Gang.*" In meiner Zeit als geschäftsführender Gesellschafter unseres Familienbetriebs sagten wir dazu „*Management by happening!*" und scherzhaft: „*Mancher weiß zwar nicht, wo's langgeht – das aber ganz genau.*" Und ‚werte-frei' nennt es inzwischen der herrschende Zeitgeist, und ein oberflächlicher Materialist kann nicht unterscheiden zwischen Schicksal und „*...komischer Zufall!*".

Die herrschende Meinung sagt inzwischen, das Leben auf unserem Planeten habe nichts mit Gott zu tun, sondern sei lediglich das Produkt eines glücklichen Zufalls. Doch ohne zu wissen, *woher* der Mensch kommt, *wozu* er da ist und *wohin* seine Persönlichkeit einmal gehen wird, kann er auf Dauer nicht leben und kommt früher oder später in eine Lebenskrise. Unser Umfeld zeigt uns, dass fast die halbe Menschheit Probleme damit hat und sich im Zweifelsfall einfach in die bequemste aller dummen Ausreden flüchtet: in den sogenannten Zufall. Somit ist der vermutlich verbreitetste Glaube unserer modernen Menschheit die ‚Religion' des Zufalls-Glaubens.

Außer wir sehen in dieser meist hilflosen Ausrede ‚Zufall' den eigentlichen Sinn des Wortes, was die Zufalls-Gläubigen natürlich keinesfalls so verstehen wollen. Wörtlich ist nämlich gemeint: Es *fällt* etwas auf uns *zu*. Es fällt mir *zu*, was *zu* mir gehört und weil es *zu* mir soll oder will. Für den Wissenden unter uns ist dies somit eine *Reaktion* auf eine vorausgegangene *Aktion* oder ist schlichtweg Resonanz. Diese

Sichtweise gilt natürlich im positiven wie auch negativen Sinne. *„Zufall ist das, was uns aufgrund unseres So-Seins zu-fällt."* Auch Glück und Unglück sind nur Bezeichnungen für einen nicht erkannten Zusammenhang. In diesem Sinne ist Zufall nichts weiter als nicht erkannte Kausalität. Prof. Dr.-Ing. Franz Moser, Vorstand des Instituts für Verfahrenstechnik an der Technischen Universität Graz, erklärte dazu[83]:

*„Meine eigene Konsequenz aus den Ergebnissen der Quantentheorie war eben, dass es den Zufall nicht gibt. Das ist der große Scheideweg. Bei Jacques Monot und in der Wissenschaft finden wir, dass alles auf dem Zufall basiert, das Leben sei ein Zufall, wir seien zufällig in die Welt getreten, zufällig gingen wir aus der Unermesslichkeit des Universums hervor, und daher ist es an uns zu entscheiden, was zu tun ist."*

Gleichgültig, in welche Internetsuchmaschine ich die Worte »Sinn des Lebens« eingebe, werden zig Millionen von Einträgen präsentiert, die uns irgendwelche Hinweise zu dieser lebenswichtigen Frage geben. Unzählige der Hinweise wollen uns helfen, uns ihre Lebenserfahrung wohlmeinend überstülpen, weil sie manchmal sehr überzeugt sind, dass es ganz bestimmte *Sinnfindungen* für *alle* Menschen gibt. Ich empfehle, bei diesem Finden vor allem auf den eigenen inneren Helfer zu hören.

Es ist nicht nötig, sich für *einen* Sinn zu entscheiden – die *Sinnsuche* ist so individuell wie unsere *Persönlichkeit*, und die *Sinnkrisen* sind so komplex wie unsere moderne Zeit. Was sagt uns das Wort ‚persönlich'? Es kommt vom lateinischen *personare*, das ‚durchtönen' bedeutet und darauf hinweist, dass aus unserem ‚Inneren', unserem Seelenbereich oder unserem Überbewusstsein etwas heraustönt, das ganz individuell unsere ‚Person' prägt.

Und das könnten wohl auch Signale sein, die wir einstmals als Lebensplan für unser Erdenleben angelegt haben. Auch dazu wusste Albert Einstein etwas Kluges: *„Wer keinen Sinn im Leben sieht, ist nicht nur unglücklich, sondern kaum lebensfähig."* Und mein Vater hat mir zu seinen Lebzeiten einmal aufgeschrieben: *„Zu einem Beruf langts jedem, aber eine Berufung zu finden, macht den wirklichen Menschen aus."* Und ich nehme diesen Rat umso ernster, je älter ich werde. Auch ein Zitat fand ich dazu (Autor unbekannt): *„Eine Berufung im Außen braucht Ju-*

293

risten, eine Berufung von Innen braucht nur dich selbst." Die große Kunst dabei ist nicht nur das gelegentliche oder gezielte Finden, sondern das anschließende Umsetzen und eine immer öfter gelebte Standfestigkeit dessen, was wir erkannt haben – möglichst stabil, auch wenn noch keine Knieschmerzen uns das signalisieren.

Nun wird jeder esoterisch Vorgebildete fragen, was mit dem Karma ist. Dieser Begriff kam zu uns in den Westen aus den hinduistischen und buddhistischen Religionsphilosophien. Er bezeichnet in etwa das, was wir im Christlichen unter ‚Saat und Ernte' verstehen. In den esoterischen Interpretationen des ‚Lebensplanes' liegen diese Altlasten aus früheren Leben stark im Vordergrund.

Ich persönlich vertrete jedoch die Meinung, dass das Gesetz des Karmas de facto funktioniert und wir deswegen mit unseren Altlasten aus früheren Leben früher oder später konfrontiert werden. Aufgrund der Frequenz-Veränderung/Erhöhung in unserem Sonnensystem – eine Beschleunigung – geht es heute jedoch viel schneller, dies wieder auszugleichen beziehungsweise aufzulösen.

Somit kommt nun die Frage, ob ich ein Leben lang in der Enge meines Lebensplanes stecken bleibe oder mit meinen Schöpferkräften eigene neue Lebenswege einschlagen kann? Und da fand ich von der feinstofflichen Intelligenz Kryon eine medial übermittelte Antwort mit folgender Bestätigung:

*„Ihr storniert die unvollständige Energie genannt Karma, verlasst die Straße der Voreinstellungen und fangt an, für euch selbst eine neue Energie zu erschaffen, als wäret ihr ohne jegliches Karma auf den Planeten gekommen. Einige der grundlegendsten Merkmale eueres Lebens werden sich daraufhin ändern. Eure Angst wird von euch abfallen, weil sie ein Teil eures Karmas ist... Offensichtlich sind viele der Dinge, mit denen jemand geboren wurde, verschwunden, ersetzt durch die Dinge, die er zu sein wünscht."*

Es ist für diesen Evolutionsabschnitt der heute inkarnierten Seelen möglich, dass diesmal alle unsere restlichen energetischen Altlasten noch auf uns zukommen und *von uns* ganz leicht erkannt, anerkannt und liebevoll aufgelöst – ‚erlöst' – werden können. Das sollte jedoch nicht mit Karma verwechselt werden.

Als ähnliche neugeistige Möglichkeit wirkt auch das wiederentdeckte lemurisch-hawaiianische Heil- und Befreiungssystem »Ho'oponopono«[101], mit dem jeder in seine und andere belastende Seelenenergiefelder mit Liebe und Mitgefühl eingreifen kann.

Nun bleibt mir auch an dieser Stelle, noch einmal ausdrücklich zu betonen, dass wir auf dem Weg durch unseren Lebensplan nie alleine sind; das war eine abgemachte Voraussetzung, dass wir uns überhaupt auf eine neue Inkarnation eingelassen haben. Jan hatte ja bei seinem Unfall-Ereignis solch eine Erfahrung mit seinem ‚Schutzengel' gemacht. Und jeder Mensch auf diesem Planeten hat mindestens ein solches Wesen bei sich.

Doch das ist keine Garantie dafür, dass wir mit unserem Dualitätsbewusstsein, ohne das es keine Inkarnation in der verdichteten Materie gibt, unbeschwerlich dahinleben. Unser inneres und äußeres Auf und Ab, Erfolge und Misserfolge, Freud und Leid helfen uns, unsere seelischen Qualitäten zu entwickeln, kennen zu lernen, lieben zu lernen und vom Haben immer mehr ins Sein zu kommen. Ähnlich drückt sich der Autorenkollege Peter Kummer (mehrfacher Autor unter anderem von »Die Schutzengel AG. Partner ohne Risiko«) in seiner »Info-Post« (Juni/10) aus:

*„Nämlich all diese vielfältigen – aus der Sicht des menschlichen Verstandesbewusstseins –, höchst beängstigenden Loslass-Prozesse sind einzig und allein dazu da, verstehen zu lernen, dass wir durch die geistigen Helfer an unserer Seite sowie durch einen auf das Perfekteste und bis ins Detail ausgeklügelten göttlichen Lebensplan so präzise geführt, umsorgt und geschützt sind, dass wir – wenn wir wirklich immer fester genau darauf zu vertrauen lernen – niemals wirklich untergehen können."*

Nun liest man immer öfter von einer zunehmenden Orientierungslosigkeit vieler Menschen. Die Ursache ist dabei die Zunahme der Frequenzen unseres Planeten, die Schumann-Resonanzfrequenz, die – für uns unterbewusst – unsere ichbezogene linke Gehirnhälfte bedeckt hält und unsere rechte stimuliert. Das bringt uns durcheinander, denn wir haben uns längst an die herrschende Matrix angepasst – entweder in unserem Masseempfinden oder in einem krampfhaften Elitär-Seinwollen. Beides, auch der Überlebenskampf in der arbeitenden Masse, bedarf eines stabilen Ichs – die einen wollen ihre Individualität retten und die anderen ihren Status. Aber da kommen Änderungen und Veränderungen auf uns zu, und immer mehr dessen, was wir linkshirnig und bewährt zu unserem Lebensstil gemacht haben, verliert an Bedeutung. Verlässliche Orientierungen sind immer öfter unstimmig und zwingen uns ‚umzudenken'.

Und darum geht es tatsächlich schon in unserer näheren Zukunft. Unser Lebensplan kommt in den Vordergrund und unsere Anpassungen an den Zeitgeist, mit seinem rein materiellen Plan, in den Hintergrund – und das ist gut so! Ich nenne auch das ‚Bewusstseinserweiterungen', die auch bei unserem Gesundbleiben einen neuen Grundstock für die Zukunft bieten. Durch unsere rechte Hirnhälfte wird der eigentliche Sinn unseres Erdenlebens immer lebendiger und forciert seine interdimensionale Matrix anstelle der immer mehr schwächelnden Altmatrix.

Wir alle reden heute von der ‚eigenen Meinung' und meinen damit leider nicht das Eigentliche. Noch viel zu wenige Menschen verfügen tatsächlich über *ihre eigene* Meinung, die aus einem wertvollen *Ich* und einem authentischen *Selbst* erwachsen ist – mit Betonung auf *erwachsen*. Die Meisten sind noch wie liebe große Kinder und sind damit zufrieden, den ‚Erwachsenen' eine Freude zu machen. Vermutlich ahnen Sie jetzt schon, was ich mit *erwachsen* meine: Dienst dem Mammon, dem eigenen Prestige, der eigenen Wellness und damit dem gängigen Mainstream – also den mächtigen ‚Erwachsenen' im Hintergrund, welche die Welt steuern und dieses Spiel vorgeben. Man will doch nicht auffallen! Beim genauen Hinfühlen erkennen wir nämlich, dass immer noch die Meisten, ob sie es sich eingestehen oder nicht, auch nur ‚ge-*meint*' sind und ungeprüfte Meinungen vertreten – ein Produkt ihres Umfeldes und der fernseh- und illustriertenabhängigen Massenmeinungen. Natürlich gibt es auch hier gehobenere und seichtere Meinungsbilder.

Dieses zusammengefasste Kapitel des »Lebensplans« habe ich mir als einen besonders wichtigen Hinweis gedacht, um damit ein logisches Verständnis anzuregen, wie wir über mehr Selbst-Bewusstsein zu mehr Selbst-Heilung finden können. „...*kaum lebensfähig*" wären wir, meint Professor Einstein, wenn wir den Sinn in unserem Leben nicht finden.

## Der Wandel vom Haben zum Sein

„*Reich ist, wer weiß, dass er genug hat*", lehrte schon vor über zwei Jahrtausenden der wohl bekannteste Philosoph der östlichen Menschheit, *Li* (ca. 604-517 v.Chr.), bekannt unter seinem Ehrennamen *Lao-tse*, Begründer der religiös-philosophischen Schule des Taoismus. Er predigte keine Armut, sondern empfahl damit „*zu wissen, wann man genug habe*", anders ausgedrückt: „*sich bewusst zu sein, wann wir genug haben.*" Und schon finden wir das Stichwort: ,bewusst sein' oder Bewusstsein oder bewusstes Sein. **Ein Wandel vom Haben zum Sein ist vor allem reine Bewusstseinssache und zuerst ein innerer Prozess.**

Auf unseren Bewusstseinsebenen zeigt es uns, woran unsere Prioritäten gebunden sind. Ist uns das äußere *Haben* wichtiger? Oder ist uns das äußere und innere *Sein* immer wichtiger?

So könnten wir uns im praktischen Alltag zwar auch fragen, doch das wäre schon eine seltene und bewundernswerte Charaktergröße. Es gibt kaum Abgrenzungen zwischen den beiden Verhaltensbildern, es ist vielmehr ein fließendes Hin und Her der Prioritäten, die wir dabei erkennen, oder realistischer betrachtet: Prioritäten, die wir immer öfter lernen zu erkennen.

Trotzdem handelt es sich um eine Schlüsselfrage in unserem Leben, und zwar für jeden von uns. Dies gilt rein persönlich, familiär, beruflich, in unserem Wunschdenken, in unseren Orientierungen und unseren Zielsetzungen. Für die Meisten sind das noch unbewusste Bewusstseinszustände und unsichtbare, feinstoffliche Energien, die trotzdem unser Leben mitbestimmen, nämlich unser bewusstes Sein. Und alles Materielle samt dieser dazugehörigen Energiefelder spielt sich auf unserem Planeten fast ausschließlich im *Dualitätsbewusstsein* ab. Dieses steht dabei überwiegend in Verbindung mit unserer linken Hirnhemisphäre und somit auch in der Energie unseres Egos – rational, erfolgsorientiert, sicherheitsbezogen und eben auch oft raffend.

**Allerdings steht unserem *Dualitätsbewusstsein* das harmonisierende *Einheitsbewusstsein* gegenüber, das alles Duale und Getrennte und Trennende doch als eine Einheit erkennt. Und dem sollten wir schrittweise näherkommen.**

Doch diese Überlegungen sind im Grunde ein massiver Angriff auf eingefahrene Systeme, etablierte Weltbilder, bequeme Leitmotive, falsche Hoffnungen, bewährte Angsterzeuger und natürlich auch manchmal auf Namen von Persönlichkeiten, die damit verbunden sind. Leider – und das ist das Schmerzliche dabei – ist solches Aufrütteln und Aufklären auch oft mit der unchristlichen Untugend des *Urteilens* und *Verurteilens* verbunden. Zumindest wirkt es auf den ersten Blick hin so. Genauer analysiert und ‚bewusst' gehandhabt, fand ich eine ‚klare' Erklärung bei den Rosenkreuzern:

*„Durch die Polarität allen Daseins bedingt, muss einer Gesamtschau zwangsläufig ein äußeres Negieren entgegenstehen. Dem ‚Ein-Sichtigen' stellt es sich als bewusstes Teil des Ganzen dar.*

*Wenn wir uns dessen bewusst werden,* **kann selbst aus dem Negativen etwas Positives entstehen.** *Der Nutzwert liegt aber auch in der* **Bejahung des Negativen und seiner Erfahrung.**

*Jede Manifestation entsteht aus Plus und Minus, den beiden Polen einer Einheit. So fordert jede extrem formulierte These eine Gegenthese heraus, und dabei müssen These und Antithese zur Synthese führen."*

Was hat das alles mit unserer Gesundheit zu tun? Wenn ich Schmerzen *habe*, will ich sie los *sein* oder wenn ich ein Leiden *habe*, will ich wieder gesund *sein*. Das sind nur zwei kleine Beispiele aus unserer Alltagsprache, die sich aber klar dazu ausdrücken.

Wenn ich nun schon Schmerzen oder gar ein Leiden *habe*, wie *werde* ich sie wieder los? Bleiben wir kurz bei diesen Wortspielen, denn sie haben sehr wohl einen tieferen Sinn.

Zum Beispiel erkennen wir den Unterschied, wenn ich ‚Sein durch Haben' statt ‚Sein durch Werden' betrachte. Sein-durch-Haben ist statisch und scheut die Veränderung, Sein-durch-Werden braucht die Veränderung – Heilung, Wachstum und Reife entwickeln sich nur durch Veränderungen. Was heißt das im Einzelnen?

**Es geht hier wieder um Dualitäten, denn das Sein-durch-Haben stellt überwiegend äußerliche Werte dar, während das Sein-durch-Werden zuerst die inneren Werte vermehrt.**

Werbe-Milliarden werden in unseren Wohlstandsländern jährlich ausgegeben, um uns ‚Konsumenten' vorzuführen, dass Zufriedenheit, Gesundheit und Glücklichsein sich erst erfüllen, wenn wir ‚Dieses oder Jenes' *haben* und damit zuerst den äußeren Prestige-Konsum pflegen – um es letztendlich haben-orientiert zu besitzen. Der Autorenkollege Udo Brückmann nennt es beim Namen: *„Individualität wird uns genommen, indem sie uns als Abziehbild vorgegaukelt wird."* Es gäbe keine Designer, wären wir mehr im eigenen *Sein*, denn zu viele von uns glauben, durch den äußeren Zukauf endlich etwas mehr zu *sein*.

Kann das der Sinn unseres Lebens sein? Auch wenn man uns von klein auf beibringt, in einer ‚Leistungsgesellschaft' zu leben: nur Leistung zählt und dadurch Erfolg und schließlich Geld und Haben. Dieses System hat uns im Einzelnen wie im Kollektiv eben nicht weitergebracht, hat uns seelisch geschwächt und macht auch ganz offensichtlich krank. Wir lassen uns dabei auch viel zu viel damit beschäftigen, den äußeren, gesellschaftlichen Status zu bewahren, der leider oft mehr *Schein* als *Sein* ist.

Ich habe jedoch noch eine Anregung der tieferen Art. Es ist sehr menschlich, wenn ich sage „...ich *habe* dich lieb" – da gibt es also jemanden, den ich lieb *habe*. Wenn ich jedoch in der Liebe *bin*, ganz gleich, ob ich denjenigen oder dasjenige *habe*, ist das eine eindeutige

Bewusstseinserweiterung, der Geist der Neuen Zeit. Ich *hab dich lieb* oder *ich bin Liebe* zeigt Haben und Sein als eine völlig neue Lebenserfahrung in der ICH-freien Schwingung, die der Aufforderung nach Vollkommenheit immer näher kommt.

Gibt es auch so etwas wie ,vom Nichthaben zum Sein'? Sicher weltweit millionenfach. Wenn ich oben behauptet habe, Lao-tse habe mit seinem Lehrsatz keine Armut gepredigt, so kennen wir einen anderen europäischen Weisheitslehrer, der das tatsächlich vorgelebt hat, den Franz von Assisi (1182-1226). Er ist nicht nur weltberühmt geworden durch seine Tierliebe, er lebte auch bewusst die Armut. Aus wohlhabendem Hause stammend, schuf er als Bettelmönch seinen Orden, der zu vielen weiteren ,armen' Ordensformen geführt hat. Er wurde später zum Hl. Franziskus, auf Spanisch *San Francisco* und damit der Namensgeber der kalifornischen Metropole.

So, wenn ich jetzt noch einmal an den Lehrsatz von Lao-tse erinnere „*Reich ist, wer weiß, dass er genug hat*", dann geht es diesmal nicht um den genügenden Besitz. Denn auch ,energetisch' können wir diesem Denkspruch Wertvolles entlocken, was ich jetzt selbst bei meinem Rückblick auf mein Industriellenleben feststellen darf. Ich konnte nicht genug bekommen, erkenne ich jetzt, denn Erfolg ist wie ein Sog, bei dem man am Ende auch etwas verspielen kann. Ich erwähne das, weil das wohl jeder von uns in irgend einem Bereich kennt – auch wenn diese Falle uralt ist.

Was das Haben betrifft, klingt die Realität etwas nüchtern: „*Wir werden nackt und ohne alles geboren und gehen irgendwann wieder nackt und ohne alles.*" Das betrifft jedoch nur das Körperliche, unsere Seele hingegen geht jedes Mal reicher und reifer als Persönlichkeit nach Hause.

# Das ist nicht meine letzte Karte

Dieses Spiel ist jetzt zu Ende, mein Stapel an Roten Karten ist kleiner geworden – doch das Spiel des Lebens geht weiter. Wenn ich Ihnen mit meinem Buch mehr ‚bewusstes Sein' vermitteln kann, auch dass wir alle Spieler, Schiedsrichter und Zuschauer zugleich sind – man nennt das heute Ganzheitlichkeit –, dann gehen wir weiterhin oder sogar besser und wieder gesund durch das energetische Chaos unseres modernen Umfeldes. Haben Sie schon gemerkt: Es spielt sich doch gleich ganz anders mit mehr Über- und Durchblick.

Ich liebe dieses Spielfeld des Lebens – auch wenn ich ahne, dass wir dabei manche Trainingsmethode umstellen und anpassen müssen, um gesund weiterspielen zu können. Auch werden in unserer ‚Zeit der Veränderungen' die Falschspieler im Hintergrund immer mehr und immer konsequenter demaskiert, und das erleichtert unser eigenes Fairplay.

Ganz klar gilt allerdings: Einige Erkenntnisse können wir im weiteren Spiel nicht mehr verdrängen und es gibt auch keine Entschuldigungen mehr – wir zählen jetzt zu den Wissenden!

Kommen Sie am besten auch in den ‚Club der Erfolgreichen', und nehmen Sie bestimmte Spielpartien in die eigene Hand. Dazu bedarf es – wie wir gesehen haben – klärender Entscheidungen, zielstrebigen Durchhaltens, freudiger Begeisterung und natürlich auch rechtzeitiger Pausen. Was nichts taugt, schmeißen wir „raus!" aus unserem Lebensspiel. Und man wird Sie dafür bestaunen, vielleicht sogar bewundern – das verspreche ich Ihnen.

Das ist auch mein dringender Wunsch, falls ich als Autor zwischendurch Ihr geistiger Coach sein darf – es ist nicht nur zu Ihrem Wohle, sondern es verbindet *uns alle* auf einer inneren oder höheren Ebene!

In diesem Sinne winke ich Ihnen zu, bedanke mich für Ihre Aufmerksamkeit und versichere Ihnen mit tiefster Überzeugung: Wir leben in einer *Wunder*-vollen Zeit und können auch gesund durch jedes Chaos gehen!

Euer Johannes

# Nachwort von Brigitte Jost

In diesem Buch zu lesen ist kein ‚Zuckerschlecken'! Der Inhalt ist mit Bitterstoffen vergleichbar, die abscheulich schmecken können. Doch gerade die sind gesund! Die Wahrheit ist wie Medizin. Sie kann bitter schmecken, aber befreit!

Hat Sie beim Lesen zwischendurch auch so richtig die Wut gepackt? Und das selbst dann, wenn Sie zu den glücklichen Menschen gehören sollten, die eine heitere Gelassenheit besitzen? Waren Sie ebenfalls aufgebracht bei der Erkenntnis, dass Sie womöglich jahrzehntelang mit Gesundheitsbelastungen in Berührung kamen und es nicht wussten? Sind Sie auch entrüstet darüber, dass es Menschen gibt, die uns belügen und betrügen, verraten und verkaufen, denen ihre Macht über alles geht? Etliche Schwindeleien und Zusammenhänge, über die Johannes Holey in beiden Bänden »Jetzt reicht's!« berichtet, haben mich persönlich erschüttert. Einige empfand ich sogar als so dreist, dass ich sie zuerst kaum glauben wollte. Doch inzwischen kann ich sie glauben. Ich war lange selbst krank und bin auf einem noch völlig unüblichen Weg wieder gesund geworden.

Geht es Ihnen auch so, dass Sie die Konfrontation mit diesen brisanten Themen – seien sie auch noch so bitter nötig – anspannt und belastet? Ich kenne viele Menschen, die sich deswegen verunsichert und unwohl fühlen und auch einige, die so involviert sind, dass sie nur selten echte Freude empfinden können. Wir verlieren ganz schön viel Lebensfreude, wenn wir keinen Ausgleich schaffen.

Als Ausgleich für die ‚Bitterstoffe' brauchen wir ‚Lebenssüße'! Bewusstes Hinwenden zu Entspannung, Harmonie, Freude, Liebe und Schönem ist kein Luxus, sondern Notwendigkeit, um ein inneres Gleichgewicht bewahren zu können. Das ist meine Domäne. Als sensitive Künstlerin mit dem inneren Programm, »Liebe, Harmonie und Schönheit« in Bild und Klang auszudrücken, weiß ich um die Wichtigkeit bewusster Entspannung und tief empfundener Glücksgefühle.

Wenn ich dieses aufwühlende Buch zuklappe, gehe ich erst einmal bewusst in die Entspannung, tanke bei einem Spaziergang in der Natur wieder auf und höre anschließend Musik im Kerzenschein. Und Sie?

**Vergessen wir trotz den chaotischen Zuständen in unserer Welt nicht, dass wir in einem Kosmos leben, der die Harmonie als Grundprinzip aufweist.** Gesundheit ist ein Ausdruck von Harmonie. Jeder Krankheit liegt demzufolge eine Disharmonie zugrunde. Die disharmonischen Krankmacher in unserer Welt sind also gewiss nicht ‚natürlich' oder ‚kosmisch'. Liebe, Freude und Harmonie bringen neues Leben hervor, nicht Krankheit und Lüge!

Derartige wertvolle Lebenswahrheiten und Lebensweisheiten lässt Johannes auch in diesem Buch hin und wieder durchscheinen. Und er hätte dazu sicherlich noch sehr viel mehr zu sagen...

**Doch die ganze Wahrheit darf niemand schreiben, will er keine Schwierigkeiten bekommen.** Johannes wandelt – wie all die mutigen ÄrztInnen, HeilpraktikerInnen und HeilerInnen, die gegen den Strom schwimmen – auf nicht ganz risikolosen Pfaden. Er hat uns dennoch wertvolle Informationen und Fakten zusammengetragen, kann uns jedoch lediglich Anstöße geben und auf mögliche Zusammenhänge hinweisen. Es liegt an uns, tiefer zu gehen und vor allem zu handeln!

**Allen mutigen, aufklärenden Menschen, die zur Wahrheit stehen – auch wenn sie dafür angegriffen werden und persönliche Nachteile in Kauf nehmen müssen –, können wir dankbar sein.** Durch sie haben wir die Chance, auch im Tumult unserer Zeit gesund zu bleiben und zu werden.

**Danke euch allen und danke dir Johannes!**

*Herzlich,*

# Der Autor über sich

Es war ein erfolgreiches Leben als Industrieller mit einem reizvollen Produkt – festliche Mode – und der Möglichkeit, überwiegend Mädchen und Frauen angenehme Arbeitsplätze zu bieten. Auch bei allen Ehrenämtern war ich lieber auf der Seite der Schwächeren und Hilfsbedürftigen, denn, im Sternzeichen Waage geboren, plagt mich ein sensibles Gespür für Gerechtigkeit. Die Zeitschrift »Esotera« hatte einstmals über unseren Betrieb als einen der fünf esoterisch geführten Unternehmen berichtet, und der Leiter des Arbeitsamtes Crailsheim nannte uns seinen Vorzeigebetrieb. Neun prächtige Enkelkinder scharen sich heute in dem ehemals geschaffenen Familienhort.

Mit 63 kam für mich endlich die große Freiheit und es entstanden die Bücher
1997 »Jesus 2000 – das Friedensreich naht«,
2000 »Bis zum Jahr 2012 – der Aufstieg der Menschheit«,
2002 »Alles ist Gott – Anleitung für das Spiel des Lebens«,
2007 »Der Jesus Code – lieben statt leiden« und
2009 »Jetzt reicht's!«.

Vorträge und verschiedene DVDs begleiteten meinen Weg. Durch die jahrelange Zusammenarbeit mit Brigitte Jost erkenne ich inzwischen immer stärker die weltweite Problematik der systematischen Unterdrückung des weiblichen Prinzips – in uns selbst, in allen Religionen, in der Gesellschaft und im weltweiten Menschheitskollektiv. In meiner Solidarisierung mit dem sogenannten ‚schwachen Geschlecht' drängt es mich genauso nach mehr Gerechtigkeit.

Ich lebe (ohne Fleisch, fast ohne Alkohol und Fernsehen) überwiegend auf der wunderschönen Atlantikinsel La Palma, pflege aber unverändert meine herzliche Anbindung an Deutschland.

Aktuelles finden Sie auf meiner Internetseite »www.johannes-holey.de« und in meiner Newsletter-Liste können Sie sich gerne an- oder abmelden.

# Ich habe zu danken

Vor einigen Wochen ist mein Körper 75 Jahre alt geworden. Da passierte es mir auch, dass ich manchen Rückblick ernster nahm als bei anderen Geburtstagen – zum Beispiel auch die Frage, *wie ich wurde, was ich bin*. Und dazu möchte ich mich bei drei Frauen bedanken, die mein Leben begleitet haben beziehungsweise begleiten:

*Gisela*, meine Mutter, die uns zwei Buben nach Kriegsende als Vertriebene aus dem Sudetenland führte und zusammen mit dem musischen Vater, bis in ihr hohes Alter liebend begleitete – danke!

*Luise*, die mich als Ehefrau, Mutter unserer drei Kinder und Geschäftspartnerin (auch ‚Mutter' unseres Familienbetriebs mit überwiegend Frauen) jahrzehntelang geachtet, erfolgreich und harmonisch ertragen hat. Es war eine feine Liebe und Gemeinsamkeit – danke!

*Brigitte*[1], die mir hilft, meine inneren Öffnungen in meine eigenen und zunehmend geistigen Bereiche zu erspüren und zu erleben – danke!

Das für mich absolut unverständliche Wort ‚Ruhestand' offenbart sich mir nun immer mehr als die ‚innere Harmonie der Ruhe'.

Darüber hinaus danke ich hier auch meinem Verleger-Sohn; all den Freunden, die zu diesem Band etwas beigetragen haben; allen Leserinnen und Lesern, die mir nicht nur zu weiteren Informationen verhalfen, sondern auch Bestätigungen und ihren Zuspruch versicherten; allen kollegialen Forschern, die ich zitieren darf wie auch den Leserinnen und Lesern, die diese Erkenntnisse nun helfend weiter verbreiten werden.

Es sind so viele, die ich gerne dankend umarmen möchte.

*Euer Johannes*
(im Oktober 2010)

# Ich schreibe weiter

Mein jahrelanges Forschen und Ausprobieren im Ernährungsbereich war für mich immer gut und wichtig. Vor allem lernte ich auf der subtropischen Insel La Palma sonnengereiftes Obst und Grünzeug kennen und lieben. Es sind Welten, die zwischen echten und den wertstoffarmen Pseudo-Südfrüchten liegen, die grün geerntet und nur logistisch anstatt in der Sonne reifen.

In all den Themen der beiden Bücher »Jetzt reicht's!« steckt noch ein ganz besonderer Schwerpunkt, der mir schon lange keine Ruhe mehr lässt: Ich habe Ärzte, Heilpraktiker und Organisationen kennen gelernt – und einigen von ihnen bin ich schon persönlich begegnet –, die klar ausdrücken, dass man alle ‚Krankheiten' durch konsequente Ernährungsumstellung erleichtern oder auch ganz heilen kann – *alle!*

Das wird mein nächstes Buch, in dem ich diese möglichen Lösungswege zusammentragen werde, mit denen wir uns in Zukunft immer mehr und vor allem auch besser selbst helfen können. Uns stehen heute mehr denn je phantastische Möglichkeiten zur Verfügung, vielleicht sogar sensationelle, die in der Öffentlichkeit kaum bekannt sind.

Das gibt ein Aufwachen! Ich nehme nämlich das Zitat des Professors, Arztes und Nobelpreisträgers Albert Schweitzer sehr ernst:

> *„Keine Zukunft vermag gutzumachen,*
> *was du in der Gegenwart versäumst."*

# Anhang: Die Einschlafübung

**Die Einschlafübung verläuft folgendermaßen:**
*Erstens* beobachtest du – im Sitzen oder Liegen –, was gedanklich mit dir vorgeht, und dann sammelst du alle deine Gedanken zu einem Energieball oder Knäuel; auch alle Emotionen und Gefühle, alles, was dir energetisch geschieht im Inneren wie im Außen; was dich belastet oder dir gut tut; was dich traurig macht oder erfreut – einfach alles. Gib den Befehl: „*...alle diese Energien aus der letzten Stunde!*" Stelle sie dir als Energiefäden vor, hell, dunkel, farbig, grau... – wie du willst. Danach ‚knüllst' du alle zusammen wie einen Schneeball, der jedoch klar erkennbar aus verschiedenen Energie-fäden besteht. Durch dieses Formgeben und Behandeln wirst du zum Be-trachter und gewinnst bereits jetzt Abstand zu deinen Problemen. Deine Gedankenenergie-Kugel legst du nun auf deine Brust. Falls du die Übung im Sitzen machst, drückst du sie an deine Brust.
*Zweitens* beginnst du nun das Entspannungs-Zählen in Verbindung mit ei-nem immer tieferen Ausatmen. Entspanne alle Muskeln, auch die des Ge-sichts. Dann atmest du ein mit einer gedachten Dreizehn, langsaaaam aus-atmen mit der Zwöööölf, einatmen mit der Elf und langsaaaam ausatmen mit der Zeeeehhhn und so fort. Dabei stets tief ausatmen, immer tiefer, und auch die Ziffern mit einer immer tiefer klingenden Stimme denken, die dabei immer schläfriger werden soll. Das letzte bewusste Ausatmen dieses Entspannungsprozesses ist dann die Nuuuuuuull, ganz tief und auch in der gedachten sonooorigen Stimme woooohlig schwingend.
*Drittens* siehst du dich nun – falls du noch nicht eingeschlafen bist – in ei-nem Fahrstuhl, so schön, wie du dir einen in dein Haus einbauen würdest. Mit der Kugel aus Gedankenenergiefäden vor dir in den Händen, gleitest du sanft immer tiefer in deine Mitte, tiefer, tiefer, bis du durch einen klei-nen Ruck weißt, dass deine Fahrstuhlkabine in deinem Herzzentrum ange-kommen ist. Nun folgt der erlösende Moment: Die Fahrstuhltüre geht au-tomatisch auf, und eine alles überstrahlende Lichtfülle deines Überbe-wusstseins oder deines Höheren Selbstes flutet dir entgegen, und du schaust zu, wie sich deine Gedankenenergie-Kugel auflöst und zu einem N i c h t s wird. Du bist jetzt frei!

# Die Skala der Emotionen

## – Die vier Bereiche –

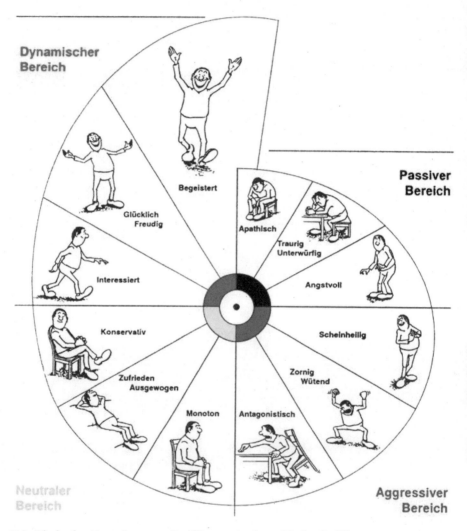

**Die Skala der Emotionen** – Grafik von Andreas Tschudin[(10)]

# Namenregister

Abrams, Prof. Karl J. 263
Angermeier, Walter 108
Aurel, Marc 245
Bach, Dr. Edward 107
Bahmeier, Dr. Georg 54
Banis, Dr. Ulrike 80
Bankhofer, Prof. Hademar 119
Batmanghelidj, Dr. F. 131, 134
Baum, Jörg 68, 283
Beckmann-Lamb, Sigrid 23
Bergasa, Ana M. 205
Berger, Prof. Wolfgang 38, 55
Braden, Gregg 18
Braunschweig-Pauli, D. 143
Brizandine, Dr. Louann 193
Broers, Dr. Dieter 244
Bueb, Dr. Bernhard 21, 28, 34
Buschmeier, Jutta 27
Buttlar, Johannes v. 134, 206, 207
Calvin, Prof. Melvin 266
Carlo, Dr. George 57
Carmichael, Chris M. 238
Clark, Dr. Hulda 272, 273
Cousens, Gabriel 263
Dargatz, Thorsten 63
Despeghel, Dr. Michael 234
Dispenza, Dr. Joe 18
Dittrich, Dr. Kathi 147
Dochow, Winfried 101ff, 105
Dudek, Nina 271
Durant, Will 29
Ebeling, Katherine 209
Einstein, Prof. Albert 48, 191, 229, 293, 297
Emoto, Masaru 16ff, 49, 108, 128
Epstein, Samuel 120
Erdmann, Stefan 43, 239
Felder, Hans 102
Ferreira, Peter 119, 131, 133
Foer, Jonathan 126
Fricke, Dr. Ulrich 15, 16, 147, 200, 210, 214, 249, 251
Gamper, Karl 243
Garcia, Prof. Dr. Christina 63
Garland, Dr. Cedric 214
Geary, Mike 209, 211
Geiger, Prof. Dr. Reinhard 208
Gerl, Reinhard 60
Gilbert, Prof. Pierre 203

Grandt, Guido 45
Greene, Sir Carleton 247
Gröning, Bruno 100
Großklaus, Prof. Dr. Dr. 151
Gruber, Stefan 46, 50, 55, 65, 69f
Hahn-Hübner, Dr. Martina 74
Hahnen, Dipl. Geo. Sascha 69
Hanish, Dr. Otman 254
Hannot, Dr. Ing. Rudolf 67
Hapke, Prof. Hans-Jürgen 144
Harnisch, Dr. Günther 269
Hendel, Dr. Barbara 133
Herman, Eva 32
Hertach, René F. 242
Heyer, Corinna 248
Hildegard von Bingen 109, 267ff
Hirschhausen, Dr. Eckart von 27
Hirschmann, Ferry 96
Holbach, Prof. Dr. Leonard 219
Holey, Helma 25
Hunsteln, Prof. Werner 211
Jackson, Michael 244
Jakobi, Claus 21, 22
Jan van Helsing 6, 25, 28, 30, 33, 34, 43, 120, 283, 285, 295
Jost, Brigitte 9, 230, 302, 304ff
Kent, Michael 122, 133
Klinghardt, Dr. D. 111, 112, 140
Köhler, Dr. Bodo 118, 202
Kroeger, Horst 108
Kruegers, Prof. Dr. 219
Krupa, Burkhard 239
Kryon 294
Kumar, Dr. K. P. 84
Kummer, Peter 218, 295
Kunz, Dr. Dieter 86
Lao-tse 297, 300
László, Prof. Dr. Ervin 185
Lipton, Bruce 18, 224, 233
Lischka, Dr. Eva 162
Loindl, Fritz 71
Lozanov, Dr. Georgi 229, 238
Maes, Ing. Wolfgang 65, 90
Maier, Susanne 250
Martina, Dr. Roy 74, 186
Marx, Dr. Gabriele 129, 130
Max (Max-News) 62, 124
McDougall, Dr. 138, 139
Mierau, Dr. Manfred 64, 65
Moritz, Andreas 82
Morschitzky, Dr. Hans 87
Moser, Prof. Dr. Franz 293

Müller, Marika 262
Mulack, Dr. Christa 185
Mutter, Dr. Joachim 57ff, 73, 82, 87, 107, 108, 109, 112, 141, 201, 202, 221ff, 266
Neffe, Franz Josef 27, 34ff
Newberg, Dr. Andrew 185
Oberfeld, Dr. Gerd 56
Pandalis, Dr. G. 211, 269
Pauling, Linus 197
Peschel, Petra 89
Pfeiffer, Prof. Dr. Christian 24
Pollmer, Udo 146
Ponte, Carla Del 106
Popp, Fritz-Albert 18, 49, 263
Pöppel, Prof. Ernst 226
Post, Prof. Mark 129, 295
Puig, Pater 204
Pythagoras 287
Rath, Dr. Matthias 199
Reich, Wilhelm 49, 297, 300
Réyti, Andreas von 120
Riegger, Mona 278
Rietig, Helga 164
Risi, Armin 216, 237
Rockenschaub, Prof. Alfred 72
Rose, Wulf-Dieter 43, 79
Rossille, Steffi 258
Rowe, Dr. John 85
Rupkalwis, Bruno 160
Russo, Aaron 30
Saraswati, Dr. Swami K. 83, 84
Sator, Günther 61
Schachtschneider, Prof. K. 10
Schneider, Gunther-Wolfg. 121
Schnitzer, Joh. G. 106, 216, 217
Schüffel, Prof. Wolfram 226
Schumann, Prof. W. O. 17, 49, 177, 236, 237, 244, 280, 295
Schwartau, Silke 154
Schweigart, Hans Albert 197
Schweitzer, Prof. A. 23, 197, 306
Semm, Prof. Dr. Peter 54
Siegers, Prof. Claus P. 269
Sperlich, Udo 252
Spitz, Prof. Dr. Jörg 215
Spitzbart, Dr. Michael 152, 176, 196, 202, 253
Sporl, Prof. Dr. W. D. 268
Steiner, Dr. Rudolf 48, 49
Steinhöfel, Dr. Michael 50, 91, 96, 101

Stelzl, Dr. Diethard 237
Stöcker, Dr. Birgit 109
Streuer, Marianne 10
Styger, Anton 99
Szent-Györgyi, Albert 212
Tesla, Nikola 49, 241
Thielmann, Barbara 31, 32
Thimme, Prof. Dr. Robert 135
Thorpe, Julie 227
Tolle, Eckhart 162
Trautwein, Marco 254
Treben, Maria 268
Tuschl, Julia 259
Ulfkotte, Udo 65, 70
Vaillant, Bernard 287
Volger, Prof. Dr. A.lexander 55
Wagner, Christoph 210
Weidner, Christopher 278
Werner, Prof. Götz 211, 237, 280
Windstosser, Dr. Karl 132
Woelk, Christoph 88
Wöllner, Kornelia 290
Wunsch, Dr. Alexander 62, 74
Zehenter, Christian 66
Zwerger, Iris 21, 32, 34, 70ff, 80

# Sachregister

AFA-Algen 112, 140, 262
Alpha-Zustand 177, 228, 234
Aluminium 7, 116, 136ff, 139
Amalgam 7, 57, 109, 110ff
Analog-Käse 116, 152, 153
Aspartam 141, 142
Autosuggestion 7, 34ff, 226, 246
Bewusstseinserweiterung 32, 99, 163, 253, 277, 278, 300
Bluthochdruck 8, 15, 134, 135, 136, 146, 201, 210, 215, 216, 217, 251, 273
Chemtrails 139, 140
Chlorella 112, 140, 262ff, 266ff
Cholesterin 8, 118, 160, 164, 165, 168ff, 174, 223, 265
Cholesterinmangel 159, 165, 172
Computerspiele 28, 240
Darmreinigung 257
Demeter 123, 277
Depression 145, 158, 160, 162, 169, 173

DHEA 94, 104, 105
E-Boxes 70
Einschlafübung 9, 307
Elektro-Dauerstress 88, 89, 155
elektromagnetische Felder 68, 83, 94
Elektrosensible 7, 51, 108, 109
elektrostatische Felder 219
ELF-Wellen 159, 237, 241, 242
Emotionen 9, 44, 46, 98, 162, 195, 279, 307
Entgiftung 109, 111, 112, 161, 170, 260, 264, 265, 271
Entschlackung 260, 265, 268
E-Smog-Dauerstress 90
Federkernmatratze 77
Feld 14, 31, 48, 64, 89, 103, 233
Fernsehen 24, 87, 200, 238
Fleisch 46, 125, 126, 127, 128, 135, 143, 145, 146, 150, 165, 166, 256, 264, 271, 286, 290, 304
Frieden 38, 163, 224, 279
Ganzheitlichkeit 155, 156, 157, 184, 189, 278, 301
Gehirnhälfte 24, 79, 181, 183, 186, 187, 224, 225, 226, 228, 232, 256, 288, 296
Genderismus 7, 29
Geschmacksverstärker 146, 147, 148, 149, 154
Glauben 292
Gleichstrom 76, 77
Glühbirne 66
Glutamat 7, 146, 147, 148, 149
Grüner Tee 210
HAARP 65, 242, 243
Handy 46, 52, 55, 57, 58, 59, 60, 76, 96, 101, 103, 241
Harmonie 189, 190
Information 16, 17, 48, 71, 85, 101, 102, 103, 141, 217, 225
innere Uhr 86, 87
Jod 7, 133, 142, 143, 144, 145
Kalium 131, 134, 135, 136, 173
Körperenergiefeld 44, 47, 75, 254
Kurkuma 8, 209
lachen 247, 248, 249, 250
Lebensmittelbestrahlung 8, 149, 152
Lebensplan 9, 49, 282, 285, 288, 289, 290, 291, 293, 295, 296

Leberreinigung 272, 273
Magnesium 8, 118, 119, 134, 160, 201, 202, 203, 204, 205, 252
Melatonin 81, 82, 84, 85, 86, 87, 88, 94, 104, 105, 159, 223, 242
Mikrowelle 63, 64
Milch 7, 113, 114, 115, 116, 117, 118ff, 122, 145, 150
Negativ-Ionen 67, 68, 218
Nierenreinigung 273
Omega-3 8, 159, 160, 221, 222, 223
pfeifen 253, 254, 255
Pille 7, 129, 130, 173
Quecksilber 62, 109ff, 144
Resonanz 292
Rooibos 211
Salz 7, 131, 133, 134, 202
Schlafstörungen 7, 61, 73, 75, 92, 94, 104, 143, 157, 218
Schnurlostelefon 59
Schumannfrequenz 236, 237
Schungit 109, 262
Selbstheilung 8, 162, 182, 184, 190, 225, 226
Selbstliebe 8, 175
Selbstschutz 7, 89
Serotonin 81, 84, 85, 87, 94, 104, 105, 160, 212, 223, 251, 252
Silva-Mind 229
Sonne 49, 201, 212, 213, 215, 235, 236, 250, 252, 294, 306
Spirulina 262, 263, 264, 265, 266
Spucke 8, 218
statische Felder 75
Süßstoff 141, 142, 167
Ultraschall 7, 71, 72
vegetarisch 166
Vitalstoffe 8, 117, 160, 196, 197, 198, 223
Vitamin B 159, 252
Vitamin D 8, 119, 212, 213, 214ff
Vitamine der Luft 8, 67, 218, 221
Vollkommenheit 287
Wiedergeburt 286
WLAN 7, 57, 63, 64, 65, 80, 93
Zeolith 140, 261, 262
Zirbeldrüse 81, 82, 83, 84, 88, 242
Zistrose 207, 211, 269
Zufall 35, 83, 173, 288, 291, 292ff

# Quellverzeichnis und Anmerkungen

1 Brigitte Jost ist Seelensängerin, Engelmalerin, Autorin und Seminarleiterin »www.brigitte-jost.de«

2 FID Verlag GmbH, 53177 Bonn, Koblenzer Str. 99, www.fid-gesundheitswissen.de

3 Abbildungen von www.humisal.de

4 www.SAIWAA.de

5 57537 Forst-Seifen, Holper Str. 1, www.bildung-und-mensch.de

6 Buch »Lob der Disziplin: Eine Streitschrift« von Bernhard Bueb, ullstein, 2008

7 Buch »Minnimum« von Frank Schirrmann, Verlag Blessing 2009

8 Franz Josef Neffe, »Deutsches Coué-Institut für Problemlösung«, 89284 Pfaffenhofen-Beuren, Webergasse 10, www.coue.org

9 Wer diesen Satz nicht versteht, kann kurz in das letzte Kapitel »Der Lebensplan« schnuppern

10 Zeichnung von Andreas Tschudin aus dem Buch »Emotionen« von Ruth Ryser und Markus Rüedi

11 Buch »Ich stehe unter Strom – Krank durch Elektrosmog« von Wulf-Dieter Rose, Kiepenheuer & Witsch 1996

12 www.wiki.anthroposophie.net/Hauptseite

13 www.wilhelm-reich-gesellschaft-deutschland.de/index2.html

14 memon® Umwelttechnologie GmbH, Oberaustraße 6a, 83026 Rosenheim, www.memon.eu

15 www.sueddeutsche.de/wirtschaft/moegliche-gefahren-durch-strahlung-versicherer-fuerchten-die-mobilfunk-risiken-1.818739

16 www.business-reframing.de/www/cms/single_de_23

17 www.elektrosmognews.de/news/carlohconcerns.htm

18 www.buergerwelle.de/pdf/dect.pdf und www.buegerwelle.de/d/doc/dindex-2069.htm

19 Studie vom Reproduktionsmediziner Dr. De-Kun Li vom Kaiser Foundation Research Institute im kalifornischen Oakland

20 Buch »Energiepflanzen im Haus« von Eva Katharina Hoffmann, Bassermann 2009

21 Buch »Gesundheit geht ganz anders« von Jörg Baum, Argo-Verlag, Marktoberdorf 2009

22 http://de.wikipedia.org/wiki/Gesundheitsschäden_durch_militärische_Radaranlagen

23 www.initiative.cc/Artikel/2010_01_26_Ultraschall.htm

24 Örjan Hallberg vom Institut »Hallberg Independent Research« und Olli Johansson vom »Karolinska Institut« haben ihre jahrelangen Forschungsergebnisse nun in »Pathophysiologie«, der internationalen Fachzeitschrift für Pathologen, veröffentlicht, was wiederum die »Scientific American«, eine der führenden medizinischen Fachzeitschriften der Welt, aufgegriffen hat

25 Buch »Elektrosmog – Elektrostreß. Strahlung in unserem Alltag und was wir dagegen tun können« von Wulf-Dieter Rose, Kiepenheuer & Witsch, Köln 1994

26 www.das-gesundheitsportal.com/sites/impressum.html

27 www.naturepower.ch/aufsatz63.html

28 Ausschnitt aus dem Gemälde »Ji amaai« von Brigitte Jost (siehe unter 1)

29 www.satyananda-yoga.de/yoga-archiv/yoga-heft-archiv/chakra/ajna-chakra

30  www.elektrosmog.com, www.gigahertz-solutions.de und andere (Suchwort ‚Elektro-smog-Messungen'

31  www.ixquick.com nennt sich die datenschutzfreundlichste Suchmaschine der Welt

32  Bürgerwelle e.V., 95643 Tirschenreuth, Lindenweg 10, www.buergerwelle.de

33  B. und P. Newerla, Neue Erde Verlag ISBN 978-3-89060-528-9

34  Buch »Stress durch Strom und Strahlung: Baubiologie: Unser Patient ist das Haus (Elektrosmog, Mobilfunk, Radioaktivität, Erdstrahlung, Schall)« von Wolfgang Maes, Institut f. Baubiologie u. Oekologie, 2005

35  Einige mir bekannte Fabrikate, die solche Alternativ-Technologien anbieten, ohne dass ich sie dabei bewerte: **memon**-Umwelttechnologie GmbH, Oberaustr. 6a, 83026 Rosenheim, www.memon.eu (falls Sie Kontaktauf mit »memon« aufnehmen, geben Sie bitte meinen Empfehlungscode 00A8F0DE mit an); Energiezentrum **Goldburg**, Mayrwiesstr. 20, A-5300 Hallwang, www.energiezentrum-goldburg.com; **Fostac** AG, Dorfstr. 28, CH-9248 Bichwil, www.fostac.ch – den Heiler, Forscher und Inhaber Hans Seelhofer kenne ich persönlich als liebenswert und vertrauenswürdig; **Rosen Herz** Verlag, Postfach 510, CH-8708 Männedorf, www.tesla.ch; **akuRy**, Roosstr. 23, CH-8832 Wollerau, www.akury.ch; **Ojas**, Turmstr. 6, CH-8952 Schlieren, www.ojasharmony.com, nach Forschungen der Uni Hohenheim wirkt auch der Schwarze Turmalin (Schörl)

36  HP Walter Angermeier, 83527 Haag, Bürgermeister-Jäger-Str. 3, Tel.: 08072-1739

37  Buch »Hildegard Heilkunde von A-Z«, Dr. Wighard Strehlow, Weltbild 2007

38  Buch »Gesund statt chronisch krank!« von Dr. med. Joachim Mutter, Fit fürs Leben Verlag 2009

39  www.amalgam-carl.de

40  82166 Gräfelfing, Lochhamer Str. 79, www.amalgam-carl.de

41  www.amalgam-carl.de/body_symptome.html, außerdem gibt es sehr viele Beratungsstellen, z.B. www.amalgam-informationen.de/adressen.htm

42  Buch »Amalgam – Risiko für die Menschheit« von Dr. med. Joachim Mutter, Natura Viva 2002

43  In Anlehnung an Psychosomatic Medicine 67/2005

44  Buch »Biotop Mensch – Paradigmenwandel in der Medizin« von Gunther-Wolfgang Schneider, Bestellung (17,90 €) bei Forum Biotop-Mensch, Ludwig-Richter-Weg 6, 97422 Schweinfurt, www.biotop-mensch.com

45  www.multikraft.com/de/landwirtschaft.html

46  Buch »Tiere essen« von Jonathan Safran Foer, Kiepenheuer & Witsch, 2010

47  http://123verhuetung-blog.de/category/yamswurzel

48  Buch »Wasser & Salz, Urquell des Lebens. Über die heilenden Kräfte der Natur« von Barbara Hendel, und Peter Ferreira von INA Verlag (Taschenbuch – 2001)

49  Sabine Hinz Verlag, Alleenstr. 85, 73230 Kirchheim, www.sabinehinz.de

50  www.kalsow.de/start.php?d_29_EMIKO_Salz.php

51  www.zentrum-der-gesundheit.de/demenz-aluminium-ia.html

52  Bezug bei Naturwaren Bläsius, Runzstr. 32, 79102 Freiburg und anderen

53  Buch »Chemie lebt« von Wawra/Dolznig/Müllner, UTB Stuttgart, 2010

54  www.stern.de/wissen/ernaehrung/lebensmittel-zusatzstoffe-ein-paar-kruemel-fleisch-der-rest-glutamat-582396.html

55  www.vebu.de/gesundheit/probleme-und-risiken/519-glutamat-wie-gefaehrlich-ist-es-wirklich

56 UGB-Forum 2/04, S. 100-101

57 www.die-friedenskrieger.de/ernaehrung.html#lebensmittel_bestrahlung

58 Vitamin B12 hochdosiert als B-Komplex mit B6 und B9 bei: www.vitabay.net, Nutrovitamin S.L., Avenue Caramique 221, NL-6221 KX Maastricht oder www.herbafit.eu, Herbafit B.V, Postfach 123, NL-3833 GX Leusden Tel.: 0800- 3305015 (kostenlos) oder Synervit in der Apotheke (alle drei Präparate sind wertvoll auf ihre Art)

59 Naturheilpraxis Helga Rietig, 79199 Kirchzarten, Höfener Str. 2, Tel.: 07661-628 045

60 Im »Pschyrembel« heißt es dazu: *Rhabdomyolyse... Myolyse* der quergestreiften Skelett- u. Herzmuskulatur m. Muskelschwäche, Abschwächung der Muskeleigenreflexe, Muskelschmerzen u. Myoglobinurie; Urs.: toxisch bedingt v.a. durch Alkohol, versch. Medikamente u. Narkotika, auch Heroin... Histol.: Schwellung, Degeneration u. Nekrose v. Muskelfasern m. Verlust d. Querstreifung... Progn.: unterschiedlich hohe Letalität, abhängig von d. Urs... Die Rh. ist eine mögl. Urs. des akuten Nierenversagens.... Und auf S.1022 steht: *Myolyse*...: Bez. f. Muskelzelluntergang inf. Degeneration, Nekrose, Zertrümmerung... *Lysis* kommt übrigens von auflösen

61 ein unter dem Namen Bernd gposteter Forumsbeitrag

62 www.erzengel-michael-boschaften.de/index_Michael.htm

63 Buch »Das weibliche Gehirn – warum Frauen anders sind als Männer« von Louann Brizandine, Hoffmann und Campe Verlag, Hamburg 2007

64 Arzt und Biochemiker Gerhard Ohlenschläger und Biochemiker Hans Dietl in ihrem »Handbuch der Orthomolekularen Medizin«, Karl F. Haug Verlag, 2001

65 www.vitalernaehrung.de/enzyme/index.htm

66 www.josef-stocker.de/magnesium.pdf

67 Buch »Die erstaunliche Wirkung von Magnesium: Über die Bedeutung von Magnesium und Probleme bei Magnesiummangel« von Ana Maria Lajusticia Bergasa, Verlag Ennsthaler, 2010

68 aus www.dr-schnitzer.de/forum-hunger-bekaempfen-fst.html

69 »www.mineralmedizin.at/magnesium.asp« (Vertrieb für Kunden aus Deutschland: Alfred Stüber GmbH, 72734 Reutlingen, Tel. 07121-96080, www.stuebers.de) und »www.nutrio-shop.com/country-life-m-51.html«

70 Buch »Vitalstofflexikon – den Jahren mehr Leben geben« von Johannes von Buttlar, Amadeus-Verlag, Fichtenau 2006

71 www.drrath-gesundheitsallianz.org/gesundheitsbrief/20071010brief.pdf

72 Buch »Bluthochdruck heilen – Risikofaktor Hypertonie lebensbedrohend, aber heilbar!« Bestellung beim Autor Dr. Johann Georg Schnitzer, Zeppelinstr. 88, 88045 Friedrichshafen oder www.dr-schnitzer-buecher.de

73 www.harti-media.at/gesundheit/negative-ionen.html

74 Horst Gadilhe, Buchenstr. 3, 82377 Penzberg, Tel.: 08856-8974, Fax: 932228, www.ka-vita.de

75 Autor Karsten Flohr in »Wunderwelt Wissen« 4/2010

76 Silva-Mind Control für AT,CH und DE: Die Silva Methode, Neubaustr. 26, 4400 Steyr, Österr., www.silva-meth.at

77 http://de.wikipedia.org/wiki/Suggestibilität

78 http://propagandaschock.blogspot.com/2009/06/1984-massenverdummungswaffe-fernsehen.html

79 PhD Nenah Sylver in ‚Heilende Frequenzen' NEXUS 30/2010

80 (oben, von links): Rennfahrer Michael Schumacher, US-Schauspielerin Angelina Jolie, Prinz Charles, Topmodel Heidi Klum, seine Heiligkeit Dalai Lama und Journalistin Alice Schwarzer (dpa)

81 »ad fontes Nullpunktenergie GmbH«, Im Oberdorf 22, 36399 Freiensteinau, www.nullpunktenergie.com

82 Marco Trautwein, Zur Ziegelhütte 13, 76228 Karlsruhe, www.mazdaznan.de

83 Interview in der Zeitschrift »raum & zeit« 65/93

84 http://leben.rossille.de/gifte/entgiftungssystem.html

85 www.supervita.at/LebendigeNahrung/entgiftung.htm

86 www.biothemen.de/Qualitaet/algen/spirulina2.html

87 www.das-gesundheitsportal.com

88 alle Bücher von Maria Treben erscheinen bei Ennsthaler in A-4400 Steyr, Stadtplatz 26, »www.ennsthaler.at«

89 Buch »Gesund durch Indianerheilwissen«von Paula Bakhuis, Parole Publishing, Amsterdam 2002, weitere Infos und Bezugsquelle bei »lebensquelle-schwender@web.de«, Gesundheitsberaterin Elke Übelacker-Schwender Tel.: 09525-98 12 46

90 www.erdmann-forschung.de/PDF/bewusstsein.pdf

91 www.focus.de/gesundheit/ratgeber/verdauung/leber/tid-13475/innere-medizin-zehn-fakten-zur-leber_aid_374211.html

92 Buch »1.000 Euro für jeden: Freiheit. Gleichheit. Grundeinkommen« von Götz W. Werner, Econ Verlag 2010

93 http://energy.siteboard.eu/f55t4123-das-aus-fuer-headsets-und-handys-am-arbeitsplatz.html

94 www.neueswir.info

95 Importeur »DTG Trading GmbH«, 52382 Niederzier, Grabenstr. 70, Tel.: 02428-9056728, www.heatball.de

96 www.elektrosmog.com

97 www.essener-brot.com

98 Buch »Westliche Einweihungslehren« von Bernard Vaillant, Hugendubel München 1986

99 www.balance-online.de

100 wikipedia

101 darüber berichte ich in meinem Buch »Alles ist Gott« (3. Auflage, S. 321ff) und Jan in seinem neuen Buch »Geheimgesellschaften 3«

102 www.lupo-cattivo.blogspot.com

103 www.erwachen-in-liebe.de

104 www.despeghel-partner.de

105 www.astrophoenix.de

106 www.astrologie-in-berlin.de

107 www.essential-foods.de oder www.sabinehinz.de/wohlfuehlartikel/weitere-produkte/greenlight oder andere

108 sehr erschreckende Internetseiten findet man unter »www.chemtrails-info.de« und unter »www.chemtrails-info.de/chemtrails/Chemtrail%20Special.pdf«, auch im »www.chemtrails-forum.de« wird reichlich aufklärendes Bildmaterial gezeigt

# Bildquellen

(1) Karikatur im ‚Eulenspiegel' 1849
(2) Privatarchiv
(3) www.humisal.de
(4) Südkurier v. 1.10.2010 (AFP)
(5) www.solidarität.com
(6) wikipedia
(7) BITKOM, EITO
(8) wikipedia
(9) wikipedia
(10) de.academic.ru
(11) www.google.de
(12) Privatarchiv
(13) www.memon.eu
(14) www.memon.eu
(15) www.amalgam-carl.de
(16) www.seelenkrieg.org
(17) www.spiegel.de
(18) DAK
(19) Privatarchiv
(20) Privatarchiv
(21) www.richardschiropractic.com
(22) www.alpha-healing.ch
(23) www.einsteingalerie.de
(24) www.vnr.de
(25) Privatarchiv
(26) www.warum-wir-krank-werden.ch
(27) www.boerse.bz
(28) www.werbe.germanblogs.de
(29) www.supervita.at

## DAS EINE MILLION EURO BUCH

### Jan van Helsing & Dr. Dinero

*Erkennen Sie die Zeichen?*

Glauben Sie an Zufälle? Denken Sie, es ist reiner Zufall, dass ein paar hundert Familien mehr besitzen als der Rest der gesamten Menschheit? Was wissen diese über Geld, was der Rest der Menschheit nicht weiß? Glauben Sie, dass Glück, Reichtum, Geld und Besitz ganz zufällig bei bestimmten Personen landet?
Es ist kein Zufall, sondern es gibt ein besonderes Wissen über den Umgang mit Geld und Erfolg, das man der Masse vorenthält. Jeder kennt den Begriff ‚Erfolgsrezept'. Gibt es denn so etwas wirklich, ein Rezept für Erfolg? Ja, das gibt es tatsächlich! Es gibt für alles einen 'richtigen Zeitpunkt' und einen 'richtigen Ort', den man erkennen muss. Dies gibt es auch im Bereich des Geldes.

ISBN 978-3-938656-99-0 • 21,00 Euro

## JETZT REICHT'S!

### Johannes Holey

*Wie lange lassen wir uns das noch gefallen?*
*Lügen in Wirtschaft, Medizin, Ernährung und Religion*

Sind Sie der Meinung, dass Sie durch Fernsehen und Presse die Wahrheit erfahren? Dann können Sie sich das Lesen dieses Buches ersparen. Der Autor lässt Sie einen Blick hinter all jene Lügen riskieren, die Ihre Gesundheit, Ihr Leben und das Ihrer Kinder bis aufs Äußerste belasten. Seine Recherche in der alternativen Fachpresse und in weit über hundert Wissenschaftsberichten liefert dazu die jeweiligen top-aktuellen Wahrheiten. Dort, wo mächtige Organisationen das Weltgeschehen steuern und die Mainstream-Medien dazu schweigen müssen, suchte und fand er reichlich Aufklärung, auch wenn man darüber teilweise sehr erschrickt.
Johannes Holey demaskiert Lüge um Lüge – von erfundenen Krankheiten, über bewusste Mangelerzeugungen (Vitamin B12, Eisen u.a.), systematische Vergiftungen (Fluor, Übersäuerung u.a.), die lukrativen Ernährungslügen, den Fleisch-, Zucker- und Getränkeschwindel. Die möglichen Krankmacher Mikrowelle, Kunstlicht und Mobilfunk sind mit dabei wie auch das Klimakatastrophen-Märchen und die geplante Währungsreform.

ISBN 978-3-938656-44-0 • 21,00 Euro

# BIS ZUM JAHR 2012 – Der Aufstieg der Menschheit

## Johannes Holey

Planet und Menschheit stehen heute am Beginn eines neuen Zeitalters, dem Wassermann-Zeitalter. Damit wird zugleich der Beginn einer neuen, höheren Schöpfung eingeleitet – einer Schöpfung auf der Basis einer feineren Schwingungsfrequenz. Und der dabei entstehende Prozess der Transformation ist bereits voll im Gange. Diese Schwingungserhöhungen werden in den Jahren bis 2012 stetig ansteigen, und die Geschwindigkeit des Ablaufs der Umwandlung wird weiter rapide zunehmen. Dieses Buch klärt auf:

- Warum trafen viele Prophezeiungen bisher nicht ein?
- Was könnte aber davon bis 2012 doch noch auf uns zukommen?
- Was können wir und die Menschheit dabei noch verbessernd beeinflussen? uvm...

ISBN 978-3-9805733-7-5 • 20,30 Euro

# DER JESUS CODE

## Johannes Holey

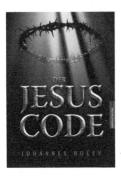

Johannes Holey wurde zum kritischen Jesus-Forscher, aber er forscht auch mit Herz und Intuitionen. Er enthüllt und erklärt in diesem Buch logisch: Jesus hat am Kreuz nicht gelitten, weil er Meister aller Elemente war und dies heute Forschungsergebnisse belegen. Sechs weitere wichtige Themen im Leben Jesu werden zeitgemäß ‚decodiert' und enthüllt – dabei auch die ‚Heilige Sexualität' mit Maria Magdalena. Der Autor...

- belegt die Unterdrückung des weiblichen Aspektes in den christlichen Kirchen;
- belegt, dass die Christen die ursprüngliche Frohbotschaft des Meisters Jesus nie ganz erfahren haben;
- belegt, dass Jesus weder Jude noch deren erwarteter Messias war;
- belegt, dass schon Saulus/Paulus mit dem Titel Christos die Person Jesus verdrängte;
- belegt, dass Jesus sich nicht geopfert hat, weil das kein liebender Vater will;
- belegt, dass Jesus schon damals die Gleichheit aller Menschen gefordert hat – der wahre Grund seiner Hinrichtung.

Außerdem erklärt der Autor ausführlich, wodurch die Erdenmenschheit heute immer mehr Hilfe bis zum Jahr 2012 erhält!

ISBN 978-3-938656-54-9 • 21,00 Euro

## ALLES IST GOTT

### Johannes Holey mit Hannelore Dietrich

*Anleitung für das Spiel des Lebens*

In 130 kurzen Kapiteln führt das Buch schrittweise in eine noch klarere mutige Individualisierung der Leserinnen und Leser und wird zum allmählichen Werkzeug der eigenen und ganz persönlichen Selbstfindung. Und damit auch des Findens beglückender Lebensziele. Die in uns angelegten Schöpferkräfte – unsere göttliche Matrix – werden einfach erklärt und praktisch dargestellt. Mit Erstaunen erkennen wir neue Möglichkeiten und den Reichtum verdrängter Gefühle, die bald schon unseren eigentlichen Selbst-Wert erahnen lassen, denn jeder Mensch ist Schöpfer seines Lebens, seines Alltags und seiner Gesundheit durch seine Gedankenkräfte - nach der Regel „der Gedanke lenkt die Kraft".

ISBN 978-3-9805733-4-4 • 19,70 Euro

## AQUARIA

### Brigitte Jost

*AQUARIA - Die Göttin kehrt zurück*

Dieses Herzensbuch über die kosmosweite Macht und Schönheit gelebter Liebe schenkt neue Hoffnung und Freude. Es bringt ein Stück Himmel auf die Erde und trägt somit zum Frieden bei. Eine neue intensive Lebensqualität kann erwachen. Die hierfür notwendige Integration der Göttin der Weiblichkeit zieht sich wie ein goldener Faden durch alle in diesem Buch behandelten Themenkreise hindurch. Texte, Botschaften in feiner und verständlicher Sprache und Zeichnungen wie auch farbige Gemälde mit großer Ausstrahlungskraft führen Leserinnen und Leser in den faszinierenden Zauber überirdischen Lebens hinein; etwa in unsere mögliche Zukunft?
Mediale Gespräche mit der Göttin Aquaria, den Engeln, einer Jupiteranerin und einem Marsianer schenken wertvolle Einblicke in kosmische Zusammenhänge. Verblüffend neue Sichtweisen tun sich auf, zum Beispiel über das sogenannte Jenseits, über die weltweit verschwiegene heilige körperliche Liebe, über Naturkatastrophen und über die Abwendung eines Dritten Weltkriegs. Brigittes atemberaubende außerkörperliche Erlebnisse in einer hochentwickelten ätherischen Sternenzivilisation, in der so himmlisch gelebt und geliebt wird wie es auch für uns Menschen möglich ist, verleihen dem Buch eine tief berührende Krönung.

ISBN 978-3-938656-88-4 • 19,70 Euro

# MEDITATIONS- und MUSIK-CDs

## Seelensängerin Brigitte Jost (www.brigitte-jost.de)

### „Gesang und Klang wie im Himmel – Heavenly Harmonies"

Brigitte Josts herzvoller Engelgesang mit hoher Intensität, begleitet von obertonreicher Musik in vollem Klangvolumen, öffnet und berührt tief die Herzen. Brigitte singt mit gefühlvoller Hingabe und ohne viele Worte, die von ihr empfangenen Melodien der Engel. Vier Musikstücke mit melodischen, meditativen, sphärischen, ekstatischen wie auch leicht rhythmischen und tranceartigen Passagen nehmen Sie auf eine außergewöhnliche Klangreise mit.

„...Selten eine so berührende, schöne Stimme gehört!" (Amazon-Rez.)

ISBN: 978-3-938656-33-4   € 19,80

### „Sternen – Engel – Liebe 1"

*Meditation und Engel-Botschaft ...hol Dir den Himmel auf die Erde!*

Das erste Album von Brigitte aus der Reihe "Sternen-Engel-Liebe" mit Musik von Elodin enthält eine geführte Herz-Meditation, eine Engel-Botschaft und zwei Musikstücke. Wir verbinden uns bewusst mit unserem heiligen Herzzentrum, wodurch sich Ängste und Sorgen auflösen können. Ein Kanal in höhere Licht-Dimensionen befähigt uns, eigene Botschaften zu empfangen und mehr Himmel in unseren Alltag zu holen.

„Für mich ist sie die Nummer 1!" (Amazon Rez.)

ISBN 978-3-9807106-7-1   € 18,90

### „Sternen – Engel – Liebe 2"

*Geführte Meditation und Einschlafmeditation in Lebenskrisen*

Zwei geführte Meditationen, ein Engel-Heil-Mantra wie auch Herzensgebete hüllen uns in heilsame Liebesschwingungen ein. Schwebende Sphärenklänge und die von Brigitte gesungene Heilmelodie der Engel schenken tiefe Ruhe und Geborgenheit. Wir erleben hautnah, wie es ist, von der mitfühlenden Liebe der Engel gehalten zu werden.

„Etwas ganz Besonderes!" (Amazon Rez.)

ISBN 978-3-9807106-9-5   € 18,90

### „Sternen – Engel – Liebe 3"

*Geführte Meditationen, Engelbotschaft und Musik*

Brigitte Jost führt die Hörer mit ihrer zärtlichen Stimme in beglückende Dimensionen der neuen Zeit, in gelebte, mitfühlende Liebe und das von Kopf bis Fuß! Zwei Meditationen aktivieren unsere Liebesenergie auf geistigen und seelischen Ebenen wie auch im täglichen Leben. Es kann ein heilsamer und vertiefender Prozess für uns selbst und andere entstehen, in Partnerschaften, mit den Eltern, Kindern, Freunden...

„Eine Wohltat und ein Hochgenuss für die Sinne!" (Amazon Rez.)

ISBN 978-3-938656-72-3   € 18,90

# Brigitte Jost
## - berührende Gemälde als Kraftquelle

Als Ausgleich zu anspannenden Herausforderungen hilft Schönes, Harmonisches und Liebevolles dabei, uns wieder zu entspannen, wohl zu fühlen und gesund zu bleiben. Hier wird spirituelle Kunst zu einer wertvollen Kraftquelle.

Ganzheitlich ausgerichtete Mediziner und Heilpraktiker wertschätzen und fördern alles, was unser Immunsystem stärkt, weil es eine zentrale Schlüsselfunktion für unsere Gesundheit hat. Kinesiologische Tests und Bovis-Messungen haben ergeben, dass Brigittes Gemälde positiv auf Körper, Seele und Geist und somit auch auf unser Immunsystem einwirken. Wer sie gerne um sich haben möchte, kann sie als Poster erhalten.

Weitere Motive und Informationen zu Brigittes Arbeit unter:

www.brigitte-jost.de     sternenwelten@gmx.de     Fax: 07552 38 20 957

# GEHEIMGESELLSCHAFTEN 3

### Jan van Helsing

Halten Sie es für möglich, dass ein paar mächtige Organisationen die Geschicke der Menschheit steuern? Jan van Helsing ist es nun gelungen, einen aktiven Hochgradfreimaurer zu einem Interview zu bewegen, in dem dieser detailliert über das verborgene Wirken der weltgrößten Geheimverbindung spricht – aus erster Hand! Dieser Insider informiert uns darüber: Was die Neue Weltordnung darstellt, wie sie aufgebaut wurde und seit wann sie etabliert ist - weshalb die Menschen einen Mikrochip implantiert bekommen - dass die Menschheit massiv dezimiert wird - welche Rolle Luzifer in der Freimaurerei spielt - dass der Mensch niemals vom Affen abstammen kann - welche Rolle die Blutlinie Jesu spielt - dass es eine Art Meuterei in der Freimaurerei gibt und was im Jahr 2012 aus Sicht der Freimaurer auf die Menschheit zukommt.

ISBN 978-3-938656-80-8 • 26,00 Euro

# DIE JAHRTAUSENDLÜGE

### Jan van Helsing & Stefan Erdmann

Seit Jahrtausenden sind die Menschen von den ägyptischen Pyramiden fasziniert, dem letzten der sieben Weltwunder der Antike. Sie strahlen etwas Mystisches, etwas Magisches und Geheimnisvolles aus, und viele haben sich – so wie Stefan und Jan – in der Großen Pyramide aufgehalten, dort gar die eine oder andere Nacht verbracht und können von eigenartigen Erlebnissen, Visionen oder ganz besonderen Eindrücken berichten. Wie passt das zur gängigen Theorie, dass die Große Pyramide von Gizeh ein Grabmal gewesen sein soll? Oder war sie eine Einweihungsstätte, wie manch Esoteriker es annimmt? Was ist denn an solchen Behauptungen dran, was davon ist bewiesen? Oder war die Große Pyramide etwas ganz anderes?

Durch ein geheimes Zusammentreffen mit einem hochrangigen ägyptischen Diplomaten erfuhren Stefan und Jan von neuen, geheimen Grabungen und einer Entdeckung, welche den Sinn und Zweck der Erbauung der Großen Pyramide in ein ganz neues und gänzlich unerwartetes Licht rückt. In diesem Buch präsentieren die beiden ihre Erkenntnisse und vor allem auch Beweise einer abenteuerlichen Recherche – die moderne Wissenschaft macht's möglich...

ISBN 978-3-938656-30-3 • 19,70 Euro

# HÄNDE WEG VON DIESEM BUCH!

## Jan van Helsing

Sie werden sich sicherlich fragen, wieso Sie dieses Buch nicht in die Hand nehmen sollen. Handelt es sich hierbei nur um eine clevere Werbestrategie? Nein, der Rat: *„Hände weg von diesem Buch!"* ist ernst gemeint. Denn nach diesem Buch wird es nicht leicht für Sie sein, so weiterzuleben wie bisher. Heute könnten Sie möglicherweise noch denken: *„Das hatte mir ja keiner gesagt, woher hätte ich denn das auch wissen sollen?"* Heute können Sie vielleicht auch noch meinen, dass Sie als Einzelperson sowieso nichts zu melden haben und nichts verändern können. Nach diesem Buch ist es mit dieser Sichtweise jedoch vorbei! Sollten Sie ein Mensch sein, den Geheimnisse nicht interessieren, der nie den Wunsch nach innerem und äußerem Reichtum verspürt hat, der sich um Erfolg und Gesundheit keine Gedanken macht, dann ist es besser, wenn Sie den gut gemeinten Rat befolgen und Ihre Finger von diesem Buch lassen.

ISBN 978-3-9807106-8-8 • 21,00 Euro

# DIE KINDER DES NEUEN JAHRTAUSENDS

## Jan van Helsing

*Mediale Kinder verändern die Welt!*

Der dreizehnjährige Lorenz sieht seinen verstorbenen Großvater, spricht mit ihm und gibt dessen Hinweise aus dem Jenseits an andere weiter. Kevin kommt ins Bett der Eltern gekrochen und erzählt, dass *„der große Engel wieder am Bett stand"*. Peter ist neun und kann nicht nur die Aura um Lebewesen sehen, sondern auch die Gedanken anderer Menschen lesen. Vladimir liest aus verschlossenen Büchern und sein Bruder Sergej verbiegt Löffel durch Gedankenkraft.

Ausnahmen, meinen Sie, ein Kind unter tausend, das solche Begabungen hat? Nein, keinesfalls! Wie der Autor in diesem, durch viele Fallbeispiele belebten Buch aufzeigt, schlummern in allen Kindern solche und viele andere Talente, die jedoch überwiegend durch falsche Religions- und Erziehungssysteme, aber auch durch Unachtsamkeit oder fehlende Kenntnis der Eltern übersehen oder gar verdrängt werden. Und das spannendste an dieser Tatsache ist, dass nicht nur die Anzahl der medial geborenen Kinder enorm steigt, sondern sich auch ihre Fähigkeiten verstärken. Was hat es damit auf sich?

Lauschen wir den spannenden und faszinierenden Berichten medialer Kinder aus aller Welt.

ISBN 978-3-9807106-4-0 • 23,30 Euro

## NATIONALE SICHERHEIT – Die Verschwörung

### Dan Davis

Theorien über eine Verschwörung gab es genug! In diesem Buch finden Sie die Fakten dazu: Adressen, Bilder, Beweise, Interviews!
Viele Menschen sind für diese Aufdeckungen verfolgt und gerichtlich belangt worden, unzählige wurden umgebracht. Und die Uhr tickt!
Der Autor wurde aufgrund unglaublicher Fakten von hochrangigen Politikern der Bundesregierung zu ‚Vier-Augen-Gesprächen' eingeladen, interviewte Opfer der Projekte MK-Ultra und Monarch, sprach mit verschiedenen Insidern und hatte bereits in seiner frühesten Kindheit Bekanntschaft mit Hochtechnologie, die dem Normalbürger gänzlich unbekannt ist.

ISBN 978-3-938656-25-9 • 25,50 Euro

## GEHEIMAKTE BUNDESLADE

### Stefan Erdmann

Was wissen Sie über die Bundeslade? War Ihnen bekannt, dass es sich hierbei um den bedeutendsten Kultgegenstand der Juden und Christen handelt? Doch was verbirgt sich in ihr, was genau ist sie? Waren die zehn Gebote darin aufbewahrt? War es eine technische Apparatur oder gar ein Gerät zur Kommunikation mit den Göttern?
Offiziell ist sie nie gefunden worden. Einige Quellen behaupten, sie sei spurlos verschwunden.
Stefan Erdmann enthüllt in diesem Buch erstmals Details über einen geheimnisvollen Fund der Tempelritter im Jahre 1118, den diese aus Jerusalem nach Frankreich brachten und der die Grundlage für ihren unermesslichen Reichtum wurde. Auf seiner Spurensuche traf er sich unter anderem auch mit Vertretern verschiedener Logengemeinschaften und fand erstmals Verbindungen zwischen den Templern, den Freimaurern, den Zisterziensern und der Thule-Gesellschaft. Diese Verknüpfungen waren die Grundlage für geheime militärische wie auch wissenschaftliche Operationen, und es wurde offenbar, dass das Grundlagenwissen für den Bau deutscher Flugscheiben während des Zweiten Weltkriegs wie auch für das US-amerikanische Philadelphia Experiment im Jahre 1943, zum Teil aus Geheimarchiven der Zisterzienser stammte.

ISBN 978-3-9807106-2-6 • 21,00 Euro

# Ein Film von und mit Jan van Helsing

Seit Napoleon geistert die Behauptung durch die Welt, die Pyramiden von Gizeh seien Grabmäler gewesen. Fakt ist jedoch, dass niemals die Mumie eines Pharaos in einer Pyramide entdeckt wurde. Doch wozu dienten die Pyramiden - vor allem die sogenannte "Cheops-Pyramide" - dann tatsächlich?

Stefan Erdmann und Jan van Helsing sind seit Jahrzehnten auf dem Globus unterwegs und entdeckten bei ihren Forschungen sensationelle Tatsachen, die alle bekannten Theorien über die Funktion der Großen Pyramide über den Haufen werfen. Waren die Erbauer der Großen Pyramide technisch weit fortgeschrittener als bisher angenommen?

In der "Cheops-Lüge" ist die spannende Entdeckungsreise von Stefan Erdmann und Jan van Helsing in einer Kombination aus Dokumentation und Spielfilm von Regisseur Christoph Lehmann unterhaltsam verarbeitet.

DVD-Laufzeit: 78 min    ISBN 978-3-940289-00-1    21,00 Euro

# Hör-CDs mit Jan van Helsing

**Interview mit Jan van Helsing**

Jan van Helsing stellt sich in einem fast dreistündigen Interview - geführt durch Stefan Erdmann - den wichtigsten Fragen seiner Leser. Auf 3 CDs hören Sie seine Ausführungen zu Themen wie: sein Erlebnis mit dem schwarzen Mann, sein Buchverbot, Reichsdeutsche, seine geplante Expedition zu den Samadhi-Höhlen, die Macht des Wünschens, sein Dokumentarfilm über die Pyramiden in Kairo, die aktuelle Weltlage und den Konflikt mit dem Iran, die Illuminati und das Prinzip Luzifers, sein erstes Nahtoderlebnis und vieles andere mehr...

3 Audio-CDs    Laufzeit: 170 Minuten    ISBN 3-938656-01-8    17,00 Euro

**Die unerwünschte Wahrheit - Interview mit Jo Conrad**

Jan van Helsing befragt Jo Conrad zu den Angriffen gegen ihn, Hintergründen des Krieges gegen den Terror, scheinbar unheilbaren Krankheiten und Glaubensvorstellungen. Jo Conrad will mit seiner Arbeit klarmachen, wie sehr wir heute einseitige Informationen vorgesetzt bekommen, die uns davon abhalten sollen, uns von vorgegebenen Gedankenmustern zu befreien und zu einem neuen Verständnis des Lebens zu finden.

2 Audio-CDs    Laufzeit: zirka 100 Minuten    ISBN 3-938656-04-2    14,00 Euro

**Geheimpolitik und verbotenes Wissen - Interview mit Stefan Erdmann**

Sind wir ein Produkt der Evolution? Oder hat der liebe Gott gar die Erde und den Menschen in sieben Tagen erschaffen? Oder gab es womöglich noch einen weiteren Einfluss? Die Atlanter, Lemuria, Mu? Waren sie einst die Schöpfer der Pyramidenkultur rund um unseren Planeten? Auf diese und andere Fragen gibt Stefan Erdmann in diesem Interview Antworten und zeigt die Bedeutung dieser unterdrückten Wahrheiten bis in die heutige Weltpolitik auf.

3 Audio-CDs    Laufzeit: zirka 190 Minuten    ISBN 3-938656-02-6    17,00 Euro

Alle hier aufgeführten Bücher und DVDs erhalten Sie bei:
**ALDEBARAN-Versand**
**50670 Köln • Weißenburgstr. 10 a**
**Telefon 02 21 - 737 000 Telefax 02 21 - 737 001**